ClimatePartner.com/53585-1805-1001

Selbstverpflichtung zum nachhaltigen Publizieren

Nicht nur publizistisch, sondern auch als Unternehmen setzt sich der oekom verlag konsequent für Nachhaltigkeit ein. Bei Ausstattung und Produktion der Publikationen orientieren wir uns an höchsten ökologischen Kriterien. Dieses Buch wurde auf 100 Prozent Recyclingpapier, zertifiziert mit dem FSC®-Siegel und dem Blauen Engel (RAL-UZ 14), gedruckt. Auch für den Karton des Umschlags wurde ein Papier aus 100 Prozent Recyclingmaterial, das FSC®-ausgezeichnet ist, gewählt. Alle durch diese Publikation verursachten CO_2-Emissionen werden durch Investitionen in ein Gold-Standard-Projekt kompensiert. Die Mehrkosten hierfür trägt der Verlag. Mehr Informationen finden Sie hinten im Buch und unter:
www.oekom.de/allgemeine-verlagsinformationen/nachhaltiger-verlag.html

Bibliografische Information der Deutschen Nationalbibliothek: Die Deutsche Nationalbibliothek verzeichnet diese Publikation in der Deutschen Nationalbibliografie; detaillierte bibliografische Daten sind im Internet über http://dnb.d-nb.de abrufbar.

© 2018, oekom verlag München, Gesellschaft für ökologische Kommunikation mbH, Waltherstraße 29, 80337 München

Umschlaggestaltung: www.buero-jorge-schmidt.de
Texte: Daniel Anthes, Katharina Schulenburg
Lektorat: Annika Christof, oekom verlag
Korrektorat: Maike Specht
Layout, Satz und Infografiken: Benedikt Eisenhardt

Bildnachweis: S. 6/7 feedhv.org, S. 10 unsplash/Scott Warman, S. 11 unsplash/Kai Pilger, S. 12 shutterstock/Dmitri Malyshev, S. 13 shutterstock/VICUSCHKA, S. 14 unsplash/Thomas Martinsen, S. 16/17 unsplash/Clem Onojeghuo, S. 24/25 unsplash/Mink Mingle, S. 32 unsplash/Natalia Fogarty, S. 35 Spiegel Online, S. 36 unsplash/Markus Spiske, S. 38 unsplash/Caroline Attwood, S. 40 oben unsplash/Dominic Dreier, S. 40 unten unsplash/Max Delsid, S. 43 unsplash/Gabriel Gurrola, S. 46/47 unsplash/Tim Mossholder, S. 48 Daniel Anthes & Katharina Schulenburg, S. 50/51 Knödelkult, S. 52/53 Restlos Glücklich, S. 54/55 The Good Food, S. 56 etepetete, S. 58/59 Sir Plus, S. 60/61 Querfeld, S. 133 Enrico Mazzanti/Wikimedia Commons, S. 157: ShoutOutLoud e. V. Alle Rezeptbilder von Daniel Anthes & Katharina Schulenburg

Druck: Friedrich Pustet GmbH & Co. KG, Regensburg

Daniel Anthes & Katharina Schulenburg

Weil wir Essen lieben

Vom achtsamen Umgang mit Lebensmitteln

Ein Kochbuch für Lebensmittelliebhaber
und all die,
die es noch werden wollen

Inhalt

Rezepte

»Es macht absolut keinen Sinn,
Lebensmittel wegzuwerfen –
weder wirtschaftlich und ökologisch
noch ethisch.«

Achim Steiner, ehemaliger Exekutivdirektor des UN-Umweltprogramms (UNEP)

INTRO

Stell dir vor,

... es ist Montagabend und dein Kühlschrank ist gähnend leer. Kein Wunder, hattest du doch am Wochenende deine Freunde zum gemeinsamen Dinner eingeladen. Das Essen war klasse, die Stimmung ausgelassen, doch nun ist leider Ebbe in deinem Kühlschrank. Bis auf eine in die Tage gekommene Aubergine, zwei schrumpelige Zucchini und altes Toastbrot ist hier nichts zu holen. Und du hast nach einem harten Arbeitstag ordentlich Hunger.

Also auf zum Supermarkt, um den Wocheneinkauf zu erledigen. Gerade so konntest du deinen inneren Schweinehund besiegen und hast dich gegen einen Döner um die Ecke entschieden. »Macht ja auch Sinn«, denkst du dir, du brauchst ja ohnehin Lebensmittel für die bevorstehende Woche. Und jeden Tag Döner ist auch fad.

Du verlässt mit drei Jutebeuteln, vollgepackt mit Lebensmitteln, den Supermarkt. Auf dem Heimweg fällt dir ein Beutel herunter, und Äpfel, Aufbackbrötchen und die streichzarte Butter kullern auf die Straße. Doch du bemerkst es nicht. Zu Hause angekommen, räumst du deine Einkäufe auf und machst dich ans Pastakochen – so wie jeden Montagabend. Die Aubergine, zwei Zucchini und das Toastbrot hast du schon längst entsorgt.

Und nun stell dir vor, das macht jeder andere Mensch genauso. Und zwar den Teil mit dem achtlosen Fallenlassen einer Einkaufstasche und dem Entsorgen älterer Lebensmittel, ohne es zu bemerken.

Wir scheinen den Bezug zu unseren Lebensmitteln verloren zu haben. Wir sind es gewohnt, montagabends im Supermarkt die komplette Palette aller erdenklichen Lebensmittel zur Auswahl zu haben. Jeden Tag, das ganze Jahr – ganz gleich ob im Frühling, Winter, Sommer oder Herbst. Lebensmittel sind in gewisser Weise wie Strom für uns geworden: Auf Wunsch können wir unsere Nachfrage direkt befriedigen. Einfach so und noch dazu extrem günstig.

Doch was bedeutet es eigentlich, wenn wir Erdbeeren oder Tomaten im Februar in der Auslage erblicken können? Und Feldsalat im Juli? Viele wissen gar nicht mehr, wie das, was jeden Tag auf ihren Tellern und schließlich in den Mägen landet, eigentlich dort hingekommen ist. Oder hättest du spontan eine Antwort parat, wenn wir dich nach der Herkunft deiner Tomaten oder Milch fragen? Wahrscheinlich nicht. So wenig außergewöhnlich das im gesamtgesellschaftlichen Maßstab auch sein mag, so nachdenklich sollte es uns eigentlich stimmen.

Generell, so scheint es, hat sich die Art und Weise, wie wir mit unseren Lebensmitteln umgehen, komplett gewandelt. Was vor ein paar Jahrzehnten vor allem bei unseren Großeltern noch zum Alltag gehörte, ist heute so gut wie ausgestorben und verlernt – das Kochen mit Resten. In Zeiten der Immer-Verfügbarkeit von Lebensmitteln zu knallhart günstigen Preisen ist das auch nicht wirklich verwunderlich. Doch so einfach und unbedeutend das Wegwerfen von übrig gebliebenen Lebensmitteln hin und wieder auch scheint, so schwerwiegend sind die Folgen, wenn jeder es macht. Denn es führt letztlich dazu, dass wir extrem verschwenderisch leben und damit unnötigerweise große ökologische und gesellschaftliche Probleme erzeugen.

Dieses Buch will das ändern! Wie? Indem es aufklärt. Indem es Zusammenhänge zwischen unserem Essen und der Welt aufdeckt. Lebensmittelverschwendung ist eine Herausforderung, über die wir offen sprechen müssen – und zwar alle: vom Bauern über den Händler bis hin zum Konsumenten. Das Problem ist viel zu gewaltig, als dass man es ignorieren könnte. Und es wurde viel zu lange nicht angesprochen und öffentlich thematisiert. Weder die Politik noch die Wirtschaft und auch nicht die Medien fanden Interesse daran und eine Notwendigkeit darin, Lebensmittelverschwendung auf die Agenda zu setzen.

Aber die gute Nachricht direkt zu Beginn: Dank einer immer größer werdenden Vielzahl von gesellschaftlichen Initiativen scheint sich dies langsam zu ändern. Und so wird das Thema auch immer häufiger von Politikern und Unternehmern aufgegriffen. Der Kampf gegen Lebensmittelverschwendung ist dabei, sich aus der ideellen Aktivistenecke zu emanzipieren und wird so zunehmend zum Politikinstrument und Business Case. Das wurde auch höchste Zeit!

Doch noch sind wir ein gutes Stück davon entfernt, das Problem auch nur annähernd im Griff zu haben. Deshalb will dieses Buch auch inspirieren! Denn über Probleme sprechen und anderen die Schuld in die Schuhe zu schieben ist einfach. Interessant wird es, wenn es um Lösungen geht, die alle mit ins Boot holen. Und noch spannender, wenn Menschen nicht nur über ein zuvor vernachlässigtes Problem neu oder anders nachdenken, sondern wenn sie auch noch ihr eigenes Handeln dementsprechend ändern. Wir wollen in dir die Liebe zu Lebensmitteln neu entfachen und dazu beitragen, dass du gefühlt dreimal am Tag ein aufregendes Date verbringst – Schmetterlinge im Bauch inklusive!

Aber hey, was du nun gerade in Händen hältst, ist kein typisches Kochbuch. Es ist viel mehr. Klar, im Zentrum stehen viele bunte Rezepte, die dir dabei helfen sollen, Lebensmittel wieder mehr wertzuschätzen und in der Küche mal über den Kochtopf- oder Tellerrand zu blicken. Doch damit nicht genug, denn wir wollen diese Rezepte in einen größeren Kontext einbetten. Wem bringt es denn etwas, wenn ich das alte Brot oder die gestern übrig gebliebene Pasta noch mal reanimiere und etwas daraus zaubere? Was genau bewirkt es, wenn ich beim Spargel auch die Schale oder beim Kohlrabi auch die Blätter verwende? So viel sei an dieser Stelle gesagt: Ganz viel!

Nachdem wir im ersten Kapitel das Thema Lebens-mittelverschwendung als eine gesamtgesellschaftliche Herausforderung mitsamt den Auswirkungen auf Mensch, Wirtschaft und vor allem Umwelt beleuchten, geht es von dem großen Problem zu den schon heute auf dem Tisch liegenden Lösungen. Da wir erfreulicherweise nicht die einzigen Menschen sind, die sich im Kampf gegen die Lebensmittelverschwendung engagieren, haben wir Platz für Porträts toller Organisationen reserviert. Das Herzstück des Buches bildet der Rezeptteil. Wir zeigen dir unsere Lieblingsrezepte und machen dich zum Helden der Küche! Den Abschluss bilden Tipps und Tricks für mehr Achtsamkeit im Umgang mit Lebensmitteln.

Wir wollen dir mit diesem Buch eine Geschichte erzählen – eine Geschichte aus dem Leben. Doch es wäre falsch und wahrscheinlich auch irreführend, hier nicht von einem Kochbuch, sondern einem Geschichtenbuch zu erzählen. Denn klar ist, dass das, was wir hier behandeln, tagtägliche Realität ist. Und so groß die Herausforderung auch sein mag – wir könnten das Problem bereits heute lösen, wenn wir denn wollten.

Da die Lösungen hierfür vielseitig sind, muss dieses Buch auch kein ausschließliches Küchendasein fristen, sondern passt ebenso gut in dein Wohnzimmer. Auch könntest du deinen Kollegen, dem Koch oder der Köchin in der Kantine oder deinem Lieblingsitaliener um die Ecke davon erzählen – vielleicht nervt es sie ja auch, dass sie regelmäßig Lebensmittel wegwerfen müssen. Und wenn sie sich noch gar nicht mit dem Thema auseinandergesetzt haben, ist dies doch der ideale Zeitpunkt, einmal darüber ins Gespräch zu kommen.

Wir würden uns jedenfalls sehr freuen, wenn du den folgenden Seiten Neues und Inspirierendes abgewinnen könntest. Und wir wären geradezu euphorisch, wenn es dazu führt, dass du das eine oder andere in Zukunft neu denkst oder vielleicht etwas anders machst. Aber keine Sorge: Mehr Achtsamkeit im Umgang mit Lebensmitteln bedeutet keinen Endzustand, sondern einen kontinuierlichen Prozess. Das heißt für dich, dass du nicht von heute auf morgen alles ändern musst, was du gestern noch mit einer blinden Selbstverständlichkeit getan hast. Aber wenn du hier und da anfängst, deine Entscheidungen im Hinblick auf deine Ernährung in einem größeren Kontext zu sehen, hätten wir schon viel erreicht.

Katharina & Daniel

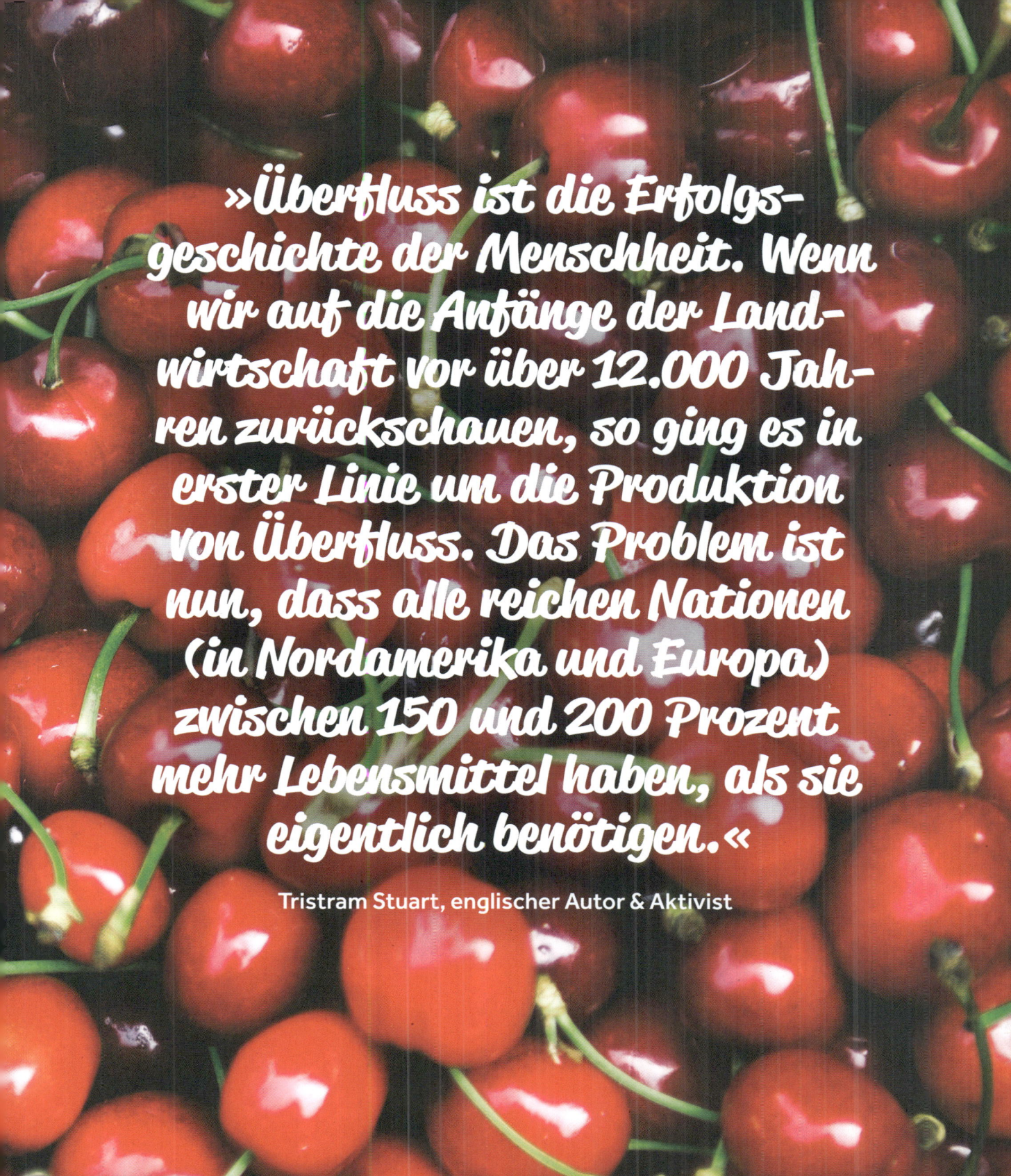

»Überfluss ist die Erfolgsgeschichte der Menschheit. Wenn wir auf die Anfänge der Landwirtschaft vor über 12.000 Jahren zurückschauen, so ging es in erster Linie um die Produktion von Überfluss. Das Problem ist nun, dass alle reichen Nationen (in Nordamerika und Europa) zwischen 150 und 200 Prozent mehr Lebensmittel haben, als sie eigentlich benötigen.«

Tristram Stuart, englischer Autor & Aktivist

LEBENSMITTEL-
VERSCHWENDUNG
?

Die Herausforderung

Lebensmittelverschwendung war lange ein unbeachtetes Thema, doch endlich bekommt es die öffentliche Aufmerksamkeit, die es verdient. Höchste Zeit, denn der Kampf gegen die enormen Massen an vermeidbaren Lebensmittelabfällen birgt ein großes Potenzial für die **»drei Säulen der Nachhaltigkeit«** – und damit für die Umwelt, Gesellschaft und Wirtschaft gleichermaßen.

Laut der UN-Organisation für Ernährung und Landwirtschaft (FAO) werden derzeit weltweit 1,3 Milliarden Tonnen essbarer Lebensmittel pro Jahr weggeworfen. Das entspricht in etwa einem Drittel der globalen Nahrungsmittelproduktion, wobei sich dieser Wert im Fall der Industrienationen auf bis zu 50 Prozent erhöht. Das heißt im Umkehrschluss, dass wir nicht selten jedes zweite erzeugte Lebensmittel einfach so in den Müll werfen. Dies scheint insofern verwunderlich, als dass wir es schließlich auch nicht akzeptieren würden, wenn wir nur 50 Prozent unseres Lohns bekämen oder beim Senden einer E-Mail nur die Hälfte zugestellt würde. Doch beim Umgang mit Lebensmitteln scheint uns diese Verschwendung nicht wirklich zu beschäftigen.

Boden als wertvolle Ressource

Wir nutzen 198 Millionen Hektar Land für den Anbau von Lebensmitteln, welche wir am Ende nicht verzehren – das entspricht in etwa der Fläche Mexikos! Insgesamt wird rund ein Drittel der weltweiten Landfläche landwirtschaftlich genutzt, um die unterschiedlichen Nachfragen nach Biomasse zu befriedigen. Böden dienen als gewaltige Kohlenstoffspeicher, sie binden mehr Kohlenstoff als die Atmosphäre und die gesamte Erdvegetation zusammen. Das Ökosystem »Boden« sichert zudem Biodiversität und spielt eine entscheidende Rolle bei der

»Drei-Säulen-Modell der nachhaltigen Entwicklung«: Seit Rio de Janeiro 1992 hat sich der Begriff »Nachhaltigkeit« etabliert – zuerst in der Politik, mittlerweile auch in der Wirtschafts- und Medienwelt. Doch leider ist gefühlt auch kein anderer Begriff im deutschen Wortschatz so schwammig und vielseitig auslegbar. Was aber gerade für uns und das vorliegende Buch von Relevanz ist, ist Folgendes: Das »Drei-Säulen-Modell einer nachhaltigen Entwicklung« vereint neben ökologischen auch ökonomische und soziale Ziele und stellt somit den interdisziplinären Charakter von »Nachhaltigkeit« heraus.
Quelle: Lexikon der Nachhaltigkeit, 2017

Wasserregulierung. Vor dem Hintergrund einer zuneh-menden Degradierung und der damit immer knapper werdenden Ressource »Boden« wird schnell klar, dass das so nicht weitergehen kann.

Drittgrößter Emittent von Treibhausgasemissionen

Und das ist noch lange nicht das Ende des Ausmaßes einer ungeheuren Ressourcenverschwendung: Für Produktion, Transport, Lagerung und Vermarktung der Lebensmittel werden große Mengen an Energie, Wasser und Land benötigt. Mit jährlich rund 3,3 Gigatonnen stellt die weltweite Lebensmittelverschwendung nach China und den USA den drittgrößten Emittenten von Treibhaus-gasemissionen dar. Ferner geht das Umweltprogramm der Vereinten Nationen davon aus, dass die Lebensmit-telproduktion für 70 Prozent des globalen Frischwas-serverbrauchs und 80 Prozent der Waldrodungen und -abholzungen verantwortlich ist.

Kampf gegen Hunger

Doch nicht nur die Auswirkungen auf die Umwelt und die damit verbundenen globalen Herausforderungen wie der Klimawandel und die Ressourcenknappheit sind höchst bedrohlich. Auch vor dem sozialen Hintergrund ist man mit weltweit über 800 Millionen Hungerleidenden immer noch weit von allgemeiner Nahrungsmittelsicherheit und nachhaltiger Entwicklung entfernt. Dabei könnte die Erde schon heute bei einer gerechteren Verteilung prob-lemlos die bis 2050 prognostizierte Weltbevölkerung von 10 Milliarden Menschen ernähren. Manche Studien gehen sogar davon aus, dass wir mit unseren heute produzier-ten Lebensmitteln über 12 Milliarden Menschen satt machen könnten (WWF, 2015).

Aus diesem Grund sind auch die Forderungen einer notwendigen Steigerung der Lebensmittelproduktion zur

»Das Essen, das wir weltweit wegwerfen, würde dreimal reichen, um alle Hungernden der Welt zu ernähren.«

Valentin Thurn, Dokumentarfilmer und Journalist

Ernährung einer steigenden Weltbevölkerung schlichtweg der falsche, weil deutlich weniger nachhaltige Weg. Lebensmittel, die weggeworfen werden, haben nicht nur keinerlei Nutzen, sondern sie verschärfen auch noch obendrein die Umweltbelastung. Denn um den Abfall zu entsorgen, benötigt man Energie, was wiederum den CO_2-Ausstoß erhöht und damit den Klimawandel verschärft.

Die Frage der »wahren« Kosten
Schnell wird klar: Sowohl für die Umwelt als auch für die Gesellschaft als Ganzes ist die Lebensmittelverschwendung ein riesengroßes Problem. Da aber heutzutage immer noch viele Menschen zuerst auf das Geld schauen (müssen), wollen wir auch diese Sphäre nicht unbeachtet lassen. Wir machen mal die Rechnung auf: Die durch Lebensmittelverschwendung unmittelbar anfallenden Kosten liegen bei zugrunde gelegten Erzeugerpreisen bei 750 Milliarden US-Dollar. Schauen wir auf die Verbraucherpreise, erhöht sich diese Zahl schnell auf rund eine Billion US-Dollar.
Doch jeder Nachhaltigkeitsexperte wird nun zu Recht aufschreien: »Aber da fehlen doch noch die externen Kosten!« Und in der Tat: Betriebe man eine Internalisierung der »systemischen Folgekosten«, das heißt jener Aufwände,

Die globalen **Nachhaltigkeits-ziele** (englisch Sustainable Development Goals, kurz SDGs) sind politische Zielsetzungen der Vereinten Nationen (UN), die der Sicherung einer nachhaltigen Entwicklung dienen sollen. Die Ziele wurden in Anlehnung an den Entwicklungsprozess der Millenniums-Entwicklungs-ziele (MDGs) entworfen und traten am 1. Januar 2016 mit einer Laufzeit von 15 Jahren in Kraft. Im Unterschied zu den MDGs, die insbesondere Entwicklungsländern galten, gelten die SDGs für alle Staaten und stellen somit in gewisser Weise einen Welt-zukunftsvertrag dar.

Quelle: BMZ, 2017

die zwar nicht unmittelbar, aber doch infolge einer bestimmten Handlung entstehen, gestaltet sich das Summenspiel ganz anders. Hier müssten laut FAO Sozial-kosten von rund 900 Milliarden US-Dollar hinzuaddiert werden, die beispielsweise aufgrund von Mangelernährung und Risiko durch Konflikt entstünden. Hierzu kämen noch mal Umweltkosten von ca. 700 Milliarden US-Dollar im Zuge von u. a. Bodendegradierung und Wasser-knappheit. Summa summarum entsteht hierdurch eine Gesamtrechnung von über 2,6 Billionen US-Dollar – eine Zahl, die so hoch ist wie das Bruttoinlandsprodukt von Frankreich oder dem Vereinigten Königreich! Spätestens hier sollte auch jeder Ökonom und Vollblutkapitalist die Dringlichkeit des Problems erkannt haben.

Erste Hoffnungsschimmer in der Politik

In der Politik scheint dies langsam der Fall zu sein. Die deutsche Bundesregierung hat sich 2015 auf der UN-Vollversammlung in New York neben den anderen 192 Mitgliedsstaaten zu den globalen Nachhaltigkeitszielen verpflichtet. Das zwölfte von insgesamt 17 Zielen fordert nachhaltige Produktions- und Konsummuster. Eines der Unterziele hiervon ist, die Pro-Kopf-Lebensmittelver-luste bis 2030 zu halbieren.

Mehr als die Hälfte des deutschen Lebensmittelabfalls ist vermeidbar

Denn auch in Deutschland ist ein entschlossenes Vor-gehen gegen die Lebensmittelverschwendung bittere Notwendigkeit. Über 18 Millionen Tonnen und damit fast ein Drittel des aktuellen Nahrungsmittelverbrauchs von 54,5 Millionen Tonnen landen hier pro Jahr im Müll. Dabei wäre mit insgesamt rund 10 Millionen Tonnen bereits heute mehr als die Hälfte davon vermeidbar. Vom Produzenten über den Groß- und Einzelhandel, die

Gastronomie bis zu den Privathaushalten – jeder Schritt entlang der Wertschöpfungskette muss in die Pflicht genommen werden.

Es müssen Taten folgen

Die Mehrheit der Bevölkerungen in Industrienationen wie Deutschland lebt in einer Konsum- und Überflussgesellschaft und damit leider auch immer offensichtlicher in einer Wegwerfgesellschaft. Deshalb ist klar, dass politischen Willensbekundungen nun auch Taten in Form eines nationalen Aktionsplans folgen müssen. Es bedarf schnell wirkender Politikinstrumente – seien es verhaltensbasierte Anreize, Vorgaben für Gastronomie und Supermärkte oder eine Änderung des Mindesthaltbarkeitsdatums. Ob UN-Nachhaltigkeitsziele, EU-Aktionspläne oder Initiativen auf nationalstaatlicher Ebene, politische Willensbekundungen dürfen wir in Anbetracht dieser ungeheuren Verschwendung immer häufiger vernehmen. Was jedoch oft fehlt, ist die gesetzliche Verbindlichkeit.

Zu Recht rückt das Thema vermehrt in das gesamtgesellschaftliche Interesse. Denn es ist klar, dass sich unsere Nachfolgegenerationen diese Art der Ressourcenverschwendung nicht mehr leisten können. Und mal ganz im Ernst: Es war noch nie einfacher, Geld zu sparen und dabei einen wichtigen Beitrag zu ökologischer und sozialer Nachhaltigkeit zu leisten.

Eine illustre Zahl, die wir in diesem Kontext immer wieder gerne verwenden, ist folgende: 313. Was sich dahinter verbirgt? 313 Kilogramm Lebensmittel werden in Deutschland pro Sekunde weggeworfen, obwohl sie noch genießbar gewesen wären. 313 Kilogramm – pro Sekunde! Allein seitdem du angefangen hast, diesen Absatz zu lesen sind schon wieder zwischen zwei und drei Tonnen künstlich geschaffener Lebensmittelabfälle angefallen.

»Umgerechnet sind alle Nahrungsmittel, die wir in den ersten vier Monaten des Jahres produziert haben, auf dem Müll gelandet.«

Tanja Dräger de Teran, Referentin für Ernährung beim WWF

Traurige Fakten in der Übersicht

Weltweit werden jährlich 1,3 Milliarden Tonnen Lebensmittel verschwendet – das entspricht einem Drittel der globalen Nahrungsmittelproduktion; in Deutschland kommen wir auf 18 Millionen Tonnen – das sind **313 Kilogramm pro Sekunde.**

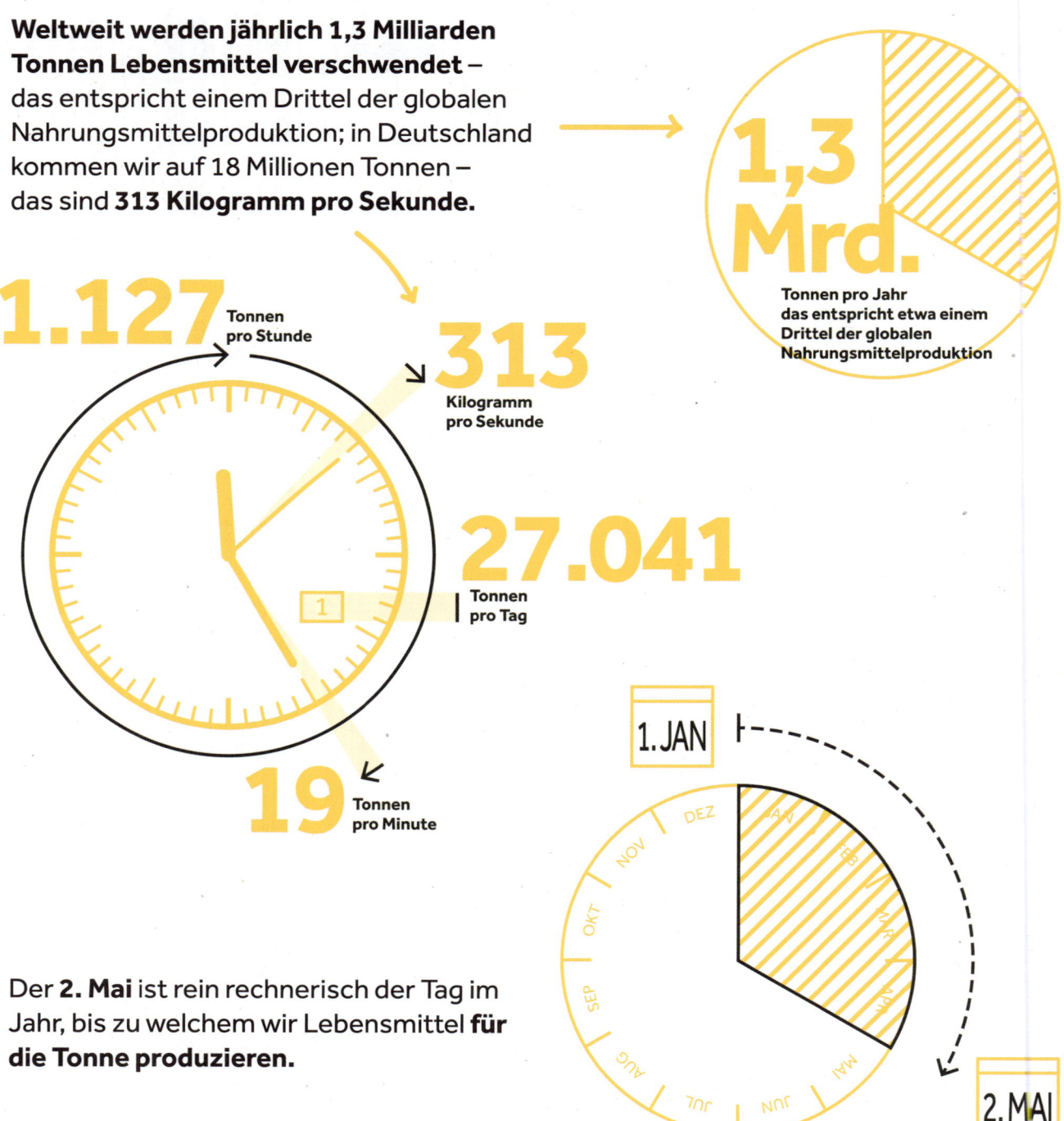

1,3 Mrd.

Tonnen pro Jahr
das entspricht etwa einem Drittel der globalen Nahrungsmittelproduktion

1.127 Tonnen pro Stunde

313 Kilogramm pro Sekunde

27.041 Tonnen pro Tag

19 Tonnen pro Minute

Der **2. Mai** ist rein rechnerisch der Tag im Jahr, bis zu welchem wir Lebensmittel **für die Tonne produzieren.**

1. JAN

2. MAI

Lebensmittelverschwendung entlang der Wertschöpfungskette in Millionen Tonnen

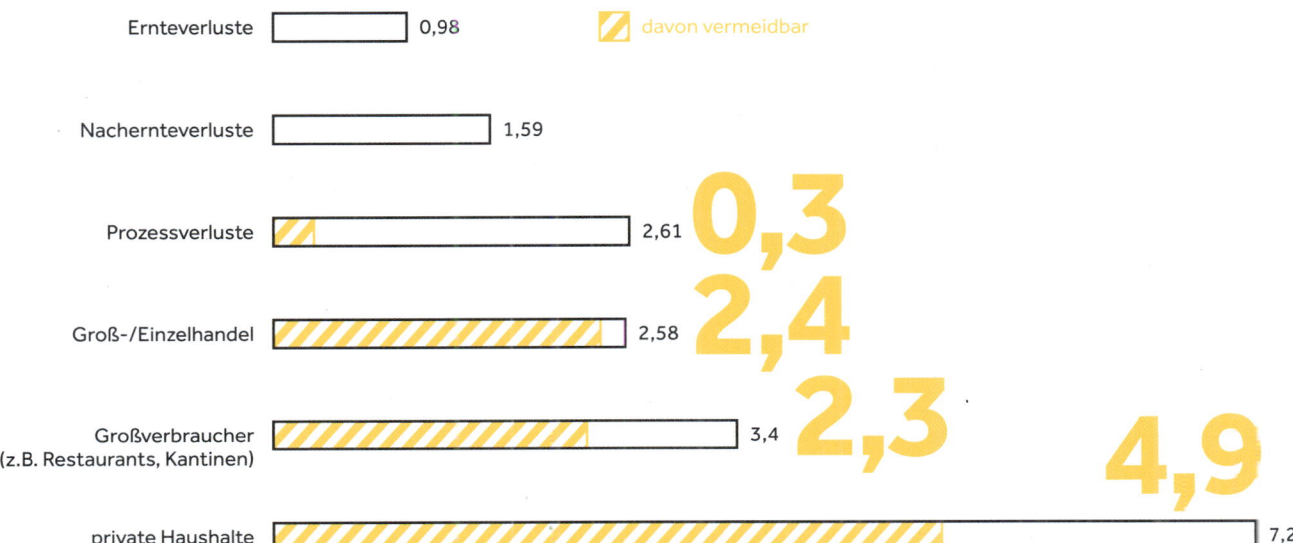

Ernteverluste		0,98
Nachernteverluste		1,59
Prozessverluste		2,61
Groß-/Einzelhandel		2,58
Großverbraucher (z.B. Restaurants, Kantinen)		3,4
private Haushalte		7,2

davon vermeidbar

0,3
2,4
2,3
4,9

Rund **18 Millionen Tonnen Lebensmittel** landen jährlich in Deutschland **in der Mülltonne** – dabei wären ca. **10 Millionen Tonnen** durch einen achtsameren Umgang **vermeidbar**.

Wir nutzen in Deutschland eine landwirtschaftliche Fläche in etwa so groß wie Mecklenburg-Vorpommern und das Saarland (ca. 2,6 Mio. Hektar), um Lebensmittel anzubauen, die nach der Ernte sowieso weggeworfen werden.
Die weltweite Lebensmittelverschwendung braucht für ihren Anbau knapp 200 Millionen Hektar und damit die Fläche Mexikos.

Saarland   Mecklenburg-Vorpommern

=2,6
Millionen Hektar

Quellen: WWF, 2015 & FAO, 2013

27

Weltweite Lebensmittelverschwendung nach Lebensmittelgruppen in Prozent

45 Obst & Gemüse

35 Fisch & Meeresfrüchte

30 Getreide

20 Milchprodukte

20 Fleisch

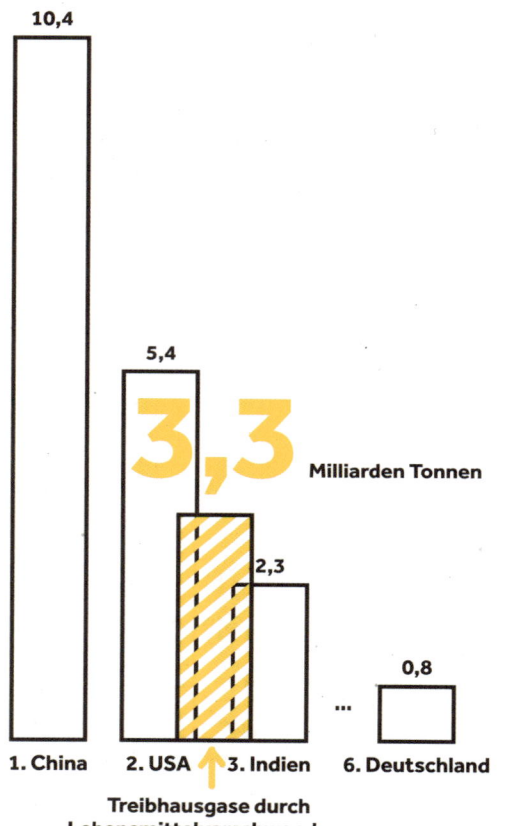

10,4

5,4

3,3 Milliarden Tonnen

2,3

0,8

...

1. China | 2. USA ↑ 3. Indien | 6. Deutschland

Treibhausgase durch
Lebensmittelverschwendung

Die direkten Kosten der weltweiten Lebensmittelverschwendung werden mit 1 Billionen US-Dollar jährlich beziffert (Verbraucherpreise); bei Erzeugerpreisen käme man auf 750 Milliarden US-Dollar, das entspricht dem BIP der Schweiz. Zudem kommt es infolge von Lebensmittelverschwendung zu **Sozialkosten von 900 Milliarden US-Dollar** (z. B. aufgrund von Mangelernährung, Risiko durch Konflikte etc.) sowie Umweltkosten von 700 Milliarden US-Dollar (Wasserknappheit, Bodendegradation). **Das bringt die Gesamtkosten auf 2,6 Billionen US-Dollar – eine Summe vergleichbar dem BIP von Frankreich oder dem des Vereinigten Königreichs.** Die vermeidbare Verschwendung verschlingt in Deutschland hochgerechnet 21,6 Milliarden Euro pro Jahr, das heißt, **pro Kopf werfen wir 235 Euro weg.**

Mit weltweit jährlich **3,3 Milliarden Tonnen Treibhausgasemissionen** erschaffen wir durch Lebensmittelverschwendung künstlich den drittgrößten Emittenten nach China und den USA.

235 €
pro Kopf im Jahr

60.000 ×

25 Tonnen

Aktuell verzehren wir in Deutschland etwa 60 Kilogramm Kartoffeln pro Person und Jahr, bevorzugt in verarbeiteter Form wie Pommes frites oder Chips. **Jährlich gehen rund 1,5 Millionen Tonnen Kartoffeln auf dem Weg vom Acker bis zum Teller verloren.** Das sind umgerechnet 60.000 Laster bei einem Füllgewicht von 25 Tonnen.

Schauen wir auf die **Lebensmittelverschwendung pro Kopf** im Vergleich der Weltregionen, so werden schnell große Unterschiede deutlich: Während in Europa und Nordamerika im Schnitt 95–115 Kilogramm pro Jahr weggeworfen werden, sind es in Subsahara-Afrika und Südasien lediglich 6–11 Kilogramm pro Jahr.

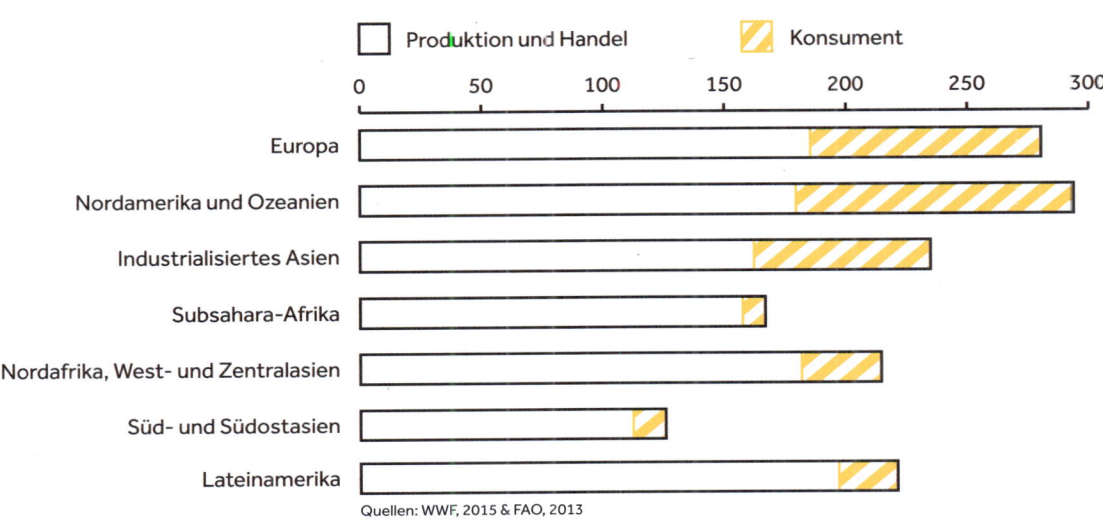

Quellen: WWF, 2015 & FAO, 2013

LEBENSMITTEL-WERTSCHÄTZUNG

!

Die Lösung(en)

Wir haben bereits gelernt: Politische Willensbekundungen können wir immer häufiger vernehmen. Was jedoch oft fehlt, ist das Gefühl, dass sich tatsächlich etwas verändert. Da liegt die Frage nicht fern, was diese Ankündigungen, Abkommen und Weltzukunftsverträge eigentlich bewirken. Ändern sie wirklich etwas daran, wie wir mit unseren Lebensmitteln umgehen? Oder sind sie am Ende doch nur Lippenbekenntnisse, um bei der nächsten Wahl besser dazustehen? Bekommen wir so das aus dem Ruder gelaufene System in den Griff, welches nicht nur Lebensmittel, sondern eben auch Energie, Wasser und Land verschwendet?

Europäische Vorreiter

Bis 2030 die Lebensmittelabfälle halbieren – so lautet eines der Nachhaltigkeitsziele der UN. Und so hat sich auch Deutschland diesem Ziel verpflichtet. Schauen wir jedoch auf unsere europäischen Nachbarn, muss man feststellen, dass es hier entschiedeneres Vorgehen gegen die Lebensmittelverschwendung zu verzeichnen gibt.

Großbritannien beispielsweise konnte durch freiwillige Maßnahmen in den letzten Jahren die weggeworfenen Lebensmittel um jährlich 1,1 Millionen Tonnen verringern. Initialzündung war hier die im Jahr 2007 gestartete Kampagne »Love Food, Hate Waste« (zu Deutsch »Essen lieben, Abfall hassen«) der Non-Profit-Organisation »WRAP«, welche sich mit Tipps für den bewussten Einkauf und Rezepten für die Verwertung von Resten für ein Umdenken starkmachte. Doch auch die landesweite Doggy-Box-Kampagne »Too Good To Waste« konnte zum Mitnehmen von Tellerresten und einer wertschätzenderen Restaurantkultur beitragen.

Im Jahr 2016 haben sich die Staaten der UN auf **17 globale Nachhaltigkeitsziele** geeinigt (siehe auch Seite 22). Ziel 12 will für nachhaltige Konsum- und Produktionsmuster sorgen und u. a. bis 2030 die weltweite Lebensmittelverschwendung halbieren – sowohl auf Einzelhandels- und Verbraucherebene als auch in der gesamten Produktions- und Lieferkette, einschließlich der Verluste nach der Ernte.

In Dänemark war man sogar noch erfolgreicher und konnte die heimische Lebensmittelverschwendung seit 2010 um ein Drittel reduzieren. Auch hier war es in erster Linie ein gesellschaftlicher Impuls in Form der Non-Profit-Organisation »Stop Spild Af Mad« (zu Deutsch »Stoppt die Lebensmittelverschwendung«), welcher an die Bürger appellierte und eine wahre Bewegung lostreten konnte.

Schauen wir auf Länderbeispiele, die mit Gesetzen gegen das Problem vorgehen, so gestaltet sich die Übersicht der Pioniere recht überschaubar. Lediglich zwei Länder haben bislang ein Gesetz gegen Lebensmittelverschwendung verabschiedet: Nachdem Frankreich es Anfang 2016 vorgemacht hatte, zog Italien nur wenige Monate später nach: Während die Franzosen größere Supermärkte dazu zwingen, unverkaufte Ware an gemeinnützige Organisationen abzugeben, und im Falle der Nichtbefolgung mit möglichen (Geld-)Strafen drohen, versuchen die Italiener über Anreizsysteme (beispielsweise Steuererleichterungen) die heimische Lebensmittelverschwendung in den Griff zu bekommen.

In Deutschland ist man von einem Gesetz noch weit entfernt. Es existiert nicht einmal eine nationale Strategie, die das Problem systemisch erfasst und Maßnahmen ableitet. Erst kürzlich hat der WWF unter dem Titel »Lebensmittelverschwendung – Was tut die Politik?« in Kooperation mit dem Institut für nachhaltige Ernährung der Fachhochschule Münster eine Studie veröffentlicht, welche die einzelnen Vorhaben der Bundesländer unter die Lupe nimmt. Die Bilanz: Von den insgesamt 16 Bundesländern gibt es fünf Pioniere, die zu einem sehr frühen Zeitpunkt und dazu in umfassender Weise das Thema angegangen sind. Hierzu gehören Baden-Württemberg, Bayern, Nordrhein-Westfalen, Rheinland-Pfalz und Sach-

»Es geht ja darum, eine Antwort auf Hunger und Durst zu geben!«

Arash Derambarsh, französischer Politikaktivist & Initiator der Initiative
für das Lebensmittelverschwendungs-Gesetz in Frankreich

sen. Das Spektrum der zu beobachtenden Maßnahmen ist dabei recht breit: von der Erhebung der landesweit anfallenden Lebensmittelverluste über die Verankerung der Vermeidung von Lebensmittelabfällen im Abfallwirtschaftsplan bis hin zur Vernetzung der unterschiedlichen Akteure und Ernährungsbildung.

Auf der anderen Seite gibt es jedoch auch ein paar Nachzügler, die erst seit Kurzem Initiativen oder Maßnahmen gestartet haben, wie Bremen, Hamburg, Mecklenburg-Vorpommern, Niedersachsen, Sachsen-Anhalt und Thüringen. Die Autoren kommen letztlich zu dem Ergebnis, dass ein bundesweit abgestimmtes Vorgehen notwendig wäre, um den Bundesländern einen Handlungsrahmen aufzuzeigen, die Entwicklung zu steuern und zukünftig die Schritte einer Reduktion der Lebensmittelverluste nachvollziehbar machen zu können.

Gesellschaftliches Engagement macht den Unterschied

Erfreulicherweise stellen sich immer mehr Menschen – auch unabhängig von politischen Entwicklungen – die Frage, ob die momentane Lebensmittelverschwendung tatsächlich alternativlos ist. Doch anstatt auf entsprechende Abkommen, Gesetze oder gar Unternehmensallianzen zu warten, packen sie selbst an und machen so den Kampf gegen die Lebensmittelverschwendung zu einem zentralen Lebensinhalt. Wir spüren in allen Gesprächen, die wir zu diesem Thema führen, eine ungemein feste innere Überzeugung, die verdeutlicht: Wir können etwas ändern!

Die Ansätze im Kampf gegen die Lebensmittelverschwendung sind dabei so vielfältig wie kreativ. Doch das ist auch erforderlich, denn schließlich kommt es überall entlang der Wertschöpfungskette zu vermeidbaren Lebensmittelabfällen. Ganz gleich ob im Rahmen der Produktion, des Handels oder des Verbrauchs – nur ein ganzheitliches Vorgehen kann das Problem wirklich lösen.

Ugly-Food-Bewegung

Glatte Haut, glänzendes Erscheinungsbild und perfekte Maße – klingt nach einem Slogan aus der Beautybranche. In unserem Kontext beschreiben sie aber die Erwartungen der Gesellschaft und der Lebensmittelindustrie an das Aussehen von Obst und Gemüse – und damit eine wichtige Ursache unserer Lebensmittelverschwendung. Formschön und makellos muss es sein, sonst stimmt damit etwas nicht!

Mittlerweile gibt es jedoch immer mehr Initiativen, die diesen künstlichen Perfektionismus in der Lebensmittelbranche und die damit einhergehende Verschwendung nicht länger hinnehmen wollen. Das »Ugly Food Movement« stellt das Schiefe, Krumme und Unförmige in den Fokus und appelliert an die Einzigartigkeit der landwirtschaftlichen Erzeugnisse.

In Sachen Geschmack und Nährstoffgehalt müssen sich diese ja ohnehin nicht verstecken. Die EU-finanzierte Qlif-Studie berücksichtig 180 wissenschaftliche Publikationen und belegte, dass ökologische Lebensmittel (die ja häufig Wunderlinge hervorbringen) meist mehr

Vermarktungsnormen sind letztlich der Grund dafür, dass wir in den Supermärkten nur perfektes Gemüse und Obst vorfinden. Auf diese Weise definiert die EU die Beschaffenheit von landwirtschaftlichen Erzeugnissen, die Klassifizierung zur Vergleichbarkeit sowie die Kennzeichnung von Informationen für die Verbraucher (z. B. Ursprungsland). Neben den allgemeinen gibt es für zehn Erzeugnisse auch spezielle Vermarktungsnormen (u. a. für Äpfel, Zitrusfrüchte, Salate und Tomaten), die vor Kurzem einem Münchner Bio-Laden zum Verhängnis wurden. Dieser wollte zusammengewachsene »Doppelfrucht-Kiwis« verkaufen, wurde aber von einem Kontrolleur der Bayerischen Landesanstalt für Landwirtschaft der Ordnungswidrigkeit angeklagt und musste schließlich die Kiwis aus dem Sortiment nehmen.

Quelle: Europäische Kommission, 2017

Nährstoffe enthalten, da sie aufgrund geringerer Düngung und Pestizidbehandlung im Kampf gegen äußere Einflüsse eigene »Abwehrkräfte« entwickeln. Dies führt dazu, dass diese für den Menschen neben Vitaminen auch mehr Antioxidantien (bis zu 40 Prozent) bereitstellen. Stress beim Pflanzenwachstum macht sie also kräftiger und gesünder!

Immer mehr etablierte Handelsunternehmen springen deshalb auf den Nachhaltigkeitszug auf und verkaufen unförmiges Obst und Gemüse als »konkrete Maßnahme gegen die Wegwerfkultur« in ihren Supermärkten. Was dabei scheinbar alle verstanden haben: Das Wort »ugly« bzw. »hässlich« macht sich in Sachen Marketing und Kommunikation nicht wirklich gut. Ob »Inglorious Fruits & Vegetables« (bei Intermaché in Frankreich), »wonky« (bei ASDA in England), »naturally imperfect« (bei Loblaws in Kanada), »Produce with personality« (bei Giant Eagle in den USA), »Ünique« (bei Coop in der Schweiz), die »Bio-Helden« (bei Penny in Deutschland) oder eben als »Wunderlinge« (bei REWE Österreich) – die Bezeichnungen in den jeweiligen Auslagen versuchen, den viel zu lange vernachlässigten Lebensmitteln mit charismatischen Ecken und Kanten wieder zu mehr Ansehen zu verhelfen.

Und die krummen Gurken, seltsam geformten Kartoffeln, verfärbten Zitronen und unförmigen Karotten scheinen bei den Kunden gut anzukommen. So zog beispielsweise die deutsche Discounterkette Penny nach einem Jahr Verkauf der Bio-Helden überraschend positive Bilanz: Die verkauften Mengen stiegen so schnell in die Höhe, dass die Verantwortlichen kurzerhand das Sortiment des krummen Gemüses von 13 auf 21 Sorten erweiterten. Und das sogar, obwohl die krummen Lebensmittel nicht einmal billiger als das normale Obst und Gemüse waren.

Dass **Wunderlinge** nicht nur schön anzusehen, lecker und gesund, sondern auch extrem nützlich sind, zeigen zwei Geschichten aus Deutschland und Kanada, die im letzten Jahr in diversen Medien berichtet wurden. Hier war es die im eigenen Garten herangezogene Karotte, welche den 3 bzw. 13 Jahre zuvor bei der Gartenarbeit verloren gegangenen Ehering wieder zutage förderte. Der Spiegel hatte sich daraufhin die Mühe gemacht und die Wahrscheinlichkeit ausgerechnet, mit welcher man selbst Zeuge dieses freudvollen Naturereignisses werden kann. Mit einer Wahrscheinlichkeit von 0,3 Prozent ist die Chance gar nicht mal so klein. Es reichen also 300 Karottenfelder aus, um jährlich einen verlorenen Ring wiederzubekommen, in dem eine Karotte steckt!

Quelle: Spiegel Online, 2017

> **»Die Leute sind besessen vom Streben nach Perfektion, aber Perfektion existiert nicht. Man wirft etwas weg, weil es nicht perfekt ist. Aber es ist großartig. Warum reicht großartig nicht?«**

Douglas McMaster, Inhaber des Zero-Waste-Restaurants Silo

Schauen wir uns die **Lebensmittelverschwendung nach Produktgruppen** in Deutschland an, so wandern ausgerechnet die Lebensmittel am häufigsten in die Tonne, die ganz oben auf unserem Speiseplan stehen sollten: Obst und Gemüse machen mit 44 Prozent fast die Hälfte unserer Lebensmittelabfälle aus. Es folgen Back- und Teigwaren (20 Prozent), Speisereste (12 Prozent), Milchprodukte (8 Prozent), Getränke (7 Prozent) sowie Fisch und Fleisch (6 Prozent).

Quelle: Universität Stuttgart, 2012

Lebensmittelwertschätzung als Trend

Am Ende des Tages ist auch dieses Vorgehen der Supermärkte Teil gesamtgesellschaftlicher Entwicklungen, die sich wieder mehr in Richtung Wertschätzung von Lebensmitteln bewegen. Sie spiegeln die Sehnsüchte und Gefühle von Pionieren und gesellschaftlichen Avantgarden wider. Gerade weil wir so viel Auswahl an Lebensmitteln haben, sollten wir jene, die wir konsumieren, besonders wertschätzen.

Ob Zero Waste, Nose-to-Tail und Leaf-to-Root oder Local Food, wir sind – zumindest in Nischen – wieder dabei, unsere Ernährung ernster zu nehmen und in Sachen Nachhaltigkeit neue Maßstäbe zu setzen. In der Zukunftsforschung spricht man hier von sogenannten Food Trends, die aufgrund neuer bzw. unbefriedigter Bedürfnisse in der Gesellschaft neue Produkte, Dienstleistungen oder Geschäftsmodelle entstehen lassen. Um dies jedoch besser verstehen und einordnen zu können, muss man sich eine Sache immer wieder vor Augen führen: Diese Erscheinungen sind immer Folge übergeordneter Megatrends – also globale und epochale Entwicklung in unserer Gesellschaft; die »Tiefenströmungen des Wandels«, welche die Welt zwar langsam, aber grundlegend und langfristig verändern (Zukunftsinstitut, 2018).

So hat beispielsweise die Globalisierung unserer Ernährung dazu geführt, dass wir eine Rückbesinnung auf Regionales und Lokales beobachten können, die sich beispielsweise in den Food-Trends »Local Food« oder »Slow Food« äußert: Zunehmend industrialisierte und sich weltweit angleichende Esslösungen ließen bei uns die Sehnsucht nach Regionalität (z. B. regionale Produkte und Herstellungsweisen), Vertrautheit, Authentizität und Natürlichkeit entstehen. Wir fragen wieder häufiger nach, wo unsere Lebensmittel herkommen und wie sie entstanden sind, wer hinter den Produkten steckt und welche Geschichte sie uns damit erzählen möchten. Es ist also weniger der Teller selbst als vielmehr der Weg dorthin, welcher immer häufiger wieder das Maß aller Dinge ist.

Werfen wir nun einen Blick auf Food-Trends, die sich mit dem Thema Lebensmittelverschwendung auseinandersetzen.

Food-Trend	Worum geht's?	Beispiele
Zero Waste	Unsere Konsumkultur hat dazu geführt, dass wir große Massen an Müll produzieren – sei es bei Verpackungen oder aber Lebensmitteln selbst. Der Zero-Waste-Ansatz möchte diesem Problem begegnen und hat die Vermeidung von Abfall als Ziel.	Das Silo aus Brighton in Großbritannien gilt als erstes Zero-Waste-Restaurant der Welt: Keine Plastikverpackungen, Recyclingmöbel und eine 28.000 Euro teure Kompostiermaschine namens »Bertha«, die Speisereste in Kompost verwandelt und für den eigenen Garten bereitstellt.
Nose-to-Tail & Leaf-to-Root	Der Überfluss hat dazu geführt, dass wir irgendwann nur noch das Filet und den schönsten Teil der Frucht gegessen haben. Dass bei vielen Lebensmitteln aber das ganze Produkt verwertet werden kann und auch enorm viel Genusspotenzial abseits der klassischen Teile vorhanden ist, zeigen der Nose-to-Tail- (Fleisch) und der Leaf-to-Root-Trend (Obst & Gemüse).	Dass es bei »Eat it all« nicht nur um Nachhaltigkeit, sondern eben auch um Genuss geht, zeigt das Gußhaus in Wien. Hier ist Beuschel (obere Eingeweide des Tieres) der absolute Verkaufsschlager. Und Avantgardebauer Matthias Hollenstein aus Zürich verkauft Sachen, die sonst nicht wirklich für den Konsumenten sichtbar sind – etwa Randenblätter oder Fenchelwurzel.

Food-Trend	Worum geht's?	Praxisbeispiele
Local & Seasonal Food	Unübersichtlichkeit und zunehmend standardisierte Lösungen lassen das Verlangen nach Regionalität, Vertrautheit, Authentizität und Natürlichkeit erstarken. Traditionelle Gerichte und Zubereitungsweisen mit lokalen und saisonalen Erzeugnissen versprechen Genuss, der Identifikation und Sinn stiftet.	Gerade die Sterneküche bedient sich zur Zeit dieses Trends. Ob das Seven Swans in Frankfurt oder das Nobelhart & Schmutzig in Berlin – gekocht wird nur mit lokalen (meist in Permakulturen selbst angebauten) Lebensmitteln, die gerade Saison haben.
Meet Food	Der Konsument will Lebensmittel nicht mehr nur »verbrauchen«, sondern auch »erleben« – und die Produzenten reagieren mit Angeboten, die Begegnung ermöglichen. Was bei Convenience-Produkten völlig auf der Strecke bleibt, steht bei »Meet Food« im Zentrum – der Weg des Lebensmittels auf den Teller.	Bei der »gläsernen Metzgerei« Kumpel & Keule in Berlin können die Konsumenten dank kompletter Verglasung alle Verarbeitungsschritte live miterleben – vom Zerlegen ganzer Schweinehälften bis zur Herstellung der Wurst.
DIY Food	Transparenz, Emanzipation und Eigeninitiative statt standardisierter und intransparenter Prozesse der Lebensmittelindustrie. Bei der »Do it yourself«-Kultur sind Selbermachen und Wertschätzung angesagt.	»Deutschland blubbert wieder«, konnte man vor Kurzem in den Medien vernehmen. Gemeint ist die wiederentdeckte Freude an alten Konservierungstechniken wie dem Fermentieren. Jetzt wird das Sauerkraut wieder selbst hergestellt, frei von Zusatz- und Aromastoffen.

Durch **Crowdbutching**
finanzierte Fleischpakete
gibt's unter kaufnekuh.de,
kaufeinschwein.de und
kaufnegans.de.

Back to the roots

In puncto Lebensmittelwertschätzung sind vor allem der
Nose-to-Tail- sowie der Leaf-to-Root-Trend interessant,
da sie in gewisser Weise eine Wiederentdeckung alther-
gebrachter Traditionen darstellen. Denn welche Teile
eines Tieres oder einer Frucht von Menschen konsumiert
werden, ist immer von kulturellen Gewohnheiten geprägt.

Schauen wir aber auf das Thema Fleisch und wagen
einen Blick in die Kühlregale der Supermärkte, so sehen
wir, wie wenig von einem geschlachteten Tier eigentlich
gegessen wird. Filets, Koteletts, Schnitzel sowie Schenkel
und Flügel machen (abgesehen von Wurstwaren) den
Großteil des Angebots aus. Das war vor einigen Jahrzehnten noch komplett anders. Doch seitdem die Preise für
Fleisch im Vergleich zum Einkommen so stark gesunken
sind, sind auch Kutteln, Zunge, Niere und Leber von
unseren Speiseplänen verschwunden. Der Fleischatlas
der Heinrich Böll Stiftung (2014) geht davon aus, dass wir
lediglich 62 Prozent des Schweines, nur gut die Hälfte des
Huhnes und gerade mal 37 Prozent des Rindes verzehren.
Der Rest wird exportiert, zur Tierfütterung und in der
Chemieindustrie verwendet oder entsorgt.

Da wir aber immer besser über die negativen Auswirkungen unseres ohnehin zu hohen Fleischkonsums
Bescheid wissen – sei es auf die eigene Gesundheit wie
auch die unseres Planeten –, gibt es immer mehr Lösun-
gen, die sich für die Wertschätzung des ganzen Tieres
einsetzen. So haben Spitzenköche in aller Welt Innereien,
Knorpel und Co. wiederentdeckt und zurück ins Bewusst-
sein geholt. Auf Onlineplattformen können Verbraucher
Fleischpakete bestellen, jedoch mit einem besonderen
Clou: Das Tier wird erst geschlachtet, wenn sich genug
Abnehmer für jedes Teil gefunden haben und somit das
Tier zu 100 Prozent verkauft wurde.

Innovative Ansätze in Deutschland

»Teile Lebensmittel, anstatt sie wegzuwerfen«, heißt es bei **Foodsharing,** einer Plattform mit mehr als 23.000 Mitgliedern. Sie gibt Lebensmittelhändlern, Privatpersonen und Produzenten die Möglichkeit, überschüssige Lebensmittel kostenlos anzubieten oder abzuholen.

fcodsharing.de

Weiter vorne in der Wertschöpfungskette setzt das Münchner Start-up **Etepetete** an. Durch Kooperationen mit Bio-Bauern hat das Team ein »Auffangbecken« für extravagant aussehendes Gemüse geschaffen. Diese werden in Form einer Gemüseretter-Kiste frisch vom Feld vor die Haustüren in ganz Deutschland verschickt.

etepetete-bio.de

An der gleichen Stelle setzt auch die Berlin-München-Kombination **Querfeld** an. Normalerweise aussortiertes Obst und Gemüse wird direkt vom Erzeuger bezogen, um es wieder salonfähig zu machen und die Vielfalt der Natur auf die Teller zu bringen. »Denn Geschmack ist keine Frage des Aussehens.«

querfeld.bio

Die Internetplattform **Deine Ernte** will der Lebensmittelverschwendung in privaten Gärten entgegenwirken. Es gibt über 30 Millionen Gärten in Deutschland, wo häufig auch Obst und Gemüse angebaut werden. Deine Ernte will Besitzern helfen, ihre überschüssigen Lebensmittel aus dem eigenen Garten an andere Menschen zu verteilen.

deineernte.de

uliwestphal.de **Uli Westphal** ist ein bildender Künstler und Visual Artist aus Köln, der mit seinem »Mutato«-Projekt dem sonderbar geformten Obst und Gemüse eine Plattform bieten möchte. Die fotografische Sammlung macht in ästhetischer Weise darauf aufmerksam, welch schillernde Vielfalt an Formen, Farben und Texturen uns die Natur bereitstellen würde, würden wir für einen Moment unsere kommerziellen Standards vergessen.

restlos-glücklich.berlin Mit dem **Restlos Glücklich** in Berlin gibt es mittlerweile ein Restaurant, das ein deutliches Zeichen gegen die Lebensmittelverschwendung in Deutschland setzt. Mit dem Ziel, Lebensmittel wieder mehr wertzuschätzen, bietet das kleine Lokal neben dem famos leckeren Tagesbetrieb auch Bildungsprojekte und Kochkurse an.

doerrwerk.de »Jede Frucht ist schön«, meinen die Macher vom **Dörrwerk,** der Berliner Manufaktur für Snacks aus gerettetem Obst. Früchte, die aufgrund optischer Mängel nicht verkauft werden, obwohl sie noch hervorragend schmecken, werden einfach zu Fruchtpapier weiterverarbeitet.

mealsaver.de
resq-club.com Dass der Kampf gegen die Lebensmittelverschwendung auch in Zeiten des digitalen Wandels funktioniert, zeigt **MealSaver** bzw. nach erfolgreicher Fusion mittlerweile **ResQ Club.** Mithilfe einer App können Restaurants und Geschäfte am Ende des Tages übrig gebliebene Speisen Nutzern der App billiger anbieten. Berlin und Hamburg sind schon dabei – weitere Städte sollen folgen.

the-good-food.de
sirplus.de **The Good Food** aus Köln haben ein Ladenkonzept entwickelt, bei dem man neben abgelaufenen Lebensmitteln wie eingelegtem und eingewecktem Gemüse oder Trockenware auch frisches, aber zu kleines, krummes oder außergewöhnliches Obst und Gemüse findet. Das

Konzept funktioniert, und das auch noch zum attraktiven »Zahl, was es dir wert ist«-Preis. Mit **Sirplus** gibt es in Berlin ein weiteres Lebensmittelgeschäft mit diesem Konzept. Hier darf man sich in Zukunft sogar noch auf einen Onlinelieferservice freuen, mit welchem man bei Landwirten, Produzenten und Großmärkten gerettete Lebensmittel erwerben kann.

Die Initiative **»Wirf-mich-nicht-weg!«** will durch Aufklärung und Wissensvermittlung in Schulklassen Lebensmittelabfälle verringern. Das Projekt des Regionalen Umweltzentrums Hollen e. V. besucht jährlich rund 50 Grundschulen bundesweit, um Kindern Fragen rund um die Wertschätzung von Lebensmitteln zu beantworten.

wirf-mich-nicht-weg.de

Ein Blick in die Welt

Großbritannien

The Real Junkfood Project bietet nicht nur Caterings und Events an, sondern betreibt auch mehrere Cafés im Land, bei denen man gerettete Lebensmittel auf »Pay as you feel«-Basis kaufen kann.
therealjunkfoodproject.org

Niederlande

Save Food From The Fridge ist ein Projekt des koreanischen Designers Jihyun Ryou und will die Lebensmittelverschwendung in privaten Haushalten auch ohne moderne Küchentechnologie reduzieren, und zwar durch clevere Lagerung.
savefoodfromthefridge.com

Kanada

Die Region York hat mit **Good Food** ein Programm gestartet, das Lebensmittelverschwendung beim Schulessen vermeidet und gleichzeitig nachhaltige Ernährung von Kindern zu fördert.

USA

Bei **Hungry Harvest** kann man Gemüseretter-Boxen ganz bequem per Internet bestellen und ermöglicht dadurch sogar noch einer bedürftigen Familie Zugang zu guten Lebensmitteln.
hungryharvest.net

Costa Rica

In einer Kooperation zwischen der **University of Pennsylvania** und dem Orangensaft-Hersteller **Del Ora** gelang es, mithilfe von Orangenabfällen aus der Saftproduktion auf einer vorher abgeholzten Fläche wieder einen Tropenwald entstehen zu lassen.

Dänemark

Dank **Stop Spild Af Mad** und der Initiatorin Selina Juul konnte Dänemark seine Lebensmittelverschwendung um 25 Prozent reduzieren – innerhalb von nur fünf Jahren.

stopwastingfoodmovement.org

Italien

Last Minute Market ist eine Zero-Waste-Initiative der Universität von Bologna, welche unverkaufte Lebensmittel lokalen Non-Profit-Organisationen zugutekommen lässt.

lastminutemarket.it

China

Die **Shaanxi Yihong Agricultural Technology Company** hilft Farmern mit einer Onlineplattform dabei, ihre Erzeugnisse direkt an Konsumenten in der Stadt zu verkaufen.

Südkorea

Seoul pilotiert in zwei Stadtvierteln ein **High-Tech Food Waste Management Program**, das beim Entsorgen von Lebensmitteln in speziellen Mülltonnen durch einen Chip Kosten proportional zum Gewicht der Abfälle in Rechnung stellt.

stopwastingfoodmovement.org

Australien

Der Supermarkt **Ozharvest** verteilt gerettete Lebensmittel von anderen Supermärkten und Fluglinien weiter.

ozharvest.org

Lebensmittelwertschätzung!

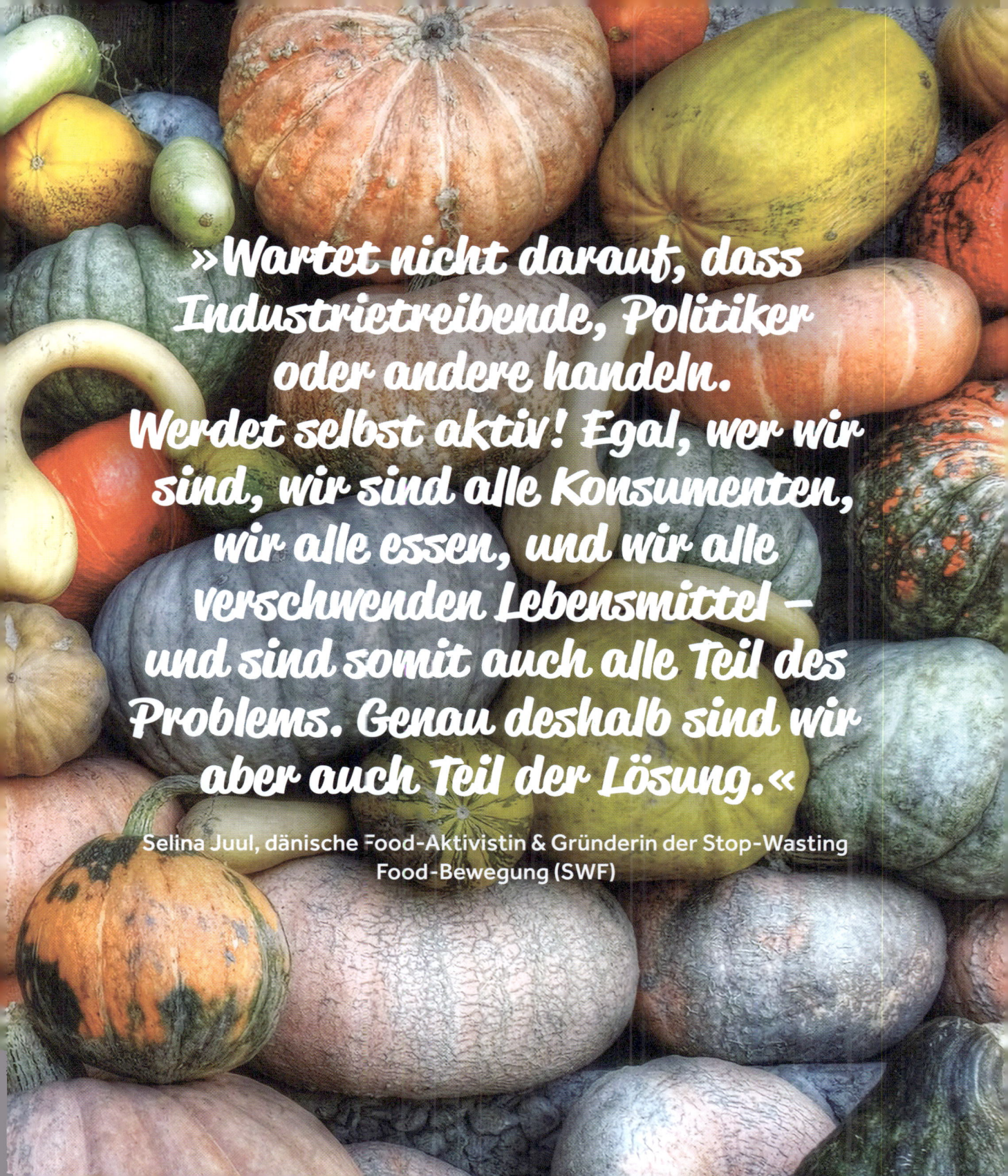

»Wartet nicht darauf, dass Industrietreibende, Politiker oder andere handeln. Werdet selbst aktiv! Egal, wer wir sind, wir sind alle Konsumenten, wir alle essen, und wir alle verschwenden Lebensmittel – und sind somit auch alle Teil des Problems. Genau deshalb sind wir aber auch Teil der Lösung.«

Selina Juul, dänische Food-Aktivistin & Gründerin der Stop-Wasting Food-Bewegung (SWF)

bestekueche.com

Das Gute an all diesen Beispielen ist, dass sie einem Problem wie der Lebensmittelverschwendung mit Lösungen begegnen, die Spaß machen. Das ist schließlich Grundvoraussetzung dafür, dass die Angebote bis in die gesellschaftliche Mitte getragen werden. Es geht in keinem Fall um Verzicht oder die Einschränkung des eigenen Konsums, sondern stets um das gute Gefühl und den Genuss.

Und das ist letztlich auch der Anspruch, den wir bei unserem Engagement gegen die Lebensmittelverschwendung verfolgen. Beispielsweise bei unserem aktuellen Herzensprojekt **Resteküche – Beste Küche,** bei dem wir ein großes Ziel haben: Menschen mit dem deutschlandweit ersten Foodtruck zu begegnen, der hauptsächlich mit geretteten Bio-Lebensmitteln kocht. Wir nennen das Ganze eine verheißungsvolle Kombination aus Streetfood, Achtsamkeit und kulturellem Austausch.

Natürlich befinden sich all diese Initiativen am Ende des Tages in einem gesetzlichen Rahmen, den es zu achten gilt. Doch solange dieser es noch nicht vermag, die Lebensmittelverschwendung als ernsthaftes Problem anzusehen und dementsprechend anzugehen, so lange freuen wir uns, dass es so viele Menschen gibt, die einfach selbst anpacken.

Großartige Initiativen im Interview

Wir sehen uns als Teil einer Bewegung an, die auf viele andere Menschen und Organisationen zählen will und dies erfreulicherweise auch schon seit Längerem tun kann. Denn wir sind davon überzeugt, dass wir nur gemeinsam in einem – sich im besten Fall stetig vergrößernden – Netzwerk von Gleichgesinnten etwas bewegen und der Lebensmittelverschwendung ein Ende bereiten können.

Wir dürfen uns sehr glücklich schätzen, dass wir im Rahmen unseres Engagements bereits viele andere tolle Initiativen kennenlernen durften – sei es auf Kongressen, Events, Besuchen oder gar Preisverleihungen. Es sind genau diese spannenden und vielseitigen und gleichzeitig sich in einem zentralen Punkt verbindenden Menschen, die uns hoffnungsvoll in die Zukunft blicken lassen.

Für unser Kochbuch haben wir unsere liebsten Organisationen um ein kleines Interview gebeten. Natürlich können wir hier aus Platzgründen nicht alle großartigen Initiativen zu Wort kommen lassen. Aber vielleicht ist ja gerade auch das ein guter Grund, hier mehrere Auflagen zu planen!

Nun aber schauen wir hinter die Arbeit einer Handvoll von Organisationen, die sich dem Kampf gegen die Lebensmittelverschwendung verschrieben haben. Wer oder was verbirgt sich hinter der Initiative? Wie kam es überhaupt dazu? Welche Tipps möchten sie den Lesern im Kampf gegen die Lebensmittelverschwendung mit auf den Weg geben? Und vor allem: Was sind ihre Lieblings-Resterezepte?

Wer oder was verbirgt sich hinter *Knödelkult*?

Wir von Knödelkult machen Semmelknödel im Glas aus »gerettetem Brot«, also dem Brot, was Bäckereien nicht verkaufen konnten. Die Knödel werden im Glas eingekocht und sind dadurch fertig gegart und zu Hause schnell zubereitet. So bewahren wir gute Brote vor der Tonne und machen aus ihnen ein neues, leckeres und lang haltbares Lebensmittel. Unser Ziel ist es, so viel Brot wie möglich zu retten und ein Bewusstsein für die Wegwerf-Problematik zu schaffen. Außerdem wollen wir den Knödel wieder hip machen. Denn zurzeit fristet er ein eher »angestaubtes« Dasein als traditionelle Festtagsbeilage. Dabei hat er unserer Meinung nach das Zeug zum Hauptdarsteller auf dem Teller!

Wie kam es dazu, dass ihr euch gegen die Lebensmittelverschwendung engagiert?

Wir wurden schon oft gefragt, was zuerst da war: die Idee, Brot zu retten, oder die Idee, Knödel zu machen. Tatsächlich war die Brotverschwendung für uns ausschlaggebend. Immerhin wirft eine Bäckerei zwischen 10 und 30 Prozent der Tagesproduktion weg – das ist erschreckend! Unser CKO (Chief Knödel Officer) Matze ist Maschinenbauer. Er wollte ursprünglich eine Maschine für Bäckereien bauen, mit der sie ihr Restbrot zu Knödeln verarbeiten können – Brot rein, Knödel raus. Letztlich ist dann aus der Maschine nichts geworden. Was geblieben ist, ist der Ansatz, der Brotverschwendung den Kampf anzusagen. Unsere Parole lautet: »Rette Brot, iss mehr Knödel«.

Wie sieht das bei euch privat aus – was sind eure Tricks gegen die Lebensmittelverschwendung?

Jeder kann etwas gegen Lebensmittelverschwendung tun. Das fängt beim Einkaufen an. Am besten überlegt man sich vorher, welche Gerichte man kochen möchte, zieht mit einer Einkaufsliste los und kauft nur das ein, was man wirklich benötigt und mag. Schnäppchen links liegen lassen, wenn man die Sachen nicht wirklich braucht. Wenn man die Lebensmittel dann noch gut lagert und sich in Sachen Haltbarkeitsdatum nicht nur blind auf den Aufdruck, sondern auf seinen gesunden Menschenverstand verlässt, kann man Abfälle schon stark reduzieren. Und hat man doch mal mehr eingekauft, als man selbst verbrauchen kann, schreit das förmlich danach, Freunde zum Essen einzuladen.

Und was ist euer Lieblings-Resterezept?

Unser Lieblings-Resterezept ist natürlich der **Knödel.** Für das Grundrezept braucht man gar nicht viele Zutaten!

Serviettenknödel, Seite 85

RESTLOS GLÜCKLICH

Wer oder was verbirgt sich hinter *RESTLOS GLÜCKLICH*?

Unser Verein RESTLOS GLÜCKLICH e. V. hat das Ziel, Lebensmittel wieder mehr wertzuschätzen. Mit unseren Projekten möchten wir Menschen dazu bewegen, bewusster zu konsumieren und mehr zu verwerten. Dazu bieten wir u. a. Bildungsprojekte und Kochkurse an und betreiben ein kleines Lokal in Berlin-Neukölln. Wir kochen mit überschüssigen Lebensmitteln und geben diesen eine zweite Chance. Ob krummes Gemüse, falsch etikettierte Ware oder Fehllieferungen – all diese Lebensmittel verarbeiten wir zu leckeren und gesunden Gerichten.
Mittlerweile haben wir 6 Angestellte, 15 Aktive im Verein und ca. 60 Ehrenamtliche, die uns in der Küche und im Service unterstützen.

Wie kam es dazu, dass ihr euch gegen die Lebensmittelverschwendung engagiert?

Als unsere Gründerin und Ideengeberin Anette Mutter geworden ist, hat es bei ihr klick gemacht. Sie hat gemerkt, dass sie ihre Kinder nicht in einer Welt großziehen möchte, in der wir so mit Lebensmitteln umgehen. Im Sommer 2014 war sie in Kopenhagen und hat dort das Resterestaurant rub&stub entdeckt. »Kochen mit Lebensmitteln, die andere wegwerfen – das muss auch in Berlin gehen«, hat sie sich gedacht. Zurück in Berlin, erzählte sie die Idee Leoni, die sofort begeistert war. Und so entstand unser Verein. Wir sind keine Freunde, die gemeinsam eine Idee hatten, sondern viele einzelne Personen, die über das Thema Lebensmittelverschwendung zusammengefunden haben.

Wie sieht das bei euch privat aus – was sind eure Tricks gegen die Lebensmittelverschwendung?

— bewusst einkaufen gehen, am besten mit Jutebeutel, Einkaufszettel und auf keinen Fall hungrig

— sich einen Mixer zulegen – reifes Obst schmeckt als Smoothie einfach super lecker

— zum Kochen einladen und öfter kochen. So schaut man häufiger in den Kühlschrank und entdeckt schneller Lebensmittel, die man sonst vielleicht vergisst

Und was ist euer Lieblings-Resterezept?

Rote-Bete-Schaumsüppchen mit Thymiancracker, Ingwerfraîche und Zitronenbasilikum. Sieht nicht nur hervorragend aus – schmeckt auch noch megalecker!

Rote-Bete-Schaumsüppchen, Seite 112

Lebensmittelwertschätzung!

THE GOOD FOOD

Wer oder was verbirgt sich hinter *THE GOOD FOOD*?

Unser Ladenlokal gibt es seit 2017 in der Venloer Str. 414 in Köln-Ehrenfeld. Es hat Mittwoch bis Samstag von 11 bis 19 Uhr geöffnet. In Planung ist außerdem eine Gemüsekiste, die wir im Raum Köln-Ehrenfeld ausliefern. Das Gemüse gehört auf den Teller und in den Bauch und nicht in die Tonne. Wir sorgen dafür, dass jeder der bei uns einkauft – übrigens zum attraktiven »Zahl, was es dir wert ist«-Preis! –, etwas gegen Lebensmittelverschwendung tun kann. Bei THE GOOD FOOD bieten wir neben krummem Obst und Gemüse auch Backwaren vom Vortag und Lebensmittel an, die kurz vor oder nach Ablauf des Mindesthaltbarkeitsdatums sind. Unser Sortiment wechselt oft, aber wir haben sicherlich immer etwas Passendes da.

Wie kam es dazu, dass ihr euch gegen die Lebensmittelverschwendung engagiert?

Lebensmittel wegwerfen ist einfach Mist. Wir wenden so viele kostbare Ressourcen auf, um die Lebensmittel herzustellen, und hauen sie dann in die Tonne. Gegen diesen Unfug tun wir etwas.

Wie sieht das bei euch privat aus – was sind eure Tricks gegen die Lebensmittelverschwendung?

Viele von uns haben ihr Einkaufsverhalten umgestellt und überdenken ihren Konsum. Nicole ernährt sich seit einigen Jahren nur von dem, was andere aussortieren. Dabei isst sie nun ausgewogener und viel mehr in Bio-/Demeter-Qualität, was sie sich vorher nicht leisten konnte.

Und was ist euer Lieblings-Resterezept?

Bei uns gibt es meist Resteküche. Das Tolle daran ist, dass man kann kreativ sein kann und oft Dinge isst, die man so nicht kombiniert bzw. probiert hätte. Aus altem Brot lassen sich ganz wunderbar **Arme Ritter** machen. In Ei und Milch einlegen, ausbraten, fertig. Wer noch Muße hat, quetscht den Armen Ritter in eine Auflaufform, belegt ihn mit eingemachtem Obst und fügt dann eine Puddingschicht obendrüber – ein sehr leckerer Nachtisch! (Das Rezept ist von Jule!).

Armer Ritter, Seite 117

etepetete

schlau. frisch. anders.

Wer oder was verbirgt sich hinter *etepetete*?

Etepetete wurde 2014 gegründet. Kernstück unseres Unternehmens sind unsere Bio-Boxen, welche wöchentlich an unsere Kunden verschickt werden. Dabei gehen wir in unserer Auswahl anders vor als der reguläre Supermarkt und nehmen unseren Partnerlandwirten auch Gemüse ab, welches aus der Norm fällt. Das heißt, unsere Boxen beinhalten regelmäßig beispielsweise zu groß oder zu klein gewachsene Sorten oder dreibeinige Karotten. Unser Ziel ist es, Aufmerksamkeit darauf zu lenken, dass wir viel zu streng aussortieren und dadurch so viel Gutem keine Beachtung schenken.

Wie kam es dazu, dass ihr euch gegen die Lebensmittelverschwendung engagiert?

Die Idee kam von Carsten, Mitgründer von etepetete. Er fing an, sich nach einem Supermarktbesuch zu fragen, was eigentlich mit all dem noch genießbaren Obst und Gemüse passiert, das abends aussortiert wird, um Platz für Neues zu schaffen. Zusammen mit den etepetete-Mitgründern Chris und Georg wurde die Idee weiterentwickelt und bei Landwirten nachgeforscht, von denen das Gemüse an den Großhandel verkauft wird. Der Obergrashof in Dachau war der erste Bio-Landwirt, der angefahren wurde. Als die Jungs vor Abfalltonnen voller Gemüse standen, welches allein aufgrund seinen Aussehens nicht in den regulären Handel kommen würde, war etepetete geboren. Der Obergrashof wurde unser Lieferant, und wir beziehen bis heute Gemüse von dort.

Wie sieht das bei euch privat aus – was sind eure Tricks gegen die Lebensmittelverschwendung?

Was wir selbst immer wieder feststellen, ist, dass man allgemein einfach zu viel einkauft. Ein Tipp von uns wäre, damit anzufangen, besser zu planen, was man in der Woche kochen möchte, um dann gezielter einkaufen gehen zu können. Dadurch vermindert man das Risiko, Lebensmittel zu kaufen, die man im Endeffekt nicht braucht oder auf die man dann doch keine Lust hat. Ein weiterer Tipp ist die richtige Lagerung besonders von Obst und Gemüse. Hier herrscht immer noch viel Verwirrung darüber, wie man beispielsweise Kartoffeln, Tomaten und Salat richtig lagert. Diese Erfahrung haben wir selbst gemacht und waren erstaunt, wie lange Lebensmittel halten, wenn man sie richtig aufbewahrt.

Und was ist euer Lieblings-Resterezept?

Neben der klassischen Art, Reste zu verarbeiten, z. B. in einer Gemüsepfanne, sind wir gerade im Sommer Fans von selbst gemachten Antipasti. Zucchini, Paprika und Karotte lassen sich super in Scheiben schneiden und mit etwas Knoblauch, Balsamicoessig und Zitronenschale einlegen – Brot dazu und fertig.

Wer oder was verbirgt sich hinter *SirPlus*?

SirPlus revolutioniert zusammen mit der Lebensmittel-industrie das Retten von Nahrungsmitteln. Das Berliner Start-up wurde 2017 von Raphael Fellmer, Alexander Piutti und Martin Schott gegründet. Wir verkaufen überschüssige Lebensmittel in Berlins erstem Food-Outlet-Laden, liefern per Same-Day-Delivery sowie per Onlineshop mit Liefe-rung innerhalb Deutschlands. 20 Prozent der Lebensmittel werden an gemeinnützige Einrichtungen gespendet. Später folgt ein digitaler Marktplatz, um Angebot und Nachfrage von überschüssigen Lebensmitteln systematisch und intelli-gent zusammenzuführen. Gemeinnützigen Organisationen stellen wir die Plattform kostenlos zur Verfügung.

Wie kam es dazu, dass ihr euch gegen die Lebensmittel-verschwendung engagiert?

Bei Raphael war es ein YouTube-Video, das ihn 2009 zum Mülltaucher machte. Seitdem setzt er sich unermüdlich für die Wertschätzung aller Lebensmittel ein. 2012 grün-dete er die Lebensmittelretter-Bewegung (heute bekannt als »foodsharing«), der sich mittlerweile mehr als 27.000 Foodsaver angeschlossen haben und dank welcher bereits neun Millionen Kilogramm vor der Vernichtung bewahrt wurden. Bei Alexander war eine Krebsdiagnose, die sich später als falsch herausstellte, der ausschlaggebende Punkt, um sich mit dem Thema der Lebensmittelver-schwendung auseinanderzusetzen. In dieser Zeit lernte er auch Raphael kennen. Alexander setzte sich zum Ziel, den größtmöglichen Impact zu erreichen.

Wie sieht das bei euch privat aus – was sind eure Tricks gegen die Lebensmittelverschwendung?

Ich persönlich halte eine möglichst pflanzliche Ernährungsweise für die beste Option, mit seinen Ernährungsgewohnheiten gegen die Verschwendung von Lebensmitteln ein Zeichen zu setzen. Denn in einem Kilogramm Fleisch stecken bis zu zwölf Kilogramm Futter, die ich auch direkt essen könnte. Ansonsten der Klassiker: Bevor gekocht oder gegessen wird, sollte man immer nachschauen, was in der Speisekammer oder im Kühlschrank steht und nur darauf wartet, gegessen zu werden – also klassische Resteverwertung. Sehr effizient!

Und was ist euer Lieblings-Resterezept?

Habe ich nicht. Einfach immer das Beste aus allem machen, was es gibt – das fördert die Kreativität!

Querfeld

Wer oder was verbirgt sich hinter *Querfeld*?

Wir haben uns mit Querfeld 2014, damals noch unter dem Namen »ugly fruits«, aufgemacht, krummes Obst und Gemüse wieder salonfähig zu machen, welches aufgrund des Aussehens normalerweise aussortiert wird und daher nicht auf unseren Tellern landet. Heute beliefern wir Großkunden in Berlin und München mit unserem krummen Bio-Gemüse, darunter auch Schulen und Kitas. Es ist uns wichtig, dass die kommende Generation ein gesundes Verhältnis zu biologischer Vielfalt und der Wertschätzung von Lebensmitteln bekommt. Unser Ziel ist es, deutschlandweit aktiv zu sein und mit möglichst vielen Erzeugerinnen und Erzeugern zu kooperieren, sodass kein Obst und Gemüse mehr nur wegen des Aussehens weggeworfen wird.

Wie kam es dazu, dass ihr euch gegen die Lebensmittelverschwendung engagiert?

Wir wurden alle ganz unabhängig voneinander von Valentin Thurns Dokumentation »Taste the Waste« aufgerüttelt und inspiriert. Das Ausmaß, das die Lebensmittelverschwendung angenommen hatte, war uns bis zum damaligen Zeitpunkt so nicht bewusst. Eine Lösung musste her, denn so konnte es nicht weitergehen.

Wie sieht das bei euch privat aus – was sind eure Tricks gegen die Lebensmittelverschwendung?

Ich kaufe vorm Kochen gerne frisch ein und suche mir im Supermarkt oder auf dem Markt dann gezielt die Sachen raus, die nicht so schön aussehen oder die bald verzehrt werden müssen – also der Apfel mit der Druckstelle oder der Salat, der vielleicht schon ein, zwei schlappe Blätter hat. Wer gerne kocht, sollte sich unbedingt mal mit der Kunst des Fermentierens auseinandersetzen. So kann man nicht nur Gemüse super lange haltbar machen, sondern tut seiner Gesundheit auch noch etwas Gutes. Darüber hinaus eignen sich die eingemachten Leckereien auch immer als ein ganz besonderes Geschenk.

Und was ist euer Lieblings-Resterezept?

Ich bin immer wieder begeistert davon, welch leckere Knödel man aus altem Brot machen kann.

RESTEKÜCHE-REZEPTE

Zu Omas Zeiten

Lebensmittel mehr wertzuschätzen und der Lebensmittelverschwendung den Kampf anzusagen beginnt in der heimischen Küche. Und was läge da näher, als dich mit ein paar Resteküche-Rezepten zu inspirieren?

Vor einigen Jahrzehnten in den Nachkriegsjahren haben unsere Großeltern tagtäglich nach Resterezepten gekocht. Wenn man heute beim Familienfest davon erzählt, dass man aus dem alten Brot noch etwas Schmackhaftes zubereiten konnte, fangen die Augen der Großmutter nicht selten an zu leuchten. Denn hier schlummert ein umfassender Rezepteschatz.

Kein Wunder, denn in Zeiten des Mangels waren Lebensmittel wertvoll. So wurde zum Beispiel das Kaffeepulver mit Semmelbröseln und Zucker gestreckt – Erstere nehmen innerhalb kurzer Zeit den Kaffeegeschmack an, und Letzterer wirkt als Geschmacksverstärker. Und die gute alte Butter, die zu damaligen Zeiten ein kostbares und teures Lebensmittel war, wurde auch nicht direkt weggeworfen, sobald sie ranzig wurde. So findet sich in Henriette Davidis »Praktischem Kochbuch« diese Anleitung: »So tut man wohl, die Butter nochmals gut durchzukneten und zwar mit etwas scharfem, weißem Essig, der aber wieder gut herausgewaschen werden muss.«

Anteil der Befragten, die im letzten Monat keine Lebensmittel weggeworfen haben (nach Jahrgängen)

Quelle: IW Köln, 2017

33,7

26,8

16,7

8,4

8,0

(Vor-)Kriegs-generation vor 1945	**Nachkriegs-generation** 1945–1954	**Babyboomer** 1955–1964	**Generation X** 1965–1979	**Generation Y** 1980–1995

So weit wollen wir es mit der Nostalgie und unseren Rezepten dann aber doch nicht treiben. Dennoch mag das Hineinversetzen in Zeiten weniger üppiger Lebensmittellandschaften dabei helfen, unser Essen wieder mehr wertzuschätzen. Also stelle dir einfach hin und wieder Fragen wie: »Was wäre, wenn die Butter viermal so teuer wäre? Wenn es Bananen nur jeden ersten Montag im Monat zu kaufen gäbe? Wenn nur eine Sorte Kaffee im Supermarkt zur Auswahl stände?«

Deine eigene Resteküche

Eines ist sicher: Wer Resteküche betreiben oder gar leben will, kommt um das Kochen nicht herum. Im Folgenden haben wir für dich unsere Lieblingsrezepte zusammengestellt. Sie sind hin und wieder vegan, mindestens aber vegetarisch. Wir lassen das Thema Fleisch hier bewusst außen vor, da es sich nicht wirklich mit unserem Anspruch an mehr Nachhaltigkeit verträgt.

Zur besseren Orientierung haben wir bei den Zutaten Portions- und Mengenangaben hinzugefügt, doch diese sind nicht in Stein gemeißelt. Eine gelungene Resteküche lebt von ihrer Flexibilität. Und für die sind nicht nur die Reste in deiner Küche verantwortlich, sondern auch du selbst! Soll heißen: Wenn bei einem Rezept mal eine angegebene Zutat fehlt – sei kreativ und versuche, diese durch etwas anderes zu ersetzen.

Foodpairing

Und zu guter Letzt möchten wir dir noch eine spannende Sache mit auf den Weg geben. Unter dem Begriff »Foodpairing« entwickelt sich gerade eine Wissenschaft, die uns in eine Welt mit ganz neuen Aromakombinationen führen und dadurch noch nie gesehene Geschmackshorizonte entdecken lassen will – quasi das Paradies eines Resteküche-Kochs!

Laut dem Robert-Koch-Institut in Berlin ernähren sich ca. vier Prozent der Bevölkerung in Deutschland vegetarisch – das macht rund 3,3 Millionen **Vegetarier.** Dabei gibt es geschlechterspezifische Unterschiede: Unter den Frauen sind demnach 6,1 Prozent Vegetarierinnen, von den Männern ernähren sich lediglich 2,5 Prozent üblicherweise fleischlos. Schauen wir auf die **Veganer** hierzulande, so geben lediglich knapp 900.000 Menschen an, dass sie sich selbst als Veganer bezeichnen würden oder weitgehend auf tierische Produkte verzichten.
Quelle: Robert-Koch-Institut, 2017

Die Bandbreite der Aromen in einzelnen Lebensmitteln ist groß – in jeder Zutat finden sich bittere, süße, saure, salzige, blumige, fruchtige Komponenten. Je verwandter sich zwei Aromawelten sind, desto besser passen die Zutaten auch zueinander. Beispielsweise Schokofondant mit einem Kern aus Blauschimmelkäse! Diese Kombination hat Heston Blumenthals mit seinem preisgekrönten Restaurant »The Fat Duck« im südenglischen Bray bereits drei Michelin-Sterne beschert.

Wir haben dir außergewöhnlich schmackhafte und extrem gut zueinanderpassende Kombinationen herausgesucht. Wir empfehlen dir, bei jedem Blick auf deine Reste dir diese Foodpairing-Ideen zu Gemüte zu führen.

Aromastoffe sind chemische Verbindungen, die mitverantwortlich dafür sind, ob uns etwas schmeckt oder nicht. Schokolade und Blauschimmelkäse teilen beispielsweise 73 (u. a. 2-Methyl-3-Methyldithiofuran), Kaffee und Rind kommen auf 102 gemeinsame Aromastoffe. Auch Tomate und Mozzarella passen so gut zusammen, weil ihre Aromawelten nah beieinanderliegen.

Quelle: Universität Stuttgart, 2012

Sesamsamen, Olivenöl, Radieschen, Petersilie, Pfeffer, Langkornreis, Cornflakes, Litchi, schwarzer Tee, Cheddar-Käse, Pfirsich

Karotten

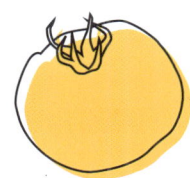

Tomaten

Arabica-Kaffee, Kiwi, dunkle Schokolade, Veilchen, Schwarzer Reis, Darjeeling-Tee, Emmentaler, Olivenöl, Ingwer, Lorbeerblatt, Aprikose, Seetang, Sojasauce, Kohl

Schokolade

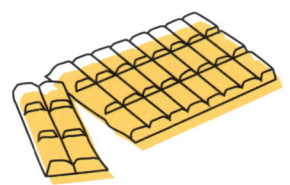

Ananas, Rosmarin, Kaffee, Ziegenkäse, Avocado, Chili, Banane, Anis, Feige, Blumenkohl, Muskat, Wassermelone, Erdnuss, Limette, Kokosnuss

Quelle: foodpairing.com

Resteküche-Rezepte

Kleines

Laut Wörterbuch ist eine Kleinigkeit eine Sache mit einer geringen Bedeutung oder einem geringen Wert. Aber nicht bei uns! Denn hier soll es in der ersten Kategorie um Kleines, Snackiges oder Begleitendes gehen, was für deine heimische Küche und deinen persönlichen Umgang mit Lebensmitteln enorm wertvoll ist. »Klein« sagen wir nur deshalb, weil es vielleicht in dieser Form für den einen oder anderen zum richtig Sattwerden noch nicht so ganz ausreicht. Aber natürlich kann man auch einfach die Mengenangaben verdoppeln oder direkt zum nächsten Kapitel vorblättern!

Pesto

Für ca. 500 g

1 Bund Karottengrün oder verschiedene Kräuter, z. B. Basilikum, Petersilie oder Bärlauch (gerne mit Stielen und vertrockneten Blättern)

250 g Cashewkerne, Mandeln oder geröstete Sonnenblumenkerne (sind günstiger als Pinienkerne und genauso lecker!)

100 g Weißbrot, getrocknet

50 ml Öl

1 Knoblauchzehe

1 EL Zitronensaft oder Kräuteressig

Salz & Pfeffer

Tipp: Im Mixer kann Pesto schnell bitter werden. Wer trotzdem nicht auf den Mörser zurückgreifen möchte, sollte darauf achten, in mehreren kurzen Etappen zu mixen. Außerdem kannst du erst ein neutrales Öl zum Mixen und später dann Olivenöl zum Auffüllen verwenden.

1 Karottengrün oder Kräuter waschen und gut trocknen. Dann mit den restlichen Zutaten in einem Mixer oder mit e nem Mörser zerkleinern. Wenn die Konsistenz schön cremig ist, ist das Pesto fertig.

2 Das Pesto entweder direkt verwenden oder in saubere und sterile Gläser abfüllen. Wichtig: Wenn alle Gläser befüllt sind, etwas Olivenöl über das Pesto geben, sodass d e Oberfläche komplett bedeckt ist.

Chutney

Für ca. 4 Gläser

1 kg Obst oder Gemüse

300 g Zwiebeln

250 g brauner Zucker oder Gelierzucker

250 ml Weißwein- oder Apfelessig

nach Belieben:

ca. 4 cm Ingwer fein gehackt

4 Knoblauchzehen

Chilischote

½ TL Senfkörner

2 Lorbeerblätter

Kreuzkümmel, Currypulver, Salz & Pfeffer

Das Chutney kann man mit vielen Obst- (z. B. Äpfeln, Pfirsichen, Pflaumen) aber auch Gemüsesorten (z. B. Zucchini, Tomaten) zubereiten. Bei Früchten bzw. Gemüsesorten mit einem hohen Wassergehalt kann das Einkochen auch etwas länger dauern.

1 Die Früchte klein schneiden. Zwiebeln, Ingwer und Knoblauch schälen und ebenso wie die Chili fein hacken.

2 Die Zwiebeln erst einige Minuten alleine anschwitzen, dann Senfkörner, Ingwer und Knoblauch hinzugeben.

3 Jetzt den Zucker dazugeben und karamellisieren lassen. Mit dem Essig ablöschen und die Früchte und nach Belieben Lorbeerblätter hinzugeben.

4 Bei mäßiger Hitze einkochen lassen, bis es eindickt und eine musartige Konsistenz bekommt. Regelmäßiges Umrühren nicht vergessen! Anschließend nach Belieben würzen.

5 Das heiße Chutney umgehend in saubere Einmachgläser füllen und verschließen. Es kann problemlos bis zu 6 Monate lang aufbewahrt werden.

Zucchini-Chips

Für 2 Portionen

1–2 mittelgroße Zucchini

4–5 mittelgroße Kartoffeln, festkochend

3–4 EL Olivenöl

Salz & Pfeffer

Optional: Paprikapulver und weitere Gewürze

Tipp: Im Sommer könnte man die Chips auch energiesparend in der Sonne trocknen. Das dauert zwar bis zu 12 Stunden, und die Chips werden nicht so goldbraun, das Ergebnis ist aber genauso schmackhaft. Und übrigens: Slow Food liegt wieder voll im Trend!

1 Zucchini waschen, Kartoffeln schälen und beides in 3–4 mm dünne, möglichst gleichmäßige Scheiben schneiden.

2 Alle Scheiben in einen Topf oder ein großes verschließbares Gefäß legen, mit etwas Olivenöl beträufeln und nach Belieben würzen. Nun das Behältnis mit einem Deckel verschließen und kräftig schütteln! Dadurch verteilen sich Öl und Gewürze gleichmäßig.

3 Im Anschluss die Gemüsestücke nebeneinander auf mit Backpapier belegten Backbleche verteilen, sodass sie nicht übereinanderliegen. Im Backofen auf mittlerer Schiene bei 130–150 °C (Umluft) langsam backen, bis die Chips knusprig und leicht goldbraun sind. Dabei ab und zu die Ofenklappe öffnen, damit überschüssiger Dampf entweichen kann.

Auberginen-Streich

Für 4 Portionen

1 kg Auberginen

4 EL Tahin (Sesampaste)

4 Knoblauchzehen

Saft von 2 Zitronen

2 EL Olivenöl

2 TL Salz

Pfeffer

Tipp: Falls du von Knoblauch gar nicht genug bekommen kannst, mach dir doch einfach eine Knoblauchpaste auf Vorrat. Für ein kleines Glas à 160 Gramm einfach 80 Gramm Knoblauch fein hacken, mit 1 TL Salz salzen und dann nach und nach mit 80 ml Pflanzenöl fein pürieren. Wichtig: immer darauf achten, dass das Glas sauber und die Paste gänzlich mit Öl bedeckt ist. Beim Herausnehmen immer einen sauberen Löffel benutzen, damit keine Keime ins Glas gelangen.

1 Die Auberginen waschen, der Länge nach halbieren und mit einer Gabel mehrmals die Haut einstechen. Im Ofen mit der Schnittfläche nach unten auf dem Backblech bei 220 °C (Ober-/Unterhitze) ca. 30 Minuten backen, bis sie komplett weich sind und die dunkle Schale eine goldbraune Farbe angenommen hat.

2 Aus den noch lauwarmen Auberginen das weiche Fruchtfleisch mit einem Löffel aus der Schale lösen. Das gesamte Fruchtfleisch zusammen mit Sesampaste, geschältem Knoblauch, Zitronensaft und Olivenöl im Mixer fein mixen und mit Salz und Pfeffer abschmecken. Tipp: Schwitze den Knoblauch vorher kurz mit etwas Öl in der Pfanne an – so wird der Geschmack etwas feiner.

Homemade Sauerkraut

Für 4 Portionen

1 kg Weiß- oder Rotkohl, in Bio-Qualität

20 g Meersalz (ohne Jod!)

Wichtig: Achte darauf, sauber zu arbeiten und sowohl Hände als auch alle Geräte vorher gründlich zu reinigen. Aber bitte nicht desinfizieren, denn sonst tötest du auch die guten Bakterien ab! Außerdem solltest du Kohl aus biologischer Landwirtschaft verwenden, da bei konventionellem Anbau Pestizide eingesetzt werden, welche die für die Fermentation benötigten Bakterien abtöten.

1 Den Kohl waschen, vom Strunk befreien und in feine Scheiben schneiden. Je feiner der Kohl geschnitten ist, umso schneller wird er fermentieren. Hier kann man auch super eine Mandoline oder Küchenmaschine mit Reibeaufsatz benutzen.

2 Den Kohl abwiegen und zwei Prozent Salz darüberstreuen. Achte darauf, dass das Salz nicht jodiert ist, da dies den Bakterien nicht gut bekommt.

3 Jetzt kommt die Arbeit: den Kohl mit dem Salz so lange mit den Händen kneten, bis reichlich Saft austritt. Das Kraut in ein heiß ausgespültes, aber bereits wieder abgekühltes Glas füllen. Dabei immer gut andrücken, sodass keine Luft mit eingeschlossen wird. Am oberen Ende 2–3 Zentimeter Platz lassen, damit es später blubbern kann, ohne überzulaufen. Mit einem kleinen Teller oder Ähnlichem beschweren, sodass der komplette Inhalt mit Flüssigkeit bedeckt ist.

Tipp: Um am besten von den Vitaminen zu profitieren, einfach das Sauerkraut roh genießen! Man kann es aber natürlich auch warm machen und z. B. mit Zwiebeln oder Äpfeln verfeinern. Eine tolle Variation des Rezepts ist Currysauerkraut. Dafür etwas Ingwer, Knoblauch, Currypulver und Chili zum Kohl geben und mitfermentieren.

4 Nun heißt es warten. Erst sollte das Kraut bei 20–22 °C einige Tage anfangen zu fermentieren. Nach 3–4 Tagen kann es dann an einen kühleren Ort. Danach noch 4–6 Wochen bei etwa 18 °C (im Flur oder Keller) durchfermentieren lassen. Falls du die Fermentation stoppen bzw. sehr verlangsamen möchtest – einfach das Glas in den Kühlschrank stellen. Dort ist es dann, vorausgesetzt, es ist durchgehend mit Salzlake bedeckt und es wird auch nur mit sauberem Besteck etwas entnommen, »ewig« haltbar. Falls du zu wenig Flüssigkeit im Glas hast, kannst du noch mehr zweiprozentige Salzlake herstellen und das Glas etwas auffüllen.

Großes

»Groß« steht bei uns für alles, was auch als eigenständige Mahlzeit durchgehen würde. Im Sinne eines guten Erwartungsmanagements aber noch der Hinweis: Wir meinen das nicht im romanischen Sinne und damit auch Vor- und Nachspeise einschließend, aber das kannst du dir dann ja einfach selbst zusammenstellen!

Erbsenreis mit Minze

Für 2 Portionen

1 Zwiebel

2 EL Olivenöl

1 Knoblauchzehe

5 Stängel Pfefferminze

200 g gekochter Reis, vom Vortag

500 ml Gemüsebrühe

150 g (TK-)Erbsen

Salz & Pfeffer

1 Zwiebel schälen, fein würfeln und in Olivenöl glasig dünsten. Knoblauchzehe ebenfalls schälen, dazupressen und kurz mitdünsten.

2 Von der Pfefferminze die Blätter abzupfen und in kaltes Wasser legen, die Stiele zusammenbinden.

3 Den Reis unter die Zwiebeln rühren, Gemüsebrühe und die Minzestiele zugeben. Zugedeckt aufkochen und den Reis bei niedriger Hitze 20 Minuten quellen lassen.

4 5 Minuten vor Ende der Garzeit die Erbsen unterrühren. Minzeblätter trocken tupfen, in Streifen schneiden und unter den Reis mischen. Die Stiele entfernen und den Reis mit Salz und Pfeffer abschmecken.

Nudel-Frittata

Für 2 Portionen

1 rote Zwiebel

Olivenöl

300 g Gemüse, was die Küche gerade hergibt

1 Knoblauchzehe

6 Kirschtomaten

Salz & Pfeffer

300 g Nudeln, vom Vortag

Basilikum, frisch

2-3 Eier

Käse zum Überbacken (z. B. Parmesan), gerieben

Tipp: Wenn du einen im Supermarkt gekauften frischen Basilikumtopf auf mehrere Töpfe aufteilst, hat der Basilikum mehr Platz zum Wachsen und nimmt sich nicht selbst Nährstoffe weg. Beim Ernten solltest du außerdem darauf achten, dass du nicht nur einzelne Blätter, sondern direkt die ganzen oberen Knospen mit einer Schere abschneidest. So können immer wieder neue Ästchen austreiben.

1 Die Zwiebel schälen, würfeln und in heißem Öl in der Pfanne andünsten. Gemüse klein schneiden, dazugeben und unter Wenden andünsten. Nach einer Weile auch die geschälte und klein geschnittene Knoblauchzehe in die Pfanne geben.

2 Die Kirschtomaten halbieren und ebenfalls mit den restlichen Zutaten in der Pfanne durchschwenken. Mit Salz und Pfeffer abschmecken, ehe die Nudelreste vom Vortag ihren Weg zum Farbspektakel finden. Alles gut umrühren und dann in eine Auflaufform geben.

3 Die Basilikumblätter in kleine Streifen schneiden. Die Eier verquirlen und mit dem geriebenen Käse und den Basilikumstreifen verrühren.

4 Die Ei-Käse-Mischung gleichmäßig über die Pasta-Gemüse-Mixtur gießen und im vorgeheizten Backofen bei 140 °C (Ober-/Unterhitze) auf mittlerer Schiene etwa 10 Minuten stocken lassen. Die fertige Frittata auf einen Teller stürzen und sofort servieren.

Knusprige Kartoffelplätzchen

Für 2 Portionen

1 Zwiebel

2 EL Öl (z. B. Sonnenblumenkernöl) **oder Butter**

2 Knoblauchzehen

350 g gekochte Kartoffeln

1 TL Basilikum

1 TL Chilipulver

½ TL Muskat

Salz & Pfeffer

Optional: 3 EL Hefeflocken

1   Die Zwiebeln schälen, in feine Scheiben schneiden und in etwas Öl oder Butter in einer Pfanne karamellisieren. Das dauert etwa 10–12 Minuten. Währenddessen ab und an umrühren und, falls die Zwiebeln zu dunkel werden, die Hitze verringern. Am Ende den Knoblauch dazupressen und kurz mit den Zwiebeln zusammen anschwenken.

2   Die Kartoffeln mit einer Gabel zerstampfen.

3   Zwiebeln, Knoblauch und Kartoffeln mit den Gewürzen und nach Belieben mit den Hefeflocken vermengen.

4   Eine Pfanne oder alternativ ein Waffeleisen aufheizen und leicht einölen. Eine Portion Teig einfüllen und 7–8 Minuten backen, bis sie von beiden Seiten goldbraun und knusprig sind.

Gemüsedip zu Nachos, Kartoffelspeisen oder Nudeln

Für 4 Portionen

350 g Kartoffeln (können auch durch Süßkartoffel, Kürbis oder Blumenkohl ersetzt werden)

175 g Karotten

120 ml Milch (z. B. Soja-, Hafer- oder Kuhmilch)

30 ml neutrales Öl oder mehr Milch

Saft von ½ unbehandelten Zitrone oder 2 TL Essig

1 EL Tomatenmark

1 Knoblauchzehe

1 Zwiebel

½ TL Kreuzkümmel

½ TL Meersalz

Optional: Jalapenos oder Essiggurken mit 3 EL Lake und 3 EL Hefeflocken

1 Kartoffeln schälen, Karotten waschen; beides klein schneiden und etwa 10 Minuten kochen.

2 Das Gemüse abgießen und mit allen restlichen Zutaten mixen, bis eine cremige Konsistenz entsteht. Je nach Leistungsfähigkeit deines Mixers wirst du etwas mehr Flüssigkeit brauchen.

3 Wenn die Soße zu flüssig ist, einfach ¼ Tasse Milch oder Wasser und 1 TL Stärke anrühren und hinzufügen. Durch Erwärmen bei mittlerer Hitze wird die Soße dickflüssiger.

Arancini

Für 8–10 Stück

400 g gekochter Reis und/oder ungekochter Blumenkohl (ca. ½ Blumenkohlkopf)

2 Knoblauchzehen

300 g Semmelbrösel, selbst gemacht aus altem Brot

Oregano, nach Belieben

Basilikum, nach Belieben

Salz & Pfeffer

2 Eier

Pflanzenöl zum Frittieren

Optional: Fetakäse

1 Den Reis und/oder Blumenkohl zusammen mit dem geschälten Knoblauch in der Küchenmaschine zerkleinern, bis das Ganze die Konsistenz von Reis hat.

2 Semmelbrösel mit Oregano, Basilikum und etwas Salz und Pfeffer vermengen.

3 Die Eier verquirlen und mit dem Reis und/oder Blumenkohl und der Hälfte der Semmelbrösel vermengen. Die Masse gut mit Salz und Pfeffer würzen.

4 Nun das Öl in einer Pfanne erhitzen und den Mix zu kleinen Bällchen formen. Für die Fetavariante einfach ein zwei Zentimeter großes Stück Käse mit dem Mix ummanteln und zu einem Bällchen formen. Die Arancini in den übrigen Semmelbröseln wälzen und im Öl goldbraun frittieren. Alternativ kann man die Bällchen auch etwa 30 Minuten (nach 15 Minuten wenden) bei 180 °C (Ober-/ Unterhitze) im Backofen auf mittlerer Schiene backen.

Du erinnerst dich an das Chutney von Seite 69 und den Gemüse-Dip von Seite 79? Beides passt prima zu den Arancini!

Bratlinge

Für 4 Portionen

400 g Linsen, Bohnen oder Reis, gekocht

Gemüsebrühe

1 Zwiebel

2 Knoblauchzehen

Saft und Schale von ½ unbehandelten Zitrone

150 g Gemüse (z. B. Zucchini oder Möhre), gerieben

150 g Semmelbrösel, selbst gemacht aus altem Brot

frischer Koriander oder Petersilie

1 EL Currypulver

½ TL Paprika

½ TL Kreuzkümmel

Salz & Pfeffer

Pflanzenöl zum Frittieren

Tipp: Wenn es schnell gehen muss, kannst du auch Kidneybohnen oder Kichererbsen aus der Dose verwenden.

1 Die gekochten Linsen, Bohnen oder den Reis mit den restlichen Zutaten und den Gewürzen im Mixer vermengen. Es ist auch möglich, das geriebene Gemüse, die geschälten Zwiebeln und die frischen Kräuter klein zu schneiden und später unterzumengen. Die Masse sollte gut formbar sein, das heißt, falls sie noch zu weich ist, einfach mehr Semmelbrösel oder Mehl hinzufügen. Mindestens 20 Minuten in den Kühlschrank stellen.

3 Aus der Masse Bratlinge in der gewünschten Größe formen und gut zusammendrücken. Diese dann in der Pfanne in reichlich Öl von jeder Seite goldbraun braten. Die Bratlinge nicht zu früh drehen, da sie sonst zerbrechen. Du kannst die Bratlinge auch im Backofen bei 200 °C (Ober-/Unterhitze) auf mittlerer Schiene 20–30 Minuten goldbraun backen. Nach der Hälfte der Backzeit wenden.

4 Die Bratlinge warm oder kalt mit Salat oder im Sandwich getoppt mit fruchtigem Chutney, Dip (siehe nächste Seite) oder warmer Tomatensoße servieren.

Tahini-Knoblauch-Dip

1 EL Tahini (Sesampaste)

Saft von ½ Zitrone

½ EL Apfelessig

2 EL Wasser (oder mehr)

¼ Tasse frischer Koriander
und/oder Petersilie

1 gepresste
Knoblauchzehe

1 Prise Salz

frisch gemahlener Pfeffer

Honig-Senf-Dip

1 EL (süßer) Senf

1 TL Honig

Saft von ½ Zitrone

1 EL Wasser (oder mehr)

1 Prise Salz

frisch gemahlener Pfeffer

Tomatensoße

350 ml passierte oder
350 g frische Tomaten

1 ½ EL Zucker

je 1 Prise Salz & Pfeffer

Resterollen

Für 12 Stück

200 g Gemüse (z. B. Karotten, Kohl, Paprika, Gurken, Zucchini, Lauch), gemischt

300 g Reis, Glasnudeln oder Spaghetti

1 Zweig Minze und/oder Koriander

1 Knoblauchzehe

2 TL Zucker, Honig oder Agavendicksaft

2 TL Sojasauce

2 TL Reisessig oder Zitronensaft

1 TL Sesamöl

Saft von einer Limette

Pfeffer und Chilipulver, nach Belieben

12 Reispapierblätter oder 12 große Blätter Salat (z. B. Kopfsalat oder blanchierter Chinakohl)

Optional: Fleischreste vom Grillen, angeröstete Kerne oder klein gehackte Nüsse, Obst (z. B. Mango, Apfel), gekochte Eier, Tofu

1 Das Gemüse waschen und in schmale Streifen schneiden. Nudeln oder Reis mit den klein geschnittenen Kräutern, gepresstem Knoblauch, Zucker, Sojasauce, Reisessig, Sesamöl, Limettensaft und Pfeffer vermengen.

2 Einen tiefen Teller oder eine Schüssel mit Wasser bereitstellen. Jeweils ein Reispapier etwa 10 Sekunden lang ins Wasser tauchen, kurz abtropfen lassen und dann auf ein angefeuchtetes Geschirrtuch legen.

3 Mit Reis, Nudeln und Gemüse belegen. Oben und unten einen 3 Zentimeter breiten Rand lassen. Die Ränder umklappen und alles einrollen.

Serviettenknödel

Für 6 Portionen

2 Zwiebeln

Pflanzenöl oder Butter

500 g Brötchen oder Brot vom Vortag, getrocknet

420 ml Milch (z. B. Soja-, Hafer- oder Kuhmilch)

2 Eier oder alternativ 3 EL Soja- oder Kichererbsenmehl

50 g Butter oder Margarine (Zimmertemperatur)

2 EL Kräuter (z. B. Petersilie oder Bärlauch)

Salz, Pfeffer & Muskat

1   Die Zwiebeln schälen, klein schneiden und mit ein wenig Öl oder Butter in der Pfanne anschwitzen.

2   Brot oder Brötchen in Würfel schneiden, mit der Milch übergießen und gut kneten.

3   Die glasigen Zwiebeln, Eier, Butter und die klein geschnittenen Kräuter dazugeben und alles vermengen.

4   Die Masse gut mit Salz, Pfeffer und Muskat abschmecken und etwa 15 Minuten ruhen lassen. Währenddessen in einem großen Topf reichlich Wasser kurz vor den Siedepunkt bringen.

5   Aus der Masse eine dicke Wurst formen und entweder ganz traditionell in ein Küchenhandtuch oder in hitzestabile Frischhaltefolie einwickeln.

6   Den Serviettenknödel etwa 30 Minuten in dem heißen, aber nicht kochenden Wasser garen. Danach in Scheiben schneiden und entweder direkt servieren oder noch kurz in der Pfanne anbraten.

Gemüsejus

Für 3 Portionen

2 Zwiebeln

2 Knoblauchzehen

100 g Gemüse (z. B. Karotten, Pilze, Lauch, Paprika, Sellerie oder Pastinaken)

2 Zweige Kräuter (z. B. Rosmarin, Lorbeer oder Oregano), frisch

Pflanzenöl

2 TL Tomatenmark

100 ml Rotwein

100 ml Brühe

100 ml Sahne, Crème fraîche, Frischkäse oder Hafersahne

2 TL Senf

Saft von ½ Zitrone oder 2 TL Essig

Muskat, nach Belieben

Salz & Pfeffer

1   Zwiebeln und Knoblauch schälen und mit dem restlichen gewaschenen Gemüse in gleich große Stücke schneiden.

2   Bei mittlere Hitze die Zwiebeln, das Gemüse und die Kräuter in etwas Öl in einer großen Pfanne anschwitzen. Nach 25–30 Minuten sollte alles eine goldbraune Farbe angenommen haben.

3   Das Tomatenmark hinzufügen, kurz mit anschwitzen und dann mit Rotwein und/oder Brühe ablöschen und weitere 5 Minuten köcheln lassen.

4   Die Kräuter entfernen. Nun kann man das Gemüse entweder heraussieben und der Soße später wieder als Einlage hinzufügen, oder man püriert gleich alles zusammen.

5   Je nach Konsistenz noch weitere Brühe zum Verdünnen oder etwas Stärke zum Andicken (1 EL mit etwas Wasser angerührt) unterrühren. Danach die Soße noch einmal kurz aufkochen lassen und mit Sahne, Senf, Zitronensaft, Muskat, Salz und Pfeffer abschmecken.

Blumenkohlcremesoße für Pasta oder Kartoffeln

Für 4 Portionen

1 kleine Zwiebel

2 EL Sonnenblumenöl

2 Knoblauchzehen

400 g Blumenkohl
(ca. ½ Blumenkohlkopf)

¼ l Gemüsebrühe

1 TL Senf

Saft von ½ unbehandelten Zitrone

1 TL Agavendicksaft

Muskat, nach Belieben

Salz & Pfeffer

Optional: 2 TL Hefeflocken

Tipps: Die Soße kann nach Belieben mit verschiedenen Gewürzen oder weiteren Zutaten abgewandelt werden, z. B. mit Currypulver oder Chili. Auch Kapern oder Sardellen passen gut dazu.

Auch bei der Gemüsewahl bist du ganz frei. Lecker schmeckt die Soße auch mit Zucchini, Kürbis oder Aubergine.

Diese Soße eignet sich auch super als Sahnesoßen-Ersatz bei Aufläufen.

1 Die Zwiebel schälen, fein würfeln und in Öl glasig dünsten. Die geschälte Knoblauchzehe dazupressen und kurz mitdünsten.

2 Blumenkohlrösschen hinzugeben, kurz anrösten und mit der Gemüsebrühe ablöschen, bis der Blumenkohl gar ist – das dauert etwa 5 Minuten.

3 Senf, Zitronensaft, Agavendicksaft und Gewürze hinzugeben und pürieren. Die Soße über gekochte Pasta geben und zusammen kurz in der Pfanne schwenken.

Ravioli-Variationen

Für 4 Portionen

Für den Teig:

125 g Grieß

125 g Mehl

1 Prise Salz

2 EL Olivenöl

Optional: für die Farbe in etwas Wasser gelöstes Kurkumapulver oder Rote-Bete-Saft verwenden

Zum Garnieren: 2 EL Olivenöl und 50 g Parmesan oder 10 Salbeiblätter und 50 g Butter

1   Grieß, Mehl und Salz in einer großen Schüssel vermengen.

2   Nun während du mit den Knethaken des Hand-rührgerätes den Teig bearbeitest, 2 EL Olivenöl und 100–120 ml kaltes Wasser hinzugeben. Das Wasser sehr langsam – gegen Ende teelöffelweise – hinzugeben und weiterkneten, bis kein trockener Grieß oder trockenes Mehl mehr zwischen den »Streuseln« zu sehen ist.

3   Zum Schluss die Streusel mit der Hand zu einem festen Teig zusammenkneten. Eine Kugel formen und in Folie oder einem feuchten Handtuch mindestens 1 Stunde kalt stellen.

4   Den Nudelteig mit dem Nudelholz oder einer Nude-maschine etwa 3 Millimeter dick ausrollen.

5   Nun hast du verschiedene Möglichkeiten: Am ein-fachsten ist es, zwei gleichgroße rechteckige Teigstücke zuzuschneiden. Auf einer Seite häufchenweise die Ravioli-Füllung verteilen. Die Zwischenräume ganz leicht mit Wasser anfeuchten und das zweite Teigstück darauf-legen. Nun die Zwischenräume fest andrücken, die Ravioli auseinanderschneiden und die Ränder mit einer Gabel fest zusammendrücken. Es ist wichtig, dass möglichst wenig Luft in den Ravioli bleibt – sonst besteht die Gefahr, dass sie während des Garvorgangs platzen.

6   In gut gesalzenem siedenden Wasser etwa 5 Minuten garen. Wenn die Ravioli oben schwimmen, ist es so weit!

7   Die Ravioli mit ein wenig Olivenöl und Parmesan oder in Salbeibutter servieren. Hierfür ein großes Stück Butter in einer Pfanne erwärmen und Salbeiblätter darin kross ausbraten. Salbeiblätter und Butter über die Ravioli geben und servieren.

Für die Kürbisfüllung:

400 g Kürbis

Pflanzenöl

1 Knoblauchzehe

1 kleine Zwiebel

25 g Kerne (z. B. Kürbiskerne oder Sonnenblumenkerne), geröstet

150 g Ricotta, Frisch-, Ziegen- oder Schafskäse oder Quark

Schalenabrieb von ½ unbehandelten Zitrone

Muskat, nach Belieben

Salz & Pfeffer

1   Kürbis waschen, entkernen und grob in Würfel schneiden. Im Topf mit ein wenig Wasser oder Öl erwärmen oder im Backofen bei 200 °C (Ober-/Unterhitze) etwa 20 Minuten weich backen.

2   Knoblauch und Zwiebeln schälen und ebenso wie die Kerne zerkleinern. Zwiebeln in etwas Öl glasig dünsten, Knoblauch und Kerne kurz mit in die Pfanne geben.

3   Den Kürbis – sobald er weich ist – pürieren und mit den Zwiebeln, Knoblauch und Kernen vermengen. Die Masse etwas abkühlen lassen und den Ricotta unterheben.

4   Mit Zitronenabrieb, Muskat, Salz und Pfeffer kräftig abschmecken.

Für die Rote-Bete-Füllung:

300 g Rote Bete

1 Knoblauchzehe

1 kleine Zwiebel

25 g Kerne (z. B. Kürbiskerne oder Sonnenblumenkerne), geröstet

Pflanzenöl

150 g Ricotta, Frisch-, Ziegen- oder Schafskäse oder Quark

Schalenabrieb von ½ unbehandelten Zitrone

Muskat, nach Belieben

Salz & Pfeffer

1   Rote Bete entweder im Ganzen kochen oder im Ofen weich garen. Wenn es schnell gehen muss, Rote Bete schälen und klein schneiden.

2   Knoblauch und Zwiebeln schälen und ebenso wie die Kerne zerkleinern. Die Zwiebeln in etwas Öl glasig dünsten, Knoblauch und Kerne kurz mit in die Pfanne geben.

3   Die Rote Bete – sobald sie weich ist – gut ausdampfen lassen, pürieren und mit den Zwiebeln, Knoblauch und Kernen vermengen. Die Masse etwas abkühlen lassen und den Ricotta unterheben.

4   Mit Zitronenabrieb, Muskat, Salz und Pfeffer kräftig abschmecken.

Gemüsequiche

Für eine Spring- bzw. Quicheform (Ø 26 cm)

Für den Teig:

240 g Mehl

1 Ei

150 g Butter

2 TL Salz

Muskat, nach Belieben

Paprikapulver, nach Belieben

Optional, wenn es schnell gehen muss:
1 Packung fertiger Blätterteig

Für die Füllung:

ca. 400 g Gemüse z. B. Kürbis & Lauch, Mangold & Tomaten, Pilze & Paprika etc.

1 Zwiebel

1 Knoblauchzehe

Margarine oder Olivenöl

3 Eier

200 g Crème fraîche, saure Sahne oder 100 g Frischkäse mit 100 g Sahne

100 g Käse z. B. herzhafter Emmentaler oder cremiger Schafskäse

etwas Zitronensaft & Schalenabrieb

Muskat, Salz, Pfeffer & Chilipulver oder optional weitere/andere Gewürze

1 Das Mehl mit einem Ei, Butter, Salz, Muskat und Paprikapulver mit den Händen zu einem Mürbeteig verkneten. Durch die Wärme der Hände wird der Teig sehr weich und lässt sich prima in der Backform verteilen. Mit einer Gabel Löcher in den Boden stechen und ca. 10 Minuten in den Kühlschrank stellen. Danach bei 180 °C (Ober- und Unterhitze) ca. 10 Minuten ohne Füllung auf mittlerer Schiene vorbacken.

2 Für die Füllung Gemüse klein schneiden, etwa 2 Minuten blanchieren und gut abtropfen lassen.

3 Zwiebeln schälen, klein schneiden und in Öl glasig dünsten. Knoblauch dazupressen. Das Gemüse hinzugeben und 3–5 Minuten in der Pfanne anschwitzen.

4 Als Nächstes die Eier verquirlen und mit Crème fraîche vermischen. Dann den Käse und das Gemüse hineinrühren und mit Salz, Pfeffer, gemahlenem Chilipulver und frisch geriebener Muskatnuss kräftig abschmecken. Zu der Füllung können an diesem Punkt auch noch andere Gewürze hinzugegeben werden, z. B. passen zu Quiches mit Zucchini, Tomaten oder Auberginen sehr gut italienische Kräuter. Quiches mit Kürbis schmecken mit Currypulver oder Kreuzkümmel.

5 Die Füllung auf dem vorgebackenen Boden verteilen und im Backofen bei 180 °C (Ober-/Unterhitze) auf mittlerer Schiene 30–35 Minuten backen.

Gefülltes Gemüse

Variante 1

Für 4 Portionen

Gemüse zum Füllen, z. B. Paprika, Pilze, Zucchini, Aubergine, Tomaten

2 Frühlingszwiebeln oder eine kleine gelbe Zwiebel

2 Knoblauchzehen

400 g gekochter Reis, Couscous, Bulgur, Hirse, Quinoa etc.

Salz & Pfeffer

Kreuzkümmel, Paprika und gemahlener Koriander

Feta- oder anderer Käse

2 EL Olivenöl

1 Das Gemüse waschen und zum Füllen vorbereiten. Restliches Gemüse, das später nicht als Form dienen soll, klein schneiden.

2 Zwiebeln und Knoblauch schälen. Die Zwiebeln klein oder in Ringe schneiden.

3 Zwiebeln, gepressten Knoblauch und klein geschnittenes Gemüse mit dem Reis vermengen. Das Ganze kräftig mit Salz, Pfeffer, Kreuzkümmel, Paprika und gemahlenem Koriander abschmecken. Den Käse klein schneiden und mit dem Olivenöl unterrühren.

4 Nun die vorbereiteten Gemüseförmchen füllen und in eine Auflaufform stellen. Bei 200 °C (Ober-/Unterhitze) 20–25 Minuten bzw. bis zum gewünschten Bräunungsgrad backen.

Variante 2

Für 4 Portionen

Gemüse zum Füllen, z. B. Paprika, Pilze, Zucchini, Aubergine, Tomaten

200 g altes Brot

5 EL Olivenöl

2 Knoblauchzehen

Salz & Pfeffer

Oregano

Feta- oder anderer Käse

1   Das Gemüse waschen und zum Füllen vorbereiten. Restliches Gemüse, das später nicht als Form dienen soll, klein schneiden.

2   Das Brot entweder im Mixer zerkleinern oder in sehr kleine Stücke schneiden und in der Pfanne in reichlich Olivenöl kross anbraten.

3   Knoblauch dazupressen und mit anschwenken.

4   Nach etwa 5 Minuten das restliche klein geschnittene Gemüse mit in die Pfanne geben und alles gut mit Salz, Pfeffer und Oregano abschmecken.

5   Nun die vorbereiteten Gemüseförmchen füllen, den klein geschnittenen Käse darauf verteilen und in eine Auflaufform stellen. Bei 200 °C Ober-/ Unterhitze etwa 20–25 Minuten bzw. bis zum gewünschten Bräunungsgrad backen.

Salatiges

Neues Kapitel – und jetzt geht's an die kalte Kost! Du hast dich schon immer mal gefragt, woher der Begriff »Salat« kommt? Wir verraten es dir: Er hat die indogermanische Wurzel »sal-« für Salz und ist daher von der Wortbedeutung mit Salami verwandt. Auf den ersten Blick vielleicht seltsam. Aber Salat war ursprünglich eine mit Salz haltbar gemachte Speise. Und deshalb ist die Salatpflanze auch kein Fachbegriff der Botanik, sondern vielmehr die küchentechnische Beschreibung der Zubereitung.

Apfel-Karotten-Salat

Für 2 Portionen

2 Äpfel

1 Karotte

2 EL Zitronensaft oder Orangensaft

2 EL Öl, am besten passt Walnussöl

2 EL Zucker

Salz & Pfeffer

1 Die Äpfel entkernen und dann mit den Karotten schälen und fein raspeln.

2 Den Zitronensaft zusammen mit Öl und Zucker vermengen und zu dem Geraspelten geben. Mit Salz und Pfeffer abschmecken. Fertig!

Tomaten-
Brot-Salat

Für 2 Portionen

200 g Weißbrot, vom Vortag

1 Knoblauchzehe

8–10 EL Olivenöl

600 g reife Tomaten

1 rote Zwiebel

4 Stiele Basilikum

4 EL Balsamico

Zucker

Salz & Pfeffer

1 Weißbrot in 1,5 Zentimeter große Würfel schneiden. Die Knoblauchzehe fein hacken. Ein Backblech mit 2 EL Olivenöl beträufeln, den Knoblauch darüberstreuen und Brotwürfel darauf verteilen. Noch einmal Olivenöl darüberträufeln. Im vorgeheizten Ofen bei 200 °C (Umluft 180 °C) 8–10 Min. goldbraun rösten.

2 Tomaten waschen, vierteln und grob würfeln. Zwiebel schälen und in Streifen schneiden. Basilikum grob hacken. Balsamico, Olivenöl, 1 Prise Zucker, Salz und Pfeffer zu einer Vinaigrette verrühren.

3 Tomaten, Zwiebeln, Basilikum und Brotwürfel mit der Vinaigrette vermengen und servieren. Buon Appetito!

Rotkohlsalat mit Mango

Für 4 Portionen

500 g Rotkohl

1 TL Salz

1 EL Zucker

2 EL Weißweinessig

2 EL Limettensaft

¼ TL Chiliflocken

30 g Ingwer

1 Mango, reif

1 Bund Koriandergrün

4 EL Öl

1   Vom Rotkohl die äußeren Blätter entfernen, den Strunk keilförmig herausschneiden und schließlich in dünne Streifen schneiden oder hobeln.

2   Die Kohlstreifen mit Salz und Zucker bestreuen und mit den Händen kräftig durchkneten. Anschließend mit Weißweinessig, Limettensaft und Chiliflocken würzen und 10 Minuten zum Durchziehen beiseitestellen.

3   Inzwischen den Ingwer schälen und zuerst in Scheiben, dann in sehr feine Streifen schneiden. Die reife Mango schälen, das Fruchtfleisch vom Stein schneiden und anschließend in ca. 1 Zentimeter große Würfel schneiden. Die Korianderblättchen grob hacken.

4   Öl und Ingwer unter den Rotkohl mischen. Die Mangowürfel vorsichtig unterheben und mit Koriander bestreut servieren. Welch ein Farbspektakel!

Grillgemüsesalat mit Kräuterbrot

Für 2 Portionen

350 g Gemüse, z. B. Paprika, Aubergine, Zucchini, Tomate

25 ml Olivenöl

2 Knoblauchzehen

Thymian

Rosmarin

½ TL Honig

25 ml Balsamico

25 g Butter

25 g Kräuter (z. B. Basilikum, Petersilie, Thymian), frisch

4 Scheiben Brot (z. B. Ciabatta, Baguette), vom Vortag

Salz & Pfeffer

1 Gemüse putzen, waschen und in Stücke oder Scheiben schneiden. In einer großen Schale mischen und salzen. Etwas Olivenöl in einer Pfanne (im Idealfall eine Grillpfanne verwenden) erhitzen und das Gemüse nach und nach darin von allen Seiten anbraten. Bei Bedarf immer wieder etwas Olivenöl zugeben.

2 Während des Bratens eine geschälte Knoblauchzehe halbieren und mit Thymian- und Rosmarinzweigen in die Pfanne geben. Für das Dressing Honig, Balsamico und Olivenöl in einer Schüssel verquirlen und dann mit Salz und Pfeffer abschmecken.

3 Das angebratene Gemüse in eine flache Schale geben und das vorbereitete Dressing darüber verteilen, vorsichtig mischen und durchziehen lassen.

4 Die Butter in einer Schüssel mit 1 Prise Salz und etwas Pfeffer schaumig schlagen. Die Kräuter fein hacken, die übrige Knoblauchzehe schälen, klein schneiden und beides unter die Butter mischen.

5 Die altbackenen Brotscheiben mit der Butter und/oder Olivenöl bestreichen und auf dem Backofengitter im Ofen bei 180 °C (wenn möglich, bei Grillfunktion, ansonsten bei Ober-/Unterhitze auf möglichst hoher Schiene) 3–5 Minuten rösten. Brot und Gemüsesalat zusammen servieren.

Löffelbares

Suppen sind wieder in! Und das auch völlig zu Recht, gibt es hier doch so viel Gestaltungsspielraum wie Sand am Meer – es ist also für jeden Geschmack etwas dabei. Wir haben für dich Suppenrezepte zusammengestellt, die vielleicht im ersten Moment unscheinbar wirken, aber nach ein, zwei Löffeln Erinnerungen an das Verliebtsein in der 5. Klasse wecken. Probiere es aus!

Kohlrabiblatt-Schaumsüppchen

Für 2 Portionen

1 Kohlrabi

1 Zwiebel

Kohlrabiblätter von 2–3 Knollen, frisch

2 EL Öl (z. B. Rapsöl)

500 ml Gemüsebrühe

100 ml Kokosmilch, Sahne oder Hafersahne

2 EL Zitronensaft

Salz & Pfeffer

Wusstest du, dass in **Kohlrabiblättern** doppelt so viel Vitamin C und sogar zehnmal so viel Calcium und Eisen stecken wie in der Knolle? Nicht nur deswegen sind die guten Dinger viel zu schade zum Wegwerfen!

Du hast die **Suppe versalzen?** Kein Problem! Einfach eine rohe geschälte Kartoffel in Stücken auf einen Holzspieß stecken, zehn Minuten in der Suppe mitkochen und herausnehmen. Statt die Salzkartoffelspieße dann in den Müll zu werfen, kannst du sie in feine Scheiben schneiden und dann ab damit in den Backofen. So erhältst du leckere Chips!

1 Kohlrabi und Zwiebel jeweils schälen und würfeln. Kohlrabiblätter vom Stängel trennen, waschen und in Streifen schneiden.

2 Das Öl in einem Topf erhitzen und die Zwiebelwürfel carin anbraten. Mit der Gemüsebrühe ablöschen und Kohlrabi (Blätter und Knolle) dazugeben. Bei mittlerer Hitze etwa 5–10 Minuten kochen, bis der Kohlrabi gar ist.

3 Kokosmilch dazugeben und mit einem Pürierstab fein pürieren. Mit einem Schuss Zitronensaft, Salz und Pfeffer abschmecken (alternativ passt auch Wasabi oder Chili).

Karotten-Kürbis-Suppe

Für 4 Portionen

500 g Karotten und/oder Kürbis

2 Zwiebeln

2 Knoblauchzehen

4 cm Ingwer

Pflanzenöl

750 ml Brühe

Saft und Schale von einer unbehandelten Zitrone

250 ml Orangensaft oder Brühe

2 TL Garam Masala oder 2 TL Ras el-Hanout oder 1½ TL Kreuzkümmel und 1 Messerspitze Zimt

1 Prise Muskat

Salz & Pfeffer

Optional: 250 ml Kokosmilch oder Sahne, 1 Chilischote oder -pulver

Gemüse und Obst enthalten viele Vitamine, Mineralstoffe und andere wertvolle Nährstoffe. Aber einige davon sind erst nach dem Kochen »bioverfügbar«, also für uns bestmöglichst aufnehmbar. Im Falle von Karotte und Kürbis ist das Betacarotin, welches im Körper in Vitamin A umgewandelt wird, u. a. gut für Herz, Kreislauf und Haut.

1 Kürbis und/oder Karotten putzen und in gleichgroße Stücke schneiden. Zwiebeln, Knoblauch und Ingwer schälen und klein schneiden.

2 Erst die Zwiebel für einige Minuten in etwas Öl anschwitzen. Dann Knoblauch, Ingwer und Karotten/Kürbis hinzugeben. Bei mittlerer Hitze etwa 10 Minuten schmoren und gelegentlich umrühren.

3 Mit der Brühe ablöschen und köcheln lassen, bis das Gemüse gar ist.

4 Die Suppe pürieren, Zitronenabrieb und -saft sowie den Orangensaft hinzugeben, mit den Gewürzen abschmecken und nach Belieben Kokosmilch bzw. Sahne und Chili hinzugeben.

Spargelschalen-Suppe

Für 4 Portionen

gewaschene Spargelschalen

1 l Spargel-Kochwasser, vom Vortag

40 g Butter

40 g Mehl

1 Schuss Zitronensaft

Salz & Pfeffer

Zucker

Muskat

Spargelstücke, gekocht vom Vortag

Optional: 1 Schuss Sahne oder vegane Alternative

1 Die Spargelschalen im Spargelkochwasser 20 Minuten im geschlossenen Topf kochen. Den Sud in eine Schüssel abseihen.

2 Die Butter im Topf zerlassen, das Mehl unter Rühren anschwitzen.

3 Nach und nach das Spargelkochwasser dazugeben, mit dem Schneebesen kräftig schlagen, kurz kochen lassen bis die Suppe andickt.

4 Mit Zitronensaft, Salz, je 1 Prise Zucker und Muskat abschmecken, nach Belieben mit einem Schuss Sahne verfeinern und gekochte Spargelstücke dazugeben.

Panzanella auf Käsecreme mit Gemüsesuppe

Für 6 Portionen

Für die Gemüsesuppe:

½ rote Zwiebel

200 g Kartoffeln

500 g Gemüse (z. B. Fenchel, Blumenkohl, Zucchini)

2 EL Olivenöl

250 ml Milch (z. B. Soja-, Hafer- oder Kuhmilch)

150 ml Gemüsebrühe

Salz & Pfeffer

Für die Panzanella:

1 halbe rote Zwiebel

400 g Brot, vom Vortag, in Würfel geschnitten

100 ml Olivenöl

1 Knoblauchzehe

2 reife Tomaten

1 Paprika

50 ml Rotweinessig

½ TL Salz

Pfeffer

Basilikum, frisch

1 Zwiebel und Kartoffeln schälen, das Gemüse für die Suppe säubern und alles klein schneiden. Kurz in Olivenöl anschwitzen und dann mit Milch und Brühe aufgießen. Etwa 20 Minuten köcheln lassen, bis das Gemüse weich ist. Anschließend pürieren, mit Salz und Pfeffer würzen und zur Seite stellen.

2 Die Zwiebel für den Panzanella in dünne Streifen schneiden und in 100 ml Wasser einweichen. Dadurch verlieren die Zwiebeln an Schärfe und werden bekömmlicher.

3 Brotwürfel mit 2 EL Öl und einer gepressten Knoblauchzehe in der Pfanne leicht anrösten oder bei 180 °C (Ober-/Unterhitze) 10 Minuten auf mittlerer Schiene im Backofen goldbraun backen.

4 Tomaten und Paprika waschen und in Würfel schneiden.

5 Olivenöl, Essig, Salz und Pfeffer zu einer Vinaigrette mischen und die Brotwürfel, die gesiebten Zwiebeln und die klein geschnittenen Tomaten und Paprika darin mindestens 10 Minuten marinieren.

6 Basilikumblätter waschen und kurz vor dem Servieren untermengen.

Für die Käsecreme:

100 g Frischkäse, Schafskäse oder Quark

2 EL Milch (z. B. Soja-, Hafer- oder Kuhmilch)

1 EL Olivenöl

Schale von ½ unbehandelten Zitrone

Kräuter (z. B. Dill), frisch

Salz & Pfeffer

7   Für die Käsecreme den Frischkäse mit Milch und Olivenöl gut verrühren. Mit den klein geschnittenen Kräutern, dem Zitronenabrieb, Salz und Pfeffer abschmecken.

8   Zum Servieren erst einen Klecks Käsecreme mittig auf einen tiefen Teller geben. Eine große Kelle der Gemüsesuppe drum herum gießen und zum Schluss den Panzanella obendrauf geben.

Kalte Gurkensuppe

Für 2 Portionen

2 Salatgurken

500 g griechischer Joghurt (10 % Fett)

3 EL Zitronensaft

Cayennepfeffer

Salz & Pfeffer

1 Bund Dill, frisch

Wusstest du, dass
100 Gramm Gurke nur etwa
zwölf Kalorien enthalten?
Damit gehört die Gurke zu
den Lebensmitteln, die am
wenigsten Kalorien enthalten. Die geringe Kalorienzahl
ist vor allem auf den hohen
Wassergehalt zurückzufüh-
ren, der bei rund 95 Prozent
liegt. Gerade wer im Som-
mer dazu neigt, zu wenig
zu trinken, kann mit einem
»Schluck« Gurke also einiges
gut machen.

1 Gurken waschen, längs halbieren und in grobe Stücke
schneiden.

2 Die Gurkenstücke zusammen mit Joghurt in ein hohes
Gefäß geben und mit einem Stabmixer pürieren. Falls die
Suppe eine zu dickflüssige Konsistenz hat, kann man mit
ein wenig Gemüsefond bzw. -brühe nachhelfen.

3 Die Suppe mit Zitronensaft, Cayennepfeffer, Salz und
Pfeffer abschmecken und am Ende mit Dill bestreuen.

Gazpacho mit altem Brot

Für 6 Portionen

200 g Brot, vom Vortag

1 kg reife Tomaten, Wassermelone und/
oder Gurke und/oder Paprika

2 Knoblauchzehen

4 EL Olivenöl

50 ml Rotweinessig

Salz & Pfeffer

Kräuter (z. B. Petersilie oder Minze), frisch

1   Brot würfeln und in 50 ml Wasser einweichen. Die Tomaten waschen und klein schneiden.

2   Eingeweichtes Brot, Tomaten, geschälten Knoblauch, Öl und Essig pürieren und mit Salz und Pfeffer abschmecken.

3   Mindestens 20 Minuten kalt stellen und ziehen lassen. Mit frischen Kräutern und etwas Olivenöl kalt servieren.

Erbsensuppe mit Minze & Ingwer

Für 4 Portionen

1 Zwiebel

1 cm Ingwer

2 EL Öl

450 g Erbsen

600 ml Gemüsebrühe

½ Bund Minze, frisch

200 ml Milch (z. B. Soja-, Hafer- oder Kuhmilch)

1 EL Zitronensaft

Salz & Pfeffer

1 Zwiebel und Ingwer klein schneiden und im heißen Öl so lange dünsten, bis die Zwiebeln glasig sind.

2 Erbsen und die Gemüsebrühe hinzugeben, 8 Minuten köcheln lassen und dann von der Herdplatte nehmen. Die Minzblätter in die Suppe geben und dabei ein paar Blätter für die Dekoration aufbewahren.

3 Die Milch hinzufügen und die Suppe pürieren. Wer die Suppe besonders fein mag, streicht sie einfach durch ein Sieb.

4 Mit Zitronensaft, Salz und Pfeffer abschmecken. Die Suppe in Teller verteilen und mit den Minzblättern anrichten.

Rote-Bete-Schaumsüppchen

Für 4 Portionen

Für die Suppe:

600 g Rote Bete

1 Zwiebel

250 ml Gemüsebrühe

2 Zweige Rosmarin

Saft von 2 Orangen

Salz & Pfeffer

150 ml Sahne oder Sojasahne

Kresse
(z. B. Zitronenkresse)

Für die Ingwerfraîche:

50 g Ingwer

50 ml Milch (z. B. Soja-, Hafer- oder Kuhmilch)

1 TL Zitronensaft

150 ml Sonnenblumenöl

Salz

Zucker

Orangensaft

Für die Thymiancracker:

100 g Brot

Öl

2 Zweige Thymian

1 Rote Bete und Zwiebel schälen und würfeln. Beides anschwitzen und anschließend mit Gemüsebrühe ablöschen und auffüllen.

2 Rosmarin und Orangensaft dazugeben, dabei etwas Orangensaft beiseitestellen. Salzen, pfeffern und köcheln lassen, bis die Rote Bete gar ist.

3 Zeitgleich in einem kleinen Topf den geschälten Ingwer mit ein wenig Wasser kurz aufkochen.

4 Milch, Zitronensaft und Öl etwa 30 Sekunden mit einem Stabmixer verquirlen und so eine Mayonnaise herstellen. Nun den Ingwer pürieren und unterheben. Mit Salz, Zucker und etwas Orangensaft abschmecken.

5 Für die Cracker das Brot mit etwas Öl und dem gezupften Thymian im Ofen bei 180 °C (Ober-/Unterhitze) auf mittlerer Schiene anrösten.

6 Die weiche Rote Bete vom Herd nehmen und pürieren. Für eine besonders samtige Suppe durch ein Sieb passieren.

7 Die Schaumsuppe mit dem Stabmixer weiter aufschlagen und die Sahne einrühren, bis die Suppe schaumig wird. Nochmals mit Salz, Zucker und Orangensaft abschmecken. Am Ende alles zusammen servieren.

Verschnitt

Beim Gemüseschnibbeln neigen wir oft dazu, wertvolle Schnittreste wegzuwerfen. Beim Lauch beispielsweise verwenden wir in der Regel nur 40 Prozent – damit landet mehr als die Hälfte in der Tonne! Dabei kann man das Wurzelende und die dunkelgrünen Blätter zum Ansetzen von selbst gemachten Gemüsebrühen verwenden. Und somit hast du beim Kochen der nächsten Suppe direkt eine wunderbar nachhaltige Grundlage.

Schnittreste bei verschiedenen Gemüsesorten
in Prozent

   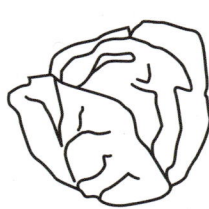 

25
Karotte
Schale und Grün

48
Blumenkohl
Strunk und Blätter

60
Lauch
Grünteile

37
Wirsing
Strunk und Blätter

60
Fenchel
Grünteile

Vermeidbarer Abfall: **21-40 %**

Quelle: Casali, 2014

Gemüsepaste für Brühe

Für 2 Gläser

500 g Gemüse und Kräuter
(z. B. Sellerieknolle, Lauch, Karotten, Zwiebeln, Knoblauch, Schnittlauch)

80 g Meersalz

1 Gemüse putzen und in grobe Stücke schneiden. Die Kräuter waschen und grob hacken.

2 Nun Gemüse und Kräuter in einem Mixer geben oder mit dem Pürierstab kurz zerkleinern. Salz hinzugeben und alles ein paar Minuten ziehen lassen.

3 Noch einmal richtig fein mixen oder pürieren, sodass eine feine, breiartige Masse entsteht.

4 Die Masse in saubere Einweck- oder Schraubgläser abfüllen. Du kannst die Würzpaste anstelle von Gemüse-brühe-Pulver verwenden. Wir empfehlen als gutes Mischverhältnis für eine würzige Brühe etwa 2 Teelöffel auf 1 Liter Wasser. Und das Beste: Im Kühlschrank ist die selbst gemachte Gemüsepaste 1 Jahr haltbar.

Süßes

Die letzte Kategorie dreht sich um die allseits beliebten Desserts, Nachtische und -speisen! Traditionell stehen diese Leckereien ja auch immer am Ende eines Menüs als Speisenfolge, weshalb wir es der Tradition halber auch hierin gepackt haben. Übrigens, etymologisch leitet sich »Dessert« vom französischen Verb »desservir« ab und bedeutet so viel wie »die Speisen abtragen, den Tisch abdecken« – wie sieht's auf deinem Tisch so aus?

Armer Ritter

Für 2 Portionen

1 Ei

150 ml Milch (z. B. Soja-, Hafer- oder Kuhmilch)

1 EL Zucker

1 Messerspitze Vanilleextrakt

Salz

Schale von ½ unbehandelten Zitrone

4 Scheiben Weißbrot, vom Vortag

50 g Butter

Zimt & Zucker

Optional: Marmelade, Schokoaufstrich

Tipp: Wer mag, kann Marmelade oder Schokoaufstrich zwischen zwei Brotscheiben streichen und diese dann als Sandwich einweichen und ausbacken.

1 So einfach und so gut in nur zwei Schritten: Das Ei mit der Milch, dem Zucker, Vanilleextrakt, 1 Prise Salz und Zitronenabrieb verquirlen. Die Brotscheiben gut darin einweichen und sich vollsaugen lassen.

2 Inzwischen die Butter in einer Pfanne zerlassen. Die Brotscheiben darin goldbraun braten, bis sie von beiden Seiten knusprig sind. Noch heiß mit Zucker und Zimt bestreuen und warm servieren.

Brioche-Obst-Auflauf

Für 4 Portionen

1 EL Butter oder Pflanzenöl

6 trockene Brötchen oder Brioche vom Vortag

4 mittelgroße feste säuerliche Äpfel (z. B. Boskoop)

1 unbehandelte Zitrone

½ l Milch

3 Eier

Salz

1 Päckchen Vanillezucker

6 EL Zucker

50 g Rosinen

½ TL Zimtpulver

2 EL Pinienkerne oder gehackte Nüsse

1 Den Backofen auf 200 °C (Unter-/Oberhitze) vorheizen. Eine große Auflaufform mit Butter oder Öl einfetten.

2 Die Brötchen in dünne Scheiben schneiden.

3 Die Äpfel vierteln, schälen und entkernen; anschließend in Spalten schneiden. Brot- und Apfelscheiben dachziegelartig in die Auflaufform einschichten.

4 Die Zitrone heiß waschen, abtrocknen, die Schale fein abreiben. Die Milch mit der Zitronenschale, den Eiern, 1 Prise Salz, dem Vanillezucker und dem normalen Zucker mit dem Schneebesen kräftig verquirlen. Die Mischung über Äpfel und Brot gießen und mit Rosinen und Zimt bestreuen.

5 Im Backofen etwa 30 Minuten backen. Kurz vor Ende der Backzeit Pinienkerne oder gehackte Nüsse über den Auflauf verteilen.

Apfelküchle mit Nüssen

Für 4 Portionen

3 Äpfel, Birnen, Pfirsiche oder Nektarinen

Saft einer ½ Zitrone

3 Eier

100 g Mehl

60 ml Milch (z. B. Soja-, Hafer- oder Kuhmilch)

5 g Backpulver

Salz

Pflanzenöl zum Frittieren

30 g Butter

100 g gehackte Nüsse (z. B. Walnüsse)

20 g Rohrohrzucker

1 Äpfel schälen, entkernen und in 1 Zentimeter dicke Scheiben schneiden. Mit etwas Zitronensaft beträufeln.

2 Die Eier trennen und das Eiweiß steif schlagen. Eigelb, Mehl, Milch, Backpulver und 1 Prise Salz zu einem glatten Teig verrühren. Zum Schluss das geschlagene Eiweiß unterheben.

3 Die Apfelringe durch den Teig ziehen und in heißem Frittierfett goldgelb ausbacken.

4 Butter in einer Pfanne zerlassen und die Nüsse darin bei mittlerer Hitze rösten. Zum Schluss mit Zucker vorsichtig karamellisieren, aus der Pfanne nehmen und abkühlen lassen.

5 Die Apfelküchle mit den karamellisierten Walnüssen bestreuen und servieren.

Schokokuchen mit Gemüseüberraschung

Für 1 Kuchenform (Ø 26 cm)

500 g Zucchini, Pastinaken oder Süßkartoffeln

250 g Mehl

60 g Kakao

1 TL Natron

¼ TL Salz

1 Päckchen Vanillezucker

200 g Zucker

1 Schluck Apfelessig

1 starker Espresso

60 ml Öl

Optional: Puderzucker oder Schokoguss (z.B. aus alten Schoko-Osterhasen)

1   Die Zucchini kann roh verarbeitet werden und wird geraspelt oder zu einem Brei gemixt. Pastinaken und Süßkartoffeln werden gegart zu Brei verarbeitet.

2   Mehl und Kakao in eine Schüssel sieben. Natron, Salz, Vanillezucker und Zucker hinzugeben und vermischen.

3   Den Gemüsebrei mit Apfelessig, Espresso und Öl mischen.

4   Die Zutaten vermengen und in eine gefettete Form geben.

5   Bei 175 °C (Ober-/Unterhitze) auf mittlerer Schiene 20 Minuten backen. Der Kuchen kann in der Mitte ruhig etwas feucht bleiben und an Brownies erinnern.

6   Nach Belieben mit Puderzucker oder Schokoguss garnieren.

Fächerobst mit Crunch

Für 2 Portionen

Pflanzenmargarine

2 Äpfel oder Birnen

2 EL Rohrzucker

40 g Mandeln, gehobelt

25 g Haferflocken, kernig

1 Den Backofen auf 180 °C (Ober-/Unterhitze) vorheizen und eine Auflaufform einfetten.

2 Die Äpfel waschen, halbieren, entkernen und mit der Schnittfläche nach unten auf ein Schneidebrett legen. Im Abstand von 3 Millimetern einschneiden, darauf achten, die Apfelhälften nicht bis ganz unten durchzuschneiden.

3 Die Apfelhälften in die Auflaufform legen und etwa 15–20 Minuten auf mittlerer Schiene bissfest backen. Wer die Äpfel weicher mag, erhöht die Backzeit einfach auf 25–30 Minuten.

4 Für den Haferflocken-Crunch 1 EL Margarine und Rohrzucker in einer Pfanne schmelzen. Mandeln und Haferflocken hinzugeben und 2–3 Minuten bei mittlerer Temperatur anrösten.

5 Die Äpfel auf zwei Tellern anrichten und mit dem Haferflocken-Crunch garnieren.

Bananenkuchen

Für 1 Kastenform

450 g überreife Bananen

240 ml Raps- oder Sonnenblumenöl

240 ml Pflanzenmilch (Hafer- oder Sojamilch)

je nach Süße der Bananen **etwas Agavendicksaft**

großzügiger Schluck **Apfelessig**

375 g Mehl (evtl. die Hälfte Haferflocken)

200 g Zucker

2 TL Zimt

1 TL Natron

1 TL Muskat

1 TL Salz

2 TL Backpulver

Optional: Orangen- oder Zitronenabrieb, Rosinen, Schokolade, Nüsse, Äpfel

1 Die Bananen mit dem Öl zu Brei pürieren. Danach Milch, Agavendicksaft und Apfelessig unterrühren.

2 Die trockenen Zutaten in einer Schüssel vermengen; das Backpulver am besten gesiebt hinzugeben.

3 Alle Zutaten gut vermengen und gleichmäßig in einer Backform verteilen. Nach Belieben nun noch weitere Zutaten hinzufügen. Im vorgeheizten Ofen bei 175 °C (Ober-/Unterhitze) 35–45 Minuten backen.

Müslibällchen

Für ca. 15 Bällchen

100 g Rosinen oder andere Trockenfrüchte

100 g Nüsse

100 g Haferflocken

25 g Kakao

1 Prise Salz

Optional: Vanilleextrakt, Nussmus

Zum Garnieren: Kokosflocken, Chiasamen, Sesam, Kakao

1   Die Trockenfrüchte in warmem Wasser etwa 10 Minuten einweichen. Danach abgießen, kurz abspülen und gut abtropfen lassen.

2   Erst die Nüsse im Mixer zerkleinern und dann alle anderen Zutaten hinzufügen. Alles mixen, bis eine klebrige Masse entsteht.

3   Etwa 1 EL der Masse mit leicht angefeuchteten Händen zu einem Ball formen.

4   Nun kannst du die Bällchen noch in Kokosflocken, Chiasamen oder Kakao wenden.

5   Die Müslibällchen halten sich gekühlt etwa 1 Woche, können aber auch eingefroren und bei Bedarf 2 Stunden vor dem Verzehr im Kühlschrank aufgetaut werden.

Süßes

Bananeneis

Für 4 Portionen

4 reife Bananen

100 ml Mandelmilch (oder Soja- oder Haselnussmilch)

Dieses Grundrezept kann nach Belieben ausgeweitet werden. Ob frische Früchte und Beeren, rohes Kakaopulver, Vanille, Kokosmus, Nüsse oder Samen – deiner Fantasie sind keine Grenzen gesetzt!

1 Die Bananen in Scheiben schneiden und über Nacht einfrieren.

2 Die gefrorenen Bananen mit der Mandelmilch in einen Standmixer geben und 15–20 Sekunden pürieren. Das Mixen so lange wiederholen, bis eine cremig-homogene Masse entstanden ist.

Rote Grütze

Für 4 Portionen

600 g gemischte Beeren, z.B. Johannis-
beeren, Himbeeren, Sauerkirschen,
Erdbeeren, Blaubeeren

3 EL Speisestärke

¼ l roter Saft, z.B. Johannisbeer- oder
Kirschnektar

50 g Zucker

½ Vanilleschote

1 Zimtstange

Optional: Orangen- oder Zitronenabrieb

Wäre es nicht toll, Rote
Grütze mit selbst geernte-
ten Beeren aus der eigenen
Stadt zuzubereiten? Kein
Problem dank der Website
mundraub.org. Die Macher
von **Mundraub** haben eine
Karte erstellt, auf der man
öffentliche Obstbäume und
-sträucher findet. Einfach den
Wohnort eingeben, und schon
geht's los!

1 Die Beeren verlesen, entstielen und bis auf die Himbeeren abspülen, Kirschen entsteinen.

2 Stärke und 6 EL roten Saft verrühren, bis keine Klümpchen mehr vorhanden sind. Restlichen Saft, Zucker, Vanilleschote, Zimtstange und gegegebenfalls Orangen- oder Zitronenabrieb in einem großen Topf aufkochen. Die angerührte Stärke unter Rühren in den kochenden Saft gießen und 2–3 Minuten bei schwacher Hitze köcheln. Dabei ständig weiterrühren.

3 Beeren in den angedickten Saft geben, vorsichtig unterheben und kurz zusammen erhitzen. Wer es etwas »musiger« mag, lässt die Grütze ein paar Minuten länger köcheln.

4 Die Grütze abkühlen lassen und mindestens 3 Stunden im Kühlschrank durchziehen lassen. Vanilleschote und Zimtstange kurz vor dem Servieren entfernen.

Schichtdessert

Für 4 Portionen

300 g Obst (z. B. Kirschen, Pflaumen, Äpfel)

Fruchtsaft

Zucker

100 g Kekse, Gebäck, süße Backwaren oder Streusel aus:

> 50 g Margarine
>
> 50 g Zucker
>
> 85 g Mehl
>
> 1 Prise Salz

250 g Milchprodukte (z. B. Quark, Pudding, Sahne, Joghurt) oder Pudding selber machen aus:

> 250 ml Milch (z. B. Soja-, Hafer- oder Kuhmilch)
>
> 20 g Stärke
>
> 2 EL Zucker
>
> 1 Messerspitze gemahlene Bourbon Vanille oder 1 Päckchen Vanillezucker
>
> Salz

Tolle Kombis sind rote Früchte wie Kirschen, Vanillecreme und Streusel mit Zimt oder Apfelkompott mit Zimt, Quark mit Zitronenabrieb und zerbröselten Keksen oder Pfirsichscheiben mit Joghurtcreme und zerbröseltem süßen Gebäck.

1   Die Früchte waschen und klein schneiden. In einem Topf mit ein wenig Flüssigkeit, am besten Fruchtsaft, und Zucker erwärmen, bis das Ganze eine kompottähnliche Konsistenz annimmt.

2   Kekse, Gebäck, süße Backwaren zerkleinern oder Streusel vorbereiten und im Backofen bei 180 °C (Ober/Unterhitze) goldbraun backen.

3   Eine Creme aus den Milchprodukten rühren. Die Sahne dafür eventuell schlagen. Alternativ Pudding zubereiten: dafür 2 EL der Milch mit Stärke mischen. Die restliche Milch aufkochen. Stärkemischung, Zucker, Vanille und 1 Prise Salz dazugeben. Das Ganze etwa 1 Minute köcheln und dann abkühlen lassen.

4   Nun in eine Schüssel oder in Gläsern schichten. Mit einer Schicht Fruchtkompott beginnen, darauf etwas Creme verteilen und anschließend die zerbröselten Kekse oder Streusel darauf verteilen. Das Muster kann dann beliebig oft wiederholt werden.

Süße Kartoffelknödel

Für 8–10 Stück

500 g gekochte Kartoffeln

50 g weiche Butter

30 g Grieß

Salz

1 Ei

130 g Mehl

Nektarinen, Pflaumen, Marillen etc.

Optional: Würfelzucker

80 g Butter

100 g Semmelbrösel

2 EL Zucker

Zimt

Du kannst das Obst auch zu einem Kompott verarbeiten und zu den Knödeln servieren. Dann aber die Knödel etwas kleiner formen, damit sie nicht zu teigig werden.

1 Die Kartoffeln stampfen oder durch die Kartoffelpresse pressen.

2 Kartoffelstampf mit Butter, Grieß, 1 Prise Salz und dem Ei vermischen. Das Mehl dazusieben, zu einem Teig verarbeiten und etwa 10 Minuten im Kühlschrank ruhen lassen.

3 Das Obst waschen, entsteinen und halbieren. Entweder leicht zuckern oder einen Würfelzucker in die halbe Frucht stecken.

4 Mit feuchten Händen Kugeln aus dem Teig formen und die Obsthälften in die Mitte drücken. Dann die Frucht mit dem Teig komplett umhüllen. Wenn der Teig zu weich zum Verarbeiten ist, noch etwas Mehl oder Grieß dazugeben.

5 Die Knödel in leicht simmerndem Wasser etwa 10 Minuten kochen lassen.

6 In der Zwischenzeit die Butter in einer Pfanne zerlassen, die Semmelbrösel hinzugeben und unter ständigem Rühren braun werden lassen. Am Schluss 2 EL Zucker und Zimt einstreuen.

7 Die gekochten Knödel direkt nach dem Abtropfen in den Semmelbrösel wälzen und heiß servieren.

Pinocchio

»Ich habe keine Ahnung, Vater, aber es war eine schreck-
liche Nacht. Es donnerte und blitzte, und fast wäre ich
verhungert. Und dann war da diese Grille ...« Pinocchio
erzählte Geppetto seine ganzen Erlebnisse. Als er ge-
endet hatte, heulte er los, dass es fünf Kilometer weiter
noch zu hören war.

Geppetto hatte von dieser verworrenen Geschichte
nur so viel verstanden, Pinocchio litt schrecklichen
Hunger. Er zog drei Birnen, die er sich selbst als Frühstück
mitgenommen hatte, aus seiner Jackentasche und
reichte sie Pinocchio. »Ich gebe sie dir gerne. Iss, und lass
es dir schmecken.«

»Wenn du willst, dass ich sie aufesse, dann schäle sie
mir doch bitte!«

»Schälen? Dass du so ein Leckermaul bist, mein Junge.
Das ist schlimm. In dieser Welt müssen sich schon die
Kinder daran gewöhnen, alles zu essen. Man weiß nie, was
geschehen wird.«

»Du hast gut reden, aber ungeschältes Obst esse ich
niemals. Schalen mag ich nicht!«

Und der gutherzige Geppetto zog ein Messer heraus
und schälte geduldig alle drei Birnen. Die Schalen legte er
daneben. Pinocchio aß die erste Birne und wollte gerade
das Gehäuse wegwerfen, doch Geppetto hielt ihm am
Arm fest:

»Wirf es nicht fort! Auf dieser Welt kann man alles noch
verwenden.«

»Aber den Strunk kann man doch nicht essen!«, rief Pinocchio.

Geppetto blieb ganz ruhig und legte ein Gehäuse nach dem anderen zu dem Schalenberg. Als Pinocchio die drei Birnen verschlungen hatte, jammerte er, dass er immer noch Hunger habe. Geppetto erklärte ihm, dass außer den Schalen und Strünken nichts Essbares mehr im Haus wäre.

»Nun ja«, meinte Pinocchio, »wenn gar nichts mehr da ist, dann muss ich wohl ein Stückchen Schale essen.«

Er begann zu kauen. Zuerst verzog er noch den Mund, doch dann vertilgte er in Windeseile den kleinen Haufen, bis nichts mehr übrig war. »So, jetzt geht es mir richtig gut!«

»Siehst du, wie recht ich hatte. Mein liebes Kind, man kann nie wissen, was noch kommt. **Es gibt so viele Möglichkeiten!**«

Auszug aus Carlo Collodis »Pinocchios Abenteuer«

TIPPS & TRICKS

Für mehr *Achtsamkeit*
im Umgang
mit Lebensmitteln

Nicht zu viel des Guten

Fangen wir mal ganz von vorne an! Kaufe nur das, was du auch tatsächlich brauchst. Klingt simpel, ist es dann aber oft doch nicht.

Überlege dir vor dem Einkauf, was du essen bzw. kochen willst, und beschränke dich darauf. Dabei hilft dir ein wohl überlegter Einkaufszettel. Denk daran, dass viele Frischwaren (vor allem Obst, Gemüse und Fleisch) nur bedingt haltbar sind und zeitnah nach dem Einkauf verbraucht werden sollten. Je gezielter du einkaufst, desto seltener werden Lebensmittel schlecht und landen im Müll.

Lass dich auch nicht von vermeintlichen Angeboten locken. »3 zum Preis von 2« hört sich zwar toll an, ist aber oft ein Schnäppchen für die Tonne.

Und auch an der Redensart »Da waren die Augen wohl größer als der Magen« ist etwas dran. Deswegen: Geh am besten nie hungrig einkaufen!

Ein Großeinkauf am Wochenende mag logistische Vorteile haben, aber nur dann, wenn er richtig geplant ist. Wenn du den größten Teil der Woche unterwegs oder außer Haus bist und isst, macht der Großeinkauf nicht wirklich Sinn. Beschränke dich auf das, was du wirklich verbrauchen kannst, und geh im Zweifelsfall lieber häufiger einkaufen. Bewegung tut ja ohnehin gut!

Mindestens haltbar ist länger, als man denkt

Lebensmittel, die das Mindesthaltbarkeitsdatum (MHD) überschritten haben, werfen wir oft als (vermeintlich!) abgelaufen oder schlecht in den Müll. Eine völlig grundlose Lebensmittelverschwendung, denn das MHD darf man nicht mit dem Verfallsdatum bzw. Wegwerfdatum verwechseln! Es gibt lediglich den Zeitpunkt an, bis zu dem die Herstellerfirma bei richtiger Lagerung die spezifischen Eigenschaften ungeöffneter Lebensmittel wie beispielsweise Geschmack, Geruch und Nährstoffgehalt garantiert. Nicht umsonst steht da ja auch »mindestens haltbar bis« und nicht »ungenießbar ab«.

Unsere Empfehlung: Schau dir das entsprechende Produkt einfach genau an und vertraue auf deine Sinne! Mindestens vier davon (Sehen, Riechen, Schmecken und Tasten) können dir beim Lebensmittel-Check hilfreich sein. Oft kann man die Waren mehrere Tage bis Wochen oder sogar Monate über das MHD hinaus problem- und gefahrlos verzehren. Beispiele gefällig?

Besonders empfindliche Lebensmittel (wie z. B. Hackfleisch, Geflügel, Fisch) werden nicht mit einem MHD, sondern mit einem **Verbrauchsdatum** gekennzeichnet. Dieses Datum gibt im Gegensatz zum MHD an, bis zu welchem Tag das entsprechende Lebensmittel verzehrt werden muss. Dies betrifft Produkte, die besonders anfällig für Keime sind und dadurch gesundheitsschädlich sein können.

Folgende Lebensmittel sind auch nach Ablauf des MHD noch lange haltbar (Angabe in Tagen):

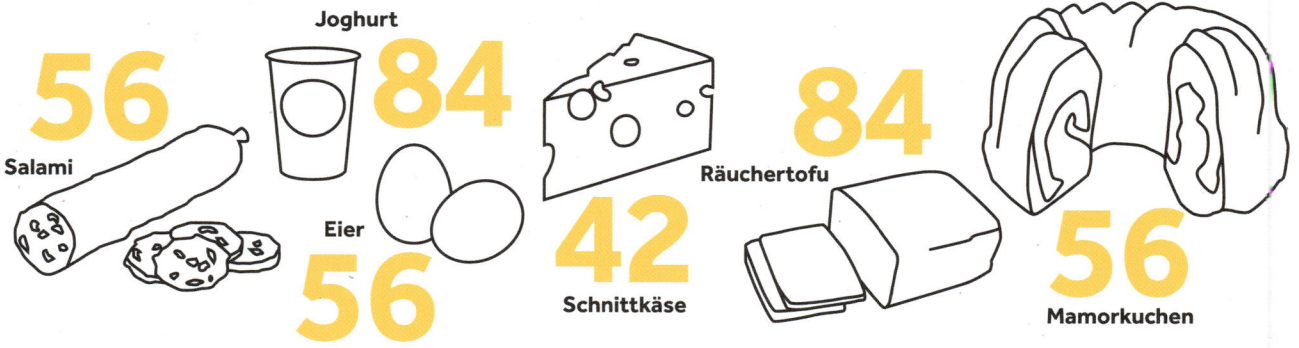

56 Salami

84 Joghurt

56 Eier

42 Schnittkäse

84 Räuchertofu

56 Mamorkuchen

Quelle: Greenpeace Austria & Mutter Erde, 2014

Die Verbraucherzentrale Hamburg hat eine Checkliste veröffentlicht, die Verbrauchern bei der Beurteilung von Lebensmitteln helfen soll. Diverse Tipps unterstützen dabei, Produkte anhand ihres Aussehens, Geruchs oder Geschmacks zu bewerten. Der Fokus liegt dabei auf Lebensmitteln, die in den meisten Haushalten zu finden sind. Wir haben hier eine Auswahl für dich zusammengetragen.

Lebensmittel	Nach Ablauf noch unbedenklich?	Ab wann nicht mehr genießbar?	Tipps zur Aufbewahrung
Butter	Ja, mehrere Wochen bis Monate	Sehen: dunkelgelb Riechen: stechend, ranzig Schmecken: ranzig, nicht mehr arteigen	– nicht offen lagern, sondern in einer verschließbaren Dose – bei geringem Bedarf Stücke einfrieren
Eier	Ja, ungefähr zwei Wochen	Sehen: Wasserglas-Test Riechen: faulig Schmecken: faserig (bei gekochten Eiern)	– im Kühlschrank/Eierkarton lagern – Schale nicht mit anderen Lebensmitteln in Kontakt kommen lassen
Käse	Ja, mehrere Wochen (Weichkäse) bis Monate (Hartkäse)	Sehen: schimmelig Riechen: muffig, gärig	– dunkel lagern, eingewickelt in Papier oder Vorratsdose – ganzer Käse hält länger als in Scheiben geschnittener
Milch	Ja, einige Tage bis Wochen (H-Milch)	Sehen: flockig, geronnen Riechen: sauer Schmecken: sauer	– verschlossen im Kühlschrank lagern
Wurst & Schinken	Ja, einige Tage	Sehen: grau, grünlich, schmierig Riechen: faulig, streng Schmecken: bitter	– in der untersten Eben des Kühlschranks lagern – im Ganzen länger haltbar als in Scheiben geschnitten

Richtig lagern

Natürlich hat auch die Art der Lagerung großen Einfluss auf die Haltbarkeit unserer Lebensmittel. Fangen wir mit dem Kühlschrank an. Wir verraten dir, wie es im Idealfall darin aussehen sollte:

Das **oberste Fach im Kühlschrank** ist mit 8 °C geeignet **für Käse, gut verpackte Speisereste, Geräuchertes und rohen Schinken.** Das darunterliegende **Mittelfach** ist mit 5 °C ideal **für frische Milchprodukte wie Joghurt, Quark und H-Milch.** Auch geöffnete Obst- und Gemüsegläser fühlen sich hier wohl. Mit 2 °C ist es **im unteren Fach** des Kühlschranks am kühlsten – der Wohlfühlort für leicht verderbliche Lebensmittel wie **Fleisch und Fisch.** Die größten Vitaminkiller sind Licht, Sauerstoff, Hitze und Feuchtigkeit, weshalb die **Frischefächer** ein guter Platz für **Obst & Gemüse** sind. Mit ca. 8–10 °C eignen sich die untersten Fächer beispielsweise für Beeren, Aprikosen oder Kirschen und Gemüse wie Blattsalate, Spinat, Pilze, Karotten, Sellerie oder Spargel.

Im Kühlschrank sollte (übrigens wie im Supermarktregal) das FIFO-System Anwendung finden, das heißt: **»First In, First Out!«** In anderen Worten: Das, was zuerst in den Kühlschrank kommt, sollte auch zuerst verwendet werden. Hilfreich ist es hier, wenn du die zuletzt gekauften Lebensmittel weiter hinten im Kühlschrank einsortierst bzw. regelmäßig ältere Sachen wieder nach vorne holst.

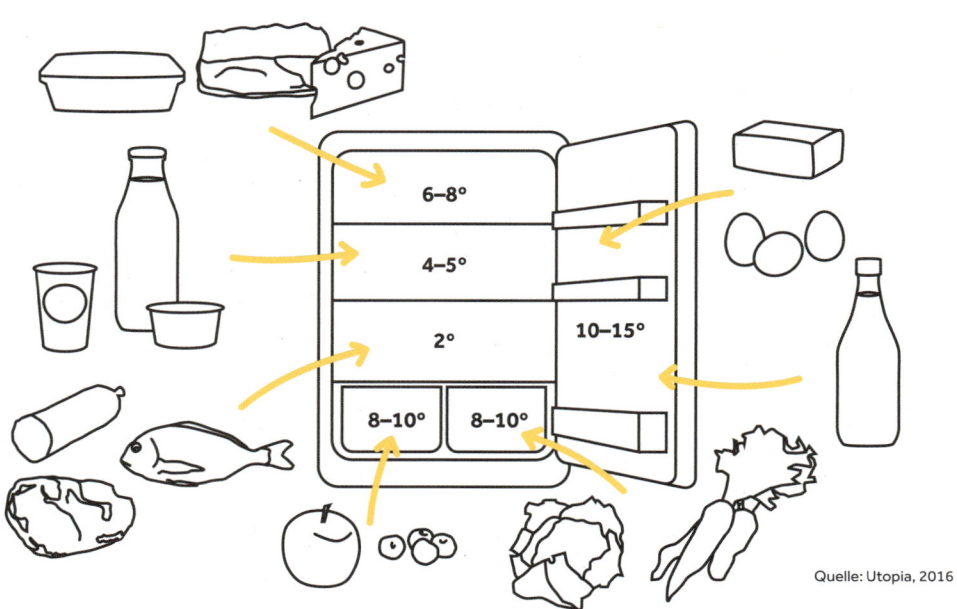

6–8°

4–5°

2°

10–15°

8–10°   8–10°

Quelle: Utopia, 2016

Doch natürlich bewahren wir nicht all unsere Lebensmittel im Kühlschrank auf. Für einige Gemüse- und viele Obstsorten, wie z. B. Bananen, Zitrusfrüchte, Auberginen, Kürbis und Tomaten, wirkt sich die künstliche Kühlung negativ auf die Haltbarkeit und das Aroma aus. Generell gilt hier die Faustregel: Exoten mögen es gerne warm, Einheimische lieber kalt. Äpfel und Tomaten solltest du außerdem getrennt von anderen Obst- und Gemüsesorten aufbewahren, da sie die Nachbarn in ihrer direkten Umgebung aufgrund des »Reifegases Ethylen« schneller reifen (und somit auch verderben) lassen.

Für die Aufbewahrung von Knollen aller Art (z. B. Zwiebeln, Kartoffeln, Karotten, Rüben, Rote Bete, Radieschen oder Knollensellerie) eignet sich übrigens die Sandlagerung hervorragend. Wie das geht? Einfach eine alte Holzkiste besorgen, diese mit trockenem Sand füllen und die Lebensmittel »Spitze zuerst« darin aufbewahren. Wird solches Gemüse vertikal aufbewahrt – also so, wie es normalerweise auch in der Natur wächst –, ist es deutlich länger haltbar.

Ein No-Go im Kühlschrank ist Brot – die kühle, feuchte Luft tut dem Brot überhaupt nicht gut, insbesondere dann, wenn es in einer Plastiktüte aufbewahrt wird. Lagere es lieber in einer speziellen Brotbox oder einem Küchenhandtuch bei Zimmertemperatur. Übrigens: Geschnittenes Brot mag zwar bequemer sein, doch es hält deutlich kürzer als ein ganzer Laib.

Und wusstest du, dass du mit einem ganz einfachen Trick verhindern kannst, dass Gewürze klumpig und unansehnlich werden? Einfach etwas Reis in die Aufbewahrungsgläser geben! Dieser saugt von Natur aus Feuchtigkeit auf und hält die Gewürze länger trocken.

Ethylen ist ein geruchloses, gasförmiges Pflanzenhormon. Es wird von Früchten während des Reifeprozesses ausgeschieden (ethylenausscheidende Früchte sind u. a. Äpfel, Birnen oder Bananen) und stimuliert den Reifevorgang umliegender Obst- und Gemüsesorten (ethylenempfindliche Früchte). Deshalb transportiert man Bananen beispielsweise in unreifer Form und lagert sie während der Reise kühl, da niedrige Temperaturen die Ethylensynthese hemmen.

Saisonal und regional einkaufen

»Regional ist das neue Bio«, liest man immer wieder in den Medien. Wir gehen hier noch einen Schritt weiter und sagen, »Regional UND saisonal, am besten Bio!« Mit diesem Leitspruch kannst du nicht nur Lebensmittelverschwendung verhindern, sondern auch aktiv etwas gegen den Klimawandel und für den Umweltschutz unternehmen. Saisonale Produkte aus der Region sind nicht nur länger haltbar, sie laufen auch weniger Gefahr, beim Transport beschädigt und damit aussortiert zu werden.

Zur besseren Orientierung haben wir einen kleinen Saisonkalender zusammengestellt. Unser Versprechen, wenn du dir diesen vor dem Einkauf regelmäßig zu Herzen nimmst: Besserer Geschmack! Denn während der natürlichen Erntezeiten im Freiland sind Geschmack und Aroma von Obst und Gemüse am intensivsten. Sie bekommen genügend Luft und Sonne ab, um ihren vollen Geschmack zu entfalten. Und sie dürfen in der Regel vollständig ausreifen, was bei importierter Ware meist aufgrund des Transports nicht möglich ist. Somit sind sie nicht nur leckerer, sondern auch noch gesünder. Dank der Vielzahl an Vitaminen und sekundären Pflanzenstoffen verfügen sie über einen höheren Nährstoffgehalt.

Wenn das noch nicht genügend Gründe für dich sein sollten, haben wir noch ein weiteres unschlagbares Argument: Du sparst sogar Geld! Wer heimisches Obst und Gemüse nach Saison kauft, bekommt qualitativ hochwertige Ware für einen geringen Preis. Vor allem Freilandware kann mit wenig Energieaufwand und ohne hohe Transportkosten günstig produziert und ausgeliefert werden.

Den Saisonkalender findest du ab Seite 155.

Wunderlinge kaufen

Abermillionen Tonnen an Lebensmitteln landen jährlich im Müll, bevor sie überhaupt die Supermärkte, geschweige denn die dortige Auslage erreichen. Der Grund: Viele Verbraucher erwarten perfekt geformtes makelloses Obst und Gemüse in altbekannten Einheitsgrößen. Dabei kommt es bei Obst und Gemüse doch wirklich nicht auf das Äußere an, oder? Wenn wir uns über die inneren Werte wie beispielsweise Geschmack oder Nährstoffgehalt unterhalten, muss sich das etwas sonderbar geformte Obst oder Gemüse erst recht nicht verstecken – nicht nur schmeckt die krumme Karotte oftmals besser, sie hat in der Regel auch mehr Nährstoffe.

Falls du nicht schon längst Wunderlinge-Liebhaber bist, haben wir hier ein kleines Quiz für dich: Welches Obst oder Gemüse verbirgt sich hinter den Silhouetten?

Also setze ein Zeichen gegen Lebensmittelverschwendung, und gib der krummen Gurke oder zweibeinigen Karotte eine Chance!

Quelle: Querfeld, 2017

Antworten von links oben nach rechts unten: Karotte, Gurke, Orange, Erdbeere, Apfel, Ingwer, Kartoffel, Zucchini, Tomate

Tipps & Tricks

Lebensmittel retten

Dass wir viel zu viele Lebensmittel wegwerfen, müssten wir dir mittlerweile deutlich gemacht haben. Dass du selbst etwas dagegen tun kannst, auch. Doch du kannst auch noch einen Schritt über die persönliche Vermeidung von Lebensmittelverschwendung hinausgehen und weitere Lebensmittel vor der Tonne retten! Als Foodsaver im Rahmen der Foodsharing-Initiative kannst du in Partnerbetrieben deiner Stadt regelmäßig Lebensmittel retten – das heißt, du gehst zu entsprechenden Einzelhändlern und rettest die aufgrund von kleinen Macken, falsch etikettierten oder sich zu nahe am Mindesthaltbarkeitsdatum befindlichen aussortierten Lebensmittel.

Natürlich kannst du in Zeiten einer zunehmenden Digitalisierung auch einfach per Klick auf dein Smartphone aktiv werden und Lebensmittel retten. Wir haben hier zwei Apps für dich, mit denen du nach einem kurzen Ausflug in den App-Store direkt loslegen kannst.

ResQ

Too Good To Go

Haltbarmachen

Kein Lebensmittel lässt sich ewig konservieren. Doch dank verschiedener Verfahren kann man die Haltbarkeit deutlich verlängern. Ziel ist es immer, die Mikroorganismen, welche für den Verderb der Lebensmittel verantwortlich sind, zu minimieren, abzutöten oder in ihrem Stoffwechsel extrem zu verlangsamen. Klar, Kühlen ist hier sicherlich der Klassiker. Aber es gibt noch weitere spannende Methoden, die dir beim Haltbarmachen helfen:

Einfrieren: Du hast zu viel Bolognese gekocht oder kannst das Brot nicht so schnell verbrauchen, wie es vertrocknet? Friere einfach alles ein! Das schmeckt auch Monate später noch und rettet dich womöglich, wenn du an einem Sonntag vor einem leeren Kühlschrank stehst. Das Einfrieren bis zu -17 °C unterbricht die Aktivitäten der Enzyme von Mikroorganismen.

Zuckern: Ein erfrischender Holunderblütensirup, süße kandierte Früchte oder leckere Marmelade für das Frühstücksbrötchen: Das Zuckern ist wohl die süßeste Methode des Konservierens.

Salzen/Pökeln: Besonders Fleisch und Fisch, aber auch Wurstwaren werden mit der Methode des Salzens konserviert. Das dadurch entzogene Wasser fehlt den Mikroorganismen, wodurch ihr Wachstum verlangsamt wird. Beim Pökeln kommt zusätzlich Nitrit hinzu, mit dessen Hilfe man sogar Mikroorganismen abtöten kann.

Zum **Einfrieren** geeignete Lebensmittel sind beispielsweise Brot, gekochte Soßen oder Gerichte, rohes Fleisch und sogar Eier. Aber bitte vorher aufschlagen, sonst platzt die Schale. Weniger gut geeignet sind Lebensmittel mit hohem Wassergehalt wie die meisten Obst- und Gemüsesorten, aber auch Salat – sie werden dadurch eher matschig. Schnittkäse beispielsweise trocknet aus und wird bröckelig, deshalb – wenn dann – lieber im ganzen Stück einfrieren!

Trocknen: Ohne das Trocknen unseres Getreides müssten wir auf unser täglich Brot verzichten. Doch auch Kräuter, Hülsenfrüchte oder Trockenobst können das ganze
Jahr über verzehrt werden, wenn ihnen durch Trocknen
das Wasser entzogen und damit die Lebensgrundlage der
Mikroorganismen zerstört wurde.

Einkochen/Einmachen/Einwecken: Leckeres Kompott,
Säfte und fruchtig-pikante Chutneys, aber auch Gemüse
sieht in Einmachgläsern nicht nur gut aus, sondern
schmeckt auch noch lange Zeit nach der Zubereitung.
Durch die Hitzeeinwirkung zwischen 75 und 100 °C werden die meisten Sporen und Mikroorganismen abgetötet
bzw. ihre Enzymaktivität entscheidend verlangsamt.

Einlegen: Ein Schafskäse in Salzlake oder eingelegte
Antipasti in Öl sind nur zwei Beispiele, wie man mit Einle-
gen Lebensmittel haltbar machen kann. So gelangt kein
Sauerstoff an das Nahrungsmittel, und das Wachstum der
Mikroorganismen wird gehemmt.

Säuern: Schon die alten Seefahrer nutzten Sauerkraut,
um auf langen Fahrten nicht auf Vitamine verzichten zu
müssen. Doch auch Kürbis, Bohnen und anderes Gemüse
lässt sich mit Essig säuern. Wird der pH-Wert derart
abgesenkt, können sich Mikroorganismen nur bedingt
vermehren oder sterben ganz ab.

Tipp: Altbekannt ist auch der Rumtopf, in welchem
Früchte (Beeren, Kirschen, Pflaumen und Aprikosen) in
Alkohol, meist Rum, und Zucker eingelegt und konserviert
werden. Die Früchte müssen dabei immer mit Flüssigkeit
bedeckt bleiben. Wenn du auf Nummer sicher gehen
willst, verwende eine gut gereinigte Untertasse, um die
Früchte unter der Oberfläche zu halten.

Zusammen isst man weniger allein – Resteküche-Party!

»Genial!«, denkst du dir, nachdem du auf dem Markt drei Kilo Spinat zum Schnäppchenpreis ergattert hast. Problem nur: Wohin mit dem ganzen Zeug? Der Sack Kartoffeln im Schrank hat schon erste Triebe, und der Block Parmesan im Kühlschrank, den dir dein toskanischer Arbeitskollege mitgebracht hat, muss auch schleunigst verkocht werden?

Wenn du große Mengen Lebensmittel schnell verbrauchen musst, verteile bzw. teile sie! Noch besser: Lade Nachbarn, Freunde oder Kollegen zum Essen ein! Je mehr Leute, desto mehr kommt weg, desto geringer ist die Lebensmittelverschwendung und desto mehr Spaß macht das Ganze. Das vorherige Kapitel hat dir hoffentlich ausreichend Inspiration geliefert, was genau du alles mit deinen Lebensmitteln anstellen kannst.

Noch ein Tipp: **Doggy Bags** bzw. **Resteboxen** nicht vergessen! So musst du dich auf der Party nicht ins oft bejammerte »Fresskoma« schmausen, sondern kannst auch nach dem Dinner noch besten (Bauch-)Gefühls und Gewissens tanzen gehen.

Das Wort **Doggy Bag** setzt sich aus den englischen Wörtern Doggy (Hündchen) und Bag (Sack oder Tüte) zusammen. Offiziell sind die eingepackten Reste für den Hund der Gäste bestimmt, so die Sprachregelung. Dabei ist es jedoch unerheblich, ob überhaupt ein Hund zum Haushalt der Gäste gehört. Tatsächlich sind die Reste meistens für die Gäste selbst oder für Daheimgebliebene gedacht.

Unsere Empfehlungen

von Esther Kern, Pascal Haag
& Sylvan Müller

Leaf to Root – Gemüse essen vom Blatt bis zur Wurzel
Warum essen wir kein Karottengrün? Genau wie beim Fleisch, wo das Filet nicht zwingend das beste Stück ist, gibt es auch beim Gemüse neue Teile zu entdecken: Radieschenblätter werden zu Salat, Erbsenschalen zu Suppe, Blumenkohlblätter zu einem Curry. Die Autoren zeigen vielfältige Verwendungsmöglichkeiten von Blättern, Stielen, Strünken und Wurzeln.

von Hildegard Möller

Restlos! Clever kochen mit Resten
Was tun mit dem trockenen Brötchen, dem kleinen Spaghettirest oder der halben Salatgurke? Im Handumdrehen sind daraus ein leckerer Brotsalat, knusprige Nudelpuffer oder eine erfrischende Gazpacho zubereitet. Ganz nach dem Motto: Verwenden statt Verschwenden. Die 180 Rezepte zeigen, dass sich sogar aus »Abfällen« wie Kohlrabiblättern oder Apfelschalen etwas Köstliches zaubern lässt. Ein Buch für alle, die achtsam und nachhaltig genießen wollen.

von Feierabendglück GmbH
(Herausgeber)

Das wahrscheinlich nachhaltigste Kochbuch der Welt – [in a box]: Feierabendglück Rezepte
Das Team vom Feierabendglück will mit dem wahrscheinlich nachhaltigsten Kochbuch der Welt die Küche in Deutschland revolutionieren: Das vegetarische Kochbuch macht saisonales Kochen wirklich einfach. Da die Zutaten aus regionalem Bio-Anbau in der Saison richtig günstig sind, wird leckeres und gesundes Bio-Essen für jeden erschwinglich. Als Käufer oder Käuferin wird man obendrein zum Bodenretter: Denn mit jedem Kochbuch vergrößert sich die Bio-Anbaufläche in Deutschland um 1m².

Taste The Waste

Schonungslose Dokumentation über die globale Lebensmittelverschwendung. Die Folgen reichen weit, denn die Auswirkungen auf das Weltklima sind verheerend. Die Landwirtschaft verschlingt riesige Mengen an Energie, Wasser, Dünger und Pestiziden, Regenwald wird für Weideflächen gerodet. Mehr als ein Drittel der Treibhausgase entsteht durch die Landwirtschaft. »Taste The Waste« zeigt, dass ein weltweites Umdenken stattfindet und dass es Menschen gibt, die mit Ideenreichtum und Engagement diesem Irrsinn entgegentreten.

von Regisseur Valentin Thurn (2010)

Just Eat It – A Food Waste Story

Wir alle lieben Essen. Als Gesellschaft verschlingen wir unzählige Kochshows, kulinarische Zeitschriften und Foodblogs. Wie kommt es bloß, dass wir gleichzeitig fast 50 Prozent davon in die Tonne werfen? Die Filmemacher Jen und Grant tauchen mit »Just Eat It« ein in die Thematik Foodwaste über Abfälle in der Landwirtschaft, im Einzelhandel bis hin zum eigenen Kühlschrank. Sie schwören sich, auf den Lebensmitteleinkauf zu verzichten und sich nur noch von weggeworfenen Lebensmitteln zu ernähren.

von Regisseur Grant Baldwin (2014)

Wasted – The Story of Food Waste

»Wasted« zeigt mithilfe vordenkender (Sterne-)Köche, wie man der globalen Lebensmittelverschwendung mit kreativen Lösungen begegnen kann und wie eindrucksvoll Individuen und Organisationen weltweit die Zukunft unserer Nahrungsmittelsicherheit angehen.

von Regisseur Anthony Eurdain (2017)

OUTRO

Stell dir vor,

... du verlässt mit drei Jutebeuteln, vollgepackt mit Lebensmittel den Supermarkt. Auf dem Heimweg fällt dir ein Beutel herunter, und Äpfel. Aufbackbrötchen und die streichzarte Butter kullern auf die Straße. Du bemerkst den heruntergefallenen Jutebeutel, und dir ist es egal, dass zwei Äpfel und eine Aubergine nun eine Macke haben und die Butterverpackung an der einen Ecke eingedellt ist. Denn du weißt, dass diese Lebensmittel immer noch genauso gut sind wie die anderen. Deshalb ist es für dich auch selbstverständlich, dass du sie wieder einsammelst und sie in den nächsten Tagen mit Freude genießen wirst. Und natürlich war es für dich kein Problem, aus der alten Aubergine, den Zucchini und dem Toastbrot noch etwas Leckeres zu zaubern – du bist ja schließlich Resteküche-Fan!

ÜBER UNS

Wir sind Katharina und Daniel, und wir lieben Lebensmittel! Seit mehreren Jahren engagieren wir uns nun schon gegen die Lebensmittelverschwendung und für mehr Lebensmittelwertschätzung. Ob privat in unserer eigenen Küche beim kreativen Kochen mit Lebensmittelresten, beim Lebensmittelretten bei Handels- und Gastronomiebetrieben oder bei Vorträgen und Workshops, welche wir regelmäßig zum Thema durchführen.

Auch sind wir beide im Vorstand von ShoutOutLoud – einem gemeinnützigen Verein aus Frankfurt am Main. Seit der Gründung im Jahr 2013 kämpfen wir mit unserem Programm »Kein Essen für die Tonne« gegen die achtlose Verschwendung von Lebensmitteln.

Uns geht es dabei immer darum, den Blick auf das große Ganze zu lenken und das Bewusstsein für unsere tägliche Ernährung zu stärken. Mit verschiedenen Projekten machen wir genussvoll auf die Missstände aufmerksam, zeigen Alternativen auf und bringen die Menschen wieder näher zu einzelnen Lebensmitteln – denn je mehr Wissen man hat, desto besser kann man sein eigenes Verhalten überdenken.

Resteküche: unser eigener Foodtruck, mit dem wir Lebensmittelverschwendung und ihre Reduzierung durch Streetfood, Caterings und Workshops erleb- und genießbar machen.

Waste-Watcher-Partys: Kochevents, bei denen wir zum gemeinsamen Schnibbeln und Kochen geretteter Lebensmittel einladen.

Food Festivals: unser Festival-Format, welches Streetfood, Musik, Kunst und Film umfasst und vor allem der Unterhaltung dient, ohne jedoch auf Aufklärung zu verzichten.

Aufkleberaktion: »Wir machen mit – Kein Essen für die Tonne«: Auszeichnung von Lebensmittel- und Gastronomiebetrieben in Frankfurt, die sich gegen die Lebensmittelverschwendung engagieren.

Fair-Teiler: öffentliche Verteilerregale, wo jeder gerettete Lebensmittel abholen kann.

SOL-Küchen: Der Fokus liegt auf einem bestimmten Lebensmittel, z. B. Brot, Kartoffel, und dann wird in einem workshopartigen Setting mehr über Herkunft, Anbau, Ernte, Lagerung und Verwertung erfahren.

Integration geht durch den Magen: Unser monatliches Kochevent, zu welchem wir insbesondere Geflüchtete und Migranten einladen, um den kulturellen Austausch zu fördern.

Pop-up-Küchen & -Restaurants: Um Menschen wieder näher an ihre Lebensmittel zu führen, ernten, schnibbeln, kochen und essen wir gemeinsam – und zwar direkt auf dem Acker!

Unser Ziel ist nichts weniger als eine bessere Welt. Eine Welt, in welcher wir achtsamer mit unseren Naturressourcen umgehen. Und dazu gehören eben auch unsere Lebensmittel. Wir hoffen sehr, dass wir dich mit unserem Buch etwas inspirieren konnten. So groß die Herausforderung der Lebensmittelverschwendung auch ist, so viel Mut machen die zahlreichen Initiativen, die sich nicht scheuen, diese aktiv anzugehen. Doch am Ende des Tages ist es eigentlich ganz einfach: Wenn jeder Einzelne von uns seinen Lebensmitteln mehr Wertschätzung entgegenbringen würde, wäre schon viel getan.

153

SAISON-KALENDER

Gemüse

Freiland (gelb schraffiert) · Lagerung (weißes Kästchen)

Gemüse	Januar	Februar	März	April	Mai	Juni	Juli	August	September	Oktober	November	Dezember
Aubergine								F	F			
Blumenkohl						F	F	F	F	F		
Busch-/Stangenbohnen						F	F	F	F	F		
Brokkoli						F	F	F	F	F		
Champignons	F	F	F	F	F	F	F	F	F	F	F	F
Chicorée			F							F		
Chinakohl	L	L	L			F	F	F	F	F	F	L
Dicke Bohnen						F	F	F				
Einlegegurken							F	F	F			
Erbsen						F	F	F				
Fenchel								F	F	F		
Grünkohl	F	F									F	F
Kartoffel	L	L	L	L	L	F	F	F	F	F	L	L
Kohlrabi						F	F	F	F	F		
Kürbis	L	L	L	L					F	F	F	L
Mangold					F	F	F	F	F			
Meerrettich									F	F	F	
Karotten	L	L	L	L	L	F	F	F	F	F	L	L
Paprika								F	F	F		
Pastinaken	F	F	F	L				F	F	F	F	F
Porree/Lauch	F	F	F				F	F	F	F	F	F
Radieschen					F							
Rettich	L	L	L	L				F	F	F	F	L
Rosenkohl	F	F	F							F	F	F
Rote Bete	L	L	L	L					F	F	F	
Rotkohl	L	L	L	L	L	F	F	F	F	F	F	L
Salatgurke						F	F	F				

Legende: ▨ Freiland · ☐ Lagerung

Gemüse	Januar	Februar	März	April	Mai	Juni	Juli	August	September	Oktober	November	Dezember
Schwarzwurzel	Freiland	Freiland								Freiland	Freiland	Freiland
Sellerie (Knollensellerie)	Lagerung	Lagerung	Lagerung	Lagerung				Freiland	Freiland	Freiland	Freiland	Freiland
Sellerie (Stangensellerie)						Freiland	Freiland	Freiland	Freiland	Freiland		
Spargel					Freiland	Freiland						
Spinat			Freiland	Freiland	Freiland	Freiland	Freiland					
Steckrübe	Freiland	Lagerung								Freiland	Freiland	Freiland
Tomaten								Freiland	Freiland	Freiland		
Weiß-/Spitzkohl	Lagerung	Lagerung	Lagerung	Lagerung	Lagerung	Freiland	Freiland	Freiland	Freiland	Freiland	Freiland	Lagerung
Wirsing	Freiland	Freiland	Lagerung					Freiland	Freiland	Freiland	Freiland	Freiland
Zuckermais									Freiland	Freiland		
Zucchini							Freiland	Freiland	Freiland	Freiland		
Zwiebel							Freiland	Freiland	Freiland	Freiland	Lagerung	Lagerung

Salat

Salat	Januar	Februar	März	April	Mai	Juni	Juli	August	September	Oktober	November	Dezember
Batavia					Freiland	Freiland	Freiland	Freiland	Freiland			
Eichblatt					Freiland	Freiland	Freiland	Freiland	Freiland			
Eisberg					Freiland	Freiland	Freiland	Freiland	Freiland	Freiland		
Kopfsalat					Freiland	Freiland	Freiland	Freiland	Freiland			
Feldsalat	Freiland	Freiland								Freiland	Freiland	Freiland
Lollo rot/grün						Freiland	Freiland	Freiland	Freiland	Freiland		
Löwenzahn						Freiland	Freiland	Freiland				
Radicchio						Freiland	Freiland	Freiland	Freiland	Freiland	Freiland	

Obst und Co.

Legende:
- ▨ Freiland
- ▢ Lagerung

	Januar	Februar	März	April	Mai	Juni	Juli	August	September	Oktober	November	Dezember
Äpfel	Lagerung	Lagerung	Lagerung	Lagerung	Lagerung			Freiland	Freiland	Freiland	Lagerung	Lagerung
Aprikosen							Freiland	Freiland				
Birnen								Freiland	Freiland	Freiland		
Brombeeren								Freiland	Freiland			
Erdbeeren						Freiland	Freiland					
Haselnüsse										Freiland		
Heidelbeeren						Freiland	Freiland	Freiland	Freiland			
Himbeeren							Freiland	Freiland				
Holunderbeeren									Freiland	Freiland		
Johannisbeeren							Freiland	Freiland				
Maronen										Freiland		
Mirabellen							Freiland	Freiland				
Pfirsiche							Freiland	Freiland				
Pflaumen								Freiland	Freiland			
Preiselbeeren								Freiland	Freiland	Freiland		
Quitten										Freiland	Freiland	
Rhabarber					Freiland	Freiland						
Sauerkirschen							Freiland	Freiland	Freiland			
Stachelbeeren							Freiland	Freiland				
Süßkirschen						Freiland	Freiland	Freiland				
Wassermelonen								Freiland	Freiland			
Weintrauben									Freiland	Freiland		
Walnüsse										Freiland		

Quelle: klimagourmet.de

Quellen

Anthes, Daniel (2016): Italien setzt Zeichen im Kampf gegen die Lebensmittelverschwendung. Internet: wiwo.de/technologie/green/living/neues-gesetz-italien-
setzt-zeichen-im-kampf-gegen-lebensmittelverschwendung/13984520.html

Anthes, Daniel (2015): Die Bedeutung von Boden für nachhaltige Entwicklung. Internet:
umweltdialog.de/de/politik/UN-Entwicklungsziele/2018/Die-Bedeutung-von-
Boden-fuer-nachhaltige-Entwicklung-.php

Bundesministerium für wirtschaftliche Zusammenarbeit und Entwicklung (BMZ) (2017):
17 Ziele für nachhaltige Entwicklung. Internet: bmz.de/de/ministerium/ziele/2030_
agenda/17_ziele/index.html

Casali, Lisa (2014): Grün kochen? (Öko)Logisch! Nichts mehr verschwenden, weniger
ausgeben. Goldmann Verlag

Collodi, Carlo (2014): Pinocchios Abenteuer. Internet: pinocchio.it/pagine/traduzione_
testo/Pinocchios_Abenteuer.pdf

Europäische Kommission (2017): Obst und Gemüse: Vermarktungsnormen. Internet:
ec.europa.eu/agriculture/fruit-and-vegetables/marketing-standards_de

Food and Agriculture Organization of the United Nations (FAO) (2013): Food wastage
footprint. Internet: fao.org/docrep/018/i3347e/i3347e.pdf

Food and Agriculture Organization of the United Nations (FAO) (2018): SAVE FOOD:
Global Initiative on Food Loss and Waste Reduction. Internet: http://www.fao.org/
save-food/resources/keyfindings/en/

Foodpairing.com (2017): Ingredients. Internet: blog.foodpairing.com/category/pairing

Greenpeace Austria & Mutter Erde (2017): Greenpeace-Test: Joghurt sechs Monate
nach Ablauf des Mindesthaltbarkeitsdatums unbedenklich. Internet: greenpeace.
org/austria/de/presse/presseaussendungen/Greenpeace-Test-Joghurt-sechs-
Monate-nach-Ablauf-des-Mindesthaltbarkeitsdatums-unbedenklich/

Heinevetter, N., Zeit Online (2011): »Wir fragen, wie Nachhaltigkeit Spaß machen kann.«
Internet: zeit.de/kultur/2011-02/architekt-Ingels

Heinrich Böll Stiftung (2014): Fleischatlas. Extra: Abfall und Verschwendung. Internet:
boell.de/sites/default/files/fleischatlas2014-extra.pdf

Henriette Davidis: Praktisches Kochbuch. Internet: gutenberg.spiegel.de/buch/
henriette-davidis-praktisches-kochbuch-inhaltsangabe-4461/1

IW Köln (2017): Verschwenderische Generation X und Y. Internet: iwkoeln.de/studien/
iw-kurzberichte/beitrag/theresa-eyerund-adriana-neligan-verschwenderische-
generationen-x-und-y-350865.html

Klimagourmet (2016): Klimagourmet Saisonkalender. Internet: klimagourmet.de/
wp-content/uploads/Saisonkalender_Klimagourmet.pdf

Lexikon der Nachhaltigkeit (2017): Drei-Säulen-Modell. Internet: nachhaltigkeit.info/
artikel/1_3_a_drei_saeulen_modell_1531.htm

Querfeld (2017): Ugly Fruits. Internet: querfeld.bio

Robert-Koch-Institut (2017): Januar 2017: Vegetarische Ernährungsweise. Internet:
rki.de/DE/Content/Infekt/EpidBull/Archiv/2017/Ausgaben/01_17.pdf?__blob=
publicationFile

Spiegel Online (2017): Wie wahrscheinlich ist eine Ringmöhre? Internet: spiegel.de/
wissenschaft/mensch/kanada-und-die-moehre-mit-ring-wie-wahrscheinlich-ist-
ein-solcher-fund-a-1163354.html

Universität Stuttgart (2012): Ermittlung der weggeworfenen Lebensmittelmengen
und Vorschläge zur Verminderung der Wegwerfrate bei Lebensmitteln in Deutschland. Internet: bmel.de/SharedDocs/Downloads/Ernaehrung/WvL/Studie_
Lebensmittelabfaelle_Langfassung.pdf?__blob=publicationFile

Utopia (2016): Lebensmittel richtig lagern. Internet: utopia.de/ratgeber/lebensmittel-
richtig-lagern-ohne-kuehlschrank

Verbraucherzentrale Hamburg (2018): So erkennen Sie, ob Lebensmittel noch gut
sind. Tipps & Tricks zur Lebensmittelrettung. Internet: vzhh.de/sites/default/files/
medien/136/dokumente/vzhh_Verbraucherzentrale_Checkliste_So-erkennen-Sie-
ob-Lebensmittel-noch-gut-sind_2_Auflage_Web.pdf

WWF (2015): Das große Wegschmeißen. Internet: wwf.de/fileadmin/
fm-wwf/Publikationen-PDF/WWF_Studie_Das_grosse_Wegschmeissen.pdf

WWF (2018): Lebensmittelverschwendung – Was tut die Politik? Ein Blick in die
Bundesländer. Internet: wwf.de/fileadmin/fm-wwf/Publikationen-PDF/WWF-
Studie_Bundeslaender_und_Lebensmittelverschwendung.pdf

Zukunftsinstitut (2018): Food Report 2018. Internet: zukunftsinstitut.de/artikel/
food-report-2018

Nachhaltigkeit bei oekom: Wir unternehmen was!

Die Publikationen des oekom verlags ermutigen zu nachhaltigerem Handeln – glaubwürdig und konsequent. Auch als Unternehmen sind wir Vorreiter: Ein umweltbewusster Büroalltag sowie umweltschonende Geschäftsreisen sind für uns ebenso selbstverständlich wie eine nachhaltige Ausstattung und Produktion unserer Publikationen.

Für den Druck unserer Bücher und Zeitschriften verwenden wir fast ausschließlich Recyclingpapiere, überwiegend mit dem Blauen Engel zertifiziert, und drucken, wann immer möglich, mineralölfrei und lösungsmittelreduziert. Unsere Druckereien und Dienstleister wählen wir im Hinblick auf ihr Umweltmanagement und möglichst kurze Transportwege aus. Dadurch liegen unsere CO_2-Emissionen um 25 Prozent unter denen vergleichbar großer Verlage. Unvermeidbare Emissionen kompensieren wir zudem durch Investitionen in ein Gold-Standard-Projekt zum Schutz des Klimas und zur Förderung der Artenvielfalt.

Als Ideengeber beteiligt sich oekom an zahlreichen Projekten, um in der Branche und darüber hinaus einen hohen ökologischen Standard zu verankern. Über unser Nachhaltigkeitsengagement berichten wir ausführlich im Deutschen Nachhaltigkeitskodex (www.deutscher-nachhaltigkeitskodex.de).

Schritt für Schritt folgen wir so den Ideen unserer Publikationen – für eine nachhaltigere Zukunft.

Jacob Radloff
Verleger

Dr. Christoph Hirsch
Leitung Buch

Gerhard Grevers,
Timo Haufschild, Michael Polte

Hals-Nasen-Ohrenheilkunde
Augenheilkunde
Dermatologie

Kurzlehrbuch für Pflegeberufe

URBAN & FISCHER

Zuschriften und Kritik an:
Elsevier GmbH, Urban & Fischer Verlag,
Lektorat Pflege, Karlstraße 45, 80333 München

Wichtiger Hinweis für den Benutzer

Die Erkenntnisse in der Medizin unterliegen laufendem Wandel durch Forschung und klinische Erfahrungen. Die Autoren dieses Werkes haben große Sorgfalt darauf verwendet, dass die in diesem Werk gemachten therapeutischen Angaben (insbesondere hinsichtlich Indikation, Dosierung und unerwünschten Wirkungen) dem derzeitigen Wissensstand entsprechen. Das entbindet den Nutzer dieses Werkes aber nicht von der Verpflichtung, anhand der Beipackzettel zu verschreibender Präparate zu überprüfen, ob die dort gemachten Angaben von denen in diesem Buch abweichen und seine Verordnung in eigener Verantwortung zu treffen.

Wie allgemein üblich wurden Warenzeichen bzw. Namen (z.B. bei Pharmapräparaten) nicht besonders gekennzeichnet.

Bibliografische Information Der Deutschen Bibliothek
Die Deutsche Bibliothek verzeichnet diese Publikation in der Deutschen Nationalbibliografie; detaillierte bibliografische Daten sind im Internet unter http://dnb.ddb.de abrufbar.

Lektorat: Stephan Grunst, München
Überarbeitung und Erweiterung der pflegerischen Hinweise: Erika Bilen/ Linda Kümmel, Lübeck (Augenheilkunde); Walter Schädle, Babenhausen (HNO); Ilse Schneider, Nürnberg (Dermatologie)
Herstellung: Kerstin Wilk, München
Satz: Kösel, Krugzell
Druck und Bindung: Lego Print S.p.A., Lavis
Umschlaggestaltung: SpieszDesign, Neu-Ulm
Titelfotografie: MEV Verlag GmbH, Augsburg

Printed in Italy
ISBN-13: 978-3-437-26511-2
ISBN-10: 3-437-26511-3

Aktuelle Informationen finden Sie im Internet unter **www.elsevier.com** und **www.elsevier.de**

Wegweiser

Warum Sie mit diesem Buch effektiv lernen können

Alle Bände aus der Bunten Reihe werden speziell für die Vorbereitung auf das Krankenpflegeexamen und andere Prüfungen innerhalb der Ausbildung erstellt. Die Auswahl der Themen richtet sich nach der Ausbildungs- und Prüfungsverordnung für die Gesundheits- und Krankenpflege. Neben der kurzen und übersichtlichen Darstellung des jeweiligen Faches haben wir gezielte Hilfen für das Lernen und Wiederholen erarbeitet:

- Die Sprache des Textes ist klar und leicht verständlich
- Kurze Sätze und Stichworte in der Randleiste wiederholen wichtige Fakten und Definitionen aus dem Text
- Zahlreiche Abbildungen erhöhen die Anschaulichkeit und das Verständnis von schwierigen Zusammenhängen
- Übungsfragen am Ende der Abschnitte helfen Ihnen, das Verständnis des Gelesenen zu überprüfen. Die Antworten auf die Fragen finden Sie anhand der Ziffern (z. B. ❼) im Text
- Hinweise auf pflegerische Handlungen und Beobachtungen stellen die Verbindung von der Krankheitslehre zur Pflegepraxis her
- Wiederkehrende Symbole in der Randleiste erleichtern die Orientierung im Text.

Die Symbole und ihre Bedeutung

Merke Diese Kästen enthalten besonders wichtige Hinweise

 kennzeichnet Klinik und Diagnostik

 steht für die Therapie eines Krankheitsbildes

 hebt die Hinweise zur Pflege hervor

 kennzeichnet Übungsfragen am Ende der Kapitel

Das Lektorat Pflege des Elsevier, Urban & Fischer Verlages wünscht allen zukünftigen Gesundheits- und KrankenpflegerInnen viel Spaß und Erfolg beim Lernen mit der Bunten Reihe.

Abkürzungsverzeichnis

®	Handelsname
☞	Verweis (siehe)
↑	erhöht
↓	erniedrigt
→	daraus folgt
°C	Grad Celsius (Temperatureinheit)
A. (Aa.)	Arteria(e)
Abb.	Abbildung
ADH	Antidiuretisches Hormon
AIDS	acquired immunodeficiency syndrome
Amp.	Ampulle
Aqua dest.	Aqua destilata (destilliertes Wasser)
β	Beta, griechischer Buchstabe für b
BGA	Blutgasanalyse
c.c.	cum correctione (lat.: mit Brillengläsern)
Ch	Charrière
CO_2	chemisches Zeichen für Kohlendioxid
CT	Computertomogramm
D-Arzt	Durchgangs-Arzt
DLE	Diskoider Lupus Erythematodes
dpt	dioptrien, Einheit der Brechkraft (1dpt = 1/m)
EBV	EPSTEIN-BARR-Virus
EKG	Elektrokardiogramm
ENG	Elektronystagmographie
Flow	engl.: fließen, strömen (l/min)
frz.	französisch
FTA	Fluoreszenz-Treponema-Antikörpertest
G	Gauge (Eichmaß z.B. für Kanülen)
ggf.	gegebenenfalls
griech.	griechisch
H_2O	chemisches Zeichen für Wasser
Hb	Hämoglobin
HCO_3	chemisches Zeichen für Bicarbonat
HIV	Human Immunodefizienz Virus
Hkt	Hämatokrit
HNO	Hals-Nasen-Ohren(-Heilkunde)
HPV	Humane Papillomaviren
HSV	Herpes-simplex-Virus
i.a.	intraarteriell
i.d.R.	in der Regel
IE	Internationale Einheiten

i.m.	intramuskulär
IgE	Immunglobulin E
IgM	Immunglobulin M
INR	International normalized ratio (Bestimmung der Thromboplastinzeit)
i.v.	intravenös
KG	Körpergewicht
KHK	koronare Herzkrankheit
LA	Lokalanästhetikum
lat.	lateinisch
LWK	Lendenwirbelkörper
μ	griechischer Buchstabe für m, Abkürzung für mikro
M.	Morbus (Bezeichnung für Krankheiten mit Eigennamen, z.B. M. PFEIFFER)
M.	Muskulus (lat.: Muskel)
MAC	Minimum alveolar concentration
Min.	Minuten
mmHg	millimeter Quecksilber-Säule, Einheit des Druckes
N.	Nervus
NaCl	chemisches Zeichen für Natriumchlorid (Kochsalz)
O_2	chemisches Zeichen für Sauerstoff
OP	Operation
Pl.	Plexus
PTT	Partielle Thromboplastinzeit
s.c.	sine correctione (lat.: ohne Brillengläser)/subcutan (unter die Haut)
SLE	Systemischer Lupus Erythematodes
sog.	so genannt
STD	Sexually Transmitted Disease
STH	Somatotropes Hormon
syn.	synonym (gleichbedeutend)
TE	Tonsillektomie
TEP	Totalendoprothese
Th	Thorakalwirbel
TIVA	Totale intravenöse Anästhesie
TPHA	Treponema-pallidum-Häm-Agglutinationstest
UV	Ultraviolett
V. (Vv.)	Vena(e)
Vt	Volumen pro Zeit t (Atemzugvolumen)
ZNS	Zentrales Nervensystem
ZVD	Zentraler Venendruck

Weitere Abkürzungen sind an der betreffenden Textstelle genannt.

Abbildungsnachweis

Die eckigen Klammern am Ende der Legendentexte verweisen auf den jeweiligen Urheber.

A300-157	S. Adler, Lübeck, in Verbindung mit der Reihe Klinik- und Praxisleitfaden, Urban & Fischer Verlag, München
A300-190	G. Raichle, Ulm, in Verbindung mit der Reihe Klinik- und Praxisleitfaden, Urban & Fischer Verlag, München
A400	Reihe Pflege konkret, Urban & Fischer Verlag, München
A400-157	S. Adler, Lübeck, in Verbindung mit der Reihe Pflege konkret, Urban & Fischer Verlag, München
A400-190	G. Raichle, Ulm, in Verbindung mit der Reihe Pflege konkret, Urban & Fischer Verlag, München
A400-215	S. Weinert-Spieß, Neu-Ulm, in Verbindung mit der Reihe Pflege konkret, Urban & Fischer Verlag, München
K183	E. Weimer, Würselen
L157	S. Adler, Lübeck
L190	G. Raichle, Ulm
M111	U. Amon, Hersbruck
M111-157	U. Amon, Hersbruck, modifiziert von S. Adler, Lübeck
M123	Th. Dirschka, Ennepetal
T132	Th. Schneider, Quedlinburg
V150	Heinz Kurz GmbH Medizintechnik, Dußlingen

Inhaltsverzeichnis
Hals-Nasen-Ohrenheilkunde

Inhaltsverzeichnis
Augenheilkunde

Inhaltsverzeichnis
Dermatologie

Hals-Nasen-Ohren-heilkunde

Die Hals-Nasen-Ohrenheilkunde, die *Oto-Rhino-Laryngologie,* besteht seit mehr als 100 Jahren als medizinisches Fachgebiet. Sie entwickelte sich aus der Zusammenlegung von **Otologie** *(Lehre von den Ohrenerkrankungen)* und **Rhino-Laryngologie** *(Lehre von den Nasen- und Kehlkopferkrankungen).* Neben diesen Erkrankungen behandelt das Fachgebiet heute Krankheitsbilder der Mundhöhle, des Rachens, der oberen Luft- und Speiseröhrenanteile, der Kopfspeicheldrüsen und des Halses mit Ausnahme von Schilddrüse und Nebenschilddrüsen.

Gerhard Grevers   München, im November 2005

1 Anatomie und Physiologie des Hals-, Nasen-, Rachenraumes und der Ohren

1.1 Nase

1.1.1 Aufbau der Nase

Anteile der äußeren Nase:
- Nasenpyramide
- Dreiecksknorpel
- Flügelknorpel.

Anteile der Nasenhöhle:
- Nasenseptum
- Conchen
- Choanen.

Die äußere Nase besteht aus dem knöchernen Anteil, der **Nasenpyramide,** die sich aus den Stirnfortsätzen des Oberkiefers, den Nasenfortsätzen des Stirnbeines sowie den sog. Nasenbeinen zusammensetzt. Zu den knorpeligen Anteilen zählen die **Dreiecksknorpel** und die **Flügelknorpel,** die die Nasenspitze und die Nasenlöcher formen.

❶ Der innere Teil der Nase, die **Nasenhöhle,** wird durch die **Nasenscheidewand** *(Nasenseptum)* geteilt. Nach unten wird die Nasenhöhle vom harten Gaumen und nach oben vom Siebbein der Schädelbasis begrenzt. Die Seitenwände werden von den Oberkieferknochen gebildet. Die beiden hinteren **Nasenöffnungen** *(Choanen)* verbinden Nasenhöhle und Rachenraum. Am vorderen Naseneingang erschweren starre Haare das Eindringen von Fremdkörpern. An den beiden Seitenwänden der Nasenhöhle befinden sich je eine **untere, mittlere** und **obere Nasenmuschel,** die *Conchen.* Unterhalb der Conchen münden der Tränennasengang und die Ausführungsgänge der einzelnen Nasennebenhöhlen.

Funktionen der Nase

❷ Zu den drei wichtigsten Funktionen der Nase zählen:
- Reinigung, Erwärmung und Anfeuchtung der Atemluft
- Geruchsempfindung
- Resonanzraum für die Stimme.

Reinigung, Erwärmung und Anfeuchtung der Atemluft

Reinigung durch Flimmerhärchen
Anfeuchtung durch Becherzellen
Erwärmung durch Blutgefäßgeflecht.

Die Schleimhaut der Nasenhöhle und Nasenmuscheln besteht aus einem mehrreihigen Flimmerepithel. Die Flimmerhärchen bewegen sich rhythmisch, wobei ihre Bewegungsrichtung in Richtung Rachen führt. So werden die auf der Schleimhaut abgefangenen Fremdkörper abtransportiert. Zwischen den Flimmerepithelzellen sind schleimproduzierende Becherzellen eingelagert,

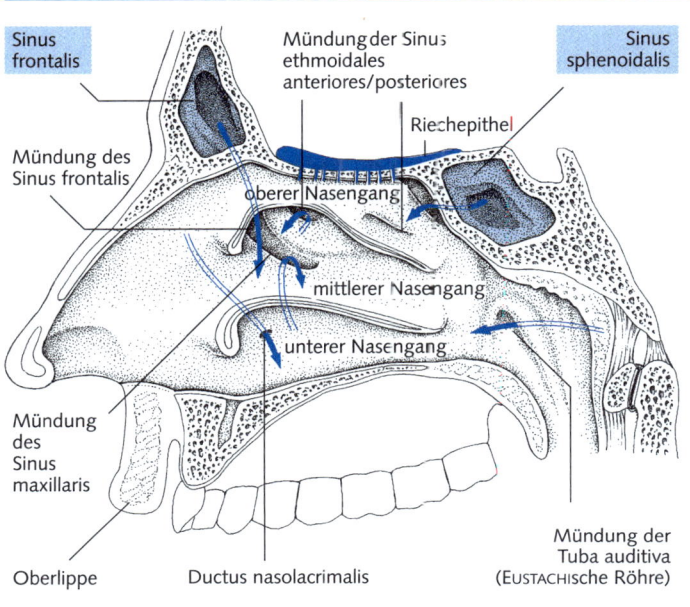

Sinus frontalis

Mündung der Sinus ethmoidales anteriores/posteriores

Sinus sphenoidalis

Riechepithel

Mündung des Sinus frontalis

oberer Nasengang

mittlerer Nasengang

unterer Nasengang

Mündung des Sinus maxillaris

Oberlippe

Ductus nasolacrimalis

Mündung der Tuba auditiva (EUSTACHISCHE Röhre)

Abb. 1.1
Innenansicht der Nasenhöhle.
[A300-190]

deren Sekret u. a. für die Anfeuchtung der Atemluft sorgt. Die Erwärmung der Atemluft erfolgt durch ein dichtes Geflecht von Blutgefäßen in der Nasenschleimhaut. Je kälter die Einatemluft ist, desto besser wird die Schleimhaut durchblutet und die Atemluft damit stärker erwärmt.

Riechfunktion
Unter dem Dach der Nasenhöhle liegt die Riechschleimhaut mit den Riechzellen. Die Fortsätze dieser Riechzellen vereinen sich zu den Fasern des Riechnerven (*N. olfactorius* = I. Hirnnerv). Sie ziehen durch die Siebbeinplatte in die vordere Schädelgrube und melden dort Geruchsänderungen an das Riechhirn weiter.

Über Riechzellen am Nasendach und Weiterleitung an den N. olfactorius zum Riechhirn.

Resonanzraum für die Stimme
Die Nasenhöhle bestimmt den Klang unserer Stimme als sog. Ansatzraum mit. Sie klingt nasal durch Verlegung der Nase, wie beim Zuhalten der Nase oder bei geschwollener Nasenschleimhaut durch einen Schnupfen.

Nasaler Klang der Stimme bei Verlegung der Nase.

1.1.2 Nasennebenhöhlen

❸ In die Nasenhöhle münden die ebenfalls mit Schleimhaut ausgekleideten Nasennebenhöhlen:
- Stirnhöhlen (Sinus frontalis)
- Kieferhöhlen (Sinus maxillaris)

Luftgefüllte Hohlräume im Schädelknochen, die mit der Nase in Verbindung stehen.

Abb. 1.2
Anatomie der
Nasennebenhöhlen
in Projektion auf
die Schädeloberflä-
che. [A300-190]

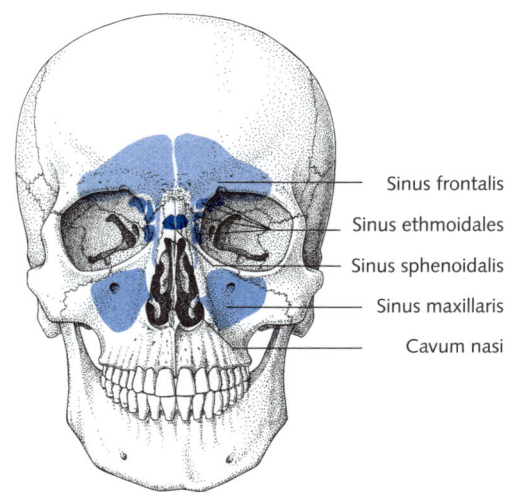

Sinus frontalis
Sinus ethmoidales
Sinus sphenoidalis
Sinus maxillaris
Cavum nasi

■ Siebbeinzellen (Cellulae ethmoidales)
■ Keilbeinhöhlen (Sinus sphenoidalis).

❹ Aufgrund ihrer luftgefüllten Struktur vermindern die Nasennebenhöhlen das Gewicht des knöchernen Schädels. Außerdem
stellen sie neben der Nasenhaupthöhle einen weiteren Resonanzraum für die Stimme dar.

? Übungsfragen

❶ Durch welche anatomischen Strukturen wird die Nasenhöhle
begrenzt?
❷ Welche Funktionen erfüllt die Nase?
❸ Wie sind die Nasennebenhöhlen aufgebaut?
❹ Welche Funktion haben die Nasennebenhöhlen?

1.2 Pharynx

Einteilung:
■ Nasopharynx
■ Oropharynx
■ Hypopharynx.

❶ Der *Pharynx* (Rachen) ist ein Muskelschlauch, der sich von der
Schädelbasis bis zum Ösophagus erstreckt. Er ist in **Nasopha-
rynx**, **Oropharynx** und **Hypopharynx** unterteilt. Im mittleren
Teil, dem Oropharynx, kreuzen sich Luft- und Speiseweg. Sie tei-
len sich am unteren Ende des Rachens auf in:
■ Den ventral (bauchwärts) gelegenen Luftweg mit Kehlkopf
(*Larynx*) und Luftröhre (*Trachea*)
■ Den dorsal (zum Rücken hin) vor der Halswirbelsäule gelege-
nen Speiseweg (*Ösophagus*).

❷ Die **Epiglottis** (Kehldeckel) dient als Schaltstelle dieser Kreuzung zwischen Luft- und Speiseweg. Beim Ein- und Ausatmen steht sie gestreckt nach oben. So kann die Atemluft aus den hinteren Nasenöffnungen nach unten in den Kehlkopf gelangen. Beim Schlucken verschließt sie den Kehlkopf, indem sie sich wie ein schützendes Dach über den Kehlkopfeingang legt. So gelangt der Speisebrei vom Rachen in den Ösophagus.

Epiglottis:
- Atmung: Öffnung der Atemwege
- Schlucken: Verschluss der Atemwege.

1.2.1 Nasopharynx

In den Nasopharynx *(Nasenrachen, Epipharynx),* das obere Drittel des Rachenraumes, münden die hinteren Nasenöffnungen und die Ohrtrompeten (☞ 1.4.2). Ebenso liegt hier die **Rachenmandel** *(Tonsilla pharyngea),* die der Infektabwehr im Nasen-Rachen-Raum dient.

- Mündung von Nase und Ohrtrompete
- Rachenmandel zur Infektabwehr.

1.2.2 Oropharynx

❸ Der Oropharynx *(Mundrachen, Mesopharynx)* ist der mittlere Abschnitt des Rachenraumes und hat eine weite Öffnung zur Mundhöhle. Er dient als gemeinsamer Passageweg für die Atemluft sowie für flüssige und feste Nahrung. Seitlich liegen hier die beiden **Gaumenmandeln** *(Tonsillae palatinae).* Sie gehören zusammen mit der Rachenmandel und den Zungengrundmandeln zum lymphatischen System und dienen der Immunabwehr.

- Mündung der Mundhöhle
- Gaumenmandeln zur Infektabwehr.

1.2.3 Hypopharynx

Der untere Rachenabschnitt heißt Hypopharynx *(Kehlkopfrachen, Laryngopharynx)* und reicht vom Zungenbein bis zum Ösophaguseingang in Höhe des Ringknorpels.

1.3 Larynx

❹ Der *Larynx* (Kehlkopf) hat zwei Funktionen:
- Er verschließt die unteren Luftwege und reguliert ihre Belüftung
- Er ist das Hauptorgan der Stimmbildung.

1.3.1 Aufbau des Larynx

Anteile:
- Schildknorpel
- Ringknorpel
- Stellknorpel.

Der Larynx besteht aus einem röhrenförmigen Knorpelgerüst, das durch Bänder und Muskeln stabilisiert wird. Er erstreckt sich vom Zungengrund bis in die Trachea.

Der größte Knorpel des Larynx ist der von außen tastbare **Schildknorpel,** dessen nach außen sichtbarer Vorsprung den »Adamsapfel« bildet. Er ist mit Bändern am Zungenbein befestigt, an dem auch Muskeln des Mundbodens aufgehängt sind. Dem Oberrand des Schildknorpels sitzt die Epiglottis auf. Unterhalb des Schildknorpels liegt der siegelringförmige **Ringknorpel,** dessen Verdickung (das »Siegel«) nach hinten gerichtet ist. Schild- und Ringknorpel sind durch Gelenke und Bänder miteinander verbunden. Das Siegel des Ringknorpels bildet außerdem die Basis für zwei kleine **Stellknorpel,** die für die Stellung und Spannung der **Stimmlippen** verantwortlich sind.

1.3.2 Stimmlippen und Stimme

Stimmlippen:
- Verlauf innerhalb des Schildknorpels

❺ Die Larynxschleimhaut bildet zwei waagerecht übereinander liegende Faltenpaare: die unten gelegenen **Stimmlippen** und die darüber gelegenen **Taschenfalten** (☞ Abb. 1.3). Die Stimmlippen *(Plicae vocalia)* verlaufen von der Innenseite des Schildknorpels

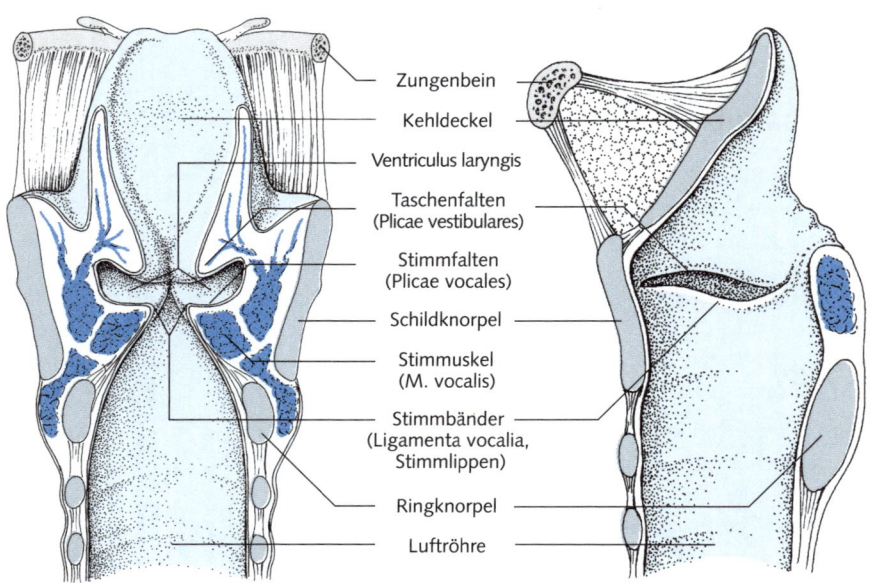

Zungenbein
Kehldeckel
Ventriculus laryngis
Taschenfalten (Plicae vestibulares)
Stimmfalten (Plicae vocales)
Schildknorpel
Stimmuskel (M. vocalis)
Stimmbänder (Ligamenta vocalia, Stimmlippen)
Ringknorpel
Luftröhre

Abb. 1.3
Längsschnitte durch den Larynx.
Ansicht von hinten (links) und von der Seite (rechts). [A300-190]

nach dorsal zu den beiden Stellknorpeln. An den Stellknorpeln setzen mehrere feine Muskeln an, die die Stimmbänder indirekt über eine Drehung der Stellknorpel bewegen können. Die Öffnung zwischen den beiden Stimmbändern wird als **Stimmritze** bezeichnet und ihre Weite kann über die Larynxmuskeln verändert werden. Die Stimmlippen werden vom **N. recurrens** innerviert, einem Ast des N. vagus.

Stimmbildung

❻ Bei der Stimmbildung *(Phonation)* werden die Stimmlippen durch den Luftstrom der Ein- und Ausatemluft in regelmäßige Schwingungen versetzt. Die Frequenz der Schwingungen wird durch Änderung der Spannung der Stimmlippen reguliert: Je höher die *Frequenz* der Schwingungen ist, desto höher ist der Ton. Die **Lautstärke** dagegen hängt von der Stärke des Luftstromes ab. Die **Fülle** der Stimme wird durch den Resonanzraum von Mund-, Rachen- und Nasenhöhle erzeugt, der auch die Klangfarbe bestimmt.

■ Bewegung indirekt über Drehung der Stellknorpel
■ Nervenimpulse über N. recurrens.

Die Stimmbildung erfolgt durch Schwingungen der Stimmlippen, ausgelöst durch den Luftstrom der Atemluft.

❓ Übungsfragen

❶ Aus welchen Teilen besteht der Pharynx?
❷ Welche Funktion erfüllt die Epiglottis?
❸ Welche anatomischen Strukturen gehören zum lymphatischen System des Pharynx?
❹ Welche Funktionen hat der Larynx und aus welchen Knorpelteilen besteht er?
❺ Welche Aufgabe hat der N. laryngeus recurrens?
❻ Wie kommt es zur Stimmbildung?

1.4 Hörorgan

Das Hörorgan wird in **äußeres Ohr, Mittelohr** und **Innenohr** unterteilt. Mittel- und Innenohr liegen zusammen mit dem **Gleichgewichtsorgan** gut geschützt in der Felsenbeinpyramide des Schläfenbeins. Das Hörorgan dient der Aufnahme von akustischen Reizen, das Gleichgewichtsorgan registriert Körperlage und -position. Die Informationen aus beiden Organen werden über den N. vestibulocochlearis (VIII. Hirnnerv) an das Gehirn übermittelt.

Einteilung:
■ Äußeres Ohr
■ Mittelohr
■ Innenohr.

Hals-Nasen-Ohrenheilkunde

1.4.1 Äußeres Ohr

Zum äußeren Ohr gehören die knorpelige **Ohrmuschel** und der **äußere Gehörgang.** Dieser zieht leicht abgewinkelt von der Ohrmuschel zum **Trommelfell.** Er enthält Drüsen, die das **Ohrenschmalz** *(Cerumen)* bilden. Einzelne Haare schützen vor eindringenden Fremdkörpern. Das **Trommelfell** *(Membrana tympani)*, eine dünne Membran, bildet die Grenze zwischen äußerem Ohr und Mittelohr.

1.4.2 Mittelohr

Das Mittelohr liegt in der **Paukenhöhle,** einer kleinen luftgefüllten Knochenhöhle im Felsenbein. Sie ist mit Epithel ausgekleidet und erstreckt sich vom Trommelfell bis zu einer knöchernen Wand des Innenohres. In dieser Wand befinden sich zwei membranverschlossene Knochenfenster, das **ovale** und das **runde** Fenster, die die Verbindung zum **Innenohr** herstellen. Im obersten Anteil der Paukenhöhle besteht Kontakt mit den Hohlräumen des **Warzenfortsatzes** *(Processus mastoideus, Mastoid).*

Gehörknöchelchen
In der Paukenhöhle liegen die drei Gehörknöchelchen: **Hammer, Amboss** und **Steigbügel.** Der Hammergriff ist an der Innenseite des Trommelfells angewachsen. Der Hammerkopf ist gelenkig mit dem Amboss und dieser wiederum gelenkig mit dem Steigbügel verbunden. Der Steigbügel ist mit seiner Fußplatte im ovalen Fenster befestigt. Die Gehörknöchelchen wandeln die auf das Trommelfell treffenden Luftschwingungen in eine Knochenschwingung um und dämpfen starke Trommelfellschwingungen, damit das Innenohr nicht durch extreme Vibrationen oder Lärm geschädigt wird.

Ohrtrompete
❶ Die **Ohrtrompete** *(Eustachische Röhre, Tuba auditiva eustachii)* stellt eine Verbindung zwischen Mittelohr und oberem Rachenraum dar. Sie bewirkt einen Luftausgleich zwischen beiden Räumen, indem sie sich bei jedem Schluckakt automatisch öffnet.

1.4.3 Innenohr

Das Innenohr enthält die Sinnesrezeptoren für Gehör- und Gleichgewichtssinn. Es liegt in einem Hohlraumsystem, dem **knöchernen Labyrinth** des Felsenbeins. Dieses besteht aus dem **Vorhof,** den **Bogengängen** und der **Schnecke** und ist mit einer liquorähnlichen Flüssigkeit, der **Perilymphe,** gefüllt. Im Vorhof

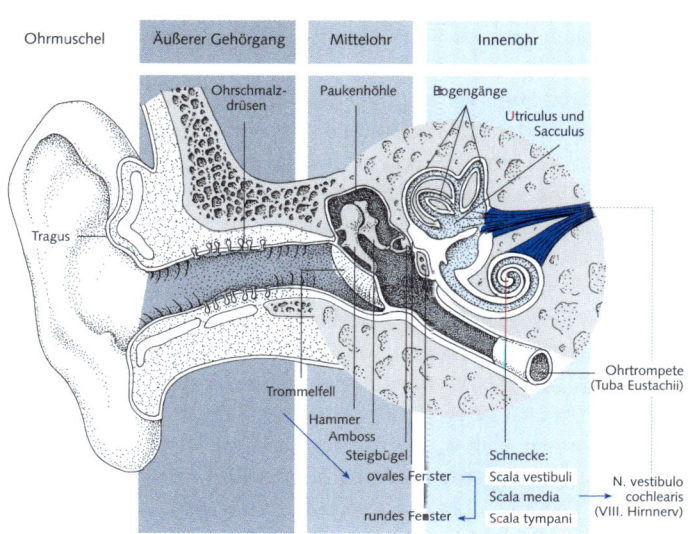

Hals-Nasen-Ohrenheilkunde

Abb. 1.4
Übersicht über
äußeres Ohr, Mittel-
und Innenohr
sowie des Gleich-
gewichtsorganes.
[L190]

und in den Bogengängen liegen die Sinnesrezeptoren für das Gleichgewichtsorgan, während die Schnecke die Sinnesrezeptoren für das Gehör enthält.

Schnecke

Die **knöcherne Schnecke** *(Cochlea)* ist ein spiralig gewundener Knochenraum (☞ Abb. 1.4). Eine Zwischenwand teilt den Schneckengang in zwei Etagen: Die oben gelegene **Scala vestibuli** beginnt am ovalen Fenster und geht an der Schneckenspitze in die unten gelegene **Scala tympani** (Paukentreppe) über, die am runden Fenster endet.

❷ Diese knöcherne Schnecke umgibt die häutige Schnecke, einen membranösen Schlauch, der ebenfalls mit Lymphe, der sog. **Endolymphe,** gefüllt ist. In ihr befindet sich die Basilarmembran mit den Sinneszellen. Die Sinneszellen für das Gehör heißen **Haarzellen.** Sie tragen an ihrem freien Ende feine Härchen, die in die Endolymphe des häutigen Schneckengangs ragen und mit einer **gallertartigen Membran** *(Membrana tectoria)* in Verbindung stehen. An ihrer Basis werden die Haarzellen von Fasern des **N. vestibulocochlearis** (VIII. Hirnnerv) umfasst.

Anteile:
- Knöcherne Schnecke
- Häutige Schnecke mit Sinneszellen.

1.4.4 Hörfunktion

❸ Schallwellen sind Luftschwingungen, die sich wellenförmig ausbreiten. Auf das Ohr eintreffende Schallwellen werden von der Ohrmuschel aufgenommen und durch den äußeren Gehörgang zum Trommelfell geleitet. Das Trommelfell wird durch die

Schallwellen bewirken:
- Trommelfellschwingung

- Schwingung der Gehörknöchelchen
- Schwingung des ovalen Fensters
- Auslösung von Wanderwellen in der Perilymphe
- Schwingung der häutigen Schnecke
- Erregung der Haarzellen durch Scherbewegung
- Erregungsüberleitung über N. vestibulocochlearis zum Großhirn.

Schallwellen in Schwingungen versetzt, die sich auf die Gehörknöchelchenkette übertragen und schließlich das ovale Fenster erreichen.

Die Steigbügelschwingungen am ovalen Fenster versetzen die Perilymphe der Scala vestibuli in Schwingungen, laufen als Wanderwellen bis zur Schneckenspitze und von dort die Scala tympani hinab bis zum runden Fenster. Die Wanderwellen in der Perilymphe versetzen auch die Basilarmembran in der häutigen Schnecke in Schwingung. Dadurch werden zwischen den Haarzellen auf der Basilarmembran und der gallertigen Membrana tectoria Scherbewegungen erzeugt, die dazu führen, dass die Härchen der Sinneszellen verbogen werden. Aufgrund dieses mechanischen Biegungsreizes werden die Haarzellen erregt und geben ihre Reize an die basal gelegenen Nervenfasern weiter. Diese Nervenfasern vereinigen sich später zusammen mit den Nervenfasern des Gleichgewichtsorgans zum **N. vestibulocochlearis** und ziehen zum Großhirnschläfenlappen.

1.5 Gleichgewichtsorgan

Aufrechterhaltung von Kopf- und Körperhaltung in Ruhe und bei Bewegung.

❹ Der Gleichgewichtssinn dient zusammen mit anderen Sinnen, wie dem Sehsinn und der Tiefensensibilität, der Orientierung im Raum und der Aufrechterhaltung von Kopf- und Körperhaltung in Ruhe und bei Bewegungen. Zum Gleichgewichtsorgan (*Vestibularapparat*) gehören der **Vorhof** (*Vestibulum*) und die drei **Bogengänge**.

1.5.1 Vorhof

Anteile:
- Knöcherner Vorhof
- Membranöse Anteile (Utriculus, Sacculus) mit Sinneszellen.

Vom Vorhof (*Vestibulum*), dem Zentrum des knöchernen Labyrinths, gehen nach dorsal die drei Bogengänge und nach ventral die Schnecke des Hörorgans ab. Wie das gesamte knöcherne Labyrinth ist auch der Vorhof mit Perilymphe gefüllt. Zusätzlich enthält er membranöse Strukturen, die mit Endolymphe gefüllt sind: das **große Vorhofsäckchen** (*Utriculus*) und das **kleine Vorhofsäckchen** (*Sacculus*). Utriculus und Sacculus sind durch zwei feine Gänge miteinander verbunden. Sie enthalten in ihrer Wand jeweils ein **Sinnesfeld** (*Macula*), das im Utriculus in horizontaler, im Sacculus in vertikaler Ebene liegt. Diese Sinnesfelder sind aus Sinneszellen aufgebaut. Die Sinneszellen sind Haarzellen, deren Härchen in eine gallertartige Membran hineinragen. Diese Membran (*Statolithenmembran*) bedeckt das gesamte Sinnesfeld und hat an ihrer Oberfläche feine **Kalziumkarbonatkristalle** (*Statolithen*) eingelagert.

Reaktion auf Schwerkraft und Beschleunigung

Die Sinneszellen der Maculae reagieren auf Schwerkraft und Beschleunigung in vertikaler und horizontaler Ebene. Dadurch ändert sich der Druck und die Sinneshärchen verbiegen sich und werden erregt. Das ZNS verarbeitet diese Signale zu den bewussten Empfindungen wie »Fallen«, »Bremsen« oder »Steigen«. Dies wiederum führt reflektorisch zur Anpassung von Tonus und Bewegung der Körpermuskulatur.

Reflektorische Anpassung der Körpermuskulatur bei Erregung der Sinneszellen durch Schwerkraft und Beschleunigung.

1.5.2 Bogengänge

Die drei Bogengänge stehen etwa im rechten Winkel zueinander in den drei Raumebenen. Es gibt je einen ventralen und dorsalen vertikalen und einen lateralen horizontalen Bogengang. Sie beginnen und enden alle im Vorhofbereich, so dass sie jeweils zusammen mit diesem einen Ring bilden. In den knöchernen Bogengängen verlaufen die membranösen, mit Endolymphe gefüllten häutigen Bogengänge. Jeder Bogengang ist am Ende zu einer **Ampulle** erweitert. Dort befinden sich die Sinneszellen des Bogengangsystems. Es handelt sich um Haarzellen, deren Härchen in eine gallertartige, kuppelförmige Masse *(Cupula)* ragen.

3 Bogengänge mit Sinneszellen, angelegt in den 3 Raumebenen.

Sinnesfunktion der Bogengänge

Die Sinneszellen der Bogengänge reagieren auf **Drehbewegungen.** Hierbei werden Endolymphe und Cupula ausgelenkt, was wiederum zu einem Zug an den darin eingebetteten Härchen führt. Die Bewegung der Härchen stellt den entsprechenden Reiz für die Sinneszellen dar. Die Nervenimpulse aus den Haarzellen führen im ZNS zur bewussten Empfindung von Drehbewegungen und zur reflektorischen Anpassung der Körperhaltung an die Erfordernisse der Situation.

Reflektorische Anpassung der Körpermuskulatur bei Erregung der Sinneszellen durch Drehbewegungen.

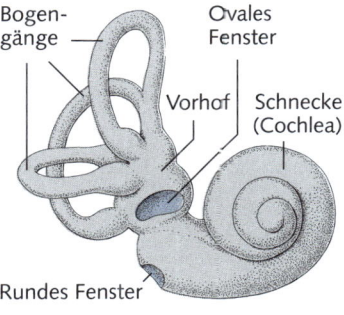

Bogen-
gänge

Ovales
Fenster

Vorhof

Schnecke
(Cochlea)

Rundes Fenster

Abb. 1.5
Schnecke und Bogengänge als Ausgussmodell.
[A400-190]

Angepasste Muskelbewegungen in Ruhe, bei Bewegung und Lagewechsel durch Verknüpfung des Gleichgewichtsorgans über den N. vestibulocochlearis mit anderen Hirnarealen.

1.5.3 Leitungsbahn des Gleichgewichtsorgans

❺ Von den Haarzellen des Gleichgewichtsorgans werden die Erregungsimpulse an Nervenfasern weitergeleitet, die den vestibulären Anteil des **N. vestibulocochlearis** bilden. Dieser leitet die Informationen an die Strukturen des zentralen Nervensystems (Rückenmark, Kleinhirn, Formatio reticularis, Thalamus, Hirnnervenkerne) weiter. Über diese Verbindungen werden die Erregungen des Gleichgewichtsorgans mit dem motorischen System verknüpft. So werden Muskelbewegungen für die Stellung des Kopfes, des Körpers und der Augen reflektorisch entsprechend der jeweiligen Erfordernisse in Ruhe, bei Lagewechsel oder Bewegung gesteuert.

❓ Übungsfragen

❶ Wo befindet sich die Ohrtrompete, welche Aufgaben hat sie?

❷ Wo befinden sich die Sinneszellen des Hörorgans?

❸ Welchen Weg nehmen die Schallwellen bis zur Erzeugung eines Sinnesreizes?

❹ Wozu dient der Gleichgewichtssinn und aus welchen anatomischen Strukturen wird das Gleichgewichtsorgan gebildet?

❺ Mit welchen Hirngebieten steht das Gleichgewichtsorgan in Verbindung?

2 HNO-ärztliche Untersuchungsmethoden

2.1 Allgemeine Untersuchungen

2.1.1 Anamnese und Untersuchung

Anamnese

Zu jeder Aufnahme eines Patienten gehört die Erstellung seiner Krankengeschichte *(Anamnese)*, die Fragen nach den aktuellen Beschwerden, Allgemeinerkrankungen wie Hypertonie, Stoffwechselkrankheiten sowie der Einnahme von Medikamenten beantworten soll. In der Hals-Nasen-Ohren-Heilkunde sind besonders Angaben zu Allergien und bestehenden HNO-Erkrankungen in der Familie von Bedeutung.

- Symptomatik
- Allgemein-
  erkrankungen
- Medikamente
- Allergien
- HNO-Erkrankun-
  gen in der Familie.

Inspektion und Palpation

Bei der **Inspektion,** beim Anschauen, werden die äußere Nasenform, Veränderung der Ohrmuschelform, Rötung und Schwellung der Ohrmuschel, Absonderungen aus dem Gehörgang u. a. beurteilt.
Bei der **Palpation,** dem Abtasten, werden Ohr, Nase und ihre Umgebung sowie Halslymphknoten auf Schwellungen und Druckschmerzhaftigkeit hin untersucht.

Untersuchung der Ohren

❶ Zur genaueren Untersuchung der Ohren, der *Otoskopie,* wird ein Metalltrichter in den äußeren Gehörgang eingeführt. Dazu wird der Gehörgang durch Zug an der Ohrmuschel nach hinten oben gestreckt. Nun können Trommelfell und äußerer Gehörgang beurteilt werden.

Otoskopie:
Beurteilung von
äußerem Gehörgang
und Trommelfell.

Untersuchung der Nase

Zuerst beurteilt der Untersucher die äußere Nasenform (z. B. Sattel-, Höckernase). Im Anschluss werden dann bei der vorderen Rhinoskopie die vorderen Nasenabschnitte mit dem **Stirnreflektor** und dem **Nasenspekulum** betrachtet. Die hinteren Nasenabschnitte, die Nasennebenhöhlenausführungsgänge und der Nasopharynx werden heute mit Hilfe eines **Endoskops** untersucht. Dazu muss vorher oft die Nasenschleimhaut abgeschwollen und örtlich betäubt werden. Der Nasenrachenraum kann auch transoral, d.h. über die Mundhöhle, untersucht werden (☞ Abb. 2.1).

Vordere Rhinoskopie:
Beurteilung der
vorderen Nasen-
abschnitte.
Endoskopie: Beur-
teilung der hinteren
Nasenabschnitte, der
Nasennebenhöhlen-
ausführungsgänge
und des Nasopharynx.

Abb. 2.1
Sicht bei der hinteren Rhino-skopie auf die Nasenhaupthöhle von dorsal über Mundhöhle und Nasenrachenraum. [A300-157]

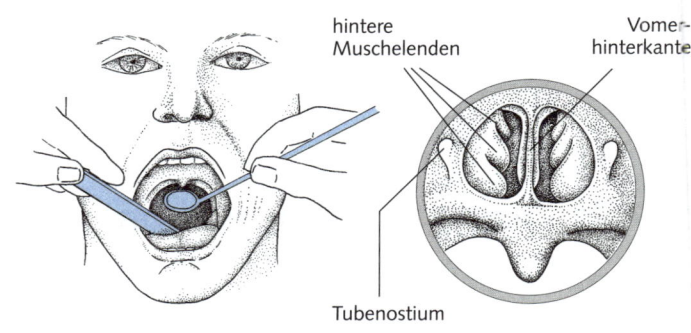

hintere Muschelenden

Vomer-hinterkante

Tubenostium

Spiegeluntersuchung zur Beurteilung der gesamten Mund-höhle.

- Indirekte Laryngo-skopie: Spiegel-untersuchung von Hypopharynx und Larynx
- Direkte Laryngo-skopie: Endoskopie von Hypopharynx und Larynx.

- Befunderhebung
- Gewebeentnahme
- Therapie.

Untersuchung der Mundhöhle und des Oropharynx
Mundschleimhaut, Ausführungsgänge der Mundspeicheldrüsen (Ohr- und Unterkieferspeicheldrüsen), Tonsillen, Gaumenbögen und Zunge werden mit Hilfe eines **Stirnreflektors** und eines **Mundspatels** untersucht. Deshalb wird sie auch als **Spiegelunter-suchung** bezeichnet.

Untersuchung von Hypopharynx und Larynx
❷ Sie erfolgt mit einem kleinen Spiegel und dem Stirnreflektor als indirekte Kehlkopfspiegelung oder **indirekte Laryngoskopie:** Der Untersucher fasst mit der linken Hand die Zunge des Patienten und zieht sie vorsichtig nach vorne. Der Spiegel mit langem Stiel wird hinter das Gaumensegel geführt und so gekippt, dass Hypopharynx und Larynx zu sehen sind. Alternativ kann die Endoskopie (☞ 2.1.2) als direkte Kehlkopfspiegelung oder **direkte Laryngoskopie** mit der Möglichkeit der optischen Vergrö-ßerung zur Beurteilung von Hypopharynx und Larynx eingesetzt werden.

2.1.2 Endoskopie und bildgebende Verfahren

Endoskopie
❸ Einige anatomische Strukturen wie **Nasopharynx, Trachea** oder **Ösophagus** sind nur endoskopisch ausreichend beurteilbar. Die Endoskopie wird diagnostisch zur Befunderhebung und zur Gewebeentnahme für histologische Untersuchungen, aber auch therapeutisch, z.B. zur Entfernung von Polypen, genutzt. Die Endoskopie von Trachea und Ösophagus erfolgt meist in Vollnar-kose, im Nasopharynx evtl. in Lokalanästhesie.

Bildgebende Verfahren

In der HNO wird die konventionelle Röntgenaufnahme hauptsächlich für die Übersichtsaufnahmen von Nasennebenhöhlen und für die Aufnahme nach SCHÜLLER genutzt, die die Warzenfortsatzzellen und den Gehörgang darstellt. Ebenso kommen als bildgebende Verfahren die Sonographie (in erster Linie bei Untersuchungen der Halsweichteile und Speicheldrüsen, aber auch bei den Nasennebenhöhlen), das Computertomogramm oder die Kernspintomographie zum Einsatz.

- Röntgen
- Sonographie
- Computertomographie
- Kernspintomographie.

2.2 Spezielle Untersuchungen

2.2.1 Audiologische Diagnostik

Stimmgabelprüfung nach WEBER und RINNE

❹ Bei der Stimmgabelprüfung nach WEBER und RINNE wird eine angeschlagene Stimmgabel in der Scheitelmitte bzw. auf den Warzenfortsatz des Patienten aufgesetzt. Diese Untersuchungen ermöglichen eine grobe Prüfung des Hörvermögens im Seitenvergleich und erste Aussagen über die Ursache einer Schwerhörigkeit.

Grobe Prüfung des Hörvermögens im Seitenvergleich.

Tonaudiogramm

Das Tonaudiogramm ist die wichtigste Hörprüfung zum Nachweis einer Hörstörung. Der Untersucher stellt im Audiometer Töne einer bestimmten Frequenz (Tonhöhe) ein, deren Lautstärke langsam zunimmt. Der Patient gibt an, wann er den Ton erstmalig hört.

Wichtigste Hörprüfung.

Sprachaudiometrie

Die Sprachaudiometrie erfasst einen Teil der Signalverarbeitung des Gehörs. Neben der **Hörweitenprüfung,** die Aussagen über das Verstehen von Flüster- und normaler Sprache aus bestimmten Entfernungen erteilt, stehen verschiedene standardisierte **Sprachtests** mit Testwörtern zur Verfügung.

Untersuchung der Signalverarbeitung des Gehörs
- Hörweitenprüfung
- Sprachtests

Elektrische Reaktionsaudiometrie

Bei dieser objektiven Hörprüfung wird die elektrische Nervenaktivität abgeleitet, die beim Hören im Innenohr aufgebaut und zum Gehirn weitergeleitet wird. Sie findet Anwendung in der Kleinkinder-Audiometrie und bei Erwachsenen zur Differenzierung einer Schwerhörigkeit und insbesondere zum Ausschluss eines Akustikusneurinoms (gutartiger Tumor des N. vestibulochochlearis).

Objektive Hörprüfung durch Ableitung der elektrischen Nervenaktivität.

2.2.2 Gleichgewichtsprüfung

Bei der Gleichgewichtsprüfung wird der Patient aufgefordert, meist mit geschlossenen Augen, bestimmte Anweisungen auszuführen, z.B. Auf-der-Stelle-Treten, Geradeausgehen. Anhand seiner Reaktion lässt sich in vielen Fällen der Ursprung der Störung lokalisieren.

2.2.3 Nystagmusprüfung

❺ Unter einem *Nystagmus* (Augenzittern) werden unwillkürliche, rhythmische Augenbewegungen verstanden. Diese können *physiologisch* (natürlich) oder *pathologisch* (krankhaft) sein.

Physiologischer
Nystagmus:
- Bei und nach Drehbeschleunigung
- Bei thermischer Reizung des Gleichgewichtsorgans.

Pathologischer
Nystagmus:
- Spontannystagmus.

Physiologie
Nervenimpulse werden gleichmäßig vom rechten und linken Gleichgewichtsorgan zu den Gleichgewichtszentren im Gehirn *(vestibuläre Kerngebiete)* geleitet, die in Verbindung mit den Augenmuskelkernen stehen.
Liegt eine Störung des Gleichgewichtssinnes vor, z.B. durch einseitigen Ausfall eines Gleichgewichtsorgans, führt diese Seitendifferenz der Nervenimpulse durch die Verschaltung der vestibulären Kerngebiete mit den Augenmuskelkernen zu unwillkürlichen, rhythmischen Augenbewegungen, dem Nystagmus *(griech.: schläfrig blinzeln)*. *Physiologisch* ist ein Nystagmus z.B. während und nach Drehbeschleunigungen oder durch Wärme- und Kältereize auf das Gleichgewichtsorgan. Dagegen ist ein **Spontannystagmus,** der ohne äußere Reize auftritt, in der Regel *pathologisch* (krankhaft).
Häufigste Nystagmusform ist der meist horizontale **Rucknystagmus.** Dabei bewegen sich die Augen erst langsam zu einer Seite, dann ruckartig und stärker sichtbar zur Gegenseite. Die Richtungsbezeichnung erfolgt nach der schnellen Seite.

Diagnostik
Ein Nystagmus kann durch verschiedene Provokationen ausgelöst werden:
Lageprüfung: Der Nystagmus wird dadurch ausgelöst, dass der auf dem Rücken liegende Patient nacheinander in die linke und nach zwischenzeitlicher erneuter Rückenlage in die rechte Seitenlage gedreht wird.
Lagerungsprüfung: Der Patient sitzt zu Beginn und soll sich im Wechsel hinlegen und aufsetzen, wobei der Kopf erst nicht, dann nach links und rechts gedreht wird. Durch diesen Lagerungswechsel tritt ein Nystagmus auf.
Kalorische Prüfung: Hierbei wird der äußere Gehörgang über 30–40 Sekunden mit warmem (40 °C) oder kaltem Wasser (30 °C)

gespült. Dabei wird ein thermischer Reiz auf das Gleichgewichtsorgan ausgeübt und ein Nystagmus ausgelöst.

Beurteilung

Um den Nystagmus besser beurteilen zu können, beobachtet der Untersucher den Nystagmus unter der **FRENZEL-Brille**: Durch sehr starke Gläser dieser speziellen Leuchtbrille kann der Patient den Blick nicht mehr fixieren, und der Nystagmus tritt deutlicher hervor. Gleichzeitig kann der Untersucher durch Vergrößerung und Beleuchtung der Augäpfel den Nystagmus besser erkennen.
Mit der **Elektronystagmographie** (ENG) wird der Nystagmus objektiviert: Über bitemporal (an den Schläfen) angelegte Elektroden wird der Nystagmus elektronisch erfasst und die Nystagmusschläge werden aufgezeichnet.

- FRENZEL-Brille
- ENG.

2.2.4 Allergietests

❻ Bei Verdacht auf allergische Rhinitis (☞ 4.1.5) oder bei Nasenpolypen (☞ 4.1.6) ist ein Allergietest notwendig. Hierzu stehen im Wesentlichen vier diagnostische Methoden zur Verfügung:
- **Prick-Test:** Allergene Substanzen (z.B. Pollenextrakte) werden in die Haut eingebracht (☞ auch Dermatologie 3.2.2)
- **Serologische Diagnostik:** Im Blut des Patienten werden IgE-Antikörper bestimmt
- **Nasensekretchemie:** Nasensekret wird auf IgE-Antikörper hin untersucht
- **Intranasaler Provokationstest:** Hierbei wird allergenhaltige Lösung in die Nase getropft. Bei positiver Reaktion schwillt die Nasenschleimhaut an und die Nasenatmung ist eingeschränkt.

2.2.5 Geruchs- und Geschmacksprüfungen

Subjektive Riechprüfung

Verschiedene Substanzen, sog. **Riechstoffe,** werden getrennt vor jedes der beiden Nasenlöcher gehalten, und der Patient gibt an, was er riecht.
- Reine Riechstoffe, z.B. Kaffee, Vanille, Zimt
- Riechstoffe mit Trigeminusreizung, z.B. Menthol (gleichzeitiges Brennen in der Nase)
- Riechstoffe mit Geschmackskomponente, z.B. Chloroform (süß).

Objektive Riechprüfung

Die objektive Riechprüfung ermöglicht es, die Reaktion auf ein Riechstoffangebot durch computergesteuerte Ableitung der dadurch ausgelösten Hirnströme zu erfassen und zu beurteilen.

Geschmacksprüfung

Auf die Zunge werden in aufsteigender Konzentration wässrige Lösungen von Glukose (süß), Kochsalz (salzig), Zitronensäure (sauer) und Chinin (bitter) getropft. Dadurch wird die Erkennungsschwelle der Geschmackswahrnehmung geprüft.

? Übungsfragen

❶ Welche anatomischen Strukturen können mit Hilfe der Otoskopie beurteilt werden?

❷ Wozu dient eine indirekte Laryngoskopie?

❸ Wozu kann die Endoskopie in der HNO eingesetzt werden?

❹ Welche Untersuchungen werden zur Beurteilung des Hörvermögens eingesetzt?

❺ Was ist ein Nystagmus?

❻ Was versteht man unter einem »Prick-Test«?

3 Erkrankungen des Ohres

3.1 Erkrankungen des äußeren Ohres

3.1.1 Abstehende Ohrmuscheln

Abstehende Ohrmuscheln *(Apostasis otum)* sind die häufigste Fehlbildung des äußeren Ohres. Sie treten meist beidseitig auf und sind als kosmetisches Problem oft Grund für Hänseleien und Minderwertigkeitskomplexe. Deshalb sollte eine operative kosmetische Korrektur bereits im Vorschulalter erfolgen.

- Häufigste Fehlbildung der Ohrmuschel
- V. a. kosmetisches Problem
- Korrektur möglichst im Vorschulalter.

3.1.2 Entzündungen des äußeren Ohres

Otis externa

❶ Bei der Otitis externa (Entzündung des äußeren Gehörgangs) handelt es sich um eine meist bakterielle Infektion der Gehörgangshaut; seltener sind Pilze die Ursache. Begünstigt wird sie durch äußere Faktoren wie unsauberes Badewasser oder Manipulation mit Wattestäbchen, aber auch durch eine trockene Gehörgangshaut.

Meist bakterielle Entzündung der Gehörgangshaut.

Klinik

Die Gehörgangshaut ist geschwollen. Der Patient empfindet starke Schmerzen, die beim Kauen oder durch Druck auf den Tragus (Knorpelvorsprung vor der äußeren Gehörgangsöffnung ☞ Abb. 1.4) zunehmen. Bei vollständiger Verlegung des Gehörganges sind die Patienten meist schwerhörig.

- Schmerzen
- Evtl. Schwerhörigkeit
- Evtl. regionale Lymphknotenschwellung.

Therapie

Für eine gezielte Antibiotikagabe wird zum Erregernachweis ein bakteriologischer Abstrich entnommen. Der Gehörgang wird gereinigt und ein alkohol-, antibiotika- oder cortisonhaltiger Salbenstreifen eingelegt. In leichteren Fällen genügen Ohrentropfen.

- Reinigung des Gehörgangs
- Einlegen eines alkohol-, antibiotika-, oder cortisonhaltigen Salbenstreifens.

Pflege

Verabreichen von Ohrentropfen:

- Einhaltung der erforderlichen Hygienemaßnahmen: Pipette bzw. Flasche nur für einen Patienten benutzen, Kontamination durch Hautkontakt vermeiden – Gefahr der Re-Infektion bei erneuter Applikation, Tropfflasche bei Öffnung mit Datum versehen, Verfallszeit, Verfallsdatum und Lagerungshinweise beachten

- Patienten in entsprechende Seitenlage bringen
- Tropfen auf Körpertemperatur erwärmen
- Angeordnete Menge einbringen
- Patienten auffordern, einige Minuten in dieser Lage zu verbleiben
- Nach der Verabreichung von Ohrentropfen keine Watte in den Gehörgang einbringen, da das Medikament sonst aufgesogen wird!

Anleiten des Patienten bzw. Angehörigen zur Applikation, Lagerung etc., wenn das Medikament auch nach der Entlassung angewendet werden soll.

Ohrmuschel-Perichondritis

Die Ohrmuschel-Perichondritis (Entzündung der Ohrmuschel) kann nach einer Verletzung oder Operation im Bereich der Ohrmuschel oder bei einer chronischen Mittelohrentzündung (☞ 3.2.2) auftreten.

Klinik

Die Ohrmuschel ist gerötet, sichtbar geschwollen und äußerst schmerzhaft.

Therapie

Verband mit antibiotika- und cortisonhaltiger Salbe anlegen, zusätzliche Gabe eines oralen Breitbandantibiotikums.
❷ Als Komplikationen der Ohrmuschel-Perichondritis können Knorpelnekrose und Schrumpfung der Ohrmuschel auftreten.

- Orales Breitbandantibiotikum
- Verband mit antibiotika-, cortisonhaltiger Salbe.

3.1.3 Cerumen obturans

- Meist Folge mechanischer Reinigungsversuche
- Plötzlicher Druck im Ohr
- Hörminderung
- Spülung des Gehörgangs mit lauwarmem Wasser.

Cerumen obturans ist ein **Ohrenschmalzpfropf.** Dieser entsteht in der Regel nur dann, wenn der Selbstreinigungsprozess des Gehörganges gestört ist, häufig als Folge mechanischer Reinigungsversuche. Dadurch bildet sich verstärkt Ohrenschmalz, das den Gehörgang verstopfen kann. Symptome sind **plötzlicher Druck im Ohr** und **Hörminderung.**
❸ Bei intaktem Trommelfell wird der Gehörgang mit Ohrspritze und körperwarmem Wasser gespült. Vorher wird der Pfropf evtl. mit Ohrentropfen, z. B. Cerumenex®, aufgeweicht.

Pflege

Spülen des Gehörgangs:
Materialien: Ohrspritze (100–250 ml Janet-Spritze) oder Spülhandgriff der Atmos®-HNO-Untersuchungseinheit, körperwar-

mes Leitungswasser, Nierenschale, wasserdichtes Abdecktuch, Handtuch, ggf. Cerumenex® Tropfen, Otoskop

Durchführung: Patienten informieren, ggf. Cerumenex® eintropfen (Einwirkzeit: ca. 10 min.), Materialien vorbereiten. Der Patient sollte aufrecht sitzen, die betreffende Schulter wasserdicht abgedeckt sein: Nierenschale unter das Ohr halten, Wasser aufziehen, Spritze entlüften, Ohrmuschel nach hinten-oben ziehen, Wasser unter mäßigem Druck einspritzen – ggf. mehrmals wiederholen. Während der Ohrspülung auf das Befinden des Patienten achten, da die Reizung des Gleichgewichtsorgans zu Schwindel und Übelkeit führen kann. Bei Nichterfolg Arzt hinzuziehen.

Nachsorge: Patienten ggf. beim Abtrocknen unterstützen, 10 Minuten ruhen lassen, Kreislaufkontrolle, Materialien entsorgen.

Merke

Hinweis an den Patienten: Zur Reinigung ist es ausreichend, die Ohren im Bereich der Ohrmuschel mit Wattestäbchen zu säubern – keine Intervention mit Wattestäbchen im Gehörgang!

3.1.4 Fremdkörper im Gehörgang

Kinder stecken sich gerne beim Spielen Murmeln, Glasperlen u. Ä. ins Ohr, bei Erwachsenen handelt es sich meist um vergessene Wattereste oder Reste von Ohropax®. Der Fremdkörper wird mit speziellen Häkchen unter mikroskopischer Kontrolle entfernt.

Merke

Vorsicht! Versuchen Laien den Fremdkörper zu entfernen, dringt dieser häufig noch tiefer in den Gehörgang ein mit der Gefahr, Trommelfell und Gehörknöchelchen zu verletzen.

? Übungsfragen

❶ Welche Faktoren können die Entstehung einer Otitis externa begünstigen?

❷ Welche Komplikation kann bei einer Ohrmuschel-Perichondritis auftreten?

❸ Wie wird ein Cerumen obturans behandelt?

3.2 Erkrankungen des Mittelohres

3.2.1 Otitis media acuta

- Meist aufsteigende Entzündung bei Infekten der oberen Atemwege
- Seltener Einwanderung von Erregern bei Trommelfelldefekt.

- Ohrenschmerzen
- Schwerhörigkeit
- Fieber, Kopfschmerzen, Krankheitsgefühl
- Evtl. Otorrhoe.

- Ohrmikroskopie
- Evtl. Hörtest, Röntgenaufnahme nach SCHÜLLER.

- Orale Antibiotika
- Abschwellende Nasentropfen
- Evtl. Parazentese
- Evtl. Einlegen eines Paukenröhrchens.

Die **akute Mittelohrentzündung** *(Otitis media acuta)* ist meist bakteriell bedingt und insbesondere bei (Klein-)Kindern ein häufiges Krankheitsbild. Die Bakterien steigen in der Regel im Rahmen eines Infektes der oberen Atemwege ins Mittelohr auf. Seltener dringen die Erreger von außen bei Trommelfellverletzungen ein.

 Klinik

❶ Die Patienten klagen über heftige, pulsierende Ohrenschmerzen und sind auf der betroffenen Seite schwerhörig. Sie fühlen sich krank, haben Fieber und Kopfschmerzen. Kommt es zu einer Spontanperforation des Trommelfells, tritt Flüssigkeit aus dem Gehörgang aus *(Otorrhoe, Ohrlaufen)* und die Schmerzen lassen schlagartig nach.

 Diagnostik

Bei der Ohrmikroskopie fällt ein gerötetes und vorgewölbtes Trommelfell auf. Liegt ein schwerer Krankheitsverlauf vor, werden ein Hörtest und eine Röntgenaufnahme nach SCHÜLLER angefertigt, um eine Beteiligung der Warzenfortsatzzellen *(Mastoid)* auszuschließen.

Therapie

Orale Antibiotika (z. B. Amoxypen®), um den bakteriellen Infekt zu bekämpfen; zusätzlich abschwellende Nasentropfen, um die Belüftung der Ohrtrompete zu verbessern.

❷ Bei sehr starken Schmerzen und vorgewölbtem Trommelfell ist ein kleiner Trommelfellschnitt, die sog. **Parazentese** (☞ Abb. 3.1), nötig, damit der Mittelohrerguss abfließen kann. Dieser Trommelfellschnitt verschließt sich nach ca. einer Woche spontan. Ist diese Therapie nicht erfolgreich oder treten Komplikationen auf, z. B. eine Innenohrschädigung, wird ein **Paukenröhrchen** einge-

Abb. 3.1
Prinzip der Parazentese.
[A300-157]

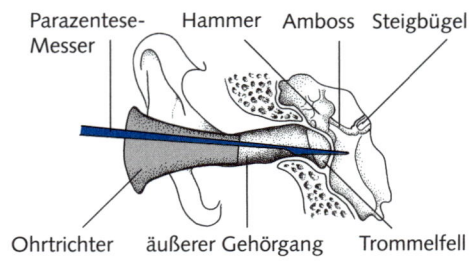

Parazentese-Messer   Hammer   Amboss   Steigbügel

Ohrtrichter   äußerer Gehörgang   Trommelfell

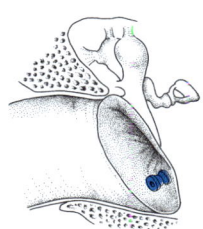

Abb. 3.2
Im Trommelfell liegendes Paukenröhrchen (Längsschnitt durch den Gehörgang). [A300-157]

legt. Dieses Kunststoffröhrchen gewährleistet eine dauerhafte Drainage der Paukenhöhle (☞ Abb. 3.2).

 Pflege

Medikamentöse Therapie verabreichen:

- Patienten zur Anwendung der Nasentropfen anleiten, evtl. Hilfestellung geben. Damit das Ziel der Abschwellung der Eustachischen Röhre erreicht wird, soll der Patient die Rückenlage einnehmen, seinen Kopf in den Nacken legen und nach Einbringen der Nasentropfen mindestens 2 Min. in dieser Lage verbleiben
- Zur Stoffwechselförderung und Schmerzlinderung Wärmetherapie anwenden, z. B. Infrarotbestrahlung
- Kommunikation auf vorübergehende Hörminderung einstellen
- Auf folgende Symptome einer drohenden Komplikation achten: Anstieg der Körpertemperatur, Verschlechterung des Allgemeinbefindens, Druckschmerz hinter dem Ohr, Rötung und Abstehen der Ohrmuschel.

Komplikation
Mastoiditis

❸ Bei unzureichender Behandlung einer Otitis media acuta besteht die Gefahr einer **Mastoiditis** (Entzündung des Warzenfortsatzes). Die Gefahr dieser Komplikation besteht darin, dass die Erreger ins Gehirn »wandern« und dort z. B. einen Hirnabszess bilden.

Symptome sind Ohrenlaufen, Schmerzen bei Druck auf das Mastoid und Schwellung hinter dem Ohr, so dass das Ohr absteht. Die Diagnose wird durch eine Röntgenaufnahme nach SCHÜLLER, heute besser durch ein hochauflösendes Computertomogramm, gesichert.

Therapeutisch kommt in leichteren Fällen eine Parazentese mit Einlage eines Paukenröhrchens in Betracht sowie die lokale Gabe von abschwellenden Nasentropfen und die intravenöse Antibiotikagabe. Im fortgeschrittenen Stadium muss operiert werden, um die entzündeten Warzenfortsatzzellen auszuräumen.

- Ohrenlaufen
- Mastoid-Druckschmerz
- Schwellung hinter dem Ohr.

- Parazentese
- Abschwellende Nasentropfen
- Antibiotika intravenös
- Evtl. Operation.

3.2.2 Otitis media chronica

Die **chronische Mittelohrentzündung** *(Otitis media chronica)* ist gekennzeichnet durch Störung der Tubenventilation und beeinträchtigte Funktion der Mittelohrschleimhaut.

Klinik

- Rezidivierendes Ohrenlaufen
- Schwerhörigkeit.

Die Patienten berichten über rezidivierendes Ohrenlaufen und Schwerhörigkeit. Schmerzen treten in der Regel nur bei einer aufgepfropften akuten Mittelohrentzündung auf.

Diagnostik

- Abstrich zum Erregernachweis
- Ohrmikroskopie
- Hörtest
- Röntgenaufnahme nach SCHÜLLER.

Um die Diagnose zu sichern, sind ein Abstrich zum Erregernachweis, ein Hörtest und eine Röntgenaufnahme nach SCHÜLLER erforderlich. Bei der Ohrmikroskopie fällt die Perforation des Trommelfells auf.

Therapie

- Antibiotika im Akutstadium
- Tympanoplastik.

Im Akutstadium wird die chronische Mittelohrentzündung mit Antibiotika behandelt. Ist die Entzündung abgeklungen, wird der Trommelfelldefekt operativ verschlossen, sog. **Tympanoplastik.**

3.2.3 Cholesteatom

Chronische Entzündung mit Zerstörung der knöchernen Mittelohrräume.

❹ Ein Cholesteatom ist eine chronische Entzündung der Mittelohrräume. Durch fehlgeleitetes Wachstum von Gehörgangs- und Trommelfellepithel werden die knöchernen Mittelohrstrukturen zerstört.

Klinik

- Fötide Ohrsekretion
- Zunehmende Schwerhörigkeit.

Symptome sind wiederkehrende, meist stinkende *(fötide)* Ohrsekretion und zunehmende Schwerhörigkeit, im akuten Stadium auch mit Schmerzen verbunden.

Diagnostik

- Ohrmikroskopie
- Röntgenaufnahme nach SCHÜLLER
- Hörtest.

Im Rahmen der Ohrmikroskopie sind meist eine ausgedehnte, in aller Regel randständige Trommelfellperforation und weißliche Cholesteatom-Schuppen zu sehen. Eine Röntgenaufnahme nach SCHÜLLER zeigt das Ausmaß der Knochenzerstörung. Der Hörtest zeigt das Ausmaß der Hörstörung je nach Fortschreiten der Erkrankung.

Therapie

- Trommelfellverschluss
- Rekonstruktion der Gehörknöchelchenkette (Tympanoplastik).

Die Therapie des Cholesteatoms ist immer operativ. Das Cholesteatom wird entfernt und der Trommelfelldefekt verschlossen; die zerstörten Gehörknöchelchen werden rekonstruiert (Tympanoplastik).

3.2.4 Otosklerose

❺ Die Otosklerose ist eine Mineralstoffwechselstörung des knöchernen Labyrinths. Es kommt dabei zu Verknöcherungen v. a. im Bereich des ovalen Fensters. Dadurch wird die Steigbügelplatte fixiert und die Beweglichkeit der Gehörknöchelchenkette eingeschränkt. Die Patienten werden durch diese Veränderungen zunehmend schwerhörig und nehmen z. T. auch Ohrgeräusche, die als **Tinnitus** bezeichnet werden, wahr.

Die Diagnose wird durch verschiedene Hörtests gesichert. Die Behandlung erfolgt operativ, indem der Steigbügel durch eine **Teflon-Platin-Prothese** *(Stapesplastik)* ersetzt wird.

- Mineralstoffwechselstörung mit Verknöcherung v. a. im Bereich des ovalen Fensters
- Schwerhörigkeit
- Tinnitus
- Stapesplastik.

Pflege nach Ohroperationen

- Postoperative Vitalzeichenüberwachung
- Auf Nachblutung und Schmerzäußerung (Schmerzmanagement lt. Expertenstandard) achten
- Ohrklappe und sterile Kompressen täglich wechseln – Entfernung einer liegenden Gehörgangstamponade nur durch den Arzt
- Bei auftretendem Schwindel: Ausgleich des Selbstpflegedefizits durch Unterstützung bei den eingeschränkten ATL (Waschen und Kleiden, Ernährung, Ausscheidung sowie Bewegen und Lagern) je nach Bedarf, Sturzprophylaxe (Teilbettgitter, Aufstehen und Gehen nur mit Begleitung), nach Arztanordnung Bettruhe und ggf. Verabreichung von Vomex® Supp.
- Wegen der Gefahr des Verrutschens der sanierten Gehörknöchelchen sind nach einer Stapesplastik einige Wochen körperliche Schonung nötig

Merke

> Patienten dürfen sich nicht die Nase putzen, müssen ruckartige Kopfbewegungen unterlassen sowie Wasser im Gehörgang in den ersten Wochen vermeiden! Beim Niesen sollten sie immer den Mund öffnen!

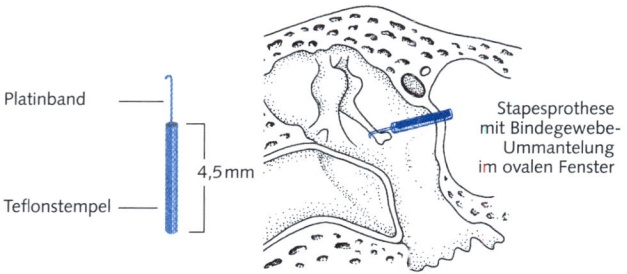

Platinband

Teflonstempel

4,5 mm

Stapesprothese mit Bindegewebe-Ummantelung im ovalen Fenster

Abb. 3.3
Prinzip der Stapesplastik.
[V150, A300-157]

Hals-Nasen-Ohrenheilkunde

? Übungsfragen

❶ Welche Symptome sind für eine Otitis media acuta typisch?

❷ Was ist eine Parazentese?

❸ Worauf ist bei der Krankenbeobachtung eines Patienten mit einer Otitis media acuta zu achten?

❹ Was ist ein Cholesteatom, welche Symptome treten auf?

❺ Wodurch kommt es bei einer Otosklerose zur Schwerhörigkeit?

3.3 Erkrankungen des Innenohres

3.3.1 Angeborene oder frühkindlich erworbene Innenohrerkrankungen

Angeborene oder frühkindlich erworbene Innenohrerkrankungen sind entweder genetisch bedingt, häufig in Verbindung mit anderen Anomalien, oder:

- Pränatal erworben, z.B. bei Rötelnerkrankung der Mutter in der Schwangerschaft
- Perinatal erworben, z.B. bei Frühgeburt
- Postnatal erworben, z.B. nach Meningitis, Mumps, Masern.
- Schwerhörigkeit

Verzögerung der Sprachentwicklung.

Bei den Kindern kommt es durch die Schwerhörigkeit zu einer Verzögerung der Sprachentwicklung. Diagnostisch steht, insbesondere im Säuglings- und Kleinkindesalter, die elektrische Reaktionsaudiometrie (☞ 2.2.1) im Vordergrund.

❶ Die Therapie sollte so früh wie möglich erfolgen (z.B. mit Hörgeräten), damit die Sprachentwicklung des Kindes nicht mitbeeinträchtigt wird.

3.3.2 Hörsturz

- Plötzliche, meist einseitige Schwerhörigkeit bis Taubheit
- Tinnitus.

❷ Bei einem Hörsturz tritt plötzlich eine, meist einseitige, Schwerhörigkeit bis Taubheit auf, die häufig von Ohrgeräuschen *(Tinnitus)* begleitet wird. **Schwindelgefühle fehlen.** Ursache sind wahrscheinlich Durchblutungsstörungen im Innenohr.

Die Diagnose lässt sich meist durch ein Tonaudiogramm (☞ 2.2.1) sichern.

Therapie

Infusionsbehandlung mit durchblutungsfördernden Medikamenten.

Infusionsbehandlung mit durchblutungsfördernden Mitteln, z.B. HAES-Infusionslösung mit Soludecortin und Pentoxiphyllin oral (Trental®). Die Prognose ist umso günstiger, je früher die Therapie einsetzt.

Pflege

■ Einfühlsame psychische Betreuung des Patienten
■ Durchführung der Infusionstherapie – **beim erstmaligen Anhängen der Infusion Gefahr einer allergischen Reaktion beachten,** regelmäßig RR, Puls, Gewicht und Blutzucker kontrollieren (durch Cortisongabe ist eine Blutzucker-Entgleisung möglich!)
■ Beratung des Patienten:
  – Stresssituationen sollten sowohl in der Klinik als auch nach der Entlassung vermieden werden
  – Möglichkeiten von Entspannungstechniken aufzeigen
  – Über Selbsthilfeeinrichtung informieren.

3.3.3 Morbus MENIÈRE

Morbus MENIÈRE ist eine Innenohrerkrankung, die wahrscheinlich durch eine **Elektrolytstörung** zwischen Endo- und Perilymphe ausgelöst wird.

 Klinik

Die Patienten leiden charakteristischerweise unter:
■ Plötzlichem, anfallsweise einsetzendem **Drehschwindel**
■ Schwerhörigkeit
■ Ohrgeräuschen.

 **Therapie**

■ Durchblutungsfördernde Substanzen als Infusion
■ Ggf. Gabe von Antiemetika (z. B. Vomex A®) angezeigt.

 Pflege

❸ Im Akutstadium besteht durch den Drehschwindel **Sturzgefahr** und die **Gefahr des Erbrechens** (Aspirationsgefahr):
■ Patienten über Gefahren, Maßnahmen und Pflegeziele informieren, auf Bettruhe während eines akuten Anfalls hinweisen
■ Hemmungen abbauen, notwendige Hilfe anzunehmen sowie bereitgestellte Pflegehilfsmittel zu benutzen
■ **Sturzprophylaxe:** Patienten nur in Begleitung aufstehen lassen, Rufanlage in gut erreichbare Nähe bringen, Bettenstellplatz in Toiletten- bzw. Badnähe organisieren
■ Unterstützung bei den ATL je nach Bedarf leisten (vorbeugend Nierenschale und Zellstoff herrichten, Urinflasche und Nachtstuhl ans Bett stellen)
■ Vitalzeichen kontrollieren
■ Durchführen und Überwachen der angeordneten Infusionstherapie
■ Bei Erbrechen für ausreichende Flüssigkeitszufuhr sorgen.

3.3.4 Schwerhörigkeit

Altersschwerhörigkeit

- Schlechtes Sprachverständnis v. a. durch Nebengeräusche
- Lärmempfindlichkeit.

❹ Die Altersschwerhörigkeit *(Presbyakusis)* ist die häufigste Form der beidseitigen Innenohrschwerhörigkeit und durch Alterungsprozesse bedingt. Sie beginnt meist im 50. bis 60. Lebensjahr und ist eine altersnormale Erscheinung, obwohl nicht jeder unvermeidlich davon betroffen ist. Typisch ist, dass der Betroffene v. a. im Gespräch mit mehreren Personen und bei Nebengeräuschen Sprache nur schlecht verstehen kann. Gleichzeitig besteht jedoch eine Lärmempfindlichkeit (»Kind, schrei nicht so, ich bin doch nicht schwerhörig!«).

Therapeutisch ist in vielen Fällen eine Versorgung mit Hörgeräten sinnvoll.

Lärmschwerhörigkeit

Bei längerer Lärmeinwirkung prophylaktisch Lärmschutz tragen!

Die Lärmschwerhörigkeit tritt bei langfristiger Lärmexposition, z. B. am Arbeitsplatz oder durch laute Musik (Disco, Walkman) auf. Deshalb sollte prophylaktisch bei längerfristiger Lärmeinwirkung konsequent Lärmschutz (z. B. Stöpsel, Kapseln, Kopfhörer) getragen werden.

3.3.5 Entzündliche und toxisch bedingte Innenohrerkrankungen

Entzündliche Innenohrerkrankungen

- Schwerhörigkeit
- Evtl. Schwindel, Tinnitus.

❺ Eine Entzündung des Innenohres *(Labyrinthitis)* kann im Rahmen eines Cholesteatoms (☞ 3.2.3), einer Lyme-Borreliose und viraler Erkrankungen (z. B. Masern, Mumps) vorkommen. Sie zeigt sich durch Schwerhörigkeit, die von Ohrgeräuschen und Schwindel begleitet sein kann.

Die Behandlung richtet sich nach der zugrunde liegenden Erkrankung.

Toxische Innenohrerkrankungen

Auslöser:
- Ototoxische Medikamente
- Gewerbliche Gifte.

Ototoxische (ohrschädigende) Medikamente können zu einer Innenohrschädigung führen, z. B. Aminoglykoside, Schleifendiuretika, bestimmte Lokalanästhetika sowie Zytostatika und Tuberkulostatika. Die gleiche Gefahr besteht bei gewerblichen Giften wie Blei, Fluor, Nitrobenzol, Kohlenmonoxid oder Quecksilber.

? Übungsfragen

❶ Warum soll die Therapie bei angeborener oder frühkindlich erworbener Innenohrerkrankung möglichst frühzeitig beginnen?

❷ Welche Symptome sind für einen Hörsturz typisch?

❸ Wodurch sind Patienten, die an einem M. MENIÈRE leiden, besonders gefährdet?

❹ Welche Hörstörungen sind für eine Altersschwerhörigkeit typisch?

❺ Wodurch kann eine Entzündung des Innenohres ausgelöst werden?

4 Erkrankungen der Nase, der Nasennebenhöhlen und des Nasopharynx

4.1 Erkrankungen der Nase

4.1.1 Choanalatresie

Angeborene
Fehlbildung.

❶ Zu den angeborenen Fehlbildungen der Nase gehört die Choanalatresie, bei der die Choanen (☞ 1.1.1) ein- oder doppelseitig verschlossen sind.

Klinik

Gefahr schwerer
Atemnot bei Nahrungsaufnahme.

Besonders bei doppelseitiger Choanalatresie kann jede Nahrungsaufnahme beim Neugeborenen zu schwerer Atemnot mit Erstickungssymptomatik führen; der Mensch ist üblicherweise ein Nasenatmer!

Therapie

Operative Korrektur.

Zunächst durchstößt man die Atresieplatte und legt ein Kunststoffröhrchen ein. Die endgültige operative Versorgung erfolgt dann im Vorschulalter.

4.1.2 Septumdeviation

Verbogene Nasenscheidewand.

❷ Hierbei handelt es sich um eine Verbiegung der Nasenscheidewand, die angeboren oder traumatisch erworben sein kann.

Klinik

- Behinderte Nasenatmung
- Kopfschmerzen
- Riechvermögen ↓
- Infektanfälligkeit.

Typische Symptome sind behinderte Nasenatmung, vermindertes Riechvermögen, Schnarchen und Kopfschmerzen. Durch die Mundatmung sind Infekte der oberen Atemwege häufig, da die Luft nicht ausreichend gereinigt, befeuchtet und angewärmt wird.

Diagnostik und Therapie

Septumplastik bei
starken Beschwerden.

Die Diagnose wird über die Inspektion der Nase gestellt. Leiden die Patienten sehr unter ihren Beschwerden, muss die Nasenscheidewand operativ mittels einer *Septumplastik* begradigt werden.

4.1.3 Nasenpyramidenfraktur

Die Nasenpyramidenfraktur kommt sehr häufig im Rahmen von Schlägereien oder Stürzen vor.

Klinik
Die Nase steht schief und die knöcherne Nasenpyramide (☞ 1.1.1) ist eingesunken. Oft ist dies durch das Hämatom verdeckt.

- Schiefstand der Nase
- Einsinken der Nasenpyramide.

Diagnostik und Therapie
Die Diagnose wird klinisch und röntgenologisch gestellt. Geschlossene Frakturen sollten innerhalb einer Woche operativ versorgt werden, um spätere Formfehler mit Behinderung der Nasenatmung zu vermeiden. Offene Frakturen mit Weichteilverletzungen werden sofort chirurgisch versorgt.

Operative Versorgung der Fraktur.

4.1.4 Nasenfurunkel

Aus einer **Haarbalgentzündung** entwickelt sich eine Entzündung der Nasenspitze oder des Naseneinganges. Erreger sind meistens Staphylokokken. Nasenfurunkel treten häufiger bei abwehrgeschwächten Patienten, beispielsweise bei Diabetikern oder kachektischen Patienten, auf.

Entzündung der Nasenspitze oder des Naseneingangs, meist durch Staphylokokken.

Klinik
Nasenspitze oder Naseneingang sind gerötet und geschwollen. Spontan oder allein bei Berührung sind sie sehr schmerzhaft. Häufig ist auch die Oberlippe aufgetrieben. Die Gefahr bei diesem Krankheitsbild liegt in der Verschleppung der Erreger in das Gehirn.

- Klassische Entzündungszeichen
- Gefahr der Keimverschleppung ins Gehirn!

Therapie
Die Therapie besteht aus der Gabe von Antibiotika (z. B. Aureomycin® Salbe) lokal oder in schweren Fällen systemisch (z. B. Staphylex®). Um eine weitere Verschleppung der Erreger zu vermeiden, sollte der Patient möglichst wenig den Mund bewegen, d. h. wenig reden und Breikost oder flüssige Kost zu sich nehmen.

- Antibiotikagabe lokal oder systemisch
- Mundbewegung weitgehend vermeiden
- Keine Manipulationen am Furunkel!

Merke

Nasenfurunkel unbedingt in Ruhe lassen. Auf keinen Fall an ihnen »herumdrücken«, da so die Erreger über Blut- und Lymphbahnen ins Gehirn gelangen und dort Infektionen verursachen können.

4.1.5 Schnupfen

Beim Schnupfen werden folgende Formen unterschieden:
- Akuter Schnupfen
- Chronischer Schnupfen
- Allergischer Schnupfen
- Vasomotorischer Schnupfen.

Akuter Schnupfen

- Meist virusbedingt
- Tröpfcheninfektion.

Der akute Schnupfen *(akute Rhinitis)* ist fast ausschließlich virusbedingt, z.B. durch Rhino-, Corona-, Influenza- oder Adenoviren. Die Übertragung erfolgt durch Tröpfcheninfektion.

Klinik

- Nasenlaufen
- Behinderte Nasenatmung
- Allgemeines Krankheitsgefühl.

Der Patient hat eine »laufende Nase«. Dabei ist das Sekret anfangs wässrig, später auch gelblich-grün oder leicht blutig. Die Nasenatmung ist behindert. Allgemeine Krankheitszeichen wie Abgeschlagenheit, Kopfschmerzen und Fieber sind häufig.

Therapie

- Abschwellende Nasentropfen
- Inhalation, Rotlicht, warme Getränke.

Symptomatisch mit abschwellenden Nasentropfen (z.B. Nasivin®) für höchstens zehn Tage, Inhalationen, z.B. mit Kamillelösung und Rotlicht. Weiterhin sollte ein erhöhte Aufnahme von warmen Getränken erfolgen.
❸ Bei unzureichender Behandlung besteht die Gefahr der Nasennebenhöhlenentzündung *(Sinusitis)*.

Pflege
Nasentropfen und -salben verabreichen
Grundsätzlich gilt:
- Anordnung durch den Arzt
- Eintragung der zu verabreichenden Menge in der Pflegedokumentation
- Einhaltung der erforderlichen Hygienemaßnahmen:
  - Tube bzw. Flasche nur für einen Patienten benutzen
  - Kontamination von Tube/Pipette durch Hautkontakt vermeiden (Gefahr der Re-Infektion bei erneuter Applikation)
  - Tropfflasche bei Öffnung mit Datum versehen, Verfallszeit beachten
  - Lagerungshinweise (z.B. »Kühl lagern«) beachten, Verfallsdatum!
- Durchführung:
  - Patienten zum Naseputzen auffordern
  - Lagerung: Oberkörper erhöht, Kopf leicht nach hinten und zur Gegenseite geneigt

- Verschlüsse von Tuben/Tropfenflaschen entfernen und mit Außenseite auf saubere Unterlage ablegen
- Anweisung: Bei Tropfen unmittelbar nach der Applikation durch die Nase einatmen, damit ein Abfließen durch den Rachen verhindert wird
- Verordnete Menge (Tropfenzahl, Salbenstreifen) in die Nase einbringen.

Chronischer Schnupfen

Beim chronischen Schnupfen handelt es sich um chronische Schleimhauterkrankungen der Nasenhaupt- und Nasennebenhöhlen. Ursachen sind Reizstoffe wie Staub, extreme Dauertemperaturen, Polypen und Tumoren in der Nase und den Nasennebenhöhlen.

> Unterschiedliche Auslöser.

Klinik

Der Patient kann nur schlecht durch die Nase atmen und klagt über schleimige Nasensekretion. Da dieses Sekret den Rachen herunter läuft, muss sich der Patient ständig räuspern. Kopfschmerzen treten auf, wenn die Nasennebenhöhlen verlegt sind.

> ■ Behinderte Nasenatmung
> ■ Nasensekretion
> ■ Räusperzwang.

Therapie

Die Ursache muss beseitigt werden, ansonsten helfen symptomatisch z. B. Nasenspülungen mit Salzwasser.

Allergischer Schnupfen

Der allergische Schnupfen kann saisonal durch Pollen, aber auch das ganze Jahr über durch Nahrungsmittel, Hausstaubmilben, Tierhaare, Bettfedern oder Berufsallergene (z. B. Mehl bei Bäckern) bedingt sein.

> Auslöser sind Allergene.

Klinik

Die Patienten leiden unter behinderter Nasenatmung, Niesattacken, wässriger Nasensekretion und Juckreiz in der Nase und den Augen. Es können auch Kreuzallergien mit Nahrungsmitteln (z. B. Äpfel, Nüsse etc.) bestehen.
Zur Diagnose ist ein **Allergietest** (☞ 2.2.4) unbedingt erforderlich.

> ■ Niesattacken
> ■ Wässrige Nasensekretion
> ■ Juckreiz in Augen und Nase.

Therapie

❹ Der Patient muss die allergenen Reizfaktoren soweit möglich meiden.
Abschwellende Nasentropfen (z. B. Nasivin®) für höchstens zehn Tage, Antihistaminika (z. B. Teldane®), Kortisonsprays (z. B. Beconase®) und Substanzen, die die Freisetzung von Histamin hemmen (z. B. Vividrin comp.®), wirken lindernd.

> ■ Allergene meiden
> ■ Evtl. Hyposensibilisierung
> ■ Symptomatisch: antiallergisch wirkende Medikamente.

Bei vielen Allergenen ist eine Hyposensibilisierung (☞ Dermatologie 4.2.2) heute erfolgversprechend.

Vasomotorischer Schnupfen

- Wahrscheinlich vegetative Störung der Nasenschleimhautgefäße
- »KNEIPP-Kur« der Nase
- »Rhinopathia medicamentosa«: Austrocknung der Nasenschleimhaut bei längerer Anwendung von abschwellenden Nasentropfen.

Der vasomotorische Schnupfen *(Rhinopathia vasomotorica)* ähnelt dem allergischen Schnupfen. Es ist jedoch kein Allergennachweis möglich. Ursächlich vermutet man vegetative Störungen der Gefäße in der Nasenschleimhaut.

Die Therapie besteht zunächst in einer »KNEIPP-Kur« der Nase. Dabei wird mehrmals täglich eiskaltes Wasser zum Training der vegetativen Regulation hochgeschnupft. Bringt dies keinen Erfolg, können abschwellende Nasentropfen, Antihistaminika und Kortisonsprays versucht werden (zeitlich begrenzt).

❺ Bei langzeitiger Anwendung von abschwellenden Nasentropfen besteht die Gefahr der **Rhinopathia medicamentosa!** Durch die Austrocknung der Nasenschleimhaut bilden sich Borken, evtl. verbunden mit einer Riechstörung. Deshalb sollte die Anwendung von Nasentropfen auf 1–2 Wochen begrenzt sein.

Merke

> Komplikation bei Dauer-Anwendung von Nasentropfen.

4.1.6 Polyposis nasi

Schleimhautwucherung im Bereich der Nase und der Nasennebenhöhlen.

Ödematöse, polypöse Schleimhautwucherung in Nase und/oder Nasennebenhöhlen werden als Polyposis nasi *(Nasenpolypen)* bezeichnet. Ursächlich liegen meist ein chronischer Schnupfen, eine Allergie oder eine Nasennebenhöhlenentzündung *(Sinusitis)* zugrunde, wobei in vielen Fällen auch keine eindeutige Ursache gefunden werden kann.

 ### Klinik, Diagnostik und Therapie

- Behinderte Nasenatmung
- Riechstörung
- Kopfschmerzen
- Schnarchen
- Operative Entfernung.

Die Patienten klagen über behinderte Nasenatmung, Kopfschmerzen und Riechstörungen. Angehörige berichten, dass der Patient nachts schnarcht. Die Diagnose wird durch die Inspektion der Nasenhöhle gestellt.

Meist ist eine operative Entfernung der Nasenpolypen nötig, anschließend erfolgt eine Langzeitprophylaxe mit topischen Steroiden. Aber auch bei sorgfältigem Vorgehen sind **Rezidive** häufig.

 ### Pflege bei Nasenoperationen
Präoperative Information des Patienten

Zur Förderung eines ungestörten Heilungsverlaufes und zur Vermeidung einer Nachblutung:

- Selbstbeobachtung und frühzeitige Information an die Pflegenden zur Erkennung von Komplikationen. Der Patient soll blutiges Sekret nicht schlucken, sondern ausspucken
- Aufklärung über Anwendung der Schmerzskala
- Verwendung von Kompressen, Nasenschleudern, Mundpflegemitteln
- Einsatz von Kühlmaßnahmen zur Nachblutungsprophylaxe: Regelmäßige Kühlung des Nackens durch Kühlelemente (nie ohne Schutzbezug anwenden: Gefahr der Hautschädigung durch Erfrierung!)
- Duschen/Baden/Haarewaschen entsprechend dem Heilungsverlauf erst nach 1 Woche.

Postoperative Versorgung

- Vitalzeichenkontrolle durchführen
- Erstmobilisation: Gefahr eines Kreislaufkollapses!
- Schmerzeinstufung mit Hilfe der Schmerzskala vornehmen und Schmerzmittel nach Anordnung verabreichen
- Nasenschleuder nach Bedarf wechseln
- In der Regel sind die Patienten postoperativ für 1–3 Tage mit einer Nasentamponade und ca. für 5 Tage mit Doyle-Splints® zur Schienung der Nasenscheidewand versorgt, die Nasenatmung ist nur eingeschränkt möglich:
  - Auf gute Mundpflege achten, zum Trinken anregen, ggf. Atemluft befeuchten
  - Ca. 30 min. vor der Detamponade frische Nackenkühlung anwenden, ggf. Schmerzmittel/Beruhigungsmittel lt. Anordnung verabreichen
  - Je nach Anordnung Patient über Anwendung von Nasenemulsionen informieren – ca. 1 Woche postoperativ Verwendung einer blutungsstillenden Nasenemulsion mit Privin; anfangs etwa alle zwei Stunden, wenn keine Blutbeimengung mehr im Nasensekret vorhanden ist, Verwendung einer Nasenemulsion mit Vitamin A oder Bepanthen Nasensalbe®
- Ggf. in die Anwendung einer Nasendusche – bis zu 3 × täglich mit NaCl 0,9% oder Emser-Nasenspüllösung® – einweisen.

Verhalten bis 3 Wochen nach der Operation

- Nicht schnäuzen, Niesen nur mit offenem Mund
- Keine schwere körperliche Belastung und kein Sport, aber für ausreichend Bewegung sorgen
- Beim Stuhlgang nicht Pressen, ggf. stuhlregulierende Maßnahmen anwenden.
- Direkte Sonnenbestrahlung bis zur völligen Abheilung von Hämatomen vermeiden – sonst Gefahr der bleibenden Hautverfärbung, z. B. an den Augenlidern nach Septorhinoplastik
- Sauna meiden, keine Flugreisen unternehmen.

4.1.7 Nasenbluten

Nasenbluten *(Epistaxis)* sieht meist dramatischer aus, als es ist, sollte jedoch auf alle Fälle ernst genommen werden.

Ursachen
- Im vorderen Teil der Nasenscheidewand liegt ein Gefäßnetz *(Locus Kiesselbachi)*, aus dem es beim »Nasenbohren« oder durch heftiges Schneuzen leicht bluten kann
- Verletzungen bei Frakturen, Fremdkörper in der Nase, gutartige oder bösartige Tumoren der Nase können Nasenbluten hervorrufen
- Im Rahmen von Allgemeinerkrankungen wie z.B. Hypertonie, fieberhaften Infekten oder Blutgerinnungsstörungen ist das Auftreten von Nasenbluten möglich.

Diagnostik
Bei stärkeren Blutungen ist eine vordere oder hintere Rhinoskopie (☞ 2.1) oder eine Nasenendoskopie notwendig, um die Blutungsquelle zu lokalisieren.
- Blutdruck messen
- Marcumar®-Patient?
- Bei erheblichem Blutverlust Hb-Kontrolle.

Therapie
❻ Der Patient soll aufrecht sitzen und die Nasenflügel selbst zusammendrücken. Blut soll nicht heruntergeschluckt, sondern ausgespuckt werden. Kann der Patient nicht sitzen, soll er seitlich liegen, damit das Blut aus der Nase frei abfließen kann.
Blutstillend wirkt auch eine Eiskompresse im Nacken, da der Kältereiz zu einer reflektorischen Engstellung der Blutgefässe führt. Stoppt die Blutung auf diese Weise nicht, muss der Arzt eine **vordere Nasentamponade** einlegen. Bei Blutungen aus dem hinteren Nasenabschnitt ist eine Blutstillung, z.B. mit speziellen Ballonkathetern, erforderlich (☞ Abb. 4.1).

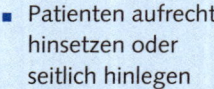

- Patienten aufrecht hinsetzen oder seitlich hinlegen
- Nasenflügel zusammendrücken
- Eiskompresse in den Nacken
- Bei starker Blutung:
  - Nasentamponade
  - Ggf. Ballonkatheter.

Abb. 4.1
Nasentamponade in situ. Der vordere Ballon komprimiert die Blutungsquelle in der Nasenhaupthöhle, der hintere liegt im Nasopharynx. [A300]

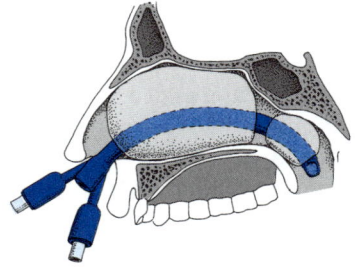

Pflege

In seltenen Fällen kann sich ein Schock entwickeln. Deshalb sind bei starken Blutungen Blutdruck und Puls regelmäßig zu kontrollieren, außerdem ist auf Schockzeichen zu achten: Blässe, Kaltschweißigkeit, Eintrübung!

Kleidung und Umgebung werden mittels Einmalunterlagen und Tüchern geschützt. Ist die Blutung gestillt, nach Bedarf Unterstützung des Patienten bei der Körperpflege (z. B. Teilwaschung, Mundspülung)

> Bei starken Blutungen regelmäßige Vitalzeichenkontrolle!

Vorbereitung, Assistenz und Nachsorge bei Nasentamponaden:

Vorbereitung

- Material herrichten (Packung mit Tamponade bzw. Ballonkatheter, Nasenspekulum, Kniepinzette, ggf. Tamponadenzange, Pflaster, Spritze mit steriler NaCl 0,9% Lösung zur Blockung, Nierenschale)
- Patienten informieren, beruhigen und in Oberkörperhochlage bringen
- Nase säubern, z. B. mit angefeuchtetem Watteträger.

Assistenz

- Patienten zum ruhigen Atmen auffordern
- Auf möglichst stabile Lage des Kopfes hinweisen
- Auf Äußerungen und Befinden des Patienten achten
- Tamponade steril mit Pinzette anreichen und nachführen, bzw. Ballonkatheter steril anreichen.

Nachsorge

Bei liegender Tamponade:

- Schleim durch den Ballonkatheter absaugen
- Katheter stufenweise nach ärztlicher Anordnung entblocken
- Auf gute Mund- und Lippenpflege achten, evtl. Atemluft befeuchten
- Regelmäßig Vitalzeichen kontrollieren

Nach Tamponaden/Ballonkatheterentfernung:

- Nase sorgfältig, z. B. mit Bepanthen® Nasensalbe, pflegen
- Patienten zur selbständigen Applikation anleiten (Durchführung/Menge/Häufigkeit)
- Über Verhaltensmaßnahmen zur Vermeidung einer Nachblutung aufklären: Vorläufiger Verzicht auf das Putzen der Nase, keine anstrengenden körperlichen Aktivitäten, kein Bücken, Rauchen und Alkoholgenuss.

? Übungsfragen

❶ Was ist eine »Choanalatresie«?

❷ Welche Symptome sind typisch für eine Septumdeviation?

❸ Welche Komplikation kann bei unzureichender Therapie des akuten Schnupfens auftreten?

❹ Warum sollen abschwellende Nasentropfen höchstens zehn Tage hintereinander verabreicht werden?

❺ Wie wird allergischer Schnupfen behandelt?

❻ Welches sind die Erstmaßnahmen bei Nasenbluten?

4.2 Erkrankungen der Nasennebenhöhlen

4.2.1 Rhinosinusitis

Bakterielle Entzündung der Nasennebenhöhlenschleimhaut mit Sekretbildung.

❶ Bei der **akuten Rhinosinusitis,** der akuten Nasennebenhöhlenentzündung, handelt es sich um eine bakterielle Entzündung der Nasennebenhöhlenschleimhaut mit Sekretbildung. Ursache ist häufig die Verlegung der Ausführungsgänge der Nasennebenhöhlen beim akuten Schnupfen durch die geschwollene Nasenschleimhaut. Ist nur eine Nasennebenhöhle betroffen, liegt z. B. eine *Sinusitis frontalis* vor, sind alle Nasennebenhöhlen betroffen eine *Pansinusitis.*

Bei der chronischen Verlaufsform (**chronische Rhinosinusitis**) stehen andere Symptome im Vordergrund. Bei dieser Erkrankung sind die Zugänge zu den Nasennebenhöhlen ständig verlegt, die Nasennebenhöhlen werden dadurch permanent minderbelüftet.

 Klinik

Schmerzen im Bereich der betroffenen Nasennebenhöhle.

❷ Die Beschwerden bei der **akuten Rhinosinusitis** sind abhängig davon, welche Nasennebenhöhlen betroffen sind:

■ Bei einer **Kieferhöhlenentzündung** *(Sinusitis maxillaris)* hat der Patient starke, pochende Schmerzen im Bereich der Kieferhöhle, im angrenzenden Mittelgesicht und in der Schläfenregion. Diese Schmerzen verstärken sich typischerweise beim Bücken

■ Eine **Stirnhöhlenentzündung** *(Sinusitis frontalis)* führt zu Schmerzen in der Stirnregion, die in die inneren Augenwinkel ausstrahlen

■ Bei der Entzündung der **Siebbeinzellen** *(Sinusitis ethmoidalis)* ist der Druck im Bereich der Nasenwurzel und des inneren Augenwinkels am größten

■ Bei einer Entzündung der **Keilbeinhöhle** *(Sinusitis sphenoidalis)* ist das Beschwerdebild dagegen eher uncharakteristisch.

Die Patienten geben Schmerzen in der Mitte des Kopfes mit Ausstrahlung in den Hinterkopf an

- Bei der **chronischen Rhinosinusitis** sind die Schmerzen wesentlich geringer, häufig besteht nur ein Druckgefühl über den Nasennebenhöhlen; außerdem Sekretabfluss im Nasenrachen.

Die Diagnostik umfasst eine endoskopische Untersuchung und eine Röntgenaufnahme der Nasennebenhöhlen (akute Rhinosinusitis), ggf. auch ein Computertomogramm (chron. Rhinosinusitis).

Therapie

- Konservativ mit der Gabe von abschwellenden Nasentropfen, Antibiotika und schleimlösenden Medikamenten bei der akuten Form; topische Steroide bei der chronischen Form
- Bleibt ein Therapieerfolg aus, muss die betroffene Nasennebenhöhle gespült oder operativ saniert werden.

4.2.2 Tumoren der Nasennebenhöhlen

Gutartige Tumoren der Nasennebenhöhlen sind sehr selten. **Bösartige** Tumoren kommen eher bei älteren Patienten vor und bleiben häufig lange symptomlos. Erste Zeichen können einseitig behinderte Nasenatmung und blutiger Sekretfluss aus der Nase sein, Schmerzen treten häufig erst im fortgeschrittenen Stadium auf.
Um die Ausdehnung des Tumors zu erfassen wird diagnostisch ein CT herangezogen.
Die Therapie besteht in der operativen Entfernung des Tumors. Bei inoperablen Tumoren wird die Strahlentherapie eingesetzt. Die Prognose ist abhängig von der Ausbreitung des Tumors. Insgesamt überlebt ca. ein Drittel der Patienten fünf Jahre ohne Rezidiv.

- Meist bösartig
- Einseitig behinderte Nasenatmung
- Blutiger Sekretfluss aus der Nase.

- Operative Entfernung des Tumors
- Strahlentherapie.

4.3 Erkrankungen des Nasopharynx

4.3.1 Adenoide

❸ Bei den Adenoiden, auch *adenoide Vegetationen* oder *Polypen* genannt, handelt es sich um eine Vergrößerung der Rachenmandel. Sie treten praktisch nur bei Kindern auf.

Vergrößerung der Rachenmandel.

Klinik

Die Kinder atmen ständig durch den Mund, da die Nasenatmung erheblich behindert ist. Sie leiden häufig an Infekten, essen wenig,

- Erhebliche Behinderung der Nasenatmung

- Infektanfälligkeit
- Appetitlosigkeit
- Schwerhörigkeit
- Schnarchen.

hören schlecht und schnarchen. Da die vergrößerte Rachenmandel die Mündung der Ohrtrompete im Nasopharynx verlegt und so zu Belüftungsstörungen des Mittelohres führt, treten gehäuft Mittelohrentzündungen mit Paukenergüssen auf. Da diese meist mit einer Schwerhörigkeit einhergehen, können die Kinder eine Verzögerung der Sprachentwicklung zeigen.

 ### Therapie

Therapie der Wahl ist die **Adenotomie** (operative Entfernung der Rachenmandel). Häufig wird in gleicher Sitzung eine Parazentese (☞ 3.2.1) durchgeführt, um begleitende Mittelohrergüsse abzulassen.

 ### Pflege

❹ Die Kinder werden in den ersten postoperativen Tagen nach folgenden Kriterien gepflegt:
- Krankenbeobachtung, Anleitung auch der Eltern bei Rooming-In erforderlich:
  - Temperaturanstieg
  - Blutung aus dem Rachen
  - Sekretion aus dem Gehörgang
- Zur Senkung der Nachblutungsgefahr Essen und Trinken nicht heiß servieren.
- In der ersten Woche nach der Parazentese möglichst nicht duschen, baden oder Haare waschen (vor allem kein Wasser ins Ohr!)
- Schmerzmanagement nach Möglichkeit mit Hilfe von Kinder-Schmerzskalen durchführen – Schmerzzäpfchen (z. B. Treupel® mono Kindersupp.) nach ärztlicher Anordnung geben.

4.3.2 Tumoren des Nasopharynx

Gutartige Tumoren

- Einseitige Behinderung der Nasenatmung
- Häufiges Nasenbluten
- Operative Entfernung des Tumors.

❺ Der häufigste gutartige Tumor des Nasopharynx ist das **juvenile Nasenrachenfibrom,** von dem vor allem männliche Jugendliche betroffen sind. Dabei ist die Nasenatmung einseitig behindert und die Nase blutet häufig. Das Nasenrachenfibrom wird operativ entfernt.

Bösartige Tumoren

- Einseitige Schwerhörigkeit
- Behinderte Nasenatmung
- Nasenbluten.
- Meist Stahlentherapie.

Bösartige Tumore können als Frühsymptom eine einseitige Schwerhörigkeit verursachen, da sie die Mündung der Ohrtrompete verlegen und somit zu Belüftungsstörungen des Mittelohres führen. Im fortgeschrittenen Stadium kann es zu behinderter Nasenatmung und Nasenbluten kommen.

Meist wird eine Strahlentherapie durchgeführt, da eine Operation wegen der Nähe zur Schädelbasis schwierig ist. Die Prognose dieser Tumoren ist in Abhängigkeit von der Histologie unterschiedlich schlecht.

? Übungsfragen

1. Was versteht man unter einer »Pansinusitis«?
2. Welche Symptome sind typisch für eine Kieferhöhlenentzündung?
3. Warum können Adenoide zu Schwerhörigkeit führen?
4. Worauf ist bei Patienten am ersten postoperativen Tag nach Adenotomie zu achten?
5. Um welche Erkrankung handelt es sich beim juvenilen Nasenrachenfibrom?

5 Erkrankungen von Lippen, Mundhöhle und Oropharynx

5.1 Entzündungen im Mundbereich

5.1.1 Herpes-simplex-Infektionen

- Viren verbleiben nach Erstinfektion in den Neuralganglien
- Reaktivierung bei Stress.

❶ Ein Großteil der Bevölkerung hatte – oft unbemerkt – eine Infektion mit Herpes-simplex-Viren (☞ auch Dermatologie 7.1.1) Verbleiben diese Viren in den Neuralganglien, kann die Infektion bei körperlicher Anstrengung, extremer Sonneneinstrahlung psychischem Stress sowie im Rahmen der Menstruation oder einer Schwangerschaft wieder aufflackern.

Schmerzende Bläschen in der Mundhöhle oder im Bereich der Oberlippe.

Klinik und Diagnostik
Der Patient verspürt zunächst ein schmerzhaftes Spannen der betroffenen Region. Dann bilden sich schmerzende Bläschen im Bereich der Mundhöhle *(herpetische Stomatitis)* oder der Oberlippe *(Herpes labialis)*.

Adstringierende Salben oder Aciclovir-Salbe.

Therapie
Im Frühstadium können adstringierende Pasten wie Zinkpaste oder Salbe mit Aciclovir (Zovirax®) den Verlauf mildern. Der betroffene Bezirk heilt ohne Narben ab.

5.1.2 Soorstomatitis

Entzündung von Mundhöhle und Zunge durch Candida albicans v. a. bei abwehrgeschwächten Patienten.

Die Soorstomatitis ist eine durch den Hefepilz **Candida albicans** hervorgerufene Entzündung der Mundschleimhaut und der Zunge. Gefährdet sind besonders abwehrgeschwächte Patienten, z. B. Patienten mit bösartigen Erkrankungen, HIV-Infizierte oder Patienten unter Strahlen- oder Chemotherapie.

Weiße Beläge auf geröteter Schleimhaut.

Klinik und Diagnostik
❷ Typisch sind mäßig festhaftende weiße Beläge auf geröteter Schleimhaut. Die Diagnose wird durch einen Abstrich gesichert.

Mundspülung mit Antimykotikum.

Therapie
Therapie der Wahl ist die Mundspülung mit einem Antimykotikum, z. B. Amphomoronal®. Die Suspension muss anschließend heruntergeschluckt werden, um eine etwaige Entzündung des Ösophagus mitzubehandeln.

5.1.3 Pharyngitis

Bei der Pharyngitis handelt es sich um eine Entzündung der Rachenschleimhaut. Es werden zwei Formen unterschieden:

Entzündung der Rachenschleimhaut.

Akute Pharyngitis

Klinik

Sie kommt meist bei Infektionen der oberen Atemwege vor und kann durch **Bakterien** (häufig *Streptokokken*) oder **Viren** (z.B. *Parainfluenza-Viren*) bedingt sein. Die Patienten leiden unter Halsschmerzen, hauptsächlich beim Schlucken.

Halsschmerzen, v.a. beim Schlucken.

Therapie

Die Therapie richtet sich nach der Ursache: Sind Bakterien die Auslöser, wird **Penicillin** oral gegeben; handelt es sich um Viren, erfolgt eine symptomatische Therapie, z.B. mit kalten Halswickeln. Schmerzen können durch **Analgetika,** z.B. Acetylsalicylsäure oder Paracetamol, gelindert werden.

- Antibiotika bei bakterieller Pharyngitis
- Symptomatische Maßnahmen bei viraler Pharyngitis.

Chronische Pharyngitis

Klinik

Die chronische Pharyngitis ist Folge einer langfristigen Einwirkung verschiedener Noxen wie Staub, Nikotin, Alkohol, Chemikalien oder Reizgase. Sie kann aber auch bei chronisch behinderter Nasenatmung, z.B. durch eine Septumdeviation (☞ 4.1.2), auftreten. Der Patient klagt über einen ständig trockenen Hals sowie Räusperzwang und zähen Schleim. Die Beschwerden sind nach längerem Sprechen verstärkt.

- Langfristige Einwirkung verschiedener Noxen
- Chronisch behinderte Nasenatmung
- Ständig trockener Hals
- Räusperzwang.

Therapie

Nach Abklärung der Ursache sollte versucht werden, die auslösenden Noxen zu meiden. Außerdem können die Atemwege zusätzlich durch Inhalation von Salbei oder Emser Salz, durch Lutschen von Salbeibonbons oder Emser Salz-Pastillen oder durch Einbringen öliger Nasentropfen angefeuchtet werden. Liegt die Ursache in einer behinderten Nasenatmung, muss eine entsprechende Operation (Septumplastik, ☞ 4.1.2) durchgeführt werden.

- Noxen meiden
- Symptomatische Maßnahmen
- Evtl. operative Sanierung.

5.1.4 Angina tonsillaris

❸ Bei der Angina tonsillaris *(Mandelentzündung, Tonsillitis)* handelt es sich um eine akute Entzündung der Gaumenmandeln. In der Regel wird sie durch β-hämolysierende Streptokokken der Gruppe A hervorgerufen. Der **Scharlach** ist eine Sonderform der Streptokokkenangina, bei der die Bakterien ein Toxin bilden, das zu dem kleinfleckigen Scharlachausschlag führt.

Akute Entzündung der Gaumenmandeln, meist durch β-hämolysierende Streptokokken.

- Hohes Fieber
- Halsschmerzen
- Schluckbeschwer-
  den.

- Inspektion
- Palpation
- Streptokokken-
  Schnelltest.

- Bettruhe
- Penicillin oral
  (ersatzweise
  Erythromycin).

Gefahr von
Streptokokken-
Zweiterkrankungen
bei unzureichender
Antibiotika-
Einnahme!

Operative Entfernung
der Gaumenmandeln
bei:
- Häufig rezidivie-
  renden Anginen
- Chronischer
  Tonsillitis.

 Klinik

Meist entwickeln die Patienten innerhalb weniger Stunden hohes Fieber mit Schüttelfrost sowie Schluckbeschwerden und starke Halsschmerzen, die in die Ohrregion ausstrahlen können. Oft ist auch die Mundöffnung schmerzhaft. Der Allgemeinzustand ist deutlich reduziert. Bei extrem großen Tonsillen besteht manchmal eine »kloßige« Sprache.

 Diagnostik

Bei der **Inspektion** fallen beidseits gerötete und geschwollene Tonsillen auf. Mitunter sind eitrige Beläge sichtbar. Oft sind die Kieferwinkel-Lymphknoten geschwollen und druckschmerzhaft. Mit dem **Streptokokken-Schnelltest** können die häufigsten Erreger sogar schon innerhalb weniger Minuten identifiziert werden.

Therapie

Der Patient soll Bettruhe einhalten. Die Behandlung besteht in der oralen Gabe von **Penicillin** (z. B. Megacillin®), bei einer Penicillinallergie ersatzweise Erythromycin. Bei starken Schmerzen kann ein **Analgetikum** (z. B. Paracetamol) notwendig sein. Die Beschwerden können zusätzlich durch Halswickel und weiche Kost gelindert werden.

Prognose und Patienteninformation

In der Regel heilt die Angina tonsillaris folgenlos ab. Wegen der Gefahr von **Streptokokken-Zweiterkrankungen** muss der Patient ausdrücklich darauf hingewiesen werden, dass die Antibiotika wirklich über den gesamten vom Arzt verordneten Zeitraum eingenommen werden müssen und nicht eigenmächtig abgesetzt werden dürfen, wenn die Beschwerden nachlassen. Nach ungefähr zwei Wochen sollte eine **Urinuntersuchung** durchgeführt werden, um eine Streptokokkenzweiterkrankung auszuschließen.

Tonsillektomie

Kommt es in kurzen zeitlichen Abständen immer wieder zu eitrigen Anginen oder besteht eine chronische Tonsillitis, ist eine Tonsillektomie (*operative Entfernung* der Gaumenmandeln, kurz TE) notwendig. Diese Entscheidung sollte jedoch insbesondere bei kleineren Kindern gut überlegt werden, da die Tonsillen in diesem Alter für die Immunabwehr wichtig sind.

 Pflege nach Tonsillektomie
❹ Präoperative Patienteninformation
- Der Patient soll Pflegenden bei evtl. auftretender Nachblutung frühzeitig informieren, er soll blutiges Sekret nicht schlucken, sondern ausspucken
- Aufklärung über Anwendung der Schmerzskala

- Verwendung von Mundpflegelösungen
- Auf Rauchverbot vor- und nach der OP hinweisen
- Einsatz von Kühlmaßnahmen zur Nachblutungsprophylaxe: Regelmäßige Kühlung des Nackens durch Coldpacks/Halskrawatte – Kühlelemente immer mit Schutzbezug (Schlauchverband/Kopfkissenbezug etc.) anwenden, ansonsten besteht die Gefahr der Hautschädigung durch Erfrierungen
- Duschen/Baden/Haarewaschen nach Arzterlaubnis nach ca. 1 Woche
- Verhalten bis 3 Wochen nach der Operation:
  - Ernährung: Keine Speisen, bei denen Wundverletzungen möglich sind (z.B. scharfkantige Brotrinden, Vollkornbrötchen etc.)
  - Körperliche Anstrengungen vermeiden, die zur Blutdrucksteigerung führen könnten
  - Beim Stuhlgang nicht pressen, ggf. stuhlregulierende Maßnahmen anwenden
  - Keine Sonnenbäder und keine heißen Vollbäder nehmen.

Postoperative Pflege

- Eiskrawatte postoperativ anlegen, am OP-Tag 1–2-stündlich erneuern, dann nach Bedarf
- Krankenbeobachtung:
  - Regelmäßig Mundhöhle wegen der **Nachblutungsgefahr** inspizieren

Merke

Vermehrtes Schlucken, Aushusten oder Erbrechen von Blut, zunehmende Blässe und Tachykardie sind Hinweise auf eine Nachblutung! **Sofort einen Arzt verständigen – Lebensgefahr!** Die größte Gefahr einer Nachblutung besteht während der Ablösung der Fibrinbeläge, ca. zwischen dem 4. und 7. postoperativen Tag.

  - Vitalzeichenkontrolle regelmäßig durchführen
- Schmerzmanagement: Schmerzeinstufung mit Hilfe der Schmerzskala vornehmen und Schmerzmittel nach Anordnung verabreichen. **Wichtig:** Gabe jeweils ca. 30 Minuten vor den Mahlzeiten, z.B. Paracetamol in den ersten Tagen am besten als Zäpfchen.

Merke

Schmerzmittel mit Acetylsalicylsäure (z.B. Aspirin®) sind kontraindiziert, da sie die Blutungsneigung fördern!

- Mundpflege
  - Am OP-Tag Mund mit Dexpanthenol®-Lsg. ausspülen lassen, nicht gurgeln

– Am 1. postoperativen Tag mehrmals tgl. Mundspülung mit Dexpanthenol®-Lösung (Kein Mundwasser!). Zahnpflege vorsichtig nur mit Wasser und nur im vorderen Mundbereich, ab dem 2. postoperativen Tag Zahnpflege mit milder Zahncreme durchführen (wegen der durchblutungsfördernden Wirkung und möglicher Schmerzauslösung kontraindiziert: Zahncremes mit ätherischen Ölen wie Menthol etc.)

■ Ernährung
– 4–6 Std. nach OP kalten Tee, je nach Anästhesieerlaubnis
– Ab dem 1. postoperativen Tag Aufbaukost, beginnend mit flüssiger Kost, ab dem 2. postoperativen Tag Breikost dann pürierte Kost, ab 7. Tag Vollkost. Ungeeignet sind stark gewürzte und heiße Speisen, Kaffee, Alkohol- und kohlensäurehaltige Getränke, Fruchtsäfte und Früchtetees
– Mehrmals täglich Speiseeis (kein Frucht-Eis, kein Krokant o. ä.) anbieten

■ Ausscheidung: Gefahr des Erbrechens (Ursache oft Unverträglichkeit von verschlucktem Blut)
– Nierenschale und Zellstoff ans Bett stellen

■ Ggf. für weichen Stuhlgang sorgen

■ Bewegen und Lagern
– Oberkörperhochlagerung oder erhöhte Seitenlagerung
– Erstmobilisation: Gefahr eines Kreislaufkollapses!

5.1.5 Infektiöse Mononukleose

Allgemeinerkrankung, hervorgerufen durch das EPSTEIN-BARR-Virus.

Das EPSTEIN-BARR-Virus (EBV) ist der Erreger der infektiösen Mononukleose *(PFEIFFER-Drüsenfieber, M. PFEIFFER, Monozytenangina, »kissing disease«)*. Es handelt sich um eine Allgemeinerkrankung mit Beschwerden hauptsächlich an den Gaumenmandeln. Betroffen sind überwiegend Jugendliche und junge Erwachsene. Die Inkubationszeit beträgt 1–3 Wochen.

Klinik
Nach kurzem **Vorstadium** mit Müdigkeit, Schlafstörungen und Appetitlosigkeit bekommt der Patient mäßiges Fieber und teils sehr starke Schluckbeschwerden. Die Kieferwinkel- und Halslymphknoten, besonders auch im Nackenbereich, können massiv geschwollen sein.

Diagnostik
 Bei der Spiegeluntersuchung zeigen sich hochrote, mit grauweißen Fibrinbelägen bedeckte Tonsillen. Manchmal zeigt sich eine generalisierte Lymphknotenschwellung sowie eine Leber- und Milzschwellung *(Hepato-Spleno-Megalie)*. Häufig ist das klinische Bild jedoch uncharakteristisch.

Das Blutbild zeigt eine **Leukozytose** mit 80–90% atypischen Lymphozyten, sog. **lymphomonozytoide Zellen.** Ebenfalls im Blut nachweisbar sind Antikörper gegen das EPSTEIN-BARR-Virus. **Schnelltests** (z. B. Monosticon®-Test) werden um den vierten Krankheitstag positiv.

Therapie

Die Behandlung ist symptomatisch mit schmerz- und fiebersenkenden Medikamenten. Zur Verhütung von bakteriellen Superinfektionen dürfen die Antibiotika Ampicillin oder Amoxycillin **nicht** gegeben werden, da diese oft eine pseudoallergische Reaktion (☞ Dermatologie 5.1.2) hervorrufen, die mit einer Penicillinallergie verwechselt werden kann. Alternativ wird Penicillin verabreicht. Bei schwerem Verlauf muss eine Tonsillektomie im akuten Entzündungsstadium erfolgen.

- Schmerz- und fiebersenkende Medikamente
- Keine Gabe von Ampicillin oder Amoxicillin!
- Tonsillektomie bei schwerem Verlauf.

Pflege

Der Patient soll Bettruhe einhalten und während der Fieberschübe die Gefahr der Kontakt- bzw. Tröpfcheninfektion beachten. Mundpflege, z. B. mit Kamillelösungen, wird als angenehm empfunden. Bei Schmerzen darf **keine** Acetylsalicylsäure (ASS) gegeben werden, da dies die Nachblutungsgefahr bei einer möglicherweise notwendigen Tonsillektomie vergrößert. Nach Abklingen des akuten Krankheitsstadiums sollen sich die Patienten vor stumpfen Traumen in der Milzgegend schützen, da die Gefahr der Milzruptur deutlich erhöht ist.

- Gefahr der Kontaktinfektion beachten!
- Keine Gabe von ASS bei Schmerzen!
- Gefahr der Milzruptur beachten!

5.2 Tumoren von Lippen, Mundhöhle und Oropharynx

Benigne (gutartige) Tumoren kommen in diesem Bereich insgesamt so selten vor, dass bei einem Tumor dieser Regionen immer an eine bösartige Neubildung gedacht werden muss.

- Vor allem bösartige Tumoren
- Risikofaktoren: langjähriger Nikotin- und Alkoholabusus.
- Schluckbeschwerden
- Behinderung beim Sprechen, Mundöffner
- Blutiger Speichel.

Klinik

❻ **Maligne** (bösartige) Tumoren der Mundhöhle entstehen meist in der Rinne zwischen unterer Zahnreihe und Zungenrand. Bösartige Tumoren des Oropharynx finden sich zu 80% an den Tonsillen. Bei einem Großteil der Patienten besteht langjähriger **Nikotin- und Alkoholabusus.** Im Frühstadium haben die Patienten meist keine Beschwerden, Spätsymptome sind Schluckbeschwerden, Behinderung beim Sprechen oder beim Öffnen des Mundes und blutiger Speichel.

Das **Lippenkarzinom** tritt hauptsächlich bei Pfeifenrauchern auf. Es zeigt sich durch ein Geschwür, das über einen längeren Zeitraum nicht abheilt.

Risikofaktor: Pfeifenrauchen.

- Chirurgische Entfernung des Tumors
- Evtl. postoperative Strahlentherapie.

Therapie

Therapie der Wahl ist nach histologischer Diagnosesicherung die chirurgische Entfernung des Tumors. Postoperativ schließt sich ggf. eine Strahlentherapie an.

Die Prognose ist abhängig von Sitz und Größe des Tumors. Bei kleinen Tumoren ohne Lymphknotenmetastasen beträgt die Fünf-Jahres-Überlebensrate bis zu 90%. Sie sinkt jedoch auf 10–50%, sobald Lymphknotenmetastasen vorliegen.

? Übungsfragen

❶ Welche Faktoren führen häufig zum Wiederauftreten einer Herpes-simplex-Infektion?

❷ Welche Veränderungen der Mundschleimhaut sind typisch für eine Soorstomatitis?

❸ Welche Keime sind Erreger einer Angina tonsillaris?

❹ Worin besteht die postoperative Pflege nach Tonsillektomie?

❺ Wie wird die Diagnose einer infektiösen Mononukleose gesichert?

❻ In welchen Bereichen der Mundhöhle sind bösartige Tumoren häufig und welche Personen sind häufig betroffen?

5.3 Erkrankungen der Kopfspeicheldrüsen

5.3.1 Entzündungen und Speicheldrüsensteine

Erhöhtes Auftreten bei Nahrungskarenz.

❶ **Entzündungen** der Speicheldrüsen, meistens der *Glandula parotis,* werden meist durch Bakterien wie Streptokokken oder Staphylokokken verursacht. Sie treten bei vermindertem Speichelfluss, z. B. infolge reduzierter Nahrungsaufnahme, auf.

❷ **Speicheldrüsensteine** *(Sialolithiasis)* treten zu 85–90% in der *Glandula submandibularis* auf. Sie sind häufig Ursache von Entzündungen der Glandula submandibularis, da sie den Speichelgang verlegen. Der Speichelstau begünstigt Infektionen, die zu entzündlichen Schwellungen führen.

Klassische Entzündungszeichen.

Klinik

Die entzündete Drüse ist schmerzhaft geschwollen, die darüberliegende Haut gerötet und überwärmt. Bei den speichelsteinbedingten Entzündungen tritt die Drüsenschwellung charakteristischerweise im Zusammenhang mit der Nahrungsaufnahme, also bei verstärkter Speichelproduktion, auf.

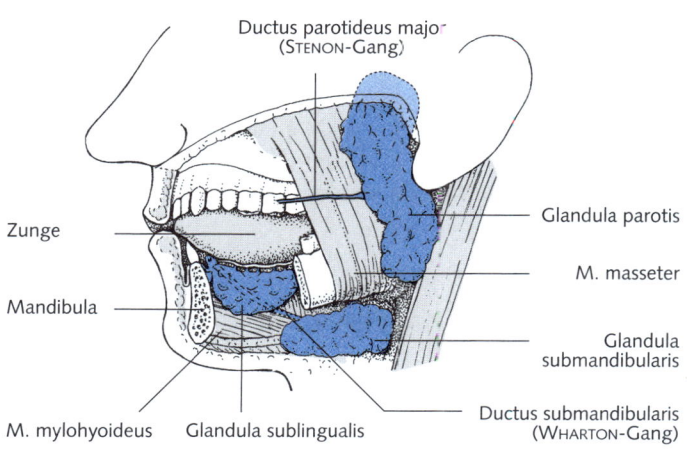

Abb. 5.1
Die großen Speicheldrüsen. [A300-190]

Ductus parotideus major (STENON-Gang)

Zunge

Mandibula

M. mylohyoideus Glandula sublingualis

Glandula parotis

M. masseter

Glandula submandibularis

Ductus submandibularis (WHARTON-Gang)

 Diagnose

Die Diagnose wird durch die klinische Untersuchung gestellt. Zusätzlich wird die Mundhöhle mit dem Spiegel untersucht, eine Sonographie und ggf. eine **Sialographie** (*Röntgenkontrastdarstellung der Speicheldrüsengänge*) werden durchgeführt.

- Klinische Untersuchung
- Spiegeluntersuchung
- Sonographie
- Sialographie.

 Therapie

❸ Die Patienten erhalten hochdosiert Breitbandantibiotika (z. B. Amoxycillin). Der Speichelfluss wird durch Lutschen von Zitronenscheiben oder sauren Bonbons angeregt. Abszesse müssen gespalten und drainiert werden. Bei Speichelsteinen wird der Stein oder, falls der Stein in der Drüse liegt, die gesamte Drüse operativ entfernt; ggf. auch Möglichkeit der Steinzertrümmerung durch Lithotrypsie.

- Breitbandantibiotika hochdosiert
- Speichelfluss anregen
- Bei Abszessen: Spaltung, Drainage
- Bei Steinen: operative Entfernung.

5.3.2 Tumoren der Speicheldrüsen

Gutartige Tumoren

Der häufigste gutartige Speicheldrüsentumor ist das **pleomorphe Adenom.** Es wächst meist langsam und zeigt sich als eine langsam zunehmende, einseitige Schwellung. In seltenen Fällen (ca. 5%) kann es maligne entarten. Die Therapie ist chirurgisch.

Maligne Tumoren

❹ Maligne Tumoren machen etwa 30% der Speicheldrüsentumoren aus. Diese Raumforderungen lassen sich im Gegensatz zu gutartigen Tumoren schlecht gegen die Umgebung abgrenzen

- Schlechte Verschieblichkeit

- Fazialislähmung (bei Parotis-Tumor)
- Operative Entfernung des Tumors
- Ggf. Neck-dissection.

bzw. verschieben. Zeichen eines malignen Tumors der Parotis kann eine *Fazialislähmung* sein.

❺ Die **Therapie** besteht in der operativen Entfernung der gesamten Speicheldrüse und ggf. einer *Neck dissection* (Entfernung der ableitenden Lymphbahnen). Manchmal wird der N. facialis ebenfalls entfernt, kann jedoch durch Einsetzen eines Nerventransplantates rekonstruiert werden. Häufig ist eine Nachbestrahlung notwendig.

 Pflege

- Bei teilweiser Facialisparese den Patienten zu Facialisübungen anleiten
- Zur Vermeidung einer Konjunktivitis durch fehlenden Lidschluss Augenpflege mit Dexpanthenol®-Augensalbe durchführen
- Wenn Schmerzen beim Kauen auftreten, Ernährung auf pürierte Kost umstellen.

? Übungsfragen

❶ Wann treten bakterielle Entzündungen der Mundspeicheldrüsen besonders häufig auf?

❷ Was verbirgt sich hinter dem Begriff Sialolithiasis?

❸ Wie wird eine bakterielle Infektion der Mundspeicheldrüsen behandelt?

❹ Welches Symptom kann auf einen malignen Tumor der Mundspeicheldrüsen hinweisen?

❺ Was ist die Therapie der Wahl bei malignen Tumoren der Mundspeicheldrüsen?

6 Erkrankungen des Hypopharynx, des Larynx und der Trachea

6.1 Tumoren des Hypopharynx

❶ **Gutartige** Tumoren des Hypopharynx (☞ 1.2.3) sind Raritäten. Dagegen treten **bösartige** Hypopharynx-Tumoren zunehmend häufiger auf, vor allem bei Patienten mit Alkohol- und Nikotinabusus.

Risikofaktoren für maligne Tumoren: Nikotin- und Alkoholabusus.

Klinik und Diagnostik

Da diese Tumoren erst spät zu Symptomen wie z. B. Schluckbeschwerden führen, werden sie meist in fortgeschrittenen Stadien diagnostiziert und haben eine entsprechend schlechte Prognose. Die Diagnose erfolgt endoskopisch mit einer Biopsie.

- Schluckbeschwerden
- Endoskopie mit Gewebebiopsie.

Therapie und Prognose

Relativ kleine Tumoren lassen sich operativ entfernen. In manchen Fällen müssen jedoch auch Teile des Larynx entnommen werden und häufig ist eine anschließende Bestrahlung notwendig. Fortgeschrittene Tumoren werden durch alleinige Strahlentherapie, evtl. in Kombination mit Chemotherapie behandelt. Die Prognose von bösartigen Tumoren ist insgesamt schlecht.

- OP bei kleinen Tumoren
- Strahlentherapie bei fortgeschrittenen Tumoren
- Evtl. Kombination mit Chemotherapie.

Pflege nach Hypopharynxoperationen

- Engmaschige Krankenbeobachtung: Erhöhte Gefahr der Verlegung der Atemwege durch Schwellung des OP-Gebietes,
- Nachblutungsgefahr durch auseinander klaffende Schleimhautnähte
- Oft ist postoperativ mehrere Tage die Ernährung über eine Magensonde nötig, danach Kostaufbau, ggf. Schlucktraining durch Logopädie
- Bei Behinderung beim Sprechen Schreibutensilien am Bett bereithalten.

6.2 Erkrankungen des Larynx

6.2.1 Stimmlippenlähmung

Fehlstellung und
Beweglichkeits-
einschränkung der
Stimmbänder.

Unter einer Stimmlippenlähmung *(Stimmlippenparese)* versteht
man eine ein- oder beidseitige Fehlstellung und Beweglichkeits-
einschränkung der Stimmlippen. Hervorgerufen wird sie durch
eine Nervenlähmung oder eine isolierte Schädigung der Kehl-
kopfmuskulatur.

❷ Häufige Ursache einer ein- oder beidseitigen Stimmbandläh-
mung ist die Schädigung des **N. laryngeus recurrens** *(Recurrensparese)* durch folgende Ursachen:

- Nach Schilddrüsenoperationen durch Verletzung des N. re-
  currens
- Traumata, z. B. stumpfes Halstrauma, Stich- und Schussver-
  letzungen, Klavikulafraktur
- Bakterielle oder virale Entzündungen
- Tumoren in der Nähe des N. laryngeus recurrens.

Seltener ist die vererbte Lähmung, die dann meist beidseitig auftritt. Ist die Ursache unklar, wird von einer idiopathischen
Stimmlippenparese gesprochen.

Einseitige Lähmung
→ Heiserkeit
Beidseitige Lähmung
→ Atemnot.

Klinik und Diagnostik

❸ Bei einer einseitigen Stimmlippenlähmung sind die Patienten
heiser, bei beidseitiger Stimmlippenlähmung leiden sie unter
Atemnot.

Aufgrund der großen Anzahl möglicher Ursachen sind zahlreiche
Untersuchungen nötig, wie Prüfung der Atem- und Stimmfunk-
tion, Spiegeluntersuchung und Laryngoskopie, Sonographie,
Röntgenuntersuchungen und evtl. ein CT.

Therapie

- Sprachüberlastung
  vermeiden
- Evtl. logopädische
  Behandlung.

Die Therapie richtet sich nach der Ursache. Als Grundsatz gilt,
dass die Stimme nicht überlastet werden darf. Gelegentlich wird
auch eine **logopädische** (sprachtherapeutische) Behandlung hin-
zugezogen.

Pflege

- Atmung engmaschig kontrollieren
- Dem Patienten die Rufanlage gründlich erklären und auf die
  Notwendigkeit einer frühzeitigen Betätigung der Anlage bei
  plötzlicher Verschlechterung hinweisen
- Für den Notfall Koniotomie-Set-Besteck (für einen »Luftröhrenschnitt«) am Bett richten, Möglichkeit der Sauerstoffgabe
  vorbereiten
- Bei Einschränkung des Sprechens Schreibutensilien bereitstellen.

6.2.2 Laryngitis

❹ Eine **Kehlkopfentzündung** *(Laryngitis)* kann durch folgende Ursachen bedingt sein:

- **Viral** als Begleiterscheinung von Infekten der Nase, Nasennebenhöhlen und Tonsillen
- **Bakteriell** bei einer Superinfektion
- **Toxisch,** z. B. durch Reizgase
- **Thermisch** bei starken Temperaturschwankungen, trockenem oder heißem Raumklima
- **Mechanisch** durch akute Stimmüberlastung.

 Klinik und Diagnostik

Der Patient ist heiser oder völlig stimmlos *(aphon).* Oft hat er leichte Halsschmerzen, Hustenreiz und subfebrile Temperaturen. Bei der Laryngoskopie zeigen sich gerötete, ödematös aufgetriebene Stimmlippen.

 Therapie

❺ Der Patient darf weder sprechen, noch flüstern, sich räuspern oder rauchen.

Medikamentös werden bei Reizhusten entsprechende Hustenmittel (z. B. Codipront®) und bei produktivem Husten schleimverflüssigende Substanzen (z. B. Fluimucil®) verabreicht. Antibiotika sind nur bei bakterieller Kehlkopfentzündung angezeigt.

- Sprechverbot
- Rauchverbot
- Evtl. Antitussiva oder Exspektorantien.

 Pflege

- Regelmäßige Kontrollen der Vitalzeichen durchführen
- Für Kommunikationsmöglichkeit bei Sprechverbot sorgen
- Das Raumklima kann durch Erhöhung der Luftfeuchtigkeit auf 50% und das Senken der Raumtemperatur auf 18−20°C verbessert werden. Warme Halswickel und regelmäßige Inhalationen mit Salbeiaufguss lindern die Beschwerden
- Ggf. Raucherberatung anbieten.

- Luftfeuchtigkeit erhöhen
- Halswickel
- Inhalationen.

? Übungsfragen

❶ Welche Risikofaktoren sind für bösartige Tumoren des Hypopharynx bekannt und welche Beschwerden treten auf?

❷ Welche Ursachen können zu einer Schädigung des N. laryngeus recurrens führen?

❸ Wie macht sich eine einseitige bzw. beidseitige Stimmlippenlähmung bemerkbar?

❹ Welche Ursachen können für eine Laryngitis verantwortlich sein?

❺ Wie wird eine Laryngitis behandelt?

6.2.3 Gutartige Larynxtumoren

Gutartige Larynxtumoren sind relativ **häufig**. Sie äußern sich frühzeitig durch Heiserkeit, wenn sie primär die Stimmlippen betreffen. Atemnot tritt nur bei großen Tumoren auf.

Stimmlippenpolyp

- Meist durch Stimmüberlastung
- Leitsymptom: Heiserkeit.

Stimmlippenpolypen sind die häufigsten Veränderung der Stimmlippen mit Folge einer Stimmstörung. Häufige Ursache ist eine Stimmüberlastung, Leitsymptom der Erkrankung ist Heiserkeit. Vorwiegend sind Männer im mittleren Lebensalter betroffen.

Therapeutisch wird der Polyp mikrochirurgisch abgetragen. Anschließend muss der Patient 14 Tage Stimmruhe einhalten.

Stimmlippenknötchen

- »Schreiknötchen« oder »Sängerknötchen«
- Logopädische Behandlung.

Stimmlippenknötchen kommen vorwiegend bei Kindern als sog. »Schreiknötchen« vor; bei Erwachsenen mit hoher Stimmbelastung als sog. »Sängerknötchen«. Therapeutisch steht die logopädische Behandlung im Vordergrund.

Intubationsgranulome

- Nach Intubation
- Meist spontane Rückbildung.

❶ Intubationsgranulome können einige Wochen nach einer Intubation entstehen. Da es häufig zu einer spontanen Rückbildung kommt, sollte man zunächst abwarten. Gegebenenfalls muss das Granulom mikrochirurgisch oder laserchirurgisch abgetragen werden.

Juvenile Larynxpapillomatose

- Heiserkeit
- Evtl. Atemnot
- Operative Entfernung, aber häufig Rezidive.

Sie ist eine folgenschwere Erkrankung, die mit Heiserkeit im Kindesalter einhergeht; die *Papillome* rezidivieren häufig und können zudem narbige Veränderungen (nach Operationen) oder bleibende Papillome nach sich ziehen. Als Ursache vermutet man eine Virusinfektion.

Die Kinder sind heiser und haben Hustenreiz. In schweren Fällen ist die Stimmritze fast völlig verlegt, so dass Atemnot die Folge ist. Die Therapie besteht in der operativen Entfernung der Papillome, vorzugsweise durch CO_2-**Laserung,** oft in mehreren Sitzungen.

Engmaschige Krankenbeobachtung nach Larynx-Operationen!

 Pflege

Nach operativen Eingriffen am Larynx kommt es häufig zu Schwellungen, die die Luftpassage durch den Larynx einschränken und so zu Atemnot führen:

- Engmaschige Krankenbeobachtung ggf. mit Pulsoxymeter-unterstützung
- Ggf. Cortisoninjektion zur Abschwellung vorbereiten
- Evtl. Notkoniotomiebesteck (für einen »Luftröhrenschnitt«) am Bett richten.

6.2.4 Bösartige Larynxtumoren

Bösartige Larynxtumoren *(Larynxmalignome, Kehlkopfkrebs)* machen ca. 40–50% aller Karzinome im Kopf-Hals-Bereich aus und sind somit ein verhältnismäßig häufiges Krankheitsbild. Männer sind ungefähr neunmal häufiger betroffen als Frauen. Der Altersgipfel liegt bei ca. 60 Jahren. Als Risikofaktoren sind hauptsächlich hoher Zigaretten- und Alkoholkonsum bekannt.

 Klinik
❷ Die Beschwerden der Patienten hängen von der Tumorlokalisation ab. Heiserkeit ist nur bei Stimmlippentumoren ein Frühsymptom. Entspringt der Tumor oberhalb *(supraglottisch)* oder unterhalb *(subglottisch)* der Stimmlippenebene *(Glottis)*, kommt es erst durch das Einwachsen des Tumors in die Stimmlippen zu Heiserkeit. Auch Schluckstörungen, Husten und Schmerzen v. a. im Larynxbereich können auf ein Larynxmalignom hinweisen. Atemnot entsteht erst, wenn das Lumen des Larynx verlegt ist.

 Diagnostik
Die Diagnose erfolgt durch endoskopische Untersuchung mit Gewebebiopsie des Kehlkopfes (Mikrolaryngoskopie). Blutuntersuchungen, CT oder Kernspintomographie des Halses, Oberbauchsonographie, Thorax-CT und Skelettszintigraphie verdeutlichen die Ausdehnung des Tumors und vorhandene Metastasen.

Therapie
❸ Grundsätzlich ist die operative Entfernung des Tumors Therapie der Wahl. Bei kleinen Stimmlippentumoren ist eine **Chordektomie** (Stimmlippenentfernung) ausreichend. Häufig ist jedoch eine (teilweise) **Kehlkopfentfernung** *(Laryngektomie)* erforderlich. Zusätzlich ist bei v. a. Lymphknotenmetastasen eine **Neck-Teil-dissection** notwendig, d. h. in gleicher Sitzung werden auf der betroffenen Seite die regionären Lymphknoten von der Schädelbasis bis zum Thoraxeingang, der M. sternocleidomastoideus, die V. jugularis interna und die A. carotis externa entfernt. Bei nachgewiesenen Lymphknotenmetastasen wird der Patient postoperativ bestrahlt. Manchmal, z. B. bei Operationsunfähigkeit, ist die Bestrahlung die primäre Behandlungsform, während die Chemotherapie bei der Behandlung von Larynxtumoren z. Zt. kaum eine Rolle spielt.

Hals-Nasen-Ohrenheilkunde

Risikofaktoren: Alkohol- und Nikotinabusus.

- Heiserkeit
- Schluckbeschwerden
- Husten
- Schmerzen im Larynxbereich.

- Endoskopie mit Gewebebiopsie
- Blutuntersuchung
- CT, Kernspintomographie
- Metastasensuche.

Operative Entfernung des Tumors:
- Chordektomie
- Laryngektomie
- Evtl. Neckdissection
- Ggf. Bestrahlung.

Pflege

nach Chordektomie

- Auf Hustenreiz und Schluckbeschwerden achten
- Luftfeuchtigkeit durch z. B. Ultraschallvernebler erhöhen
- Auf Kommunikationseinschränkung einstellen.

Merke

> Der Patient darf nach Anordnung 1 Woche nicht sprechen, auch nicht flüstern (stärkste Belastung des OP-Gebietes) und sich möglichst nicht räuspern!

nach Neck-dissection

- Auf Schwellung des Halses achten – bei OP ohne Tracheo-tomie Gefahr der Atemnot
- Auf Schluckbeschwerden achten – Ernährung ggf. anpassen
- OP-Wunde nicht durch zu große Kopfbewegungen überdehnen, Patienten zur schmerzvermindernden Mobilisation anleiten
- Bewegungseinschränkungen des Halses und der betroffenen Schulter(n) bei den ATL beachten
- Zur Vorbeugung von bleibenden Bewegungseinschränkungen nach Resektion des N. accesorius ab dem 6. postoperativen Tag Neck-dissection-Gymnastik durch die physikalische Therapie einleiten.

6.2.5 Laryngektomie und Tracheostoma

Laryngektomie

Teilweise oder totale operative Entfernung des Kehlkopfes.

Die Laryngektomie entspricht der teilweisen oder totalen operativen Entfernung *(Resektion)* des Kehlkopfes. Bei einer Teilentfernung ist je nach Tumorlokalisation ein Stimmerhalt möglich. Eine komplette Resektion macht die Anlage eines Tracheostomas notwendig. Die Patienten verlieren hierbei (zunächst) ihre Stimme (s. a. Ersatzstimme) und können nicht mehr durch die Nase atmen.

Tracheostoma

Operativ angelegte Öffnung der Luftröhre
- Passager: z. B. bei Langzeitbeatmung
- Endgültig: nach Laryngektomie.

❹ Ein Tracheostoma ist eine operativ angelegte Öffnung der Luftröhre nach außen, wobei ein **passageres** (vorübergehendes) von einem **endgültigen** Tracheostoma unterschieden wird. Ein passageres Tracheostoma wird meist oberhalb der Schilddrüse, z. B. im Rahmen einer Langzeitbeatmung, angelegt und durch eine blockbare Trachealkanüle offen gehalten. Ein endgültiges Tracheostoma wird z. B. nach Laryngektomie bei Larynxmalignom angelegt. Die Öffnung ist größer und befindet sich unterhalb der Schilddrüse im Jugulum.

Trachealkanülen

Die Trachealöffnung wird beim passageren oder in der Anfangsphase beim endgültigen Tracheostoma mit einer Trachealkanüle
offen gehalten. Für die jeweiligen Anwendungsbereiche stehen
verschiedene Ausführungen von Kanülen zu Verfügung, z. B. Sil-
ber- und Kunststoffkanülen verschiedener Größe. Allen Kanülen
gemeinsam ist der Kanülenschild, der bei eingeführter Kanüle der
Haut aufliegt und an dem das Kanülenbändchen befestigt ist, das
um den Nacken gebunden wird. So wird die Kanüle sicher in ihrer Position fixiert.

Pflege nach Tracheotomie

Präoperative Beratung und Schulung

- Bei feststehender Indikation zur Anlage eines Tracheostomas
  den Patienten/Angehörige über das bevorstehende Selbstpfle-
  gedefizit bei der ATL Atmung informieren und durch Schulung auf die postoperative Situation vorbereiten
- Pflegerische Maßnahmen, Geräte, Materialien und Hilfsmittel erklären
- Kontakt mit Betroffenen herstellen (z. B. Kehlkopflosenverband)
- Gefahr der Alkohol-/Nikotinentzugssymptomatik mit Patienten und Arzt besprechen und ggf. Maßnahmen einleiten.

Vorbereitung am Bett

- Bereitstellen: Absauggerät (Funktionskontrolle!), Absaugkatheter CH 14/16 für das Tracheostoma, Absaugkatheter CH
  10/12 für Mund und Nase, Luftbefeuchter (Funktionskontrolle, Hygienerichtlinien beachten!), Kanülenreinigungs-
  bürstchen mit Desinfektionslösung
- **Notfallset:** Schere oder Skalpell, Kilianspekulum – Länge 55 mm
  o. 75 mm, Intubationsrohr nach BRÜNINGS (Lebensretter),
  blockbare Cuffkanüle in passender Größe, 20 ml-Spritze zur
  Cuffblockung, Kompressen, Einmalhandschuhe, Abfallbeutel.

Offenhalten der
Trachealöffnung bei
- Passagerem
  Tracheostoma
- Endgültigem
  Tracheostoma in
  der Anfangsphase.

Hals-Nasen-Ohrenheilkunde

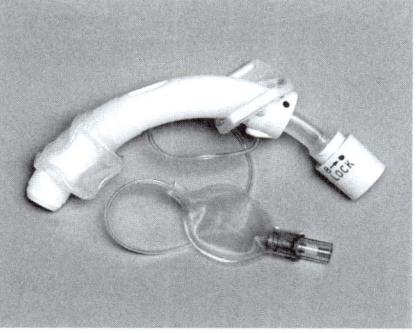

Abb. 6.1
Trachealkanüle mit
Cuff zum Abdichten
der Trachea. [K183]

Merke

Keinen Zellstoff – Aspirationsgefahr durch Zellstofffussel!

Postoperative Pflege

- Funktion der Nase und der oberen Atemwege durch Ultraschallvernebler bzw. künstliche Nase möglichst optimal ersetzen
- Aseptischer Verbandwechsel mehrmals täglich, je nach Sekretion
- Absaugung des Trachealsekrets zur Pneumonieprophylaxe regelmäßig notwendig (Abhusten durch fehlende Möglichkeit zum Druckaufbau nicht optimal möglich, stärkere Sekretbildung bei Rauchern sowie bei bestehenden Atemwegserkrankungen).

Vorbereitung folgender Pflegematerialien:
- Einmalhandschuhe
- Absauggerät, Absaugkatheter in verschiedenen Größen
- Wasser zum Durchspülen des Absaugkatheters- und des Absaugschlauches
- Unsterile Kompressen, Nierenschale.

Durchführung (durch eine erfahrene Pflegekraft):
- Patienten informieren und in Oberkörperhochlagerung bringen, Patienten mit Nierenschale und Kompressen versehen
- Hände desinfizieren und Einmalhandschuhe anziehen
- Sterilen Absaugkatheter entsprechend der Hygienerichtlinien anschließen und Gerät einschalten
- Absaugkatheter unter sterilen Bedingungen ohne Sog (Fingertip offen lassen oder Absaugkatheter abknicken) entsprechend der Kanülenlänge ins Tracheostoma einführen und unter leichten Drehbewegungen den Absaugkatheter mit Sog zurückziehen. Während des Absaugens Patienten beobachten in Hinblick auf Atmung, Würgereiz, Blutungen
- Absaugkatheter abnehmen und verwerfen, Absaugschlauch mit Wasser nachspülen, Gerät abschalten
- Patienten wieder in gewünschte Lage bringen.

Merke

Aseptische Arbeitsweise beachten! Absaugdauer max. 10–15 Sekunden!

Mögliche Komplikationen während des Absaugens:

- Atemnot wegen eines Verschlusses der Kanüle durch Borken/Koagel
- Nachblutung der Tracheostomawunde oder aus dem Tracheostoma
- Herausrutschen der Trachealkanüle
- Auslösung eines Bronchospasmus bei Asthmatikern
- Auslösung von Herzrhythmusstörungen
- Aspiration von Sekret, Blut oder Borken
- Verletzung der Trachea.

Kanülenwechsel und Tracheostomapflege täglich bzw. nach Bedarf und Anordnung

Durchführung:

- Materialien richten – angeordnete Trachealkanüle, Kanülenband, Tracheokompresse, ggf. Spritze zur Blockung, Kompressen, Wundsalbe oder Tracheostoma-Öl
- Patienten über die geplante Maßnahme informieren
- Oberkörperhochlagerung (alternativ kann sich der Patienten in den Behandlungsstuhl setzen)
- Bei Verschleimung zuerst Sekret absaugen
- Cuff-Kanülen entblocken
- Kanülenband lösen und Trachealkanüle entfernen
- Erneut vorsichtig absaugen
- Tracheostoma inspizieren
- Haut ohne Seife feucht reinigen
- Tracheostoma postoperativ mit Dexpanthenol® Salbe, später mit Tracheostoma-Öl pflegen
- Bei entzündetem Stoma gefährdete Haut mit Zinksalbe abdecken, entzündete Haut mit Bepanthen-Salbe oder antibiotischer Salbe behandeln
- Zum Hautschutz bei starker Sekretion ggf. Hydrokolloidverband einsetzen
- Frische Kanüle mit z. B. Tracheostoma-Öl gleitfähiger machen und mit Tracheokompresse und evtl. Kanülenband versehen
- Dem Verlauf des Tracheostomas folgend Kanüle einführen und befestigen
- Nach Anordnung Cuff-Kanülen blocken, ggf. mit Manometer Druck kontrollieren
- »Künstliche Nase« aufstecken oder Trachealschutzlätzchen anlegen
- Patienten wieder in eine angenehme Lage bringen.

Engmaschige Krankenbeobachtung

- Atmung: Jede Einschränkung muss sofort behoben werden; z. B. durch Absaugen oder durch Kanülenwechsel

Notfall!

> ❺ Bei plötzlicher, scheinbar unerklärlicher Atemnot eines Tracheostoma-Trägers ist die Kanüle meist aufgrund von Borkenbildung verstopft. Hier hilft nur rasches Entfernen zumindest der Innenkanüle, meist aber der gesamten Trachealkanüle (Offenhalten des Tracheostomas mit einem KILIAN-Nasenspekulum). Nur durch Arzt oder erfahrenes Personal durchzuführen: Tracheallavage mit NaCl 0,9 % oder Tacholyquin® 0,1 % Lösung.

- Wunde: Auch leichte Blutungen dem Arzt mitteilen (Gefahr des Verblutens, z. B. bei Carotisarrosionsblutung)
- Hautzustand: Schädigung der Haut durch permanenten Sekretfluss, Druckstellen durch Kanülenband
- Psychische Verfassung: Beginnende Alkoholentzugssymptomatik.

Ernährung

- Postoperativ abends Schluckversuch mit Tee, ab dem 1. postoperativen Tag Kostaufbau mit pürierter Kost, dann wieder Normalkost
- Häufig ist das Schlucken durch eine bestehende Tumorerkrankung oder weitergehende OP-Folgen stark eingeschränkt und es wird die Durchführung der Sondenernährung über eine meistens bereits intraoperativ gelegte Magensonde erforderlich
- Vor Entfernen der Sonde Schluckversuch mit Kamillentee durchführen, bei ungestörtem Schluckakt auf orale Ernährung umstellen (Kostaufbau – pürierte Kost/Normalkost)
- Wenn das Schlucken noch beeinträchtigt ist (Aspirationsgefahr!) – Schlucktraining evtl. mit logopädischer Unterstützung einleiten, ggf. blockbare Trachealkanüle einsetzen und diese während der Nahrungsaufnahme aufblocken.
- Bei Z. n. Laryngektomie: In den ersten 10–12 Tagen nach der Operation über Magensonde (ungestörte Wundheilung), danach Röntgenkontrolle (Gastrografinschluck) zum Ausschluss einer oesophago-trachealen Fistel bzw. eines Paravasates (Gewebeuntergang im Rahmen einer Chemotherapie), nach Anordnung des Arztes Magensonde entfernen und mit Kostaufbau beginnen.

Bei der Ernährung beachten:

- Das Geruchsvermögen ist stark eingeschränkt, es ist nur noch der Geschmack vorhanden, d. h. der Patient nimmt lediglich süß, sauer, bitter, salzig und metallisch wahr
- Schlürfen und Pusten von heißen Mahlzeiten ist nicht mehr möglich
- Erhalt bzw. Förderung eines guten Ernährungszustandes: Regelmäßige Gewichtskontrollen durchführen (3 × wöchentlich).

Körperpflege

- Atemwege vor Aspiration schützen, durch künstliche Nase oder Schutzlätzchen, ggf. auf Nassrasur umstellen
- Patienten in der Anwendung des Duschschutzes bei der Haarwäsche und beim Duschen anleiten.

Kommunikation

- Grundsätzlich mehr Zeit für die Kommunikation mit tracheotomierten Patienten einplanen, Geduld und Bereitschaft zum Zuhören zeigen, Signale der nonverbalen Kommunikation beachten
- Schreibutensilien ans Bett richten
- Mit Ja/Nein-Fragen kommunizieren
- Bei laryngektomierten Patienten mit intraoperativ eingesetzter Sprechprothese: Nach Einheilung ab ca. 10. Tag Sprechübungen durch Verschließen des Tracheostomas mit dem Zeige- oder Ringfinger. Voraussetzung ist jedoch ein funktionsfähiges (gereinigtes) Sprechventil und eine nicht durch Schwellung beeinträchtigte Speiseröhre
- Sobald wie möglich Sprechkanülen anwenden
- Zunehmend Einsatz moderner Kommunikationsmittel (z.B. Laptops, E-Mails) möglich.

Entlassungsmanagement

Sorgfältige Anleitung des Patienten und der Angehörigen möglichst frühzeitig und geplant:

- Verwendung der Hilfsmittel im Erstausstattungsset erklären (Trachealschutzlätzchen, Absauger, Vernebler etc.), Techniken des Absaugens mit Hilfe eines Spiegels und den Umgang mit den Geräten einüben
- Über Luftbefeuchtung zuhause aufklären (möglichst über 50% Luftfeuchtigkeit auch während der Heizperiode
- Kanülenwechsel und Tracheostomapflege s.o.

Besonderheiten für zuhause:

- Morgens und abends Kanülenwechsel mit unterschiedlich langen Kanülen – Erholung der Trachealschleimhaut am Kanülenende
- Nach Bedarf mehrmals täglich Innenkanüle herausnehmen und reinigen – zur Vermeidung einer Beschädigung des abgebogenen Kanülenendes Reinigung mit dem Kanülenbürstchen vom proximalen Kanülenende her durchführen
- Gebrauchte Kanüle 15 Min. in Reinigungsbad einlegen, danach mit Kanülenbürstchen reinigen und unter klarem Wasser abspülen – trocknen lassen.

Psychosoziale Betreuung

- Ggf. Alkohol- und Nikotinabstinenz zur Senkung des Rezidivrisikos fördern (Raucherberatung, Einleitung einer Alkoholentzugsmaßnahme – Stabilisierung durch Selbsthilfegruppen)
- Extrem nikotinabhängige Patienten lassen sich auch durch das Tracheostoma nicht vom Rauchen abhalten – Patienten eindringlich auf damit verbundene Gefahren hinweisen: Aspiration, Verbrennung der Trachealschleimhaut, Erhöhung des Rezidivrisikos
- Frühzeitige Einschaltung des Sozialdienstes zur Anbahnung von Anschlussheilbehandlungen, Einleitung von notwendigen Umschulungsmaßnahmen, Beantragung des Schwerbehindertenausweises, Organisation evtl. nötiger häuslicher Pflegeversorgung.

6.2.6 Stimmrehabilitation

❻ Damit Patienten nach einer Laryngektomie bzw. Tracheotomie wieder sprechen können, gibt es verschiedene Möglichkeiten einer »Ersatzstimme«:

- Bei der Sprechkanüle ist die Innenkanüle gefenstert, die Außenkanüle gesiebt und die Kanülenöffnung mit einem Ventilkläppchen versehen. Dieses Ventil öffnet sich beim Einatmen und schließt sich beim Ausatmen. Die Ausatemluft gelangt durch das Sieb in die Kanüle und kann zur Stimmbildung benutzt werden
- Bei der **Ösophagus-Ersatz-Sprache** wird für den Sprechvorgang Luft benötigt, die über die Mundhöhle durch Ansaugen in die Speiseröhre befördert wird. Am oberen Ende der Speiseröhre befindet sich ein Ringmuskel, den man durch Übung willkürlich *zusammenzuziehen und zu entspannen lernen kann*. Dieser Ringmuskel ist mit anderem Muskelgewebe und Schleimhautfalten in dieser Höhe an der Tonbildung beteiligt
- **Elektronische Sprechhilfen** wie z. B. Servox Inton® sind Gerätestimmen, die ohne Luft auskommen. Sie erzeugen Schallschwingungen, die beim Ansetzen des Gerätes an den Hals in den Mund-, Nasen-, Rachenraum geleitet werden und sich durch die gewohnten Sprechbewegungen zu einer gut verständlichen Sprache formen lassen. Das Atmen erfolgt völlig unabhängig durch das Tracheostoma
- **Stimmprothesen** sind operative Möglichkeiten zur Stimmrehabilitation. Es wird eine ventilartige Verbindung zwischen Trachealstumpf und dem oberen Ösophagusabschnitt geschaffen. Dieses Ventil, das entweder aus körpereigenem Gewebe oder aus Plastikröhrchen besteht, dient der Stimmbildung.

Randnotiz:
- Sprechkanülen
- Ösophagus-Ersatzsprache
- Elektronische Sprechhilfen
- Stimmprothesen.

Pflege

- Sprechkanülen nur tagsüber einsetzen, abends Wechsel mit normaler Silberkanüle, zum Ersatz der Funktion der oberen Atemwege künstliche Nase oder Tracheostomalätzchen verwenden
- Zum Funktionserhalt einer eingesetzten oesophagotrachealen Stimmprothese sollte diese mindestens 1 × tgl. und bei Bedarf gereinigt werden: Einführen der Reinigungsbürste in die Sprechprothese, Hin- und Herbewegen, drehen, danach Bürstchen mit Mullkompresse reinigen und mit Wasser abspülen, bei V.a. Pilzbefall angeordnetes Antimykotikum auf die Reinigungsbürste auftragen.

? Übungsfragen

① Was ist ein Intubationsgranulom?
② Welche Symptome weisen auf einen bösartigen Larynxtumor hin?
③ Welche operativen Möglichkeiten gibt es bei der Behandlung von bösartigen Larynxtumoren?
④ Welche Formen eines Tracheostomas gibt es?
⑤ Was ist die häufigste Ursache für plötzliche Atemnot bei Patienten mit Tracheostoma?
⑥ Welche Möglichkeiten der Stimmrehabilitation gibt es für Patienten mit Tracheostoma?

6.3 Erkrankungen der Trachea

6.3.1 Tracheitis

Eine Tracheitis (Luftröhrenentzündung) ist meist viral, gelegentlich aber auch bakteriell bedingt. Sie ist häufige Begleiterscheinung einer **Laryngitis** (☞ 6.2) oder einer **Bronchitis** – *(Tracheobronchitis)*. In seltenen Fällen tritt sie auch isoliert auf.
① Die Patienten haben Reizhusten und brennende Schmerzen hinter dem Brustbein, manchmal auch eitrigen Auswurf.

Meist in Kombination mit:
- Laryngitis
- Bronchitis.

Therapie
② Die medikamentöse Behandlung besteht in der Gabe von Entzündungshemmern *(Antiphlogistika)* sowie Antitussiva bei Reizhusten und Exspektorantien bei produktivem Husten. Liegt sicher eine bakterielle Ursache vor, sind Antibiotika angezeigt.
Der Patient darf nicht rauchen. Die Beschwerden können durch kalte Halswickel und Inhalation, z.B. mit Salbeiaufguss, gelindert werden. Zudem sollen die Patienten reichlich warme Flüssigkeit trinken.

- Entzündungshemmer
- Antitussiva bei Reizhusten
- Exspektorantien bei produktivem Husten
- Inhalation, Halswickel, Rauchverbot.

6.3.2 Fremdkörper in der Trachea

Meist bei Kleinkindern und älteren Personen.

Fremdkörper werden meistens von Kleinkindern (1.–3. Lebensjahr) und älteren Personen verschluckt. Bei alten Menschen mit Oberkieferprothese bedeckt die Prothese die Gaumenschleimhaut, wodurch die Sensibilität vermindert ist. Besonders gefährlich sind Fremdkörper, die in der Trachea aufquellen und zu einer Verlegung der Luftwege mit lebensbedrohlicher Atemnot und der Gefahr des Erstickungstodes führen können.

Klinik
❸ Die Patienten klagen über Hustenreiz und Schmerzen oder Druckgefühl hinter dem Kehlkopf.

- Hustenreiz
- Schmerzen hinter dem Kehlkopf
- Evtl. Atemnot.

Therapie
Der Fremdkörper soll möglichst schnell endoskopisch mit entsprechenden Fasszangen entfernt werden *(Tracheobronchoskopie)*.

Endoskopische Fremdkörperentfernung.

Merke

> Bei spitzen Fremdkörpern oder ungeschickten Extraktionsversuchen besteht die Gefahr der Perforation!

6.3.3 Trachealstenose und Tracheomalazie

- Trachealstenose: Verengung der Luftröhre
- Tracheomalazie: Erweichung der Knorpelspangen.

Trachealstenosen *(Verengungen der Luftröhre)* können durch narbige Schrumpfung geschädigter Luftröhrenanteile, z. B. bei Langzeitintubation entstehen. Die Tracheomalazie hingegen ist eine krankhafte Erweichung der Knorpelspangen und wird meist durch äußeren Druck verursacht, z. B. bei einer Struma (Vergrößerung der Schilddrüse).

Klinik und Diagnostik
Die Trachealstenose geht mit einer langsam einsetzenden, beständig zunehmenden Atemnot mit **inspiratorischem** (bei der Einatmung) **Stridor** einher. Bei der Tracheomalazie wird die Atemnot durch eine forcierte Einatmung noch verstärkt.
Die Diagnose wird über die Tracheobronchoskopie und Tracheazielaufnahme gestellt.

Atemnot:
- Tracheobronchoskopie
- Tracheazielaufnahme.

Therapie
Die Therapie richtet sich nach der Ursache und besteht in der Regel in einer Tracheaquerresektion und anschließendem Einsetzen eines Trachealstents.

Meist operative Korrektur.

? **Übungsfragen**

❶ Welche Symptome sind für eine Tracheitis typisch?

❷ Welche allgemeinen Maßnahmen sind Patienten mit Tracheitis zu empfehlen?

❸ Welche Symptome weisen auf einen Fremdkörper in der Trachea hin und wie wird er entfernt?

Glossar

Adenoide
adenoide Vegetationen, vergrößerte Rachenmandel

Adenotomie
operative Entfernung von vergrößerten Rachenmandeln

Akustikusneurinom
vom Nervus vestibulocochlearis ausgehender, gutartiger Tumor im Bereich des Kleinhirnbrückenwinkels

Amboss
eines der drei Gehörknöchelchen

Ampulla
Anteil des Gleichgewichtsorgans

Anamnese
Krankengeschichte eines Patienten

Angina tonsillaris, Tonsillitis
Mandelentzündung, Entzündung der Gaumenmandeln

Anotie
angeborenes Fehlen der Ohrmuschel

Antimykotikum
Medikament gegen krankheitserregende Pilze

Aphon
stimmlos

Aphthe
entzündliche Schleimhautveränderung im Bereich der Mundhöhle

Apostasis otum
abstehende Ohrmuscheln

Audiometer
Gerät zur elektroakustischen Hörprüfung

Audiometrie
elektroakustische Hörprüfung

Benigne
gutartig

Bogengang
Anteil des Gleichgewichtsorgans

Bronchitis
Entzündung der Bronchien

Candida albicans
Soorpilz, Gattung pathogener Sprosspilze

Cavum nasi
Nasenhaupthöhle

Cellulae ethmoidales
Siebbeinzellen

Cerumen
Ohrenschmalz

Cerumen obturans
Ohrenschmalzpfropf

Cheilitis
Lippenentzündung

Choanalatresie
angeborene, membranöse oder knöcherne Atresie der hinteren Nasenöffnung

Choanen
hintere Nasenöffnungen

Cholesteatom
chronische Entzündung der Mittelohrräume (Knocheneiterung)

Chordektomie
operative Stimmbandentfernung

Cochlea
knöcherne Gehörschnecke

Concha nasalis
Nasenmuschel

Cupula
Anteil des Gleichgewichtsorgans, dem Bogengang hutförmig aufgestülpte Gallertmasse

Ductus nasolacrimalis
Tränennasengang

Elektronystagmographie
Untersuchung zur objektiven Erfassung eines Nystagmus hinsichtlich Frequenz und Amplitude der Augenschläge

Endolymphe
klare, lymphartige Flüssigkeit in den Hohlräumen des häutigen Labyrinths

Epiglottis
Kehlkopfdeckel

Epistaxis
Nasenbluten

Eustachische Röhre
(Tuba auditiva)
Ohrtrompete, Verbindung
zwischen Nasenrachen und
Mittelohr
Exostosen
umschriebene
Knochenappositionen

Fazialislähmung
ischämische, traumatische,
entzündliche oder
idiopathische Lähmung des
Nervus facialis
Frenzel-Brille
modifizierte Brille mit
Glühbirnen am Brillenrahmen,
welche den Nystagmus
deutlicher hervortreten lassen
Foetor e naso
schlechter Geruch aus der
Nase

Glandula parotis
Ohrspeicheldrüse
Glandula submandibularis
Unterkieferspeicheldrüse
Glottis
Stimmlippenritze

Hammer
eines der drei
Gehörknöchelchen
Hepatosplenomegalie
Vergrößerung von Leber und
Milz
Herpes labialis
Herpes simplex-Infektion der
Lippen
Hörsturz
akut aufgetretene, meist
einseitige Hörminderung
Hypopharynx
unterster Teil des Rachens am
Übergang zur Speiseröhre

Hyposensibilisierung
Schwächung bzw. Aufhebung
der allergischen Reaktions-
bereitschaft durch Gewöhnung
mittels wiederholter Allergen-
gabe

Inspektion
betrachtende Untersuchung

Juvenile Papillomatose
gutartige, im Kindesalter
auftretende Virusinfektion,
welche zu blumenkohlartigen
Geschwülsten im Kehlkopf
führt
Juveniles Nasenrachenfibrom
Angiofibrom, gutartiger,
gefäßreicher Tumor des
Nasenrachens im
Kindesalter/Pubertät (befällt
fast ausschließlich männliche
Patienten)

Kilian-Nasenspekulum
Untersuchungsinstrument für
die Nase
kissing disease
Monozytenangina,
Mononukleose, Studenten-
fieber, Epstein-Barr-Virus
assoziierte Tonsillitis

Labyrinthitis
Entzündung des
Gleichgewichtsorgans
Laryngektomie
operative Entfernung des
Kehlkopfes
Laryngitis
Entzündung des Kehlkopfes
Laryngoskopie
Untersuchung des Kehlkopfes
Larynx
Kehlkopf
Larynxkarzinom
bösartiger Tumor des
Kehlkopfes

Ligamenta vocalia
Stimmbänder
Locus Kiesselbachi
oberflächlich liegender
Gefäßplexus im Bereich der
vorderen Nasenscheidewand
(von welchem in vielen Fällen
das Nasenbluten ausgeht)
Lyme-Borreliose
entzündliche Erkrankung
welche von Spirochäten
verursacht und von Zecken
übertragen wird

Macula
Sinnesfeld im Bereich des
Gleichgewichtsorgans
Maligne
bösartig
Mastoiditis
Entzündung des
Warzenfortsatzes
Membrana tympani
☞ Trommelfell
Metastase
sekundärer Krankheitsherd
infolge Verschleppung von
Tumorzellen
Mikrolaryngoskopie
mikroskopische Untersuchung
des Kehlkopfes
Mikrotie
abnorme Kleinheit der evtl.
missgebildeten Ohrmuschel
Mittelohrerguss
Paukenerguss,
Flüssigkeitsansammlung im
Mittelohr/Paukenhöhle
Mononukleose
☞ kissing disease
Mukozele
schleimgefüllte Zyste im
Bereich der Nasennebenhöhlen

Nasenfurunkel
bakterielle Haarbalg-
entzündung der Nasenhaare

Nasenseptum
Nasenscheidewand, Trennwand, welche die Nasenhaupthöhle in zwei Hälften unterteilt

Nasopharynx
Nasenrachen

Neck dissection
operative Entfernung der Lymphabflussbahnen im Halsbereich

Nervus olfactorius
I. Hirnnerv

Nervus recurrens
Ast des Nervus vagus (X. Hirnnerv), welcher Anteile des Kehlkopfes innerviert

Nervus vagus
X. Hirnnerv

Nervus vestibulocochlearis
VIII. Hirnnerv

Nystagmus
Augenzittern, unwillkürliche, rhythmische Augenbewegungen

Oropharynx
Mundrachen

Ösophagus
Speiseröhre

Ösophagusersatzsprache
Ruktussprache, Ersatzsprache nach Entfernung des Kehlkopfes

Otalgie
Ohrenschmerzen

Othämatom
Bluterguss im Bereich der Ohrmuschel

Otitis externa
Gehörgangsentzündung

Otitis media acuta
akute Mittelohrentzündung

Otitis media chronica
chronische Mittelohrentzündung

Otorrhoe
Flüssigkeitsaustritt aus dem Ohr

Otosklerose
erbliche, progrediente Erkrankung des knöchernen Labyrinths mit osteosklerotischen Herden

Otoskopie
Untersuchung des äußeren Gehörgangs einschließlich Trommelfell

Ototoxisch
ohrschädigend

Palpation
Tastuntersuchung

Pansinusitis
Entzündung aller Nasennebenhöhlen

Parazentese
therapeutischer Trommelfellschnitt

Paukenhöhle (Cavum tympani)
lufthaltiger, knöcherner Raum hinter dem Trommelfell, welcher die Gehörknöchelchen beherbergt

Paukenröhrchen
Plastik- oder Goldröhrchen, welches zur Drainage der Paukenhöhle bei Mittelohrerguss ins Trommelfell eingelegt wird

Perichondritis
Entzündung der Knorpelhaut

Perilymphe
den perilymphatischen Raum ausfüllende klare Flüssigkeit

Pfeiffer-Drüsenfieber
☞ kissing disease

Pharyngitis
Rachenentzündung

Pharynx
Rachen

Phonation
Stimmbildung

Pleomorphes Adenom
gutartiger Tumor der Speicheldrüsen

Plicae vestibulares
Taschenfalten

Plivae vocales
Stimmfalten

Polyposis nasi
Nasenpolypen

Presbyakusis
Altersschwerhörigkeit

Processus mastoideus
Warzenfortsatz, Mastoid

Pruritus
Juckreiz

Pyozele
eitergefüllte Zyste im Bereich der Nasennebenhöhlen

Recurrensparese
Lähmung des Nervus recurrens

Resektion
operative Entfernung

Rhinitis
Schnupfen

Rhinopathia medicamentosa
medikamenteninduzierter Schnupfen

Rhinopathia vasomotorica
vasomotorischer Schnupfen, nervöser Schnupfen

Rhinophonie
nasale Sprache

Rhinophym
Talgdrüsenhyperplasie im Bereich der Nasenspitze

Rhinorrhoe
Liquorrhoe aus der Nase

Rhinoskopie
Untersuchung der Nase

Sacculus
kleines Vorhofsäckchen, Teil des Gleichgewichtsorgans

Sängerknötchen
Stimmbandknötchen infolge Stimmüberlastung beim Singen

Scala tympani
Paukentreppe (im Innenohr)
Scala vestibuli
Vorhoftreppe (im Innenohr)
Schreiknötchen
Stimmbandknötchen infolge
Stimmüberlastung durch
Schreien
Septumdeviation
Verbiegung der
Nasenscheidewand
Septumplastik
operative Korrektur einer
Verbiegung der
Nasenscheidewand
Sialographie
Röntgenkontrastdarstellung
der Speicheldrüsen-
ausführungsgänge
Sialolithiasis
Speicheldrüsensteine
Sinus frontalis
Stirnhöhle
Sinus maxillaris
Kieferhöhle
Sinus sphenoidalis
Keilbeinhöhle
Sinusitis
Entzündung der
Nasennebenhöhlen
Soor
durch den Soorpilz Candida
albicans hervorgerufene
Pilzinfektion
Stapesplastik
nach Entfernung des
Steigbügels Wiederaufbau
der Gehörknöchelchenkette
mittels einer Prothese
Steigbügel
eines der drei
Gehörknöchelchen
STENON-Gang
Ausführungsgang der
Ohrspeicheldrüse

Stimmlippenparese
Lähmung der Stimmlippen
Stimmlippenpolyp
gutartige Raumforderung der
Stimmlippe
Stomatitis herpetica
virale Entzündung der
Mundschleimhaut
Stridor
pfeiffendes Atemgeräusch
beim Ein- und/oder Ausatmen
Struma
Vergrößerung der Schilddrüse
Subglottisch
unterhalb der
Stimmlippenebene gelegen
Supraglottisch
oberhalb der
Stimmlippenebene gelegen

Tinnitus
Ohrgeräusch
Tonsilla pharyngea
Rachenmandel
Tonsillae palatinae
Gaumenmandeln
Tonsillektomie
operative Entfernung der
Gaumenmandeln
Trachea
Luftröhre
Trachealstenose
Verengung der Luftröhre
Tracheitis
Entzündung der Luftröhre
Tracheobronchitis
kombinierte Entzündung von
Bronchien und Luftröhre
Tracheobronchoskopie
endoskopische Untersuchung
der Luftröhre und der
Bronchien

Tracheomalazie
entzündliche oder
posttraumatische Luftröhren-
erweichung durch Nekrose
der Knorpelspangen
Tracheostoma
operativ angelegte Öffnung
der Luftröhre
Tracheostomie
operative Öffnung der
Luftröhre nach außen
Tragus
hautüberzogener
Knorpelvorsprung vor dem
äußeren Gehörgang
Trommelfell (Membrana tympani)
dünne Membran, welche die
Grenze zwischen Mittelohr
und äußerem Ohr bildet
Tuba auditiva
Ohrtrompete, Verbindung
zwischen Nasenrachen und
Mittelohr
Tubenostium
Öffnung der Ohrtrompete im
Nasenrachen
Tympanoplastik
gehörverbessernde Operation

Utriculus
großes Vorhofsäckchen, Teil
des Gleichgewichtsorgans

Vertigo
Schwindel
Vestibularapparat
Gleichgewichtsorgan
Vomer
hinterer, in den Nasenrachen
ragender, knöcherner Anteil
der Nasenscheidewand

WHARTON-Gang
Ausführungsgang der
Unterkieferspeicheldrüse

Augenheilkunde

Die **Ophthalmologie** ist die Lehre von den Erkankungen des Auges sowie seiner Anhangsorgane wie den Augenmuskeln, den Augenlidern und dem Tränenorgan. Viele ophthalmologische Erkankungen sind Ausdruck einer zugrunde liegenden Allgemeinerkrankung wie z. B. Netzhautveränderungen beim Diabetes mellitus (☞ 11.3.2) oder gelegentlich sogar Frühsymptom einer anderen Erkrankung wie der Retrobulbärneuritis bei der Multiplen Sklerose (☞ 12.1). Deshalb müssen bei der Betreuung der Patienten mit Augenerkrankungen immer auch Erkrankungen aus anderen Fachgebieten in Erwägung gezogen werden.
Wegen zahlreicher – vorwiegend aus dem Griechischen stammender – ophthalmologischer Fachbegriffe findet sich am Ende dieses Kapitels ein Glossar, in dem die meisten dieser Begriffe nachzuschlagen sind.

Timo Haufschild   Basel, im November 2005

1 Anatomie und Physiologie des Auges

1.1 Augenhöhle

Strukturen:
- Augapfel
- Fetthaltiges Bindegewebe
- Orbitaler Teil der Tränendrüse
- Sehnerv
- Augenmuskeln
- Nerven, Gefäße.

Die aus sieben Knochen bestehende Augenhöhle *(Orbita)* besitzt mehrere Öffnungen für den Durchtritt von Gefäßen und Nerven. Die Knochenlamellen des Orbitabodens sind wesentlich dünner als die vorderen Knochenstrukturen und deshalb besonders anfällig für Verletzungen (☞ 15.3). Die Nähe zu den umgebenden Nasennebenhöhlen und zur vorderen und mittleren Schädelgrube begünstigt das Übergreifen von Infektionen.
Die Orbita enthält folgende Strukturen: Augapfel, fetthaltiges Bindegewebe, orbitaler Teil der Tränendrüse, Sehnerv (☞ 1.2.1), Augenmuskeln (☞ 1.3.1), Nerven und Gefäße.

1.2 Augapfel

Der Augapfel *(Bulbus oculi)* ist ca. 7,5 g schwer und durchschnittlich 24 mm lang und von einer bindegewebigen Hülle (Tenon-Kapsel) umgeben, die über bindegewebige Septen an der Knochenhaut *(Periost)* der Augenhöhle befestigt ist. Seine Bewegung erfolgt durch die sechs äußeren Augenmuskeln (☞ 1.3.1). Bei geöffneten Lidern sind nur die vorderen Abschnitte des Augapfels zu sehen: Hornhaut, Regenbogenhaut mit Pupille und Teile der Binde- und Lederhaut.
❶ Anatomisch kann der Augapfel in **3 Hüllen** (äußere, mittlere, innere Augenhaut) und **3 Räume** (vordere und hintere Augenkammer, Glaskörperraum) eingeteilt werden.

1.2.1 Hüllen des Augapfels

Äußere Augenhaut

Die äußere Augenhaut besteht aus
- Bindehaut (Conjunctiva)
- Hornhaut (Kornea)
- Lederhaut *(Sklera).*

Bindehaut

Die Bindehaut *(Conjunctiva)* wird unterteilt in die **Conjunctiva bulbi,** die den Augapfel überzieht, und die **Conjunctiva palpe-**

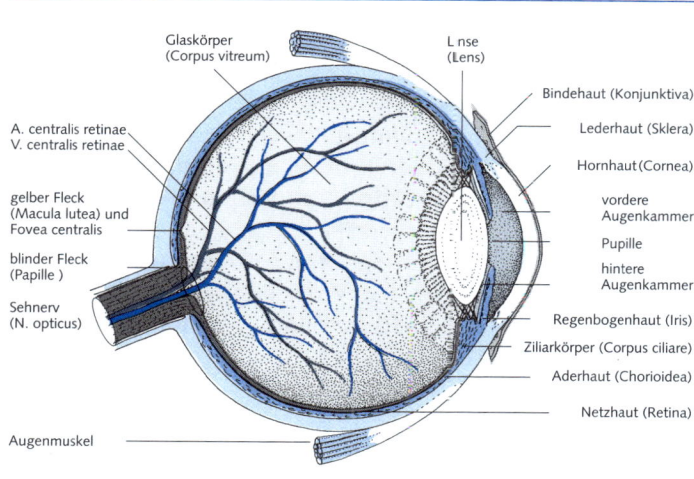

Abb. 1.1
Anatomie des
Auges. [L190]

Glaskörper
(Corpus vitreum)

Linse
(Lens)

Bindehaut (Konjunktiva)

Lederhaut (Sklera)

Hornhaut (Cornea)

vordere
Augenkammer

Pupille

hintere
Augenkammer

A. centralis retinae
V. centralis retinae

gelber Fleck
(Macula lutea) und
Fovea centralis

blinder Fleck
(Papille)

Sehnerv
(N. opticus)

Regenbogenhaut (Iris)

Ziliarkörper (Corpus ciliare)

Aderhaut (Chorioidea)

Netzhaut (Retina)

Augenmuskel

brae, welche die Hinterfläche des Augenlides überzieht. Eine vermehrte Blutfülle der Blutgefäße wird als **Injektion** bezeichnet. Dabei gibt es **zwei Formen:**

- *Konjunktivale, oberflächliche Injektion:* deutliche Gefäßzeichnung durch gesteigerte Blutfülle in den oberflächlichen Gefäßen der Conjunctiva bulbi
- *Ziliare, tiefe Injektion:* roter Saum um Hornhaut herum durch vermehrte Blutfülle von feinen Gefäßen tief in der Konjunktiva.

Das gemeinsame Auftreten beider Formen wird als **gemischte Injektion** bezeichnet.

Hornhaut und Lederhaut

Die durchsichtige Hornhaut *(Kornea)* bildet mit der undurchsichtigen **Lederhaut** *(Sklera)* die widerstandsfähige äußere Hülle des Augapfels. Sowohl Hornhaut als auch Lederhaut zeichnen sich durch hohe Zug- und Dehnungsfestigkeit aus. Beide zeigen einen nur geringen Stoffwechsel. Die Blutversorgung der Sklera ist gering, die Hornhaut ist gefäßlos. Ihre Ernährung erfolgt vor allem durch das Kammerwasser (von innen) und durch die Tränenflüssigkeit (von außen).

Schichten der Hornhaut

Die Hornhaut ist der äußere Bestandteil des optischen Systems Auge und besteht von außen nach innen aus **fünf Schichten:**

- Unverhorntes Plattenepithel
- Bowman-Membran
- Stroma
- Descement-Membran
- Endothel.

Formen der Injektion:
- Konjunktivale
  oberflächliche
- Ziliare, tiefe
  Injektion.

- Widerstandsfähige
  äußere Hülle
- Ernährung über
  Kammerwasser
  und Tränenflüssigkeit.

Augenheilkunde

Das mehrschichtige unverhornte **Plattenepithel** steht als äußere Schicht mit der Umwelt in Beziehung. Es wird alle 5–7 Tage erneuert, größere Defekte können innerhalb von 12–36 Stunden geschlossen werden.

Das einschichtige **Endothel** ist entscheidend für den Stoffaustausch und die Transparenz (Durchsichtigkeit) der Hornhaut verantwortlich. Über aktive Transportprozesse wird der Wassergehalt im **Stroma** (interstitielles Bindegewebe) reguliert und somit die Lichtdurchlässigkeit der Hornhaut gewährleistet. Bei einer Minderfunktion bzw. Verletzung des Endothels kann Wasser in das Stroma eindringen und es kommt zum weißgrauen Hornhautödem *(Stromaödem)*.

Der grau-weiße **Greisenbogen** (Arcus senilis) ist eine harmlose Lipoidablagerung im Alter.

- Gewährleistung der Lichtdurchlässigkeit der Hornhaut
- Stromaödem bei eingeschränkter Funktion.

Mittlere Augenhaut

Die mittlere Augenhaut *(Uvea)* besteht aus
- Regenbogenhaut *(Iris)*
- Strahlenkörper (Ziliarkörper, Corpus ciliare)
- Aderhaut (Choroidea).

Regenbogenhaut

Umschließt die Pupille und reguliert den Lichteinfall.

Die Regenbogenhaut, die **Iris,** umschließt in ihrer Mitte das kreisrunde Sehloch: die **Pupille.** Durch Vergrößerung oder Verkleinerung der Pupille wird – ähnlich wie bei der Blende im Fotoapparat – der Lichteinfall reguliert.

Die **Augenfarbe** wird durch die Farbe der Regenbogenhaut bestimmt. Diese wiederum ist abhängig von der unterschiedlichen Lichtbrechung im Irisstroma.

Strahlenkörper (Ziliarkörper)

Ziliarkörper und Zonulafasern:
- Regulation der Brechkraft der Linse

Ziliarfortsätze:
- Produktion des Kammerwassers.

Der Ziliarkörper *(Corpus ciliare)* wird in einen vorderen zottigen *(Pars plicata)* und einen hinteren flachen Teil *(Pars plana)* unterteilt. Er besteht aus **Ziliarmuskel** *(M. ciliaris)*, **Ziliarfortsätzen** *(Processus ciliares)* und **Zonulafasern** *(Zonula Zinnii)*.

Pupillenregulation über Lichteinfall.
- Miosis = enge Pupillen
- Mydriasis = weite Pupillen.

Tab. 1.2 Regulierung der Pupillenweite.

Lichteinfall	Pupillenzustand	Beteiligter Muskel
Stark	eng = Miosis	M. sphincter pupillae; ringförmig
Schwach	weit = Mydriasis	M. dilatator pupillae; radiär

- Der Ziliarmuskel reguliert mit Hilfe der Zonulafasern, an denen die Linse schwebend aufgehängt ist, die Form und somit die Brechkraft der Linse (s. u.)
- Die Ziliarfortsätze produzieren das Augenkammerwasser (☞ 1.2.2).

Aderhaut

Die Aderhaut *(Choroidea)* kleidet den Augapfel von innen aus und besteht aus mehreren Schichten von Blutgefäßen. Sie sorgt für die Ernährung der äußeren Schichten der Netzhaut. Die Blutversorgung erfolgt über die *A. ophthalmica* (Augenarterie), die aus der *A. carotis interna* (innere Halsschlagader) entstammt.

> Ernährung der äußeren Schichten der Netzhaut.

Innere Augenhaut

Die innere Augenhaut, die **Netzhaut** *(Retina)*, ist der lichtempfindliche, bildaufnehmende Teil des Auges. Die Netzhaut ist ein nach vorne geschobener Hirnteil und enthält Sinneszellen. Von glaskörperwärts nach lederhautwärts besteht sie aus der Nervenfaserschicht, Sinnesepithel und Pigmentepithelschicht.

> Netzhaut als bildaufnehmender Teil des Auges.

Stäbchen und Zapfen

Die Sinnesepithelschicht enthält als Sinneszellen Stäbchen und Zapfen:

- **Stäbchen** finden sich vorwiegend in der Peripherie der Netzhaut und ermöglichen das Sehen in der Dämmerung und das räumliche Sehen
- **Zapfen** liegen vorwiegend im Zentrum der Netzhaut *(Makula)* und dienen zum scharfen punktuellen Sehen und Farbensehen.

> Stäbchen: Dämmerungssehen und räumliches Sehen Zapfen: scharfes Sehen und Farbensehen.

In den Sehzellen (1. Neuron) wird das Licht durch photochemische Reaktionen in einen Nervenreiz umgewandelt. Dieser wird über bipolare Schaltzellen (2. Neuron) und Optikus-Ganglienzellen (3. Neuron) zum Sehnerven *(N. opticus)* weitergeleitet.

Makula und Papille

❷ Die Netzhaut hat zwei funktionell besonders wichtige Stellen:

- Die in der Netzhautmitte gelegene **Makula** ist die Stelle des schärfsten Sehens (nur Zapfen), die auch als **gelber Fleck** *(Makula lutea)* bezeichnet wird, da sie durch ein Pigment zum Schutz vor Blendung gelb gefärbt ist
- Die weiter nasenwärts gelegene **Papille** (Sehnervenkopf) ist die Stelle des absoluten Sehausfalls, der sog. **blinde Fleck.** An dieser Stelle fehlen die Sinneszellen, da sich die Sehnervenfasern hier zum Sehnerven bündeln und so den nervalen Reiz zum Sehzentrum (Sehrinde) im Gehirn weiterleiten.

> Makula: Stelle des schärfsten Sehens.

> Papille: Stelle des absoluten Sehausfalls.

Augenheilkunde

Sehnerv und Sehbahn

Sehnerv

Der Sehnerv *(N. opticus)* verlässt die Sklera durch die Siebplatte *(Lamina cribrosa)* und verbindet das Auge mit dem Sehzentrum im Gehirn. Bei einer Erhöhung des Augeninnendrucks (Grüner Star ☞ 9) ist dieser Bereich besonders gefährdet, da die Sklera ansonsten druckunnachgiebig ist.

Sehbahn

Nachdem die Sehnerven die Orbita verlassen haben, kreuzen die Fasern der nasalen Retinahälfte im Gehirn oberhalb der Hypophyse in der sog. **Sehnervkreuzung** *(Chiasma opticum)*. Die Fasern der temporalen (schläfenwärts gelegenen) Retinahälfte verlaufen weiter temporal. Der *Tractus opticus* führt die Nervenfasern weiter zum *Corpus geniculatum laterale* im Mittelhirn, wo eine Umschaltung stattfindet. Von hier ziehen die Nervenfasern weiter als GRATIOLET-Strahlung zum Sehzentrum des Hinterhauptlappens.

1.2.2 Räume des Augapfels

Vordere Augenkammer

❸ Die vordere Augenkammer wird nach vorne von Hornhautrückfläche und Kammerwinkel begrenzt; nach hinten von Iris und Linsenvorderfläche (im Bereich der Pupille). Der für den Abfluss des Kammerwassers wichtige **Kammerwinkel** wird von der Hornhautrückfläche und der Iris gebildet.

Kammerwasser

❹ Das von den Ziliarfortsätzen (☞ 1.2.1) gebildete Kammerwasser gelangt von der hinteren Augenkammer durch die Pupille in die vordere Augenkammer. Der Abfluss erfolgt durch das Trabekelwerk (»Abflusssieb«) im Kammerwinkel in den ringförmigen SCHLEMMschen Kanal, der in oberflächlichen Venen der Bindehaut mündet.

Im Normalfall herrscht ein Gleichgewicht zwischen Kammerwasserproduktion und Kammerwasserabfluss, und es resultiert ein relativ konstanter Augeninnendruck *(intraokularer Druck)* von 10–21 mmHg (Mittelwert 15 mmHg). Die circadiane Schwankung beträgt ca. 3–5 mmHg.

Hintere Augenkammer

Die hintere Augenkammer wird nach vorne von der Rückfläche der Iris und dem Ziliarkörper (☞ 1.2.1) begrenzt; nach hinten von der Linsenvorderfläche und der Glaskörpergrenzmembran.

Linse

In der hinteren Augenkammer wird die Linse *(Lens)* von den Zonulafasern des Ziliarkörpers gehalten. Die Linse besteht aus

Weg des Kammerwassers:
Ziliarfortsätze
↓
hintere Augenkammer
↓
Pupille
↓
vordere Augenkammer
↓
Kammerwinkel
↓
Trabekelwerk
↓
SCHLEMMscher Kanal
↓
oberflächliche Venen der Bindehaut.

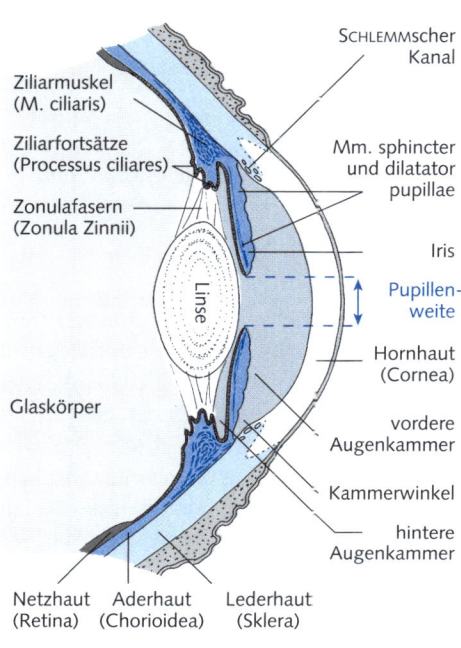

Abb. 1.3
Ziliarkörper m t
Vorderkammer.
[A400-190]

Kapsel, Rinde und Kern und ist frei von Gefäßen und Nerven. Sie ist, wie auch Haut, Nägel und Haare, ein epitheliales Organ. Das Wachstum der Linsenfasern hält das ganze Leben lang an.

❺ Durch **Akkommodation** (Tab. 1.5) der Linse wird die Brechkraft an die Entfernung der wahrzunehmenden Gegenstände angepasst. Im Alter nehmen jedoch Größe und Volumen der Linse zu und gleichzeitig die Verformbarkeit und somit Akkommodationsfähigkeit ab (»Sklerosierung«). Diese nachlassende Elastizität der Linse macht sich durch die Altersweitsichtigkeit bemerkbar (☞ 14.3), welche durch eine Lesebrille ausgeglichen werden kann.

- Anpassung der Brechkraft an die Entfernung der wahrzunehmencen Gegenstände (Akkommodatio¬)
- Nah- und Fernakkommodation ces Auges.

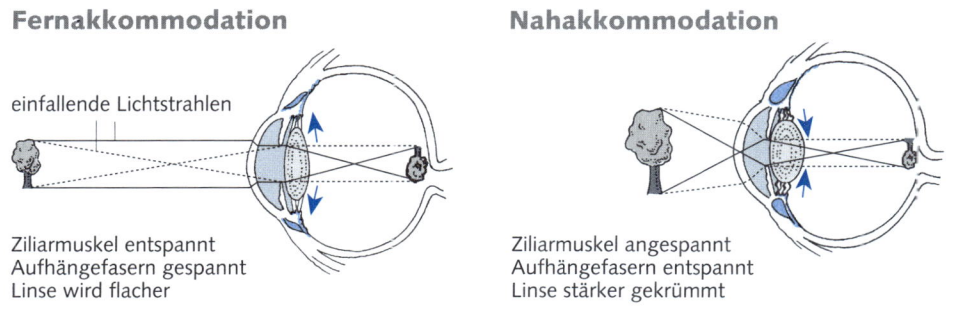

Abb. 1.4 Nah- und Fernakkommodation des Auges. [L190]

Tab. 1.5 Akkommodation.

Blickweite	Ziliarmuskel	Zonulafasern	Linse	Brechkraft
Fern	erschlafft	gespannt	elliptisch gestrafft	Abnahme
Nah	kontrahiert	erschlafft	kugelig gekrümmt	Zunahme

Glaskörperraum

Der Glaskörper *(Corpus vitreum)* nimmt ca. 65% des Augapfel-inhaltes ein. Er hat eine gallertige Konsistenz und verflüssigt sich mit zunehmendem Alter. Die großen Glaskörpermoleküle sind in ein mikroskopisch feines Fasergerüst eingebettet. Der Glaskörper ist an der Papille und im Bereich der Ora serrata befestigt. Die **Ora serrata** ist die gezackte Grenzlinie zwischen dem mit Sinnes- und Nervenzellen ausgestatteten Teil der Netzhaut *(Pars optica)* und dem sog. blinden Teil der Netzhaut im Bereich der Iris und des Ziliarkörpers *(Pars caeca)*.

1.2.3 Blutversorgung

Die **arterielle Versorgung** des Auges erfolgt über die A. ophthal-mica (Augenarterie), ein Ast der A. carotis interna (innere Hals-schlagader). Ihr entspringen u.a. die Ziliararterien sowie die **A. centralis retinae** (Zentralarterie), die mit dem Sehnerv in den Augapfel eintritt. Der **venöse Abfluss** erfolgt über vier sog. Stru-delvenen, die das venöse Blut zusammen mit dem Blut der **V. centralis retinae** (Zentralvene) über die V. ophthalmica (Augenvene) in den Sinus cavernosus (Geflecht venöser Hirnblutleiter) abführen.

1.3 Anhangsorgane des Augapfels

- Augenmuskel
- Augenlider
- Augenbrauen
- Tränenorgan.

Zu den Anhangsorganen des Augapfels gehören Augenmuskeln, Augenlider und Augenbrauen sowie das Tränenorgan.

1.3.1 Augenmuskeln

4 gerade, 2 schräge Augenmuskeln.

Sechs Augenmuskeln ermöglichen den Auf-, Ab- und Seitenblick sowie die Drehung des Augapfels. Hierzu gehören **vier gerade** Muskeln *(M. rectus lateralis, medialis, superior und inferior)* und **zwei schräge** Muskeln *(M. obliquus superior und inferior)*.

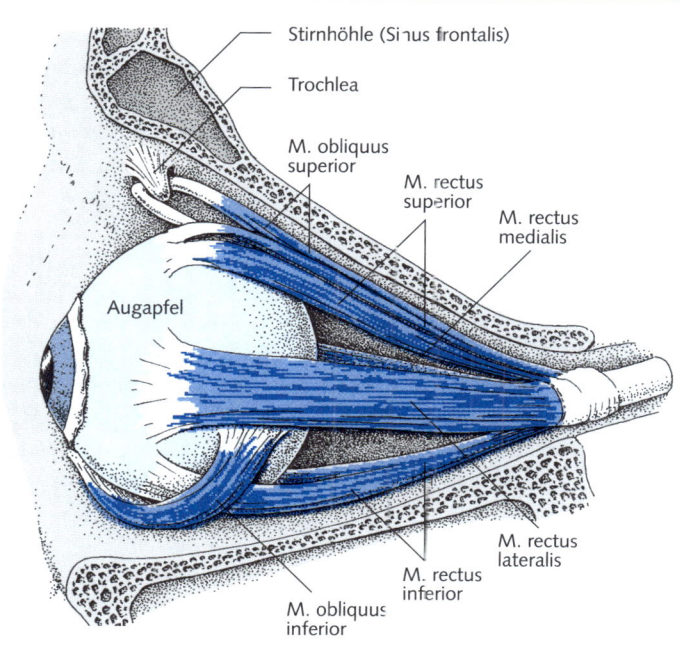

Stirnhöhle (Sinus frontalis)

Trochlea

M. obliquus superior

M. rectus superior

M. rectus medialis

Augapfel

M. rectus lateralis

M. rectus inferior

M. obliquus inferior

Abb. 1.6
Äußere
Augenmuskeln.
[A400-190]

Augenheilkunde

Muskelursprung

Der Ursprung von fünf der sechs äußeren Augenmuskeln liegt am **Anulus tendineus** (aus straffem Bindegewebe bestehender Ring vor dem Canalis opticus in der Spitze der Orbita) bzw. an den um den Canalis opticus gelegenen Knochenstrukturen. Der M. obliquus inferior hat seinen Ursprung nasal am medialen Rand der Orbita. Der M. obliquus superior zieht zunächst zum Orbitadach und wird dann durch die Trochleaschlaufe umgelenkt.

1.3.2 Augenbrauen und Augenlider

Die Augenbrauen schützen das Auge vor allem vor Schweiß.

Augenlider

Die Augenlider schützen das Auge vor äußeren Einflüssen. Durch den **Lidschlag** alle 5–10 Sekunden wird der Tränenfilm auf der Hornhaut erneuert. Der **Hornhautreflex** löst bei mechanischer, chemischer oder thermischer Reizung der Hornhaut den reflektorischen Lidschluss aus.
Von außen (vorn) nach innen hat das Augenlid folgenden **Aufbau:**

- Lidhaut
- Fettarmes Unterhautgewebe

- Erneuerung des Tränenfilms durch den Lidschlag
- Reizung der Hornhaut führt zum Hornhautreflex mit Lidschluss.

- Quer verlaufende Fasern des M. orbicularis oculi, der den Lidschluss ermöglicht
- Lidplatte bzw. *Tarsus* als Gerüst des Lides: Ist mit dem Orbitarand mit dem *Septum orbitale* (☞ Abb. 1.7) verbunden
- MEIBOM-Drüse in der Lidplatte (Sekret ist wesentlicher Bestandteil des Tränenfilms)
- Bindehaut des Lides *(Conjunctiva tarsi).*

Wimpern
Der Lidrand bildet die Grenze zum konjunktivalen Teil des Augenlides. Hier ragen die Wimpern *(Zilien)* hervor, die das Auge vor Schweiß und Fremdkörpern schützen. Vor den Wimpern liegen die MOLL-Drüsen, hinter den Wimpern die ZEISS-Drüsen. Auf dem Lidrand münden die Ausführungsgänge der MEIBOM-Drüsen. Eine Entzündung dieser Drüsen führt zum Gerstenkorn (☞ 3.2.1) oder zum Hagelkorn (☞ 3.2.2).

Muskulatur der Lider
Durch Zug des M. levator palpebrae (Lidhebermuskel) wird das Lid geöffnet. Sein Ausfall verursacht eine **Ptosis** (☞ 3.1.3). Die glatten Fasern des M. tarsalis inferior und des M. tarsalis superior (MÜLLERscher Lidheber) bestimmen die Ruhelage des Lides. Bei großer Müdigkeit führt ein Tonusverlust zum unaufhaltsamen Schließen des Auges.

Drüsenmündungen:
- Vor den Wimpern: MOLL-Drüsen
- Hinter den Wimpern: ZEISS-Drüsen
- Auf dem Lidrand: MEIBOM-Drüsen.

Abb. 1.7
Querschnitt durch das Oberlid. [L157]

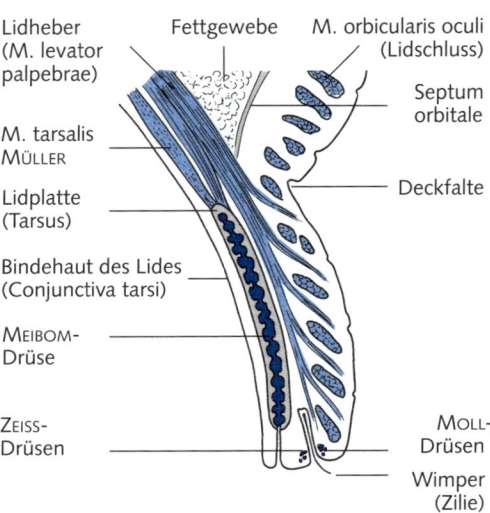

Lidheber (M. levator palpebrae)
Fettgewebe
M. orbicularis oculi (Lidschluss)
Septum orbitale
M. tarsalis MÜLLER
Lidplatte (Tarsus)
Bindehaut des Lides (Conjunctiva tarsi)
MEIBOM-Drüse
ZEISS-Drüsen
Deckfalte
MOLL-Drüsen
Wimper (Zilie)

Tab. 1.8 Muskulatur der Lider, ihre Innervation und Funktion.

Muskel	Nerv	Funktion
M. orbicularis oculi	N. facialis	Lidschluss und Lidschlag
M. levator palpebrae	N. oculomotorius	Lidheber
M. tarsalis superior und inferior	Sympathicus	Offenhalten der Lidspalte

Innervation und Funktion der Lidmuskeln

1.3.3 Tränenorgan

Zum Tränenorgan gehören die Tränendrüse und die Tränenwege.
❻ Die Tränendrüse *(Glandula lacrimalis)* liegt temporal (schläfenwärts) oberhalb des Augapfels. Ihre Ausführungsgänge münden in die obere Umschlagsfalte *(Fornix conjunctivae)* zwischen Bindehaut des Augenlides *(Conjunctiva palpebrae)* und Bindehaut des Augapfels *(Conjunctiva bulbi)*. Die Tränen benetzen das Auge und gelangen durch Lidschlag zum nasenwärts gelegenen Augenwinkel. Dort werden sie von den Tränenpünktchen *(Puncta lacrimalia)* über die kleinen Tränenkanälchen *(Canaliculi lacrimales)* in den Tränensack *(Saccus lacrimalis)* abgesaugt. Von dort gelangen sie in den Tränennasengang *(Ductus nasolacrimalis)*, der unterhalb der unteren Nasenmuschel in die Nasenhöhle mündet. Deshalb läuft beim Weinen die Nase.
Die **Tränenflüssigkeit** besteht aus mehreren Substanzen und hat vielfältige Funktionen:

■ Schafft eine optisch günstige Oberfläche durch glatte Abgrenzung zur Luft und Ausgleich kleiner Unebenheiten der Hornhaut
■ Ernährt die Hornhaut

Weg der Tränenflüssigkeit: Tränendrüse
↓
Tränenpünktchen
↓
kleine Tränenkanälchen
↓
Tränensack
↓
Tränennasengang
↓
Mündung in Nasenhöhle.

Aufgaben der Tränenflüssigkeit.

Augenheilkunde

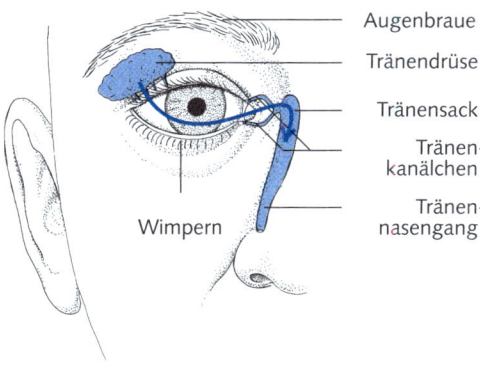

Augenbraue
Tränendrüse
Tränensack
Tränenkanälchen
Tränennasengang
Wimpern

Abb. 1.9 Tränenwege. [A400-190]

- Schwemmt kleine Fremdkörper von der Hornaut fort
- Wirkt bakteriostatisch bzw. bakterizid durch ihren Lysozymgehalt.

? Übungsfragen

❶ Aus welchen Hüllen bzw. Räumen besteht der Augapfel?

❷ Welches sind die funktionell wichtigsten Stellen der Netzhaut?

❸ Durch welche Strukturen ist die vordere Augenkammer, durch welche der Kammerwinkel begrenzt?

❹ Erläutern Sie Kammerwasserproduktion und -abfluss!

❺ Was ist unter der Akkommodation zu verstehen?

❻ Wie verlaufen die Tränenwege?

2 Untersuchungsmethoden

2.1 Instrumentarium

Typische Instrumente für die augenärztliche Untersuchung sind Augenspiegel, Gonioskop, Spaltlampe, Tonometer, Brillenkasten, Phoropter und Prisma.

Augenspiegel

❶ Der Augenspiegel, das **Ophthalmoskop,** dient zur Diagnostik des Augenhintergrundes *(Fundus oculi)*. So können **Netzhaut** und **Netzhautgefäßsystem, Aderhaut** und **Sehnerv** beurteilt werden. Nach Erweiterung der Pupille mit einem *Mydriatikum* (pupillenerweiternde Substanz, z.B. Atropin), wird der Patient im abgedunkelten Untersuchungszimmer untersucht. Für die Ophthalmoskopie, auch Augenhintergrundspiegelung oder Fundusuntersuchung genannt, stehen zwei Methoden zur Verfügung:

Indirekte Ophthalmoskopie

Mit Hilfe eines umgekehrten Bildes wird der Überblick über den Augenhintergrund und eine Beurteilung seiner Peripherie ermöglicht.

Direkte Opthalmoskopie

Über ein aufrechtes Bild wird die Untersuchung von Sehnerv und Makula (gelber Fleck) im Detail ermöglicht.

Merke

Die Pupille darf nur nach ärztlicher Anweisung erweitert werden, nachdem geklärt wurde, dass keine flache Vorderkammer vorliegt. Sonst besteht Gefahr eines Winkelblockglaukomanfalls (☞ 9.2).

Kontaktglas

Mit einem Kontaktglas, in welchem kleine Spiegel in verschiedenen Winkeln angeordnet sind, können auch periphere Fundusareale sowie der **Kammerwinkel (Gonioskopie**-Kontaktglas) detailliert untersucht werden. Dazu wird das Kontaktglas direkt auf die anästhesierte Hornhaut des Patienten aufgesetzt.

Spaltlampe

❷ Das **Spaltlampenmikroskop** ermöglicht die mikroskopische Beurteilung der vorderen Augenabschnitte **Hornhaut, Vorderkammer, Iris** und **Linse.** Die Untersuchung erfolgt meist mit

- Augenspiegel
- Gonioskop
- Spaltlampe
- Tonometer
- Brillenkasten, Phoropter
- Prisma.

- Beurteilung von Netzhaut, Netzhautgefäßsystem, Aderhaut, Sehnerv

- Indirekte und direkte Ophthalmoskopie.

Beurteilung des Kammerwinkels.

Beurteilung von Hornhaut, Vorderkammer, Iris, Linse.

10–16facher Vergrößerung. Mit entsprechenden Lupen ist mit der Spaltlampe auch die detaillierte indirekte Ophthalmoskopie möglich.

Brillenkasten
Der **Probiergläserkasten** enthält alle zur Brillenanpassung benötigten, sphärischen, zylindrischen und prismatischen Gläser (☞ 14) in Kunststofffassungen sowie ein Probiergestell. Heute wird der Probiergläserkasten oft durch die Probierglasscheibe im Phoropter ersetzt.

Phoropter
Der Phoropter ist ein modernes Gerät zur Prüfung des Sehvermögens. Die in einer Probierglasscheibe enthaltenen Probiergläser sind hier für jedes Auge getrennt und gegen Verkratzungen und Verschmutzungen geschützt aufbewahrt. Die Brillenglasbestimmungen für Ferne und Nähe können so bei individueller Kopf- und Körperhaltung des Patienten bequem und genau mit geringem Zeitaufwand durchgeführt werden.

Prisma
Prismengläser dienen dem Ausgleich fehlerhafter Augenstellungen und werden u.a. bei der Behandlung von verschiedenen Formen des Schielens (☞ 14.5) und bei Amblyopiebehandlung (Schwachsichtigkeit mit verminderter zentraler Sehschärfe) angewandt.

2.2 Prüfung der Sehschärfe, der Brechungszustände und des Gesichtsfeldes

2.2.1 Sehleistung und Sehschärfe

Die **Sehleistung** oder der sog. **Rohvisus** ist ein Maß für das maximale optische Auflösungsvermögen des Auges in der Fovea centralis (zentraler Teil des gelben Fleckes) bei Prüfung **ohne Brillengläser:** sine correctione = s.c.
Die **Sehschärfe** ist ein Maß für das maximale optische Auflösungsvermögen des Auges in der Fovea centralis bei bestmöglicher Korrektur **mit Brillengläsern:** cum correctione = c.c.
Die Sehschärfe hat den Wert 1,0 (bzw. 100%), wenn das optische Auflösungsvermögen 1 Bogenminute beträgt. Bei guten Lichtverhältnissen kann das Auge zwei Punkte gerade noch auseinander halten, wenn die davon ausgehenden Strahlen zueinander einen Winkel von einer Minute (1'=1/60 Grad) bilden. Nicht selten

Prüfung des Sehvermögens und Brillenanpassung.

Ausgleich fehlerhafter Augenstellungen.

Dioptrie: Maßeinheit für die Brechkraft eines optischen Systems.

werden auch höhere Werte (z.B. 1,2 bzw. 120%) ermittelt; für viele Bereiche des täglichen Lebens genügt jedoch eine Sehschärfe zwischen 0,5–0,6 bzw. 50–60%.

2.2.2 Brechungszustände und Sehschärfe

Brechkraft

❸ Die Maßeinheit für die Brechkraft eines optischen Systems ist die **Dioptrie** (dpt). Sie ist als Kehrwert der Brennweite in Metern definiert. Es gilt: 1 dpt = 1/1 m, 2 dpt = 1/2 m = 50 cm. Die **Gesamtbrechkraft** des Auges setzt sich aus der Brechkraft der Hornhaut und der Brechkraft der Linse zusammen. Sie beträgt ca. 60–75 dpt. Die Differenz von 15 dpt ist mit der natürlichen Akkommodationsfähigkeit der Linse im Auge zu erklären. Dieser **Normzustand** der Brechkraft des Auges wird als **Emmetropie** bezeichnet.

> Emmetropie: Normzustand der Brechkraft des Auges.

Fernseh- und Nahsehschärfe

Die **Fernsehschärfe** (Fern*visus*) wird aus einer Entfernung von 5 m mit Hilfe standardisierter Sehtesttafeln geprüft. Dabei wird die kleinste noch lesbare Buchstaben-, Zahlen-, bzw. Zeichenreihe ermittelt. Das Ergebnis wird in Brüchen bzw. Dezimalzahlen oder Prozent (s.o.) angegeben. Oberhalb des Bruchstrichs steht die Prüfentfernung (z.B. 5 m), und unterhalb des Bruchstrichs die Entfernung, aus der ein Normalsichtiger das Sehzeichen noch lesen kann (z.B. 50 m). Diese ist bei den Sehzeichen vermerkt. Der daraus resultierende Bruch (z.B. 5 m/50 m) ergibt die Sehschärfe (z.B. 0,1 = 10%).

Die **Nahsehschärfe** (Nah*visus*) wird entsprechend von Sehtesttafeln in einer Entfernung von 30 cm geprüft. Bei sehr schwacher Sehschärfe versucht der Patient, Finger aus 1 m Entfernung zu zählen, Handbewegungen dicht vor dem Auge zu erkennen oder Lichtschein aus unterschiedlichen Richtungen zu lokalisieren (Lichtprojektion) oder überhaupt wahrzunehmen (Lichtwahrnehmung).

> Prüfung der Sehschärfe:
> - Mit Sehtesttafeln
> - Bei schwacher Sehschärfe mit Fingerzähler, Handbewegungen oder Lichtlokalisation/-wahrnehmung.

2.2.3 Gesichtsfeldprüfung

❹ Das **Gesichtsfeld** ist der Bereich, in dem bei geradeaus gerichtetem Blick in der Peripherie noch Objekte wahrgenommen werden können. Gesichtsfeldausfälle werden als **Skotome** bezeichnet.

Konfrontationsversuch (Parallelversuch)

Ein sehr **grober Überblick** über das Gesichtsfeld ist anhand des Konfrontations- bzw. Parallelversuches möglich. Untersucher und Patient stehen oder sitzen sich im Abstand von einer Arm-

> Konfrontationsversuch: grober Überblick.

Augenheilkunde

länge gegenüber. Beide schließen das jeweils gegenüberliegende
Auge (z.B. Patient rechtes Auge und Untersucher linkes Auge)
und fixieren sich mit dem geöffneten Auge. Der Untersucher be-
wegt einen Finger aus vier Richtungen kommend (schläfenwärts
von oben und unten, nasal von oben und unten) in der zwischen
ihnen liegenden Mittelebene zum Auge hin. Das Gesichtsfeld des
Patienten wird auf diese Weise grob mit dem des Untersuchers
verglichen.

Perimetrie

Die Perimetrie ermöglicht eine **objektive Einschätzung** des Gesichtsfeldes. Der Patient schaut dabei in eine Halbkugel, in der
Lichtpunkte projiziert werden. Es werden zwei Methoden unterschieden:

Schwellenwertbestimmung

Die Bestimmung der Empfindlichkeitsschwellen für weißes und
farbiges Licht ermöglicht den Nachweis sehr kleiner Gesichtsfeldausfälle und hat große Bedeutung in der Diagnostik des Grünen
Stars (☞ 9).

Bestimmung von Linien gleicher Empfindlichkeit

Verschiedene Reizmarken werden von außerhalb des Gesichtsfeldes nach innen geführt. Die Stellen, an denen die Reizmarke gerade gesehen wurde, werden notiert und miteinander verbunden.
Verschiedene Reizmarken ergeben so Linien gleicher Empfind-
lichkeit, sog. **Isopteren.**

2.3 Augeninnendruckmessung

Normwerte

Der mittlere Augeninnendruck (intraokularer Druck) liegt bei
15 mmHg (normaler Druck von 10–21 mmHg). Höhere Werte
können auf einen Grünen Star (☞ 9) hinweisen.

2.3.1 Palpation

Zur Orientierung für den Augeninnendruck wird der Bulbus palpiert (betastet). Bei geschlossenen Augen blickt der Patient nach
unten und der Untersucher palpiert den Bulbus mit zwei Fingern.
Größere Druckdifferenzen oder steinharte Bulbi wie beim akuten
Glaukom (☞ 9.2) können so festgestellt werden.

Perimetrie:
objektive
Einschätzung.

- Normwert:
  10–21 mmHg
- Methoden:
  Palpation und
  Tonometrie.

2.3.2 Tonometrie

❺ Der Augeninnendruck kann anhand von **zwei Verfahren** mit dem Tonometer genau gemessen werden.

- Applanations-tonometrie
- Impressions-tonometrie.

Applanationstonometrie nach GOLDMANN

Das Applanationstonometer wird im Sitzen oder im Liegen des Patienten angewandt. Er ist auch an der Spaltlampe befestigt. Vor der Messung wird die Hornhaut des Patienten anästhesiert. Das Messkörperchen des Applanationstonometers wird mit der Hornhaut so weit in Kontakt gebracht, dass eine bestimmte Fläche der Hornhaut gleichmäßig abgeplattet *(applaniert)* ist. Die dazu notwendige Kraft wird gemessen und der so ermittelte Augeninnendruck direkt abgelesen. Vorteil dieser Methode ist, dass die Messung von der individuell verschiedenen Dehnungs-fähigkeit der Hornhaut und Lederhaut weitgehend unabhängig ist.

Impressionstonometrie nach SCHIÖTZ

Der kleine Senkstift des Impressionstonometers wird auf die an-ästhesierte Hornhaut aufgesetzt und dellt diese ein. Je geringer der Augeninnendruck ist, desto tiefer drückt der Senkstift die Hornhaut ein. Anhand einer Eichtabelle wird über den gemesse-nen Wert der Augeninnendruck ermittelt. Die Impressionstono-metrie wird heute nur noch selten angewandt, da die Resultate von der individuell verschiedenen Dehnungsfähigkeit der Augen-hüllen beeinflusst werden. Beispielsweise sind bei Kurzsichtigkeit (☞ 14.2) Hornhaut und Lederhaut stärker dehnbar (weil dün-ner) als beim Gesunden.

2.4 Beurteilung der Pupillen und Lider

2.4.1 Beurteilung der Pupillen

❻ Die Pupillen werden nach ihrer Größe, Form, Reaktion und Seitengleichheit beurteilt. Normalerweise ist die Pupille **rund,** bei mittlerer Beleuchtung **mittelweit** (ca. 3 mm) und beide Pupillen zeigen eine **gleiche Weite** auf, eine sog. **Isokorie.** Reagieren die Pupillen unterschiedlich, liegt eine **Anisokorie** (Seitenungleich-heit) vor.

❼ Bei der Pupillenreaktion wird die **direkte Lichtreaktion,** bei der sich die Pupille bei Lichteinfall prompt verengt, von der **indi-rekten Lichtreaktion,** bei der sich die Pupille bei Lichteinfall ins *andere* Auge verengt, unterschieden.

Normal: rund, mittelweit, isokor (gleiche Weite).
- Direkte Lichtreak-tion: Verengung der beleuchteten Pupille
- Indirekte Lichtreak-tion: Verengung der Pupille des nichtbeleuchteten Auges bei beleuchtetem anderen Auge
- Naheinstellungs-reaktion.

Augenheilkunde

Naheinstellungsreaktion

Wechselt der Blick aus der Ferne zu einem Objekt in der Nähe kommt es zur

- **Konvergenz der Bulbi:** beide Augäpfel bewegen sich gleichzeitig nach innen
- **Miosis:** Verengung der Pupillen
- **Akkommodation:** Anpassung der Linsenkrümmung (Tab. 1.5)

Dadurch ergibt sich ein scharfes Bild des nahen Objektes auf der Netzhaut.

Die Naheinstellungsreaktion wird geprüft, indem der Untersucher einen Finger oder Gegenstand bis ca. 20 cm vor die Augen des Patienten führt. So können Konvergenz und Miosis beobachtet werden.

2.4.2 Beurteilung der Lidbindehaut

Ektropionieren

Zur Beurteilung der Lidbindehaut und zur Entfernung von Fremdkörpern werden Ober- bzw. Unterlid **ektropioniert:** Dabei wird das Oberlid z. B. um einen Glasstab nach oben gewendet bzw. das Unterlid mit dem Finger nach unten gezogen.

? Übungsfragen

❶ Welche Bestandteile des Auges lassen sich mit dem Augenspiegel beurteilen?

❷ Welche Bestandteile des Auges lassen sich mit der Spaltlampe beurteilen?

❸ Was ist die Dioptrie?

❹ Was ist das Gesichtsfeld und wie erfolgt die Gesichtsfeldprüfung?

❺ Wie kann der Augeninnendruck gemessen werden?

❻ Wonach wird die Pupille beurteilt?

❼ Wie unterscheiden sich direkte und indirekte Lichtreaktion?

3 Erkrankungen der Lider

3.1 Fehlstellungen und Anomalien der Lider

3.1.1 Ektropium

❶ Bei einem Ektropium ist das Oberlid **auswärts** gedreht oder das Unterlid hängt herab (häufigere Form).

Ursachen und Formen

- Erschlaffung des Bindegewebes beim senilen Ektropium (häufigste Form)
- Narbenektropium bei Narbenkontrakturen am Unterlid
- Lähmung des M. orbicularis oculi (ringförmiger Lidmuskel) bei Fazialisparese: paralytisches Ektropium und Lagophthalmus (☞ 3.1.4).

Formen:
- Seniles Ektropium
- Narbenektropium
- Paralytisches Ektropium.

Klinik und Diagnostik

- Tränenträufeln *(Epiphora)* durch Auswärtsdrehung des Tränenpünktchens *(Eversio puncti lacrimalis)*
- Reizungen und Entzündungen der Konjunktiva
- Austrocknen der Binde- und Hornhaut, evtl. Keratitis é lagophthalmo (☞ 6.4).

Ein Ektropium kann bereits mit Blickdiagnostik beurteilt werden.

Augenheilkunde

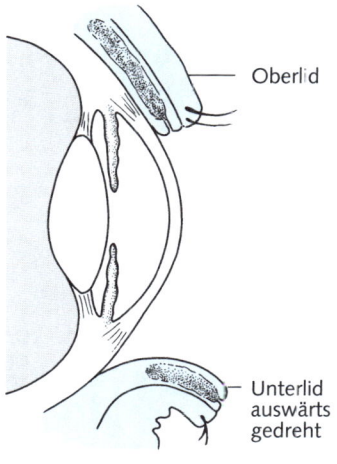

Oberlid

Unterlid auswärts gedreht

Abb. 3.1
Ektropium. [L157]

Therapie und Prognose

- Operativ: keilförmige Exzision aus dem tarsalen Bindegewebe mit nachfolgender Naht, beim Narbenektropium jedoch schwierig
- Gute Prognose, jedoch relativ häufig Zweit-OP erforderlich.

3.1.2 Entropium

❶ Beim Entropium ist die Lidkante **einwärts** gedreht.

Ursachen und Formen

- Erschlaffung des Bindegewebes und Spasmus des M. orbicularis oculi (oft Unterlid) beim **Entropium senile** *(spasticum)*
- Verletzungen, Verätzungen, Entzündungen oder Trachom, häufig am Oberlid: **Narbenentropium** (Entropium cicatricium).

Formen:
- Seniles Entropium
- Narbenentropium.

 Klinik und Diagnostik

- Schmerzhafte Hornhautreizung und Epitheldefekte durch Trichiasis (☞ 3.3.4)
- Hornhautulzerationen und -vaskularisationen sind möglich
- Blickdiagnostik.

 Therapie und Prognose

Die Operation ist Therapie der Wahl. Beim Narbenentropium ist die Therapie schwierig.

Die Prognose ist gut, jedoch ist relativ häufig eine zweite Operation erforderlich.

Abb. 3.2
Entropium. [L157]

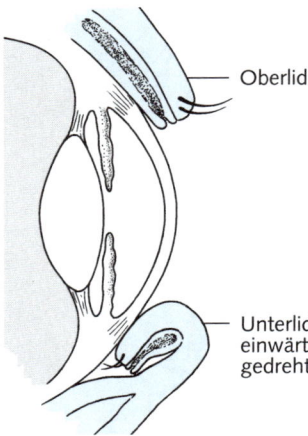

Oberlid

Unterlid einwärts gedreht

3.1.3 Ptosis

❷ Das Herabhängen des Oberlids wird als **Ptosis** bezeichnet.

Ursachen und Formen
- Angeboren und meist beidseitig: **Ptosis congenita**
- Senile Ptosis durch Schwäche der Levatorsehne bzw. Atrophie des Levatoransatzes am Tarsus bedingt
- Paralytisch
  - Lähmung des M. levator palpebrae (Lidheber) bei Okulomotoriuslähmung: **Ptosis paralytica**
  - Lähmung des M. tarsalis bei HORNER-Syndrom (☞ 13.1.2) durch Ausfall von Bahnen des Sympathicus: Ptosis sympathica
- **Myogene Ptosis:** muskuläre Ursachen, meist infolge Muskelschwäche *(Myasthenie)*.

Formen:
- Angeborene Ptosis
- Senile Ptosis
- Paralytische Ptosis
- Myogene Ptosis.

Klinik
- Gefahr der Amblyopie (☞ Glossar) bei Ptosis congenita
- Im Erwachsenenalter Einschränkungen des Gesichtsfeldes und Sehstörungen des zentralen Sehens.

Therapie und Prognose
Operation bei ungleicher Lidspalte und frühzeitige Operation, falls die Pupille verdeckt ist, um die Ausbildung einer Schwachsichtigkeit als Folge des Ausschlusses eines Auges vom Sehen *(Deprivationsamblyopie bei Ptosis congenita)* oder eines Strabismus (☞ 14.5) vorzubeugen.

Pflege
- Mittels Pflasterzug Auswärtsdrehung des Unterlides möglich
- Schafft Erleichterung bis zum Operationstermin.

3.1.4 Lagophthalmus

Ein **Lagophthalmus** bezeichnet einen inkompletten Lidschluss. Lagophthalmus bedeutet »Hasenauge«, abgeleitet von dem Irrtum, Hasen würden mit offenen Augen schlafen.

Ursachen
- Ausfall des M. orbicularis oculi (ringförmiger Lidmuskel) durch Lähmung des N. facialis
- Starker Exophthalmus (☞ 13.1.1)
- Narbenektropium
- Koma.

Augenheilkunde

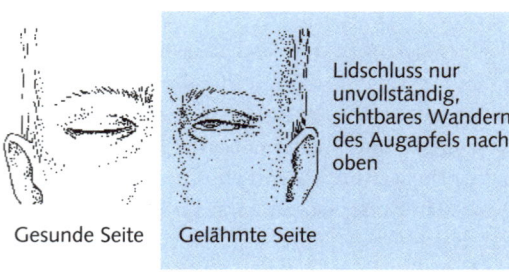

Gesunde Seite   Gelähmte Seite

Lidschluss nur
unvollständig,
sichtbares Wandern
des Augapfels nach
oben

 Klinik

Durch den unvollständigen Lidschluss reißt der Tränenfilm ab
und die Hornhaut trocknet – insbesondere nachts und im unteren Bereich – aus. Dies kann zur Keratitis é lagophthalmo (☞ 6.4)
mit Gefahr des Hornhautulkus führen.

 Therapie und Prognose

- Konservativ
  - Antibiotische und pflegende Augensalben
  - Uhrglasverband zur Bildung einer feuchten Kammer, um
    das Austrocknen der Hornhaut zu verhindern
  - Weiche Kontaktlinsen
  - Tränenersetzende Augentropfen.
- Operativ
  - Teilweiser oder vollständiger temporärer Verschluss der
    Lider: **Blepharorrhaphie** bzw. **Tarsorrhaphie** (☞
    Abb. 3.4).

Die Prognose ist abhängig von der Rückbildung bzw. Korrektur
des Lagophthalmus.

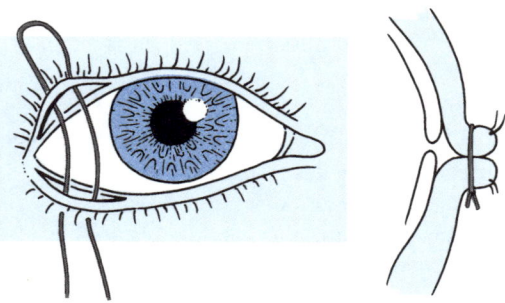

Pflege

- Spezielle Augenpflege
  - Mit nicht fasernden, feuchten Tupfern (z.B. NaCl 0,9%) Augenlider behutsam reinigen
  - Immer von außen nach innen arbeiten
  - Jeden Tupfer nur einmal benutzen
  - Augen trockentupfen
- Applikation von Augentropfen und -salben
  - Patienten mit zurückgeneigtem Kopf nach oben blicken lassen
  - Unterlid nahe dem Wimpernrand mit einem Tupfer leicht nach unten ziehen
  - Arzneimittel applizierende Hand an der Stirn des Patienten abstützen
  - Tropfen bzw. Salbe in die Mitte des Bindehautsackes geben
  - Überflüssige Lösung abtupfen.

3.2 Entzündungen der Lider

3.2.1 Gerstenkorn

❸ Das Gerstenkorn *(Hordeolum)* ist eine akute eitrige, meist durch Staphylokokken verursachte, Entzündung im Bereich der Lidkante.

❹ Als Formen werden die seltene Form **Hordeolum externum** in den ZEISS- oder MOLL-Drüsen von der häufigen Form **Hordeolum internum** in den MEIBOM-Drüsen (☞ Abb. 1.7) unterschieden.

 Klinik und Diagnostik

Das Lid ist geschwollen, gerötet und sehr schmerzhaft, gelegentlich ist die Bindehaut beteiligt. Später lokalisierter schmerzhafter Abszess mit oftmals spontanem Durchbruch *(Perforation)*.
Bei der Diagnose müssen allergische Lidschwellung und Orbitaphlegmone (☞ Prognose) abgegrenzt werden.

 Therapie

- Wärme (Infrarotstrahlung) fördert eine schnellere Abkapselung oder den Durchbruch der Entzündung
- Lokale Antibiotika verhindern die Ausbreitung auf andere Lidranddrüsen
- Evtl. Stichinzision (von innen), falls das Hordeolum nicht spontan perforiert
- Bei Kindern Verband, um das Reiben der Augen zu verhindern.

- Hordeolum externum: akute Entzündung der ZEISS-Drüsen oder MOLL-Drüsen
- Hordeolum internum: akute Entzündung der MEIBOM-Drüsen.

Augenheilkunde

Prognose und Komplikation

Bei häufigen Rezidiven, sog. **Hordeolosen,** besteht der Verdacht auf Diabetes mellitus. Mögliche Komplikation des Gerstenkorns ist die **Orbitaphlegmone,** bei der sich die Infektion in der gesamten Orbita ausbreitet. Durch Weiterleitung der Keime kann eine Sinus-cavernosus-Thrombose als lebensbedrohliche Komplikation entstehen (selten).

3.2.2 Hagelkorn

Chronische
Entzündung der
Meibom-Drüsen.

❸ Das Hagelkorn *(Chalazion)* ist die chronische Entzündung mit Sekretstau in den Meibom-Drüsen.

Klinik und Diagnostik

Die Symptome entwickeln sich langsamer als beim Gerstenkorn. Beim Ektropionieren (☞ 2.4.2) fällt ein kleiner, harter, gelber Knoten im Lid auf. Differentialdiagnostisch muss an ein Talgdrüsenkarzinom der Meibom-Drüsen oder ein Basaliom (☞ 3.3.2) gedacht werden.

Therapie und Prognose

Im Anfangsstadium wird das Hagelkorn mit antibiotischen Salben behandelt; ansonsten operativ entfernt. Es kommt selten zur spontanen Rückbildung. Ständige Rezidive können auf einen Diabetes mellitus hinweisen.

3.2.3 Blepharitis

Schuppende
Entzündung des
Lidrandes.

Die Blepharitis ist eine schuppende Entzündung des Lidrandes. Die Ursachen liegen in einer seborrhoischen Disposition der Haut, Infektionen mit Bakterien (z. B. Staphylokokken), Pilzen (z. B. Candida) oder Parasiten (z. B. Filzläuse). Begünstigt wird die Blepharitis durch Staub und Rauch.

Klinik und Diagnostik

Zwei Formen:
- Blepharitis
  squamosa
- Blepharitis
  ulcerosa.

- **Blepharitis squamosa:** Jucken und Brennen sowie Rötung und Schwellung der Lidränder, Hautschüppchen zwischen den Wimpern
- **Blepharitis ulcerosa** (geschwüriger Zerfall): gelbliche Krusten auf den Lidrändern und der angrenzenden Haut, Wimpern fallen aus oder wachsen in die falsche Richtung (*Trichiasis* ☞ 3.3.4).

Therapie und Prognose
Lidrandhygiene (z.B. mit Babyshampoo) bringt Besserung, antibiotische Behandlung zur Bekämpfung der Staphylokokken-Superinfektion für zwei Wochen
- *Blepharitis squamosa:* kurzfristig Anwendung von Breitspektrumantibiotika (z.B. Erythromycin-Augensalbe), begrenzte Anwendung von lokalen Kortikosteroiden
- *Blepharitis ulcerosa:* sofortige Therapie mit Breitspektrumantibiotika (z.B. Erythromycin-Augensalbe oder Gentamycin-Augensalbe).

Bei der Blepharitis ulcerosa kommt es ohne wirksame Therapie zum raschen Ausfallen der Wimpern (wachsen nie wieder nach) und es kann eine narbig abgerundete Lidkante entstehen.

 Pflege
☞ 3.1.4 *Spezielle Augenpflege*

3.3 Weitere Erkrankungen der Lider

3.3.1 Lidödem

Das Lidödem ist eine Schwellung der Lidhaut. Es kann durch lokale Infektionen, allergische Reaktionen, allgemeine Infektionskrankheiten, beim Myxödem (bei Hypothyreose) und bei Nierenerkrankungen auftreten.

3.3.2 Basaliom

Das Basaliom (Basalzellkarzinom) tritt häufig bei älteren Menschen auf und ist der **häufigste maligne Tumor** des Augenlides. Starke Sonnenexposition erhöht das Risiko.

- Häufigster maligner Tumor des Augenlides
- Risikofaktor: Sonnenexposition.

 Klinik und Diagnostik
Derber schmerzloser Knoten, häufig in der Nähe des Lidrandes, mit zentraler Eindellung oder Ulzeration. Langsames zerstörendes Wachstum auch in die Tiefe. Einwachsen in die Nebenhöhlen und in das Schädelinnere möglich. Der Tumor setzt keine Metastasen. Die Abklärung erfolgt histologisch nach einer Probeexzision.

 Therapie und Prognose
Wegen Gefährdung der Lidfunktion wird der Tumor möglichst früh vollständig operativ entfernt. Evtl. Kryochirurgie (Kälteverödung mit flüssigem Stickstoff), falls dadurch die Tränenpünktchen geschont werden können. Eine Bestrahlung ist schwierig.

Ggf. kryochirurgische Entfernung.

Augenheilkunde

3.3.3 Xanthelasma

- Flächenhafte Lipideinlagerung in der Lidhaut
- Pathologisch bedeutungslos.

❺ Ein Xanthelasma tritt oft bei Diabetikern oder Patienten mit Fettstoffwechselstörungen *(Hyperlipidämie)* auf. Es sind gelbliche, flächenhafte Lipideinlagerungen in der Lidhaut am Oberlid oder im Augenwinkel. Gelegentlich sind sie aus kosmetischen Gründen störend.

Therapie und Prognose

Entfernung mit CO_2- Laser.

Das Xanthelasma ist pathologisch bedeutungslos. Eine operative Entfernung ist aus kosmetischen Gründen selten notwendig und kann chirurgisch oder mit dem CO_2-Laser erfolgen. Gute Prognose, jedoch häufige Rezidive, da oft nicht alle Lipidinseln entfernt werden können.

3.3.4 Trichiasis

Scheuern Wimpern durch falsche Stellung oder Wachstumsrichtung auf der Hornhaut, liegt eine **Trichiasis** vor. Meist ist sie durch ein Entropium (☞ 3.1.2), eine Blepharitis (☞ 3.2.3), ein Chalazion (☞ 3.2.2) oder ein Hordeolum (☞ 3.2.1) bedingt. Typische Symptome sind Fremdkörpergefühl, Tränenfluss und *Erosio corneae* (Epitheldefekt der Hornhaut).
Die Therapie besteht in der **Epilation** (Haarentfernung). Falls die Haarwurzel mitentfernt wird, ist die Prognose gut.

? Übungsfragen

❶ Wie unterscheiden sich Ektropium und Entropium?

❷ Wodurch ist eine Ptosis gekennzeichnet?

❸ Wie unterscheiden sich Gerstenkorn und Hagelkorn?

❹ Welche zwei Arten des Hordeolums gibt es?

❺ Was ist ein Xanthelasma?

4 Erkrankungen der Tränenorgane

4.1 Entzündungen und Tumoren der Tränendrüse

4.1.1 Akute Dakryoadenitis

❶ Eine akute Dakryoadenitis (Entzündung der Tränendrüse) tritt meist einseitig und oft in Verbindung mit **Allgemeininfekten** wie Scharlach, Masern, Mumps oder grippalen Infekten auf.

 Klinik und Diagnostik
- Druckschmerz
- Schwellung und Rötung des oberen Lidrandes mit Ödem bis hin zur Chemosis (entzündliche Schwellung der Bindehaut)
- Vermehrte Tränensekretion
- Typisch: paragraphenförmige Verformung der Lidspalte
- Fieber.

Differentialdiagnose: Gerstenkorn (☞ 3.2.1) des Oberlides, Raumforderung in der Orbita.

 Therapie und Prognose
- Die Therapie ist abhängig von der Grunderkrankung
- Anfangs milde Wärme
- Systemische Antibiotikatherapie.

Komplikationen sind Abszessbildung und Orbitaphlegmone (☞ 3.2.1).

4.1.2 Chronische Dakryoadenitis

❶ Die chronische Dakryoadenitis hat **autoimmunologische Ursachen** und tritt bei Infektions- oder Systemerkrankungen, z. B. Trachom, Tuberkulose, Syphilis, Leukämieformen oder rheumatischen Erkrankungen auf.

 Klinik und Diagnostik
- Ein- oder beidseitig derb tastbare Tränendrüse
- Verschiebliche Schwellung, nicht druckschmerzhaft.

Tritt meist einseitig auf mit Druckschmerz.

Typisch: paragraphenförmige Verformung der Lidspalte.

Therapie abhängig von Grunderkrankung, anfangs milde Wärme, ggf. Antibiotika

Autoimmunologische Ursachen.

Tritt ein- oder beidseitig auf ohne Druckschmerz.

Augenheilkunde

Therapie abhängig
von Grund-
erkrankung.

Therapie und Prognose

Die Therapie richtet sich nach der Grundkrankheit. Spätfolge kann eine *Hyposekretion* (verminderte Sekretion) der Tränendrüse sein.

4.1.3 Tumoren der Tränendrüse

Tumoren und **Pseudotumoren** der Tränendrüse kommen in Form von Schwellungen im temporalen oberen Orbitabereich vor und treten vor allem bei Erwachsenen auf.

Klinik und Diagnostik

Sie sind meist schmerzlose, durch das Oberlid tastbare Knoten. Es kommt zur Verdrängung des Augapfels typischerweise nach nasal unten mit Einschränkung der Lidbewegung und des Lidschlusses. Evt. sehen die Patienten Doppelbilder, und es tritt eine *Pseudoptose* (scheinbares Herabhängen des Lides) auf.
Die Diagnose wird über die Echographie, das CT und die Histologie gestellt.

Therapie und Prognose

Die Therapie ist vom Tumor abhängig, evtl. operative Entfernung des gesamten Tumors. Tränendrüsenmischtumoren sind schwer im Gesunden zu entfernen, da sie weit in die Orbita vordringen.

4.2 Abflussbehinderungen der Tränenwege

Abflussbehinderungen *(Stenosen)* der Tränenwege können angeboren oder erworben sein.

Klinik und Diagnostik
Angeborene Tränenwegstenose

❷ Verschluss der Schleimhautmembran (HASNER-Klappe) an der Einmündung des Tränennasenganges in die Nase. Dadurch kommt es zu einem Rückstau der Tränenflüssigkeit und zum Tränenträufeln mit eitrigem Sekret im inneren Lidwinkel.

Erworbene Tränenwegstenose

Narben nach Entzündungen, Verletzungen oder Verbrennungen am Auge können zur Tränenwegstenose führen, die dann meist einseitig auftritt.

Formen:
■ Angeborene
Tränenwegstenose
■ Erworbene
Tränenwegstenose.

Therapie und Prognose
Angeborene Tränenwegstenose
Der Verschluss muss möglichst schnell behoben werden, da eine narbige *Obstruktion* (Verlegung) sonst sehr wahrscheinlich ist.

- Spontane Öffnung des Tränennasenganges in den ersten Lebenswochen abwarten
- Massage des Tränensackes → Druckerhöhung → Platzen der Membran
- Spülung der Tränenwege durch den Augenarzt
- Sondierung des Ganges durch das obere Tränenpünktchen mit einer BOWMAN-Sonde.

Erworbene Tränenwegstenose
Spülungsversuche sind meist erfolglos. Oft ist eine mikrochirurgische Operation mit Bildung eines neuen Abflussweges erforderlich: **Dakryozystorhinostomie** nach TOTI = Öffnung der hinteren Tränensackwand zum Nasenlumen hin. Außerdem kommen endoskopisch-chirurgische Techniken zum Einsatz.

4.3 Entzündungen des Tränensacks

Eine **Tränensackentzündung** *(Dakryozystitis)* ist oftmals Folge von Stenosen der ableitenden Tränenwege. Erreger sind meist Pneumo-, Strepto- oder Staphylokokken.

 Klinik und Diagnostik
Akute Dakryozystitis
Begleitödem und Mitentzündung des umgebenden Gewebes *(Dakryophlegmone)*, Rötung, heftiger Druckschmerz, Anschwel-

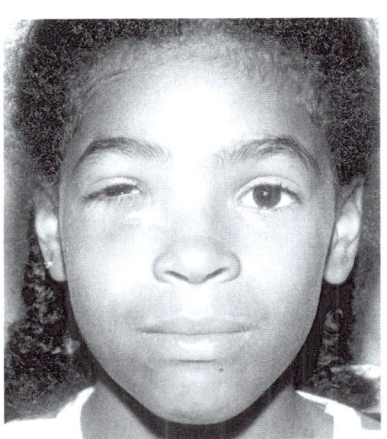

Abb. 4.1
Dakryozystitis.
[T132]

len der regionären Lymphknoten, konjunktivaler Reizzustand, subfebrile Temperaturen.

Chronische Dakryozystitis

Einseitiges Tränenträufeln. Gelegentlich therapieresistente sekundäre Konjunktivitis, Tränensack kann schmerzlos geschwollen sein. Entleerung von schleimig-eitrigem Sekret bei Druck auf den erweiterten Tränensack.

Therapie und Prognose
Akute Dakryozystitis

- Systemische hochdosierte Antibiotikagabe, lokale antibiotische Salben, lokale Wärme, Bettruhe
- Bei starker Schwellung Schnittöffnung *(Inzision)* des Tränensacks
- Keine Spülung der Tränenwege im akuten Stadium, um weitere Verletzungen zu vermeiden
- Nach Abklingen der akuten Symptome Lokalisation eines eventuellen Verschlusses, Sanierung des Tränensackes mit der Operation nach TOTI (☞ 4.2).

Die **chronische Dakryozystitis** wird mit der Operation nach TOTI behoben.

Komplikationen

- Tränensackphlegmone
- Sinus-cavernosus-Thrombose (direkte Verbindung zum Sinus cavernosus über V. angularis)
- Hornhautulkus bei oberflächlichen Epithelläsionen.

? Übungsfragen

❶ Bei welchen Erkrankungen kommt es zur Entzündung der Tränendrüse und wie unterscheiden sich die akute und die chronische Form der Dakryoadenitis?

❷ Woran muss bei Tränenträufeln kurz nach der Geburt gedacht werden?

5 Erkrankungen der Bindehaut

5.1 Bindehautentzündung

❶ Die Entzündung der Bindehaut *(Konjunktivitis)* ist eine der häufigsten Erkrankungen des Auges. Die Ursachen können **nicht-infektiös** (z.B. durch Fremdkörper, Verätzungen, Verletzungen), **infektiös** (z.B. durch Bakterien oder Viren) oder **allergisch** (z.B. durch Pollen, Kosmetika, Medikamente) sein. Wichtig ist die genaue Abklärung der Ursache, um gezielt behandeln zu können.

Klinik und Diagnostik
Das klinische Bild wird durch Art und Intensität des pathogenen (krankheitsverursachenden) Reizes bestimmt. Die häufigsten Symptome einer Konjunktivitis sind:
- **Konjunktivale Injektion:** »rotes Auge« durch vermehrte Füllung der Bindehautgefäße, besonders Lidwinkel und Lidbindehaut *(Konjunktiva tarsi)*. Eine Rötung in der Umgebung der Hornhaut spricht für einen Hornhautprozess
- **Jucken** (besonders bei allergischer Ursache), Brennen, Fremdkörpergefühl (»Sand im Auge«)
- ❷ **Abwehrtrias:**
  - Lichtscheu, auch *Photophobie* genannt
  - Vermehrte Tränenbildung
  - Blepharospasmus (krampfhafter Verschluss der Lidspalte bei schweren Schmerzen)
- **Chemosis:** Schwellung der Bindehaut bis zum glasigen Ödem
- **Sekretion:** wässrig, schleimig oder – bei bakterieller Infektion – eitrig.

Die Diagnostik wird anhand einer ausführlichen Anamnese und dem Lokalbefund (ggf. Abstrich) gestellt.

5.1.1 Keratoconjunctivitis sicca

❸ Die Keratoconjunctivitis sicca wird häufig durch Tränenmangel hervorgerufen, u.a. bei verminderter Tränenproduktion im Alter, Allgemeinerkrankungen aus dem rheumatischen Formenkreis (z.B. SJÖGREN-Syndrom) oder Medikamenteneinnahme (z.B. lokale Kortisonpräparate, Hormonpräparate).

Ursachen:
- Nichtinfektiös
- Infektiös
- Allergisch.

- Rötung der Konjunktiven
- Jucken
- Typische Abwehrtrias
- Chemosis.

Augenheilkunde

Durch Tränenmangel verursacht.

Quälendes Brennen und Trockenheits-gefühl.

Klinik

Chronische und sehr therapieresistente Bindehautentzündung mit quälendem Brennen und Trockenheitsgefühl. Ist in schweren Fällen die Hornhaut mitbeteiligt, liegt eine **Keratokonjunktivitis** vor.

Künstliche Tränen, ggf. Verödung der Tränenpünktchen.

Therapie und Diagnostik

- Künstliche Tränen in Form von Augentropfen mit leicht vis-kösem Zusatz
- Verödung der Tränenpünktchen oder Verschluss mit Silikon-stöpseln, um die Restmenge der Tränen für die Befeuchtung zu nutzen
- In jedem Falle muss eine Infektion ausgeschlossen werden.

Prognose

Oft langwieriger Verlauf.

Der Krankheitsverlauf ist oftmals langwierig und von anhalten-den Beschwerden gekennzeichnet.

5.1.2 Allergische Konjunktivitis

❸ Man unterscheidet die **akute** allergische Konjunktivitis (Heu-schnupfen-Konjunktivitis) und die **chronische** allergische Kon-junktivitis *(Conjunctivitis vernalis).* Die **Riesenpapillenkonjunk-tivitis,** die z.B. bei Kontaktlinsenträgern vorkommt, gleicht in jeder Beziehung der Conjunctivitis vernalis.

Formen:
- Akute allergische Konjunktivitis
- Chronische allergische Konjunktivitis
- Riesenpapillen-konjunktivitis.

Akute allergische Konjunktivitis

Die Ursachen der akuten allergischen Konjunktivitis sind sehr vielfältig, z.B. Allergien auf Pollen, Bakterientoxine, Medika-mente, Kosmetika oder Tierhaare.

Klinik

- Exsudativ, starke Tränensekretion
- Rötung und Schwellung der Bindehaut mit brennenden Schmerzen
- Oft begleitet von Schnupfen und Entzündung der Rachen-schleimhaut.

Therapie

Die Therapie liegt in der Gabe von antiallergischen Augentrop-fen, evtl. mit Kortikosteroiden und systemischen Antihistami-nika.

Chronische allergische Konjunktivitis

Bei der chronischen allergischen Konjunktivitis *(Conjunctivitis vernalis)* handelt es sich um eine **Immunreaktion** mit familiärer Häufung, wobei vorwiegend Jungen im Kindes- und Jugendalter betroffen sind. Sie tritt besonders vom Frühjahr bis zum Herbst auf.

 Klinik
- Gewebeproliferationen (Gewebewucherungen) der Bindehaut am Oberlid mit »pflastersteinartigem« Aussehen
- Lichtscheu, Juckreiz und Fremdkörpergefühl
- Tränen und geringe Mengen schleimig-zähes Sekret.

 Therapie
Die Therapie besteht in der Gabe von Augentropfen mit Kortikosteroiden und Antihistaminika, Acetylcystein-Gel sowie dem Tragen von Lichtschutzgläsern. Die Dauerprophylaxe erfolgt z. B. mit Cromoglycinsäure. Nach Allergietest kann langfristig eine Desensibilisierung gegen die auslösenden Pollen-Antigene erfolgen (☞ Dermatologie 4.2.2).

Merke

> Kortisontropfen nur zeitlich begrenzt anwenden, da sonst schwerwiegende Nebenwirkungen wie Glaukom, Hornhautulzera und Linsentrübungen auftreten können. Günstiger ist eine gezielte und zeitlich begrenzte hochdosierte Anwendung mit anschließend ausschleichender Dosierung.

Prognose
Die Prognose der chronischen allergischen Konjunktivitis ist günstig. Sie verläuft in der Regel über mehrere Wochen oder Monate mit jährlichen Rezidiven. Schließlich kommt es zur Ausheilung.

5.1.3 Infektiöse Konjunktivitis

Bakterielle Konjunktivitis

❸ **Erreger** der bakteriellen Konjunktivitis sind z. B. Pneumo-, Strepto-, Staphylo- und Gonokokken, Diphtheriebakterien oder Pseudomonas aeruginosa.

 Klinik
Oft brettharte Lidschwellung, flockig-eitrige Sekretion, morgens verklebte Lider und verkrustete Lidränder.

Formen:
- Bakterielle Konjunktivitis
- Chlamydien-Konjunktivitis
- Virale Konjunktivitis.

Augenheilkunde

Therapie

- Vor Behandlung Bindehautabstrich mit Antibiogramm
- Sofortiger Behandlungsbeginn mit lokalem Breitspektrum-antibiotikum
- Nach Auswertung des Antibiogramms gezielte Therapie (tagsüber Tropfen, nachts Salben).

Pflege

Bindehautabstrich:

- Watteträger steril auspacken
- Vorsichtig durch den freigelegten Bindehautsack streichen
- Watteträger sofort in das Transportmedium zurückstecken.

Bei Verdacht auf Gonokokken- oder Diphteriekonjunktivitis

- Patienten sofort isolieren
- Nichtinfiziertes Auge mit Uhrglasverband schützen
- Eiter mit lauwarmer physiologischer NaCl-Lösung wegspülen; weitere Behandlung in der Augenklinik
- CREDÉ-Prophylaxe bei Neugeborenen: Einträufeln von 1–2 Tropfen einer 1%igen Silbernitratlösung in den Bindehautsack, um bakterielle Entzündungen, insbesondere die *Gonoblennorhoe,* zu verhindern, die zur Gefährdung der Hornhaut des Neugeborenen führen kann (wird nicht mehr in allen Zentren durchgeführt).

Merke

Bei bakterieller Konjunktivitis (Gonokokken!) kann das gestaute Sekret beim Öffnen der Lidspalte spritzen. Gonokokken können die Hornhaut auch ohne vorhandenen Defekt penetrieren, deshalb **Schutzbrille** aufsetzen!

Chlamydien-Konjunktivitis

❸ Die durch den Erreger *Chlamydia oculogenitale* hervorgerufenen bekanntesten Formen sind die Einschlusskörperchen-Konjunktivitis der Neugeborenen (Einschlusskörperchen-*Blennorrhoe)* und die Einschlusskörperchen-Konjunktivitis der Erwachsenen (Schwimmbadkonjunktivitis, *Paratrachom)*. Das in Europa selten gewordene Trachom wird durch das *Chlamydia trachomatis* hervorgerufen.

Klinik, Therapie und Prognose

Unspezifische Symptome wie chronische Rötung und Schwellung, später Follikelbildung und Vernarbung. Die **Therapie** erfolgt entsprechend der bakteriellen Konjunktivitis (lokales Antibiotikum, evtl. systemisch). Die **Prognose** der Einschlusskörperchen-Konjunktivitis ist relativ günstig. Die Trachomerkrankung hat hingegen eine ernste Prognose.

Virale Konjunktivitis

❸ **Ursachen** einer viral bedingten Konjunktivitis können die Erreger von Masern, Röteln, Influenza, Keratoconjunctivitis epidemica und Herpes sein. Die **Therapie** erfolgt symptomatisch. Die **Prognose** ist in den meisten Fällen günstig.

Keratoconjunctivitis epidemica

Ursache der Keratoconjunctivitis epidemica ist ein gleichnamiger Adenovirus.

 Klinik

- Beginn meist einseitig mit Lichtscheu, Schmerzen, Jucken und starkem Fremdkörpergefühl
- Rötung und Schwellung von Bindehaut und Lidern sowie wässrige Sekretion
- Lymphknotenschwellung vor dem Ohr und Kieferwinkel
- Allgemeines Krankheitsgefühl.

Merke

❹ Die Keratoconjunctivitis epidemica ist sehr ansteckend! Tröpfcheninfektion und direkte Kontakte, z.B. Augentropfen-Fläschchen, gemeinsame Benutzung von Handtüchern, Händeschütteln sollten vermieden werden.

 Therapie

- Heilsalben
- Orale Schmerztherapie
- Sorgfältige Hygiene mit Händedesinfektion und Desinfektion der Instumente
- Evtl. kortisonhaltige Augentropfen – diese sind jedoch umstritten.

Die Prognose ist gut. Meist kommt es zur Abheilung innerhalb von zwei Wochen.

5.1.4 Keratoconjunctivitis photoelectrica

❸ Das Hornhautepithel absorbiert sehr stark ultraviolettes Licht. Schon nach kurzer Einwirkzeit zerfallen die oberflächlichen Epithelien, wodurch es zur entzündlichen Reaktion kommt, der Keratoconjunctivitis photoelectrica. Gefahr besteht bei ungeschütztem Blick in die Höhensonne oder UV-Geräte und im Hochgebirge bei Schnee (Schneeblindheit) oder beim Schweißen.

Entzündliche Reaktion bei ungeschütztem Blick in die Sonne, UV-Geräten oder beim Schweißen.

Augenheilkunde

Abwehrtrias, Rötung
und Schwellung der
Bindehaut und Lider
sowie starke Schmer-
zen.

 Klinik

Die Symptome treten mit einer Latenzzeit von 6–12 Stunden auf:
- Abwehrtrias (☞ 5.1)
- Rötung und Schwellung von Bindehaut und Lidern
- Starke Schmerzen und Fremdkörpergefühl.

 Therapie
- Lokalanästhetika, entzündungshemmende Augentropfen (z. B. Voltaren®)
- Vitamin-B-haltige Augensalbe, um die Regeneration des Epithels zu fördern
- Antibiotische Salbe zum Schutz gegen eine Sekundärinfektion
- Je nach Grad der Schädigung: Fahrverbot, Patienten auf die Dauer der Symptomatik von bis zu 24–48 Stunden hinweisen. Evtl. beidäugiger Verband (falls möglich) und Bettruhe für 12–24 Stunden.
- Orale Schmerztherapie.

Prognose

Unter richtiger Therapie mit Salbe und Verband erfolgt eine relativ schnelle Besserung.

 Pflege

❺ Lokalanästhetika sollen nur zur Untersuchung eingesetzt werden. Auch wenn der Patient danach verlangt, da sie die Schmerzen lindern, gehören sie nicht in die Hände des Patienten, da bei längerer Anwendung die Gefahr eines Hornhautulkus besteht. Lokalanästhetika setzen die Hornhautsensibilität herab und stören den Stoffwechsel durch Ausschaltung der Nervenfunktion.

5.2 Flügelfell und Hyposphagma

5.2.1 Flügelfell

Wucherung der
Bindehaut.

Das Flügelfell *(Pterygium)* ist eine dreieckige, oft von nasal in Richtung Kornea gerichtete Wucherung gefäßreicher Bindehaut. Es tritt oft bei älteren Personen im Zusammenhang mit langjähriger Einwirkung von Sonnenstrahlung, Staub und Wind auf.

Sehbeeinträchtigung
und Astigmatismus
bei Erreichen des
Hornhautzentrums.

 Klinik und Diagnostik
- Erreicht das Flügelfell das Hornhautzentrum, kommt es zu Sehbeeinträchtigungen und Astigmatismus
- Die Diagnose erfolgt durch Blickdiagnostik.

Therapie und Prognose

- Chirurgische Therapie nur bei Sehbeeinträchtigung, Astigmatismus (☞ 14.4) oder aus kosmetischen Gründen. Rezidive sind relativ häufig
- Bei Rezidiven mit aggressivem Wachstum ist die Therapie vor allem mit lokalen Zytostatika oder oberflächlicher β-Bestrahlung möglich.

> Nur bei Beschwerden Therapie notwendig.

5.2.2 Hyposphagma

❻ Das Hyposphagma ist eine subkonjunktivale *(lat.: unter der Bindehaut gelegene)* Blutung unterschiedlicher Ursache:

- Spontan, z. B. bei Gerinnungsstörung, Antikoagulantien-Therapie
- Plötzliche venöse Stauungen im Kopfbereich beim Husten, Niesen, Bücken, Pressen
- Konjunktivitiden (☞ 5.1)
- Verletzungen oder Gefäßveränderungen.

> Subkonjunktivale Blutung unterschied icher Ursache.

 Klinik und Diagnostik

- Flächenhafte, intensiv blutrote Verfärbung der Bindehaut ohne Entzündungszeichen
- Gezielte Abklärung der Ursache (evtl. Hypertonie) und Frage nach möglicher Verletzung.

Therapie und Prognose

Ein spontanes Hyposphagma ist harmlos und muss nicht therapiert werden. Die Resorption erfolgt meist innerhalb von 1–2 Wochen.

? **Übungsfragen**

❶ Welche Ursachen einer Konjunktivitis gibt es?

❷ Was ist die Abwehrtrias bei Konjunktivitiden?

❸ Welche häufigen Formen der Konjunktivitis kennen Sie?

❹ Welche virale Konjunktivitis ist besonders gefährlich und warum?

❺ Warum gehören Lokalanästhetika nicht in die Hände von Patienten?

❻ Was ist ein Hyposphagma?

Augenheilkunde

6 Erkrankungen der Hornhaut

6.1 Erregerbedingte Hornhautentzündung

Formen:
- Bakterielle Keratitis
- Virale Keratitis
- Mykotische Keratitis
- Amöben-Keratitis.

Bei einer Entzündung der Hornhaut, einer **Keratitis,** besteht z. B. die Gefahr, dass die Hornhaut durch ein Ulkus geschädigt wird *(Ulcus corneae).*

6.1.1 Bakterielle Keratitis

❶ Zu den **Erregern** einer bakteriellen Keratitis gehören u. a. Staphylokokken *(Staph. aureus und epidermidis),* Pneumokokken, Streptokokken und Pseudomonas aeruginosa. Die Bakterien gelangen beispielsweise durch Verletzungen, Infektionen aus benachbarten Strukturen (z. B. Bindehautsack oder infizierten Tränensack bei Tränenwegsverschluss) oder durch Keime auf Kontaktlinsen infolge mangelnder Pflege auf die Hornhaut.

Klinik

Es kommt zu unspezifischen Symptomen wie Schmerzen, Lichtscheu, Sehverschlechterung und Tränenfluss.

Diagnostik
- Genaue Anamnese, um die Ursache zu ermitteln
- Antibiogramm nach Abstrich vom Ulkus
- Spaltlampe: eitriges Sekret, Infiltrat, oft Hornhautulkus, »gemischte« Injektion (☞ 1.2.1)
- Untersuchung der Tränenwege.

Therapie

Die Therapie beginnt sofort **nach dem Abstrich** mit einem lokalen Breitspektrumantibiotikum (z. B. Ofloxacin und Tobramycin). Sobald der Erreger und die Resistenzprüfung bekannt sind, erfolgt die Gabe des spezifischen Antibiotikums.

Prognose

Bei einem Ulkus besteht die Gefahr der Vernarbung der Hornhaut mit Hornhauteintrübung, evtl. verbunden mit Astigmatismus (☞ 14.4) oder einer weitergehenden Zerstörung der Hornhaut. Je früher das Ulkus behandelt wird und somit zum Stillstand kommt, desto günstiger ist die Prognose.

Merke

> Wegen seiner möglichen Folgen gilt ein bakteriell verursachtes Hornhautulkus als Notfall!

6.1.2 Virale Keratitis

❶ Zu den viralen Keratitiden gehören Infektionen mit Herpes-simplex-Viren, dem Herpes-zoster-Virus (Varicella-Zoster-Virus) und dem Keratoconjunctivitis-epidemica-Virus (☞ 5.1.3).
Die viralen Hornhautentzündungen sind oftmals besonders gefährlich, da sie sehr infektiös sein können (z.B. Keratoconjunctivitis epidemica), oft wiederkehren und die Hornhautsensibilität herabsetzen (z.B. Herpes-simplex-Keratitis) können. Damit erhöht sich z.B. die Gefahr unbemerkter Verletzungen.

Herpes simplex

Eine durch Herpes-simplex-Viren bedingte Keratitis ist entweder eine Primärinfektion (selten) oder ein Rezidiv. Nach einer Primärinfektion »verweilen« die Viren im *Ganglion trigeminale.* Eine Reaktivirung ist z.B. durch Allgemeininfekte oder UV-Bestrahlung möglich. Es wird die **Keratitis dendritica** mit »bäumchenartigem« Defekt des Epithels von der **Keratitis disciformis** unterschieden, die durch die Entzündung des Endothels zu einer »scheibchenförmigen« Trübung des Hornhautstromas führt.

Herpes zoster

Eine Reaktivierung der Herpes-zoster-Viren nach Windpockeninfektion führt zum **Zoster ophthalmicus**, auch Gesichtsrose genannt (Krankheitsentstehung ☞ Dermatologie 7.1.1).

 Klinik

Unspezifische Symptome wie Schmerzen, Fremdkörpergefühl und Rötung, Lichtscheu, Tränenträufeln und herabgesetztes Sehvermögen. Schwellung der *präaurikulären* (vor der Ohrenregion gelegenen) Lymphknoten, herabgesetzte Sensibilität der Hornhaut.
❷ **Zoster ophthalmicus:** Die Erkrankung beginnt plötzlich mit Schmerzen entlang den betroffenen Ästen des N. trigeminus, z.B. N. ophthalmicus. Typisch ist der **streng halbseitige** Ausschlag mit eitrigen Bläschen, später Pusteln und verkrusteten Ulzera der Haut im Bereich des betroffenen Nerven.

 Therapie
Herpes-simplex-Keratitis

- Bei oberflächlicher Keratitis *(Keratitis dendritica)* Gabe eines lokalen Virostatikums. Keine Kortison-Augentropfen, da sich

Herpes simplex
Infektion mit Herpes-simplex-Viren:
- Keratitis cendritica oder
- Keratitis disciformis.

Herpes zoster
Zoster ophthalmicus durch Reaktivierung von Herpes-Zoster-Viren.

Augenheilkunde

die Viren so schneller ausbreiten und die Regeneration des Epithels verhindern
- Bei tiefer Keratitis Aciclovir (Zovirax®) und Kortison-Augentropfen
- Bei Zerstörung der Hornhaut Keratoplastik (Hornhauttransplantation).

Herpes-zoster-Keratitis
- Aciclovir (Zovirax®) lokal und systemisch
- Mydriatikum (pupillenerweiterndes Medikament), um die Pupille ruhig zu stellen
- Ggf. Steroide gegen die Folgen der Endothelentzündung
- Analgetika, Indomethazin, hohe Dosen Vitamin B.

Merke

> Kortisontropfen zeitlich begrenzt anwenden, da sonst schwerwiegende Nebenwirkungen wie Glaukom, Hornhautulzera und Linsentrübungen auftreten können. Günstiger ist eine gezielte und zeitlich begrenzte hochdosierte Anwendung mit anschließend ausschleichender Dosierung.

6.1.3 Mykotische Keratitis

❶ **Candida albicans** löst oftmals eine mykotische Keratitis aus. Aber auch Aspergillus, Fusarium solani und Cephalosporium können die Hornhaut besiedeln. Begünstigende Faktoren sind Verletzungen des Auges (z.B. durch Holz) sowie Immunsuppression, langdauernde Antibiotikatherapie und Kortikosteroidtherapie.

Begünstigende Faktoren: Verletzungen, Immunsuppression, Antibiotikatherapie und Kortikosteroidtherapie.

 Klinik und Diagnostik
Meist klagen die Patienten nur über geringe Beschwerden. Oft wird die Keratitis von einer verminderten Hornhautsensibilität und eitrigem Sekret begleitet. Häufig entsteht ein Hypopyon (Eiteransammlung in der Vorderkammer), und im Stroma der Hornhaut findet sich ein weißes Infiltrat.
Ein Abstrich vom Ulkus sichert die Diagnose. Häufig bleibt eine mykotische Keratitis jedoch unerkannt und wird dann falsch behandelt.

 Therapie und Prognose
- Konservativ mit Antimykotika. Keine Antibiotika und Kortikosteroide, da sie die Pilzausbreitung fördern
- Chirurgisch: Keratoplastik bei Narben der Hornhaut
- Die Infektion schreitet unbehandelt nur langsam fort.

6.1.4 Amöben-Keratitis

 Amöben gehören zu den Protozoen (Einzellern) und können ebenfalls eine Keratitis verursachen. Die Übertragung der Akanthamöben erfolgt z. B. durch kontaminierte Fremdkörper oder Kontaktlinsen. Häufig sind junge Patienten betroffen.

 Klinik und Diagnostik

Die Symptome sind unspezifisch: oft starke Schmerzen, Lichtscheu und Sehverschlechterung.
Wichtig für die Diagnose ist die Materialentnahme an der Hornhaut zur Kultur. Kontaktlinsen, Behälter und Reinigungslösungen sollten immer miteingeschickt werden.

Therapie

- Lokale Standardtherapie: desinfizierende, antiseptische und antibiotische Augentropfen
- Chirurgisch: Keratoplastik.

Prognose

Die Therapie ist oft schwierig. Zu den Komplikationen zählen Perforation, Vernarbung, Nekrose oder *Descemetozele* (Hornhautulzeration bis zur DESCEMET-Membran). Oft ist der Verlauf chronisch.

6.2 Keratitis superficialis punctata

Die Keratitis superficialis punctata, eine »punktförmige oberflächliche Keratitis«, ist durch eine gestörte Benetzung der Hornhaut gekennzeichnet. Ursache ist ein Tränenmangel oder eine gestörte Zusammensetzung des Tränenfilms infolge Erkrankungen des rheumatischen Formenkreises (z. B. SJÖGREN-Syndrom) oder die Einnahme von Ovulationshemmern u. a.

 Klinik und Diagnostik

- Unspezifische Symptome wie Fremdkörpergefühl, rote und trockene Augen
- Anamnese im Hinblick auf o. g. Erkrankungen und Einnahme von Ovulationshemmern
- Fluoreszeinanfärbung der Hornhaut: Fluoreszein haftet an den epithelfreien Stellen

❸ SCHIRMER-**Test** zur Messung der Tränenproduktion: Ein Streifen Lackmuspapier wird nasal hinter das Unterlid gelegt und nach 5 Min. wird die Länge der befeuchteten Strecke gemessen. Es werden die Basissekretion (nach vorheriger Tropfanästhesie) und die Reflexsekretion (ohne Lokalanästhetikum) unterschieden.

Übertragung häufig durch kontaminierte Fremdkörper oder Kontaktlinsen.

Augenheilkunde

Verursacht durch Tränenmangel oder gestörte Zusammensetzung des Tränenfilms.

- Unspezifische Symptome
- Fluoreszeinanfärbung
- SCHIRMER-Test: Test zur Messung der Tränenproduktion.

Verursacht durch
verschiedene
Medikamente, aber
auch durch zu
langes Tragen von
Kontaktlinsen
oder deren mangel-
hafte Pflege.

Therapie und Prognose
Nach Absetzen der ggf. ursächlichen Ovulationshemmer ist Heilung möglich. In der Regel ist jedoch eine ständige Therapie mit Tränenersatzmittel mehrmals täglich notwendig.

6.3 Medikamentenbedingte Keratitis

Auch bestimmte Medikamente wie **Lokalanästhetika, Kortikosteroide, Antibiotika** oder **Virostatika** können zu einer Keratitis führen. Ebenso begünstigen zu langes Tragen oder mangelhafte Pflege von Kontaktlinsen eine Entzündung.

Klinik und Diagnostik
Die Diagnose wird über die Anamnese und die unspezifischen Symptome wie ein schmerzhafter Reizzustand und starke Rötung der Bindehaut gestellt.

Therapie und Prognose
- Lokal applizierte Medikamente absetzen
- Antibiotika zum Schutz vor Infektionen
- Epithelbildungfördernde Augensalben
- Kortikosteroide nach Schluss der Epitheldecke.

Die **Prognose** ist abhängig vom Stadium der Hornhautschädigung. Bei einer Keratitis infolge Medikamenteneinnahme verschwinden in der Regel die Einlagerungen nach Absetzen der Medikamente. Bei Trägern weicher Kontaktlinsen sind schwere chronische Keratakonjunktivitiden möglich.

Expositionskerato-
pathie infolge
Austrocknung des
unteren Teils
der Hornhaut.

6.4 Keratitis é lagophthalmo

Bei der Keratitis é lagophthalmo ist ein kompletter Lidschluss schwierig oder nicht möglich, z. B. durch Parese (Lähmung) des N. facialis mit Versagen des M. orbicularis oculi (ringförmiger Lidmuskel), Protrusion (Vorwölbung) des Auges, mechanischer Einschränkung der Lidbewegungen, ausgeprägtem Ektropium (☞ 3.1.1) oder endokrinem Exophthalmus (☞ 13.1.1). Dadurch kommt es zur Austrocknung des unteren Teils der Hornhaut und es entwickelt sich eine sog. **Expositionskeratopathie.** Dadurch kann es zur Hornhautentzündung bis zum Hornhautulkus kommen.

Klinik
- Ektropium mit Epiphora (Auswärtsdrehung des Lides mit Tränenträufeln)

- Bei Infektionen mit Bakterien, Viren oder Pilzen entsprechende Symptome (☞ 6.1).

 **Therapie und Prognose**
- Konservativ mit künstlichen Tränen, Uhrglasverband, Brille mit Seitenschutz
- Tarsorrhaphie oder Blepharorrhaphie (☞ Abb. 3.4)
- Bei Infektionen mit Bakterien, Viren oder Pilzen: ☞ 6.1

Die Prognose ist abhängig vom Stadium der Erkrankung.

 Pflege
Bewusstlosen fehlt oft der Lidschluss, sie sind deshalb auch von einer Keratitis é lagophthalmo bedroht. Deshalb ist bei diesen Patienten auf den Schutz der Hornhaut zu achten: Regelmäßige Gabe (alle 2–4 Stunden) von Augensalbe oder -gel in den Tränensack, wenn der Lidschluss fehlt. Dabei ist transparentes Gel den Salben vorzuziehen, da so die Beurteilung der Pupillen gewährleistet bleibt.

6.5 Keratitis neuroparalytica

Bei **Ausfall des N. trigeminus** (V. Hirnnerv) durch Kompression oder Durchtrennung kommt es zu lokalen Störungen der Hornhaut (genauer Mechanismus unbekannt). Aus kleinen Epithelverletzungen oder auch ohne vorherige Schädigung der Hornhautoberfläche entwickeln sich Hornhautschäden, die sog. Keratitis neuroparalytica.

Klinik
Keratitis-Symptome wie Schmerzen, Lichtscheu, Sehminderung, Tränenfluss. Bei Lähmung des N. trigeminus ist die Sensibilität der Hornhaut herabgesetzt und oberflächliche Verletzungen der Hornhaut werden daher nicht bemerkt.

Therapie
Die Therapie gestaltet sich oft schwierig!
- Konservativ: lokale Antibiotika (Prophylaxe einer Sekundärinfektion), Augensalben (z. B. Bepanthen®-Augensalbe), Uhrglasverband, Brille mit Seitenschutz
- Chirurgisch bei Hornhautulkus: evtl. Tarsorrhaphie (☞ Abb. 3.4).

Prognose
Eine sekundäre Infektion ist möglich (dann wie bakterielle Keratitis). Eine Hornhautinfiltration im Zentrum der Hornhaut kann zur Perforation der Hornhaut führen.

6.6 FUCHS-Endotheldystrophie

Die FUCHS-Endotheldystrophie ist eine nicht erbliche Hornhauterkrankung, bei der es zu Ausstülpungen der DESCEMET-Membran in das Endothel kommt, welches dadurch histologisch verdünnt wird *(Cornea guttata)*. Bei starker Zunahme dieser Veränderungen kommt es zur Funktionsstörung des Endothels und es
kann ein Stromaödem entstehen.

? Übungsfragen

❶ Welche Erreger können Hornhautentzündungen auslösen?
❷ Welche typischen Symptome zeigt ein Zoster ophthalmicus?
❸ Wie wird die Tränenproduktion geprüft?

7 Erkrankungen der Linse

Da die Linse weder durchblutet noch innerviert (mit Nerven versorgt) ist, treten in ihr **keine Entzündungen** auf. Hingegen kommen Lageveränderungen (☞ 7.2) vor sowie besonders häufig der Graue Star.

7.1 Grauer Star

Bei der Erkrankung Grauer Star, *die Katarakt,* kommt es zur Linsentrübung. Das Wort »Star« hat seinen Ursprung im Wort »starren«. Das Wort »Katarakt« stammt aus dem Griechischen und bedeutet Wasserfall. Die Bezeichnung »die Katarakt« wurde gewählt, da die graue Farbe, die man in der Pupille eines Patienten mit Linsentrübung sah, dem Wasser eines Wasserfalls ähnelte. In früheren Zeiten reisten sog. Starstecher durchs Land und befreiten die Patienten von ihrem grauen Star, indem sie z. B. mit starkem Daumendruck die Linse luxierten und in den Glaskörper drückten.

Grauer Star =
Katarakt =
Linsentrübung

Augenheilkunde

7.1.1 Ursachen und Formen der Katarakt

Senile Katarakte
Die Pathogenese der **meist beidseitigen** Alterskatarakte ist noch nicht vollständig geklärt. Die häufigste Form der senilen Katarakte ist der **Rindenstar.**

Katarakte im Rahmen von Erkrankungen
❶ Katarakte können im Laufe von Augenerkrankungen, z. B. Uveitis anterior (☞ 8.1) auftreten, ebenso wie bei Stoffwechselerkrankungen (z. B. Diabetes mellitus), genetischen Defekten (z. B. Down-Syndrom) oder infolge intrauteriner Infektionen, z. B. Röteln (ca. 50% der Erkrankungsfälle).

Katarakte durch äußere Faktoren
Auch Medikamente (z. B. Kortison) können zur Katarakt führen. Bei traumatischen Katarakten werden **Kontusionskatarakte** und **Perforationskatarakte** unterschieden. Weitere Ursachen einer Katarakt sind z. B. Siderosis (Eisen-Ablagerung im Gewebe) und Chalkosis (schwere Komplikation kupferhaltiger intraokularer Fremdkörper). Nach extrakapsulärer Katarakt-Operation kann auch ein sog. **Nachstar** *(Cataracta secundaria)* auftreten.

Ursachen der
Katarakte:
■ Senile Katarakte
■ Katarakte im
  Zusammenhang
  mit anderen
  Erkrankungen
■ Katarakte durch
  äußere Faktoren
  (Kontusion,
  Perforation,
  Nachstar).

7.1.2 Klinik und Diagnostik der Katarakt

 Klinik

❷ Katarakt-Patienten haben folgende Symptome:

■ Der Patient sieht unscharf und verschleiert; mit dem betroffenen Auge können Doppel- oder Dreifachbilder wahrgenommen werden

■ Blendungsgefühl bis Lichtscheu durch die Lichtstreuung in der getrübten Linse. Die Patienten tragen deshalb oft eine Sonnenbrille oder einen Hut zum Schutz vor Blendung und sehen in der Dämmerung oft besser

■ Beim Kernstar kann die stärkere Brechung (Myopisierung) dazu führen, dass der Patient wieder ohne Lesebrille lesen kann

■ Beim Katarakt durch Röteln der Mutter in den ersten drei Monaten der Schwangerschaft treten im Rahmen des GREGG-Syndroms noch Innenohrschwerhörigkeit und Herzmissbildungen des Neugeborenen auf.

 Diagnostik

■ Graue Trübung im auffallenden Licht

■ Spaltlampe (☞ 2.1) zur Beurteilung von Form und Lokalisation der Trübung

■ Direkte Ophthalmoskopie: Die Linsentrübung kann hier im rückfallenden Licht als Schatten in der rot aufleuchtenden Pupille gut beurteilt werden (sog. regredientes Licht).

Einteilung der Katarakt

Die Katarakt lässt sich nach **drei Kriterien** einteilen:

■ Alter des Patienten: Es werden angeborene, kindliche, juvenile, präsenile und senile Katarakte unterschieden.

■ Lokalisation der Trübung: Mit der Spaltlampe lässt sich die eigentliche Trübung auf der Linse genau lokalisieren und klassifizieren, z.B. **Kapselstar** (= *Cataracta subcapsularis*), **Kernstar** *(Cataracta nuclearis)* oder **Rindenstar** *(Cataracta corticalis)*.

■ Stadium der Trübung: Die Erkrankung verläuft in Stadien und kann danach eingeteilt werden.

Einteilung der
Katarakte:
■ Alter des Patienten
■ Lokalisation der Trübung
■ Stadium der Trübung.

7.1.3 Therapie der Katarakt

Katarakt-Operation

❸ Für die chirurgische Entfernung der getrübten Linse gibt es mehrere Methoden. Die gebräuchlichsten sind:

■ **Phakoemulsifikation** (gebräuchlichstes Verfahren): Die vordere Linsenkapsel wird eröffnet und das trübe Linsenmaterial mittels Ultraschall zertrümmert und anschließend abgesaugt.

Beginnende Katarakt (Cataracta incipiens)	Erste Anzeichen ohne nennenswerte Trübungen
Fortgeschrittene Katarakt (Cataracta provecta)	Kombination initialer (zuerst auftretender) Trübungen und Sehstörungen
Reife Katarakt (Cataracta matura)	Alle Schichten der Linse dicht getrübt
Überreife Katarakt (Cataracta hypermatura)	Verflüssigung oder Verkalkung der Linsenbestandteile; brauner sklerotischer Kern sackt in Linsenkapsel ab (MORGAGNI-Katarakt)

Tab. 7.1
Kataraktstadien.

Die hintere Linsenkapsel bleibt zur Stabilisierung des Iris-Linsen-Diaphragmas stehen

- **Extrakapsuläre Extraktion:** Im Gegensatz zur Phakoemulsifikation wird der Linsenkern aus dem korneoskleralen Schnittbereich in toto oder in mehreren manuell erzeugten Fragmenten herausluxiert
- **Intrakapsuläre Extraktion:** Die gesamte Linse inklusive Kapselsack wird entfernt.

Zur anschließenden **Implantation einer Kunstlinse** stehen ebenfalls zwei Methoden zur Verfügung: die häufigere **Hinterkammerlinsenimplantation** und die **Vorderkammerlinsenimplantation**. In der Entwicklung sind sog. diffraktive Linsen. Sie gleichen den Nachteil der festen Brennweite herkömmlicher Linsen aus und ermöglichen es, durch zwei oder mehrere optische Zonen sowohl in der Nähe als auch in der Ferne scharf zu sehen.
Komplikationen der Katarakt-Operationen sind z. B. Bildung eines Nachstares *(Cataracta secundaria)*, Verlagerung *(Luxation)* des Implantats, Irisvorfall *(Irisprolaps)*, Glaskörpervorfall, Infektion und Verwachsungen *(Synechien* ☞ 8.1). Wenn der Patient nur noch ein Auge besitzt, muss die Kataraktoperation wegen der möglichen Komplikationen genau abgewägt werden.

Katarakt-Operation
- Extrakapsuläre oder intrakapsuläre Extraktion mit anschließender Hinterkammer- oder Vorderkammerlinsenimplantation
- Bei Säuglingen: Sehhilfen.

Sehhilfen
Bei Säuglingen erfolgt der Ersatz der fehlenden Brechkraft vorerst durch Sehhilfen. Eine Starbrille von +12 bis +17 Dioptrien kann bei beidseitiger Linsenlosigkeit *(Aphakie)* verordnet werden.

Prognose
Kataraktoperationen sind in den meisten Fällen unproblematisch. Angeborene Katarakte müssen in den ersten drei Lebensmonaten operiert werden, da sonst die Gefahr der irreversiblen Schwachsichtigkeit besteht.

Augenheilkunde

Pflege

- Regelmäßige Augentropfengabe beachten
- Druck auf den Augapfel vermeiden
- Vorerst nicht Schwimmen gehen und keine staubigen Arbeiten verrichten
- Bei Sehverschlechterung, Rötung oder Schmerzen: Augenarzt informieren!

7.2 Lageveränderungen der Linse

Lageveränderungen der Linse *(Linsenluxation)* können durch ein Trauma verursacht werden. Hierbei kann die Linse entweder nach hinten oder bei **Glaskörpervorfall** *(Glaskörperprolaps)* nach vorne verschoben werden. Hierbei wölbt sich die Iris nach vorne und kann den Kammerwinkel verlegen, wodurch ein akuter Glaukomanfall (☞ 9.2) möglich ist. Beim **MARFAN-Syndrom,** einer systemischen Erkankung des Bindegewebes, kann die Linse durch die Bindegewebsschwäche ihre Lage verändern.

Wenn die Linse bei der Verlagerung aus der optischen Achse ihre Funktion verliert, wird sie meist operativ entfernt.

? **Übungsfragen**

❶ Welche Erkrankung der Mutter in der Schwangerschaft kann beim Kind eine angeborene Linsentrübung zur Folge haben?

❷ Welche Symptome hat ein Patient mit Katarakt?

❸ Beschreiben Sie das Prinzip einer Katarakt-Operation!

8 Erkrankungen der Gefäßhaut

8.1 Uveitis, Iritis und Iridozyklitis

8.1.1 Formen und Ursachen

Entzündungen der Gefäßhaut *(Uvea)* werden anatomisch unterschieden in:

- **Vordere Uveitis** *(Uveitis anterior):* **Iritis** (Entzündung der Iris) oder **Iridozyklitis** (Entzündung von Iris und Ziliarkörper ☞ 1.2)
- **Intermediäre Uveitis:** Pars planitis (Entzündung der Pars plana des Ziliarkörpers)
- **Hintere Uveitis** *(Uveitis posterior):* Chorioiditis (Entzündung der Aderhaut) und/oder Retinitis (Entzündung der Netzhaut)
- Bei der **diffusen Uveitis** sind alle Strukturen der Uvea entzündet.

In den meisten Fällen sind sowohl Iris als auch Ziliarkörper von der Entzündung betroffen.

Ursachen

Zu den häufigeren **endogenen Ursachen** zählen hämatogene Keimverschleppung bei Systemerkrankungen (z.B. Toxoplasmose, Syphilis, Tuberkulose), Immunreaktionen (Antigen-Antikörper-Reaktionen), rheumatische Erkrankungen und Vaskulitiden sowie virale Infektionen (z.B. Herpes simplex, Zoster, AIDS, Grippe).

Exogene Ursachen wie Infektionen nach Entzündungen der Lederhaut bzw. Hornhaut oder perforierenden Verletzungen sind selten.

Endogene und exogene Ursachen.

8.1.2 Klinik, Diagnostik und Therapie

 Klinik und Diagnostik

- Lichtscheu
- Dumpfer Schmerz in der Tiefe des Auges (besonders bei der Akkommodation des Auges, z.B. beim Lesen)
- Tränenfluss
- Patienten sehen Schleier, da das Kammerwasser durch Exsudation von Fibrin und Leukozyten getrübt ist.

Wichtig ist die genaue Abklärung, um eine akute Iridozyklitis, ein akutes Glaukom und eine Konjunktivitis voneinander abzugrenzen und die Therapie entsprechend zu gestalten.

Therapie

Exogene Form
Antibiotika, Glukokortikoide und Zytostatika.

Endogene Form
- Lokale Kortikosteroide
- Bei schweren Fällen systemische Gabe hochdosierter Kortikosteroide (zeitlich begrenzte Anwendung!). Bei Versagen immunsuppressive Therapie und nichtsteroidale Entzündungshemmer
- Behandlung der Grundkrankheit
- Mydriatikum (z. B. Atropin, Scopolamin), um Iris durch maximale Weitstellung der Pupille ruhig zu stellen und so Synechien zu vermeiden (☞ Komplikationen)

Merke

❶ Mydriatika dürfen nur nach Ausschluss eines engen Kammerwinkels gegeben werden, da sonst ein akuter Glaukomanfall (☞ 9.2) ausgelöst werden kann.

8.1.3 Komplikationen

Komplikationen der exogenen Form
- Glaskörperabszesse
- Einschmelzen von Choroidea und Retina
- Panophthalmie (eitrige Entzündung des gesamten Auges).

❷ Komplikationen der endogenen und exogenen Form
- Synechien
  - Verwachsungen der Iris mit Hornhaut oder Linse aufgrund von Fibrinabsonderungen (vordere Synechie: zwischen Hornhaut und Iris; hintere Synechie: zwischen Linse und Iris)
  - Seclusio pupillae: Synechien liegen rund um die Pupille
  - Iris bombata: napfkuchenähnliche Vorwölbung der Iris infolge ringförmiger hinterer Synechien mit akutem Sekundärglaukom
- Occlusio pupillae: membranöser Verschluss der Pupillenöffnung
- Anstieg des Augeninnendruckes infolge Verlegung des Abflusssystems durch Fibrinabsonderungen (Glaukom)
- Irisatrophie
- Linsentrübung (*Cataracta complicata*).

Chronische Iridozyklitis

Akute Iridozyklitiden gehen häufig in eine chronische Form über, die zur Linsentrübung führen kann. In diesen Fällen treten relativ häufig Rezidive auf. Die Symptome sind meist weniger deutlich ausgeprägt. Ursachen, Diagnostik und Therapie entsprechen der akuten Form.

8.2 Chorioretinitis

Eine Entzündung der Choroidea *(Chorioiditis)* tritt meist zusammen mit einer Entzündung der Retina *(Retinitis)* und umgekehrt auf, da beide Gewebe eng zusammenliegen. Man spricht dann von einer Chorioretinitis. Es wird die häufige Form **Chorioretinitis disseminata** (herdförmig) von der seltenen **diffusen Chorioretinitis** (flächenhaft) unterschieden.

Gemeinsame Entzündung von Aderhaut und Netzhaut.

Ursachen

❸ Verschiedene Erreger können eine Infektion der betroffenen Stukturen hervorrufen.

Chorioretinitis disseminata

Toxoplasmen, Pilze (z.B. Candida albicans, gelegentlich Aspergillus). Meistens sind Patienten mit geschwächtem Abwehrsystem und reduziertem Allgemeinzustand (z.B. Drogenabhängige) sowie mit Histoplasmose, Sarkoidose, Tuberkulose oder rheumatischen Erkrankungen betroffen.

Formen:
- Chorioretinitis disseminata
- Diffuse Chorioretinitis.

Diffuse Chorioretinitis

Röteln-Infektion des Embryos oder des Kindes, Zytomegalievirus oder Herpes simplex, Borreliose, Syphilis, AIDS (mit sekundären Infektionen), oft sind auch Patienten unter Immunsuppression betroffen.

Klinik

Da die *Choroidea* (Aderhaut) keine sensiblen Nerven besitzt, treten Schmerzen nur auf, wenn der Ziliarkörper beteiligt ist oder der Augeninnendruck steigt.
Die diffuse Chorioretinitis bewirkt einen plötzlichen starken Sehverlust. Die Sehstörungen bei der Chorioretinitis disseminata sind hingegen von der Lokalisation der Schäden am Augenhintergrund abhängig.

Therapie

Chorioretinitis disseminata: Symptomatisch, z.B. mit systemischer Gabe von Kortikosteroiden, um die Entzündung zu verrin-

gern und Narben möglichst klein zu halten. Zusätzlich Behandlung der Grunderkrankung.
Diffuse Chorioretinitis: Bei Herpes-Infektion Aciclovir, bei Zyto-
megalie-Infektion Ganciclovir.

Prognose
Chorioretinitis disseminata: Das entzündliche Ödem verschwindet meist nach 1–3 Wochen. Bleibt eine helle Narbe (Sklera
schimmert durch) zurück, kommt es zum Gesichtsfeldausfall an
dieser Stelle. Der Glaskörper hellt sich meist wieder auf. Rezidive
sind häufig.
Diffuse Chorioretinitis:
- **Röteln:** meist erhebliche Herabsetzung der Funktion (oftmals
  angeborene, genetisch bedingte Katarakt)
- **Zytomegalie, Herpes simplex:** Abklingen des Ödems nach
  einigen Wochen, flächenhafte Netz- und Aderhautatrophie
- **Syphilis:** häufige Optikusatrophie mit erheblicher Funktions-
  einschränkung.

8.3 Tumoren der Gefäßhaut

8.3.1 Gutartige Tumoren

Zu den gutartigen Tumoren der Gefäßhaut zählen
- **Iristumoren** in Form von Zysten, entzündlichen Granulomen
  oder braunen *Naevi* (☞ Dermatologie 9.2)
- **Tumoren der Chorioidea** als umschriebene Hyperplasie
  (verstärktes Wachstum) des Pigmentepithels, Osteome (von
  der Orbita ausgehend), Hämangiome, Naevi, Neurofibrome,
  Leiomyome (von der Muskulatur ausgehend).

8.3.2 Bösartige Tumoren

❹ Der **häufigste bösartige intraokulare Tumor** (oft in der Aderhaut, seltener in der Iris) ist das **maligne Melanom** (☞ Dermatologie 9.3.1), welches meist nur an einem Auge auftritt. Meist primäre Entstehung. Häufig sind Blauäugige betroffen, der Altersgipfel liegt zwischen dem 40.–60. Lebensjahr.
Metastasen im Auge gehen vorwiegend vom Mammakarzinom
oder Bronchialkarzinom aus.

Klinik
Aderhauttumoren verursachen oft erst sehr spät Symptome (z. B.
Sekundärglaukom oder eine Netzhautvorwölbung oder -ablö-
sung), wenn der Tumor die Netzhautmitte erreicht hat.

Therapie

Im Frühstadium sektorförmige operative Entfernung von Regenbogenhaut *(Sektor-Iridotomie)* bzw. Regenbogenhaut und Strahlenkörper *(Irido-Zyklektomie)*. Mit Lasertherapie oder Radionuklid-Therapie kann das Auge evtl. gerettet werden.

Große Tumoren sind oftmals eine Indikation zur *Enukleation* (Entfernung) des Augapfels. Bei Skleradurchbruch operative Entfernung des gesamten Orbitainhalts einschließlich des Auges *(Exenteratio orbitae)*.

Prognose

Die Prognose der bösartigen Tumoren ist mäßig bis schlecht. Es kommt zur frühzeitigen Metastasierung in Lunge und Gehirn. Irismelanome sind selten, zeigen meist kein Wachstum, metastasieren nicht und werden – im Gegensatz zu den Melanomen des Ziliarkörpers und der Aderhaut – oft früh entdeckt.

Pflege

Die Entfernung des Augapfels bedeutet für den Patienten eine große psychische Belastung. Er fürchtet eine kosmetische Entstellung, hat Angst um sein verbleibendes Auge und muss sich evtl. auch um seinen Arbeitsplatz sorgen. Aus diesem Grund ist eine einfühlsame, aber deutliche Aufklärung wichtig. Hierzu gehört auch die Kontaktvermittlung zu einem Prothesenhersteller.

Postoperative Versorgung

Nach dem ersten Verbandwechsel wird die vorläufige Prothese (Platzhalter) täglich herausgenommen, gereinigt und wieder eingesetzt. Die Wundhöhle wird vom behandelnden Arzt inspiziert und mit entzündungshemmenden Arzneimitteln gespült. Bereits jetzt beginnen die Pflegenden, den Patienten in den Umgang mit der Prothese einzuweisen.

Umgang mit Augenprothesen

- Herausnehmen
  - Patienten nach oben blicken lassen
  - Unterlid herunterziehen und leicht unter den Prothesenrand drücken
  - Gelockerte Prothese auf eine weiche Unterlage herausfallen lassen oder herausnehmen
- Einsetzen
  - Prothese so halten, dass der spitze Teil zur Nase zeigt
  - Prothese erst unter das hochgezogene Oberlid und dann unter das heruntergezogene Unterlid gleiten lassen

? Übungsfragen

❶ Was ist bei der Behandlung mit Parasympatholytika/ Mydriatika zu beachten?

❷ Was sind Synechien, Seclusio pupillae, Iris bombata und Occlusio pupillae?

❸ Welche Ursachen einer Chorioretinitis gibt es?

❹ Welches ist der häufigste bösartige Tumor im Auge im Erwachsenenalter?

9 Glaukom (Grüner Star)

❶ Typisch für das Glaukom, den Grünen Star, ist ein erhöhter Augeninnendruck *(intraokularer Druck)*, meist infolge einer Abflussbehinderung des Kammerwassers. Die daraus resultierende Druckschädigung des Sehnerven kann zu Gesichtsfeldausfällen bis zur Erblindung *(Glaucoma absolutum)* führen.

Es werden folgende Formen des Glaukoms unterschieden:

- Chronisches Glaukom
- Akutes Glaukom
- Angeborenes Glaukom
- Sekundäres Glaukom.

Vier Formen des Glaukoms.

Merke

Aufgrund des erhöhten intraokularen Druckes reicht der arterielle Perfusionsdruck nicht mehr aus und es kommt zur Minderdurchblutung (Ischämie) des Sehnervenkopfes. Deshalb darf der Blutdruck bei Glaukompatienten nur vorsichtig gesenkt werden.

9.1 Chronisches Glaukom (Offenwinkelglaukom)

Das chronische Glaukom *(Glaucoma simplex)* mit weitem oder offenen Kammerwinkel *(Weitwinkelglaukom bzw. Offenwinkelglaukom)* ist die häufigste Form des grünen Stars und eine der häufigsten Ursachen für Erblindung in den westlichen Industrieländern.

Weitwinkelglaukom bzw. Offenwinkelglaukom.

Ursachen

Beim chronischen Offenwinkelglaukom ist der Abfluss des Kammerwassers im Trabekelwerk behindert und/oder Kammerwasser wird überproduziert. Der erhöhte Augeninnendruck führt zur Ischämie und somit zur Schädigung des Sehnerven. Gleichzeitig werden Durchblutungsstörungen als weiterer schädigender Faktor diskutiert.

Behinderung des Kammerwasserabflusses oder Überproduktion von Kammerwasser.

Klinik und Diagnostik

❷ Das chronische Offenwinkelglaukom ist durch folgende Symptome gekennzeichnet:

- Oft fehlen Symptome, erst beim Eintreten irreversibler Schäden treten hochgradige Gesichtsfeldausfälle oder gar Erblindung eines Auges auf

Oft fehlende Symptome, erst beim Eintreten irreversibler Schäden Gesichtsfeldausfälle.

- Durch den erhöhten Augeninnendruck kommt es zur **Exkavation** (Aushöhlung der Papille) und zum Abknicken der Optikusfasern an den Papillenrändern
- Tagesschwankungen des Augeninnendruckes (☞ 2.4) liegen weit über der Norm.

Therapie

Medikamentöse Therapie

❸ Ziel der medikamentösen Therapie ist die Senkung des Augeninnendruckes

Ziele der medikamentösen Therapie:
- Kammerwasserproduktion senken
- Kammerwasserabfluss fördern.

- Kammerwasserproduktion senken
  - Sympatholytika (β-Blocker) senken die Kammerwasserproduktion, aber auch die Tränensekretion (evtl. Problem bei Kontaktlinsenträgern)
  - Carboanhydrasehemmer wie Acetazolamid (Diamox®)
- Kammerwasserabfluss fördern
  - Prostaglandin-Analoga (Erhöhung des uveoskleralen Abflusses)
  - Pilocarpin
  - Sympathomimetika, (α-)Adrenergika.

Merke

> Da es bei Anwendung von Sympathomimetika als Nebenwirkung zur Erweiterung der Pupille kommt, dürfen sie nur bei weitem Kammerwinkel eingesetzt werden.

Operation

❸ Falls die medikamentöse Therapie den Augeninnendruck nicht dauerhaft senkt oder die Gesichtsfeldausfälle zunehmen, ist eine **Trabkulektomie** indiziert: Unter die Bindehaut wird ein Abflussweg für das Kammerwasser geschaffen, indem ein kleines Stück Sklera mit Anteilen des Trabekelwerkes entfernt wird.

Pflege

- Zuverlässige Gabe der Augentropfen erforderlich
- Zeitangaben und Tropfenabstände beachten.

Prognose

In der Regel ist die Prognose bei rechtzeitiger Therapie gut. Deshalb ist zur Prophylaxe spätestens ab dem 40. Lebensjahr (insbesondere bei familiärer Belastung) die **regelmäßige Kontrolle** des Augeninnendruckes anzuraten.

9.2 Akutes Glaukom

Ursache für ein akutes Glaukom ist eine zu flach angelegte vordere Augenkammer, starke Weitsichtigkeit *(Hyperopie)* oder eine zu dicke Linse. Dadurch ist der Abfluss des Kammerwassers durch das Trabekelwerk im Winkel zwischen Hornhaut und Iris beim sog. **Engwinkelglaukom** (drohendes Glaukom, *Glaucoma congestivum)* **teilweise** oder beim **Winkelblockglaukom** *(Glaucoma acutum)* **komplett** verlegt. Auslösende Faktoren für ein Winkelblockglaukom sind z.B. psychischer Stress, Mydriatika, Narkose, Einnahme anticholinerger Substanzen.

Engwinkelglaukom oder Winke blockglaukom.

Klinik

❷ Beim akuten Glaukom treten folgende Symptome auf:

Engwinkelglaukom
- Augen- und Kopfschmerzen
- Wahrnehmung von Schleiern vor den Augen sowie von farbigen Ringen um Lichtquellen durch das Epithelödem der Hornhaut (veränderte Lichtbrechung).

Winkelblockglaukom
- Heftige Augen- und Kopfschmerzen
- Sehverschlechterung
- Wahrnehmung von farbigen Ringen um Lichtquellen (die Symptomatik kann vorübergehend abfallen und wiederkehren)
- Bei Übergang in den akuten Anfall kommt es zu einem massiven Sehverlust mit stärksten pulsierenden Augenschmerzen, die in den Trigeminusbereich ausstrahlen können
- Übelkeit und massives Erbrechen (kann akutes Abdomen vortäuschen).

Diagnostik

Engwinkelglaukom
- Stark schwankende Werte des Augeninnendrucks (normal bis erhöht)
- Flache Vorderkammer, vorgewölbte Iris
- Gerötete Augen durch Injektion
- Papillenexkavation, Gesichtsfelddefekte.

Winkelblockglaukom
- Extrem erhöhte Werte des Augeninnendrucks (bis über 60 mmHg)
- Steinharter Bulbus bei Palpation
- Pupille mittelweit, ohne Reaktion.

Differentialdiagnostisch muss eine Iritis ausgeschlossen werden (☞ 8.1).

Therapie

Engwinkelglaukom

- **Medikamentöse Therapie:** Miotika als Prophylaxe, um einen akuten Anfall und eine Sehnervenschädigung durch gelegentliche Druckspitzen zu verhindern
- **Operation:** Zwischen Hinterkammer und Trabekelwerk wird ein kleines Stück der Irisbasis (z. B. mit dem Laser) entfernt und ein Kurzschluss für den Kammerwasserabfluss geschaffen, sog. **periphere Iridotomie.**

Winkelblockglaukom

Merke

Das Winkelblockglaukom ist ein Notfall! Sofortige Einweisung in eine Augenklinik.
- Medikamentöse Therapie:
  - Miotikum, z. B. Pilocarpin-Augentropfen
  - Acetazolamid (oral oder i. v.)
  - Glycerin per os oder Mannit i. v., um osmotische Diurese zu erzielen (osmotische Resorption von Wasser ins Blut)
  - Schmerztherapie
  - Hochprozentiger Alkohol kann Augeninnendruck ebenfalls senken (z. B. Weinbrand).
- Operation:
  Nach Senkung des Augeninnendruckes wird eine periphere Iridotomie (mittels Laser) oder Iridektomie (mikrochirurgisch) angestrebt (☞ Engwinkelglaukom), um rezidivierende Blockierungen des Kammerwinkels zu verhindern.

Prognose

Bei sofortiger Therapie ist die Prognose gut.

9.3 Angeborenes Glaukom

Beim angeborenen Glaukom (*Hydrophthalmus, Buphthalmus* = Ochsenauge) liegt ein – häufig beidseits – vergrößerter Bulbus vor. Dieser entsteht während der Entwicklung des Auges, wenn das Trabekelwerk und der Schlemmsche Kanal mit unreifem embryonalen Gewebe (Barkan-Membran) verlegt werden und so der Abfluss des Kammerwassers behindert ist.

Klinik und Therapie

❹ Die Kinder sind lichtscheu, zeigen Tränenträufeln und sind stark kurzsichtig (☞ 14.2.1).

Die Therapie besteht in der **Goniotomie** (Durchtrennung des unreifen embryonalen Gewebes), um den Abflussweg für das Kammerwasser zu schaffen. Ohne Operation besteht die Gefahr der Erblindung des betroffenen Auges.

9.4 Sekundäres Glaukom

❺ Ein sekundäres Glaukom *(Glaucoma secundarium)* entsteht als Folge anderer Erkrankungen, z. B.:

- Verletzungen (Perforation, Prellung oder Verätzung) mit nachfolgender Vernarbung des Trabekelwerkes
- Entzündungen, die zu Ödemen führen oder bei denen Eiweiße das Trabekelwerk verstopfen
- Iridozyklitis (☞ 8.1) mit Verwachsungen des Kammerwinkels
- Gefäßneubildungen auf der Iris *(Rubeosis iridis)* und im Kammerwinkel z. B. bei Diabetes mellitus oder Zentralvenenverschluss (☞ 11.2). Die Ischämie der Netzhaut bewirkt die Bildung einer fibrovaskulären Membran, die den Kammerwinkel auskleiden kann. Außerdem kann nach Blutungen aus den pathologischen Gefäßneubildungen das Trabekelwerk verstopft werden
- Kortison (lokale oder systemische Gabe)
- Pigmentglaukom infolge Verstopfung des Kammerwinkels durch abgelöste Pigmentgranula der Iris
- Intraokulare Tumoren mit Behinderung des Kammerwinkels
- Linsenluxation (☞ 7.2).

Immer Folge anderer Erkrankungen.

Merke

> Kortisontropfen zeitlich begrenzt anwenden, da sonst – neben dem Sekundärglaukom – noch weitere schwerwiegende Nebenwirkungen wie Hornhautulzera und Linsentrübungen auftreten können. Günstiger ist eine gezielte und zeitlich begrenzte hochdosierte Anwendung mit anschließend ausschleichender Dosierung.

Klinik und Diagnostik

Symptome und diagnostische Maßnahmen entsprechen denen der primären Glaukomformen.

Therapie und Prognose

- Behandlung der Grundkrankheit
- Medikamentöse Senkung des Augeninnendruckes.

Da Medikamente bei der Behandlung der Sekundärglaukome oft versagen, erfolgt meist eine Operation (z. B. *Trabekulektomie*

☞ 9.1). Die Prognose ist schlechter als beim Offenwinkelglaukom, besonders schlecht beim Sekundärglaukom infolge von Gefäßneubildungen.

? Übungsfragen

❶ Wodurch ist ein Glaukom gekennzeichnet und warum ist es so gefährlich?

❷ Wie unterscheiden sich die Symptome des chronischen und akuten Glaukoms?

❸ Welches ist das Ziel der Glaukomtherapie?

❹ Durch welches klinische Bild ist das angeborene Glaukom gekennzeichnet?

❺ Welche Ursachen für die Entstehung eines Sekundärglaukoms gibt es (Beispiele)?

10 Erkrankungen des Glaskörpers

10.1 Glaskörpertrübungen

❶ Mouches volantes (frz.: »fliegende Mücken«) sind Trübungen des Glaskörpers, die insbesondere im Alter und bei Kurzsichtigkeit (☞ 14.2.1) auftreten. Sie entstehen durch Verdichtungen und/oder hintere Ablösung der Glaskörperstruktur von der Retina.

Können auf eine Netzhautablösung hinweisen!

 Klinik und Diagnostik

Mouches volantes werden als verzögert mitschwimmende Trübungen bei Blickbewegungen insbesondere bei Sicht gegen einen hellen Hintergrund wahrgenommen. Neu entstandene Mouches volantes sind oft vor dem Netzhautzentrum lokalisiert und werden deshalb oft als besonders störend empfunden.

Therapie und Prognose

Eine Therapie ist nicht erforderlich, da Mouches volantes nach einiger Zeit absinken. Ein vermehrtes Auftreten von Mouches volantes kann jedoch auch ein **Hinweis auf eine Netzhautablösung** sein (☞ 11.5).

10.2 Glaskörperblutung

❷ Blutungen des Glaskörpers können vielfältige **Ursachen** haben:
- Pathologische Gefäße der Retina (z.B. bei *diabetischer Retinopathie)*, der Papille oder Gefäßneubildungen in den Glaskörper *(Retinopathia proliferans)*
- Arterielle Hypertonie
- Gerinnungsstörungen oder Gabe von Antikoagulantien
- Netzhautablösungen bzw. -risse, z.B. bei akuter hinterer Glaskörperabhebung
- Periphlebitis retinae (Entzündung im Bereich der Netzhautvenen)
- Zentralvenenastverschlüsse (☞ 11.2)
- Intraokulare Verletzungen oder Tumoren.

Bei stärkeren Blutungen Gefahr des Sehverlustes.

Klinik und Therapie

Der Patient bemerkt plötzlich auftretende schwarze Trübungen (»Rußregen«), die bei einer stärkeren Blutung bis zum plötzlichen Sehverlust führen können.

Augenheilkunde

Frische Blutungen sinken nach unten ab. Die weitere **Therapie** ist abhängig von der Ursache.

Prognose
Meist langsame Resorption im Verlaufe von Monaten, ggf. chirurgische Revision. Als Komplikation kann ein Sekundärglaukom auftreten (☞ 9.4).

10.3 Entzündungen des Glaskörpers

- Entzündung des Glaskörpers meist bakteriell bedingt
- Oft sind abwehrgeschwächte Patienten betroffen
- Breitbandantibiotika, ggf. Vitrektomie.

❸ Eine **Endophthalmitis,** die Entzündung des Augeninneren mit Beteiligung des Glaskörpers (*Vitritis*), wird häufig durch Bakterien, seltener durch Pilze oder Parasiten hervorgerufen. Die Keime gelangen oft bei Verletzungen oder bei intraokularen Operationen in den Glaskörper, können aber auch von einer Uveitis (☞ 8.1) auf den Glaskörper übergreifen. Von einer **metastatischen Endophthalmitis** spricht man, wenn Keime – wie Bakterien, Pilze (Candida!) oder Parasiten – von der Blutbahn in den Glaskörper gelangen.

Oftmals sind abwehrgeschwächte Patienten, z.B. mit AIDS, unter Zytostatikatherapie oder Intensivtherapie von einer viralen oder metastatischen Endophthalmitis betroffen.

 Klinik
- Akute Sehverschlechterung
- Tiefer und dumpfer, auf Analgetika kaum ansprechender, Schmerz
- Erheblich eingeschränktes Allgemeinbefinden.

 Therapie
- Breitbandantibiotika (i.v. und/oder intraokular) und Kortikosteroide
- Oftmals ist eine sofortige **Vitrektomie** (mikrochirurgische Entfernung des Glaskörpers) unumgänglich, da dem betroffenen Auge eine Erblindung droht. Anschließend ggf. intraokulare Spülung mit Antibiotika.

Prognose
Die Prognose ist **erregerabhängig.** Infektionen durch Bakterien zeigen oft einen plötzlich einsetzenden schweren Verlauf mit Zerstörung der Bulbusstruktur. Infektionen mit Pilzen verlaufen hingegen schleichender. Das Bild ähnelt einer chronischen Uveitis (☞ 8.1).

Merke

Oftmals handelt es sich bei der Endophthalmitis um eine Notfallsituation, bei der auch durch sofortige Vitrektomie nur in einem Teil der Fälle ein akzeptables Sehvermögen erhalten werden kann.

? Übungsfragen

❶ Wodurch sind Mouches volantes gekennzeichnet?

❷ Welche Ursachen für Glaskörperblutungen gibt es (Beispiele)?

❸ Was ist eine Endophthalmitis (Ursachen, Verlauf, Prognose)?

Augenheilkunde

11 Erkrankungen der Netzhaut

11.1 Zentralarterienverschluss

Ischämischer Infarkt durch Embolien oder Gefäßspasmen.

Der Zentralarterienverschluss ist ein **ischämischer Infarkt** der Zentralarterie (*A. centralis retinae* ☞ 1.2.3) durch Embolien oder Gefäßspasmen. Zu den gefährdeten Patienten gehören Patienten mit Arteriosklerose, Hypertonie, kompletten oder inkompletten Verschlüssen der A. carotis interna oder entzündlichen Gefäßerkrankungen wie *Endarteriitis obliterans* und *Riesenzellarteriitis* (☞ 12.4).

 Klinik und Diagnostik

❶ Folgende Symptome sind kennzeichnend:

■ Schmerzlose, **schlagartige Erblindung** meist eines Auges (»Licht wird ausgeschaltet«)

■ Bei Verschluss eines Astes: Gesichtsfeldausfälle, Sehverschlechterung, Patient kann evtl. nur noch geringe Lichtschimmer wahrnehmen.

Amaurosis fugax

Vorübergehende meist einseitige Erblindung.

Eine Amaurosis fugax ist eine nur wenige Sekunden bis Minuten anhaltende, meist einseitige und reversible Erblindung. Sie entsteht infolge einer vorübergehenden Ischämie, z.B. durch kleine Embolien aus Arterioskleroseplaques der Karotisgabel, die in die Netzhautarterien eingeschwemmt werden. Die **Diagnostik** erfolgt über die Carotis-Angiographie oder Dopplersonographie.

Merke

> Die oftmals rezidivierende Amaurosis fugax kann auf eine hochgradige Carotisstenose deuten und ein Vorzeichen für einen drohenden Zentralarterienverschluss oder Schlaganfall *(Apoplex)* sein.

 Therapie

■ Hämodilution (Blutverdünnung), Antikoagulantien (Gerinnungshemmung), Fibrinolyse (Auflösung von Fibringerinnseln) und Thrombolyse (Auflösung von frischen Thromben), Vasodilatation (Gefäßerweiterung) (cave: systemische Nebenwirkungen!)

■ Senkung des Augeninnendruckes medikamentös oder/und durch Bulbusmassage: Der Druck auf die Arterie kann somit vermindert und der Blutfluss verbessert werden.

■ Gabe von Kortikosteroiden.

Ein Zentralarterienverschluss kann ein Symptom einer zerebrovaskulären Erkrankung sein und erfordert eine intensive Suche nach Emboliequellen. In jedem Fall muss der Ausschluss einer Arteriitis temporalis (☞ 12.4) erfolgen.

Merke

Ein Zentralarterienverschluss ist ein Notfall! Die Ganglienzellen (☞ 1.2) der Netzhaut überleben höchstens 60 Minuten, dann kommt es zur Atrophie des Sehnerven. Deshalb sollte die Therapie in jedem Fall sofort beginnen.

Prognose

- **Arterienastverschluss:** *Skotom* im entsprechenden Bereich, manchmal Erhaltung der zentralen Sehschärfe
- **Zentralarterieninfarkt:** meist irreversible Erblindung innerhalb weniger Minuten. Das ischämische Netzhautödem verschwindet innerhalb einiger Wochen, wenn die innere Netzhaut atrophiert und die Arterien wieder durchblutet sind. Nach 6–8 Wochen kommt es mit dem Untergang der Neuroretina zu einer aufsteigenden Optikusatrophie.

11.2 Zentralvenenverschluss

Die **Ursachen** eines Zentralvenenverschlusses sind sehr vielfältig, z. B. Hypertonie, Arteriosklerose, hämodynamische Insuffizienz, Vaskulitiden (entzündliche Veränderungen der Gefäßwände), Gerinnungsstörungen, Veränderung der Blutviskosität (z. B. bei Einnahme oraler Antikonzeptiva), Tuberkulose, Sichelzellanämie u. a. Der entstehende hämorrhagische Infarkt (Blutstauung) der Netzhaut wird durch einen erhöhten Augeninnendruck (Offenwinkelglaukom ☞ 9.1) begünstigt.
Ein Zentralvenenverschluss ist eine der häufigsten Erblindungsursachen des älteren Menschen.

Hämorrhagischer Infarkt durch vielfältige Ursachen.

Klinik

- Schleierartige Verdunkelung des Gesichtsfeldes innerhalb von Stunden bis Tagen
- Bei einer Astvenenthrombose ist jeweils nur der betroffene Bereich pathologisch verändert. Ist der Makulabereich betroffen, kommt es zur starken Abnahme der Sehschärfe.

Therapie

- Hämodilution (Verdünnung des Blutes) als Standardtherapie bei relativ erhöhtem Hämatokrit
- Thrombolyse nur bis zum 6. Tag anwendbar (cave: systemische Nebenwirkungen!)

■ Laserkoagulation, z. B. bei Gefäßproliferationen und Glaskörperblutungen. Damit können evtl. ein Sekundärglaukom und eine Netzhautablösung nach Gefäßneubildungen vermieden werden.

Prognose

Bei einer **Astvenenthrombose** können sektorförmige Ausfälle des Gesichtsfeldes zurückbleiben. Bei einer **Zentralvenenthrombose** ist die Prognose oft schlecht.

Spätkomplikationen sind Glaskörpereinblutungen, Sekundärglaukom durch Gefäßneubildungen an der Iris und im Kammerwinkel. Die Prognose des **Sehvermögens** wird durch das Makulaödem und die Gefäßneubildungen bestimmt.

11.3 Netzhautveränderungen bei Allgemeinerkrankungen

■ Hypertonie
■ Diabetes mellitus
■ Toxoplasmose.

❷ Bestimmte Allgemeinerkrankungen können zur Schädigung der Netzhaut führen.

11.3.1 Hypertonie

Hochgradige Hypertonie führt vorwiegend zur Gefäßengstellung, lang andauernde Hypertonie hingegen zur Sklerose der Netzhautarterien (bei älteren Menschen auch ohne Blutdrucksteigerung), die sog. **hypertensive Retinopathie.**
Eine Sonderform stellt die Retinopathia angiospastika dar, die bei extremer Hypertonie, insbesondere bei jüngeren Patienten mit renaler Hypertension bzw. Phäochromozytom (Tumor, der Adrenalin oder Noradrenalin produziert) auftritt.

Klinik und Diagnostik

Die Veränderungen der Netzhaut verlaufen in Stadien, es finden sich Blutungen und Mikroinfarkte in der Netzhaut. Im Endstadium kann es zu einer Schwellung der Papille mit nachfolgend deutlicher Sehverschlechterung kommen. Diese typischen Netzhautveränderungen werden anhand der Fundusuntersuchung (☞ 2.1) festgestellt. Ähnliche Veränderungen können auch bei einer Eklampsie in der Schwangerschaft (Komplikation der schwangerschaftsindizierten Hypertonie) auftreten.

Therapie und Prophylaxe

Die beste Prophylaxe besteht in einer guten **Einstellung des Blutdruckes!** Damit kann in den ersten beiden Stadien eine Erholung

(Remission) der Veränderungen herbeigeführt werden, was später in der Regel nicht mehr möglich ist.

Prognose

Unter guter Kontrolle und Therapie ist die Prognose gut, z. T. bilden sich die Veränderungen zurück.

11.3.2 Diabetes mellitus

Die Häufigkeit der **diabetischen Retinopathie** hängt vor allem von der Krankheitsdauer des Diabetes mellitus ab. Eine Unterteilung findet in die **proliferative** (oft bei jugendlichen Typ-I-Diabetikern) und die **nicht-proliferative** Retinopathie statt. Es kommt zu

- Gefäßneubildungen auf der Retina *(Retinopathia diabetica)* mit Blutungen in Retina und Glaskörper
- Mikroangiopathie (Veränderungen von Arteriolen, Kapillaren und Venolen)
- Gefäßsklerose mit Kapillarverschlüssen und Ischämie
- Netzhautödem und anschließend Gewebszerstörung.

Formen:
- Proliferative Retinopathie
- Nichtproliferative Retinopathie.

Klinik

Eine Verminderung der Sehkraft wird erst im Spätstadium bemerkt, beim Altersdiabetes (Typ II) kann ein Ödem am hinteren Augenpol, das sich auf den Makulabereich ausdehnt, einen plötzlichen Visusabfall hervorrufen.

Therapie und Prophylaxe

- Das Fortschreiten der Erkrankung kann mit Laserkoagulation verlangsamt werden. Dabei werden, über die ganze Netzhaut verteilt, kleine Herde koaguliert (außer Makula und Papillenumgebung)
- Vorliegende Hypertonie konsequent einstellen
- Bei Membranbildung auf der Netzhautoberfläche, Traktionsablatio (☞ 11.5) und wiederholten Glaskörperblutungen: **Vitrektomie** (Entfernung des Glaskörpers)
- Die wichtigste Prophylaxe ist eine gute diätetische und medikamentöse Einstellung des Blutzuckers. Bei jedem Diabetiker sollte vierteljährlich bis jährlich der Augenhintergrund untersucht werden.

Prognose

Die diabetische Retinopathie ist **eine der häufigsten Erblindungsursachen** im Alter zwischen 20 und 65 Jahren. Hypertonie und Rauchen verschlechtern zusätzlich den Verlauf. Die proliferative diabetische Retinopathie schreitet in Phasen hormoneller Umstellung (Schwangerschaft, Pubertät) schneller voran.

Augenheilkunde

Mögliche **Komplikationen** sind z. B.:

- Proliferationen in den Glaskörper und Glaskörpereinblutungen (☞ 10.2)
- Traktionsablatio (☞ 11.5)
- Gefäßneubildungen sind auch an der Iris *(Rubeosis iridis)* und im Kammerwinkel möglich, wodurch ein sekundäres Glaukom (☞ 9.4) entstehen kann.

11.3.3 Toxoplasmose

Die Erreger der Toxoplasmose *(Toxoplasma gondii)* rufen am Auge eine fokale Entzündung von Netzhaut und Aderhaut, oft im Makulabereich oder der Papille, hervor. Gefährdet ist v. a. der Embryo im 5.–7. Schwangerschaftsmonat. Die Erreger werden durch Katzen und deren Kot oder rohes Fleisch übertragen. Bei Erstinfektion der Mutter (ohne Antikörper-Schutz) gelangen die Erreger über die Plazenta zum Embryo.

 Klinik und Diagnostik

- Entzündungsherde befinden sich in Netz- und Aderhaut, oft im Makulabereich oder neben der Papille
- Bei narbiger Abheilung der Entzündung im Makulabereich kommt es zur drastischen Sehverschlechterung
- Bei dem meist einseitigen Verlauf kann oft Begleitschielen *(Strabismus concomitans* ☞ 14.5.1) folgen
- Bei beidseitigem Verlauf Nystagmus (☞ HNO 2.2.3) möglich.

 Therapie

- Kausale Therapie mit Pyrimethamin (Daraprim®), Clincamycin oder Trimethoprim
- Kortikosteroide zur Verminderung der Narbenbildung, nur in Verbindung mit Antibiotikum.

Bei Infektion des Embryos können die Kinder wegen der Narbe im Makulabereich kein zentrales Sehen entwickeln und es kommt oft noch jahrelang zu Rezidiven.

11.4 Makula-Degenerationen

❸ Makula-Degenerationen als **Erkrankungen des Netzhautzentrums** sind entweder erworben oder vererbt:

Erworben

Z. B. **senile Makula-Degeneration** (meist nach dem 60. Lebensjahr). Pigmentepithel und Sinnesepithel der zentralen Netzhaut

Formen:
- Erworbene Makula-Degeneration: z. B. senile Makula-Degeneration

(☞ 1.2) gehen durch Alterungsvorgänge zugrunde. Sie ist eine der häufigsten Erblindungsursachen jenseits des 65. Lebensjahres.

Vererbt
Z.B. **juvenile Makula-Degeneration** (Morbus STARGARDT, *Fundus flavimaculatus*), welche in jedem Alter auftreten kann und meist beide Augen befällt. Im Laufe des 2. bis 3. Lebensjahrzehnts nimmt die Sehschärfe ab (der Patient kann dann nicht mehr lesen) und die Netz- und Aderhaut atrophiert später zunehmend.

Klinik
Die Sehverschlechterung ist schmerzlos und kann entweder schleichend oder plötzlich einsetzen. Dann kommt es meist zu einer erheblichen und irreversiblen Störung der zentralen Sehschärfe. Oft ist eine **Metamorphopsie** (Verzerrtsehen) das erste typische Symptom, später kommen Ausfälle des zentralen Gesichtsfeldes hinzu.

Therapie
Eine sicher Erfolg versprechende Therapie ist für beide Formen nicht bekannt. Mit Hilfe der **Laserkoagulation** wird versucht, die Gefäßneubildungen aufzuhalten; jedoch ist ihr Einsatz gerade im Bereich der Makula begrenzt. Ein neueres Verfahren ist die **photodynamische Therapie:** Injektion einer Substanz, die sich selektiv an die neugewachsenen Blutgefäße bei einer bestimmten Form der altersbedingten Makula-Degeneration anlagert. Aktiviert durch Licht, kommt es zu Verödung der kranken Blutgefäße. Zusätzlich werden vergrößernde **Sehhilfen** eingesetzt.

> **Augenheilkunde**

> ▪ Vererbte Makula-Degeneration: z.B. juvenile Makula-Degeneration.

11.5 Netzhautablösung

Die Netzhautablösung *(Ablatio retinae* bzw. *Amotio retinae)* ist eine Abhebung der Netzhaut vom mit ihr nicht verwachsenen Pigmentepithel (☞ 1.2) durch z.B. seröse Flüssigkeit (verflüssigter Glaskörper), Exsudat, Blut oder Tumorgewebe. Die Ablösung verursacht eine Mangelversorgung und damit den Zerfall der Sinnesrezeptoren.

> Führt zur Mangelversorgung der Sinnesrezeptoren.

11.5.1 Einteilung und Ursachen der Netzhautablösung

❹ Netzhautablösungen werden entsprechend der Krankheitsentstehung eingeteilt:
- **Rhegmatogene** (rissbedingte) Netzhautabhebung. Eine Sonderform ist die Riesenrissablatio: Glaskörperzug setzt am zen-

> Formen der Netzhautablösung:
> ▪ Rhegmatogene
> ▪ Nichtrhegmatogene
> ▪ Linsenlosigkeit.

Abb. 11.1
Netzhautablösung.
[L157]

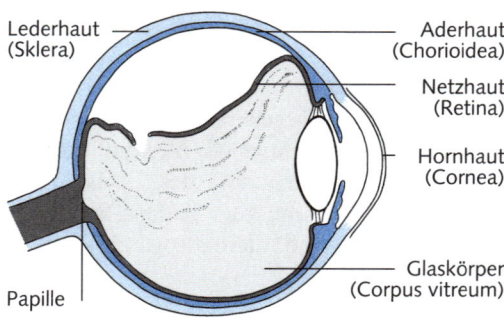

tralen Rissrand an und die Risse erstrecken sich über mehr als einen Quadranten
- **Nicht-rhegmatogene** Netzhautabhebung: Traktionsablatio und exsudative Ablatio
- Netzhautabhebung bei **Linsenlosigkeit.**

Ursachen
Rhegmatogene Netzhautabhebung (häufigste Form)
Aufgrund degenerativer Prozesse (insbesondere im Alter, bei Myopie und bei Linsenlosigkeit) bilden sich in der Netzhaut Risse oder Löcher. Diese Netzhautdefekte verbinden den Subretinal-raum (Raum unter der Retina) mit dem Subvitrealraum (zwi-schen Glaskörper und Uvea), wodurch flüssiger Glaskörper unter die Netzhaut gelangt und diese von der Unterlage abhebt.
Sekundär kann eine Ablatio auch nach Netzhautrissen infolge Prellung, perforierender Verletzung, Entzündung oder Aderhaut-melanom auftreten.

Nicht rhegmatogene Netzhautabhebung
- **Traktionsablatio**
  Zug aus dem Glaskörperraum durch Verwachsungsstränge oder Membranen, die an der Netzhaut anheften, z.B. nach Iridozyklitis (☞ 8.1), diabetischer Retinopathie, perforieren-den Verletzungen, Glaskörperschrumpfung bzw. -verlust. Periphlebitis retinae (☞ 10.2), Aderhauttumoren (☞ 8.3)
- **Exsudative Ablatio**
  Die Exsudate entstehen meist auf dem Boden einer Enzün-dung oder als Begleiterscheinung von Tumoren, wodurch sich größere Netzhautbezirke flächenhaft abheben.

Netzhautabhebung bei Linsenlosigkeit
Nach intrakapsulärer Staroperation (☞ 7.1.3) wird die Netzhaut-abhebung durch zwei Faktoren begünstigt: ständige mechanische Irritationen durch die verminderte Stabilität in der Irisebene so-

wie das Eindringen des Glaskörpers in den vorher von der Linse eingenommenen Raum, verbunden mit möglichen Schleuderbewegungen.

11.5.2 Klinik, Therapie und Prognose

 **Klinik**

❺ Man unterscheidet Früh- von Spätsymptomen:

- **Frühsymptome** durch Einreißen der Netzhaut und Blutung in den Glaskörper
    - »**Lichtblitze**« in der Peripherie des Gesichtsfeldes (auch im Dunkeln oder bei geschlossenen Augen)
    - Verstärkt auftretende Mouches volantes (☞ 10.1)
    - Schwarm schwarzer Punkte (»Rußwolken«)
- **Spätsymptome** bei Ablösung der Netzhaut
    - Allmählich sich über das Gesichtsfeld ausbreitender **Schatten;** bei oberer Ablatio: »von unten aufsteigende Mauer«; bei unterer Ablatio: »sich senkender Vorhang«
    - Abhängig von Lage und Ausprägung der Ablatio: starke Seheinschränkung, Verzerrtsehen, peripherer Gesichtsfeldausfall.

Therapie

- **Ruhigstellung** des Auges, Bettruhe
- **Wiederannäherung** der beiden Blätter
    - Mit Kälte *(Kryopexie)* wird eine Entzündungsreaktion induziert, wodurch die Schichten wieder miteinander verwachsen (Vernarbung des Netzhautrisses)
    - Tamponade von außen (z. B. Plombenaufnähung bzw. *Cerclage*) oder durch Tamponade von innen (z. B. mit Hilfe eines expandierenden Gases)
- **Vitrektomie:** wenn Membranen die Netzhaut am Anliegen hindern bzw. bei Riesenriss oder Ablatio durch ein am hinteren Augenpol gelegenes Netzhautloch.

Kleinere Herde lassen sich durch eine kreisförmige **Laserkoagulation** abriegeln und die Netzhautablösung kann sich an diesen Stellen nicht mehr fortsetzen. Diese Methode kann auch prophylaktisch bei Foramen und Rissen eingesetzt werden.

Prognose

Ohne Therapie schreitet die Netzhautablösung fast immer bis zur Erblindung fort. Die Prognose wird mit zunehmender Größe der Ablösung schlechter. Eine ungünstige Prognose haben auch komplizierte Netzhautablösungen mit Voroperationen oder Linsenlosigkeit, Riesenrissablatio, ältere Netzhautablösungen und sekundäre Netzhautablösungen.

Unterscheidung von Früh- und Spätsymptomen.

Augenheilkunde

? Übungsfragen

❶ Welche Symptome kennzeichnen einen Zentralarterien-verschluss bzw. den Verschluss eines Arterienastes?

❷ Welche Allgemeinerkrankungen können Netzhaut-veränderungen hervorrufen?

❸ Welche Arten der Makula-Degeneration gibt es?

❹ Wie können Netzhautablösungen entstehen?

❺ Welches sind die Früh- bzw. Spätsymptome einer Netzhaut-ablösung?

12 Erkrankungen des Sehnerven

Bei der Diagnose von Erkrankungen des Sehnerven spielt die Papille (☞ 1.2.1) eine entscheidende Rolle. Die **normale Papille** ist scharf begrenzt, nicht prominent, schläfenwärts etwas blasser als nasal, mit trichterförmiger Vertiefung in der Papillenmitte. Als krankhafte Veränderungen kommen vor:

- **Papillenödem:** Papille ist prominent (erhaben) und unscharf begrenzt
- **Papillenatrophie:** Papille ist abgeblasst und scharf bzw. unscharf begrenzt, evtl. mit Exkavation (☞ 9.1).

Beurteilung des Sehnerven über Papille.

12.1 Entzündungen des Sehnerven

❶ Je nach Lokalisation der Entzündung des Sehnerven werden zwei Formen unterschieden:

Papillitis. Bei dieser ist der vordere Teil des Sehnerven betroffen (Sehnervenkopf), welcher ophthalmoskopisch sichtbar ist. Sie kann durch Infektionen (z. B. Diphtherie, Masern, Malaria, Typhus), Entzündungen (z. B. Arteriitis temporalis ☞ 12.4, Tonsillitis) oder bei Vergiftungen (z. B. mit Blei, Tabak oder Alkohol) hervorgerufen werden.

Retrobulbärneuritis, bei welcher der orbitale Abschnitt des Sehnerven betroffen ist. Diese Enzündung ist ophthalmoskopisch nicht sichtbar. Sie besitzt die gleichen Ursachen wie die Papillitis, tritt häufig bei Multipler Sklerose auf, deren Frühsymptom sie sein kann, oder als Begleitentzündung bei *Sinusitis* (☞ HNO 4.2) oder *Meningitis* (Entzündung der Hirnhäute).

Formen:
- Papillitis
- Retrobulbärneuritis.

 Klinik

Papillitis

- Frühzeitige und plötzliche Sehstörung durch Zentralskotom bis zur vorübergehenden Erblindung, bei mehr vorne lokalisierter Entzündung auch parazentrale Skotome (☞ 12.3)
- Leichter dumpfer Schmerz nimmt bei Druck auf Bulbus zu
- Augenbewegungen eingeschränkt und schmerzhaft
- Meist einseitig.

Retrobulbärneuritis

- Akutes Stadium: hochgradige und plötzliche Verschlechterung der Sehschärfe, meist mit Zentralskotom

Augenheilkunde

- Augenbrauenschmerz oder tiefe orbitale Schmerzen, die sich bei Druck auf den Bulbus bzw. bei Augenbewegungen verstärken
- Augenbewegungen sind eingeschränkt und schmerzhaft (wie bei Papillitis)
- Flüchtige Augenmuskellähmung
- Beim Erwachsenen meist einseitig.

 Diagnostik

Außer mit dem Augenspiegel erfolgt die Diagnose einer Sehnervenentzündung mit der Visusbestimmung, Gesichtsfeldbestimmung, Fluoreszenzangiographie (zur Beurteilung der Durchblutung) und dem Elektroretinogramm (zur Beurteilung der Retinafunktion) sowie bildgebenden Verfahren.

Therapie

Die Therapie von Papillitis/Retrobulbärneuritis erfolgt je nach Ursache. Nach dem Ausschluss infektiologischer Ursachen werden oftmals hochdosierte Kortikosteroide eingesetzt.

Prognose

In vielen Fällen bessert sich die Sehschärfe und die Entzündung heilt vollständig ab. Bei zu spät eingeleiteter Therapie ist jedoch eine Atrophie des Sehnerven mit entsprechenden Sehstörungen möglich.

12.2 Stauungspapille

Formen:
- Stauungspapille
- Pseudotumor cerebri.

❷ Als Stauungspapille wird ein »passives« nicht entzündliches Papillenödem bezeichnet, das zunächst zu keiner Schädigung der Axone führt. Hirntumoren sind infolge des mit ihnen einhergehenden erhöhten Hirndrucks die häufigste Ursache einer Stauungspapille. Weitere Ursachen sind z. B. Störungen der Liquorzirkulation, venöse Abflussstörungen (z. B. bei Herzinsuffizienz) und arterielle Hypertonie.

Der **Pseudotumor cerebri** ist ein Krankheitsbild, das mit einer chronischen Stauungspapille und langfristig einer Optikusatrophie einhergeht. Es kommt zum erhöhten Hirndruck, z. B. infolge Resorptionsstörungen des Liquors oder einer Thrombose der großen Venen des Gehirns.

 Klinik und Diagnostik

- Stauungspapille
  - Sehstörungen im Gegensatz zur Papillitis oder Retrobulbärneuritis erst sehr spät
  - Vorkommen meist beidseitig (einseitiges Auftreten spricht für einen Orbitatumor).

- Pseudotumor cerebri
  - Kopfschmerzen
  - Mäßige Sehverschlechterung und fortschreitende konzentrische Einschränkung des Gesichtsfeldes.

Prognose
Bei Beseitigung der Ursache(n) ist die Prognose gut. Beim Pseudotumor cerebri oftmals auch nach Entlastung keine Besserung und manchmal ungünstige Prognose.

12.3 Gesichtsfeldausfälle

❸ Der Gesichtsfeldausfall *(Skotom)* ist ein innerhalb der Gesichtsfeldgrenzen gelegener relativer (unvollständiger) oder absoluter (vollständiger) **Ausfall der Lichtempfindung.** Zu den physiologischen Skotomen zählen der blinde Fleck (Papille) und die sog. *Angioskotome* als Abbild der Netzhautgefäße. Krankhafte Skotome werden nach ihrer Lage (z. B. zentrale oder parazentrale Skotome) und nach der Wahrnehmung unterschieden:

- **Positive Skotome** sind Gesichtsfeldausfälle, die vom Patienten selbst bemerkt werden (z. B. Mouches volantes und andere Glaskörpertrübungen ☞ 10)
- **Negative Skotome** werden nicht wahrgenommen.

Formen:
- Physiologische Skotome: Papille, Angioskotome
- Pathologische Skotome: Positive und negative Skotome.

Ursachen
Häufig ist eine Läsion im Verlauf der Sehbahn (☞ 1.2.1) z. B. infolge Tumor, Aneurysma der A. communicans anterior oder Verkalkungen der A. carotis interna Ursache für einen Gesichtsfeldausfall. Ebenso können z. B. ein Glaukom (☞ 9) oder eine Zentralvenenthrombose zu Gesichtfeldausfällen führen.

Klinik und Diagnostik
Die Wahrnehmung der Skotome durch die Patienten ist in erster Linie von Ort und Größe der Schädigung abhängig. Ein Defekt im Bereich der Makula – der Stelle des schärfsten Sehens – wird als störender empfunden, als Skotome, die eine mehr periphere Ursache haben und sogar unbemerkt bleiben können.
Sonderformen sind:

- **Farben-Skotome:** Ausfall der Farbwahrnehmung im Skotombereich
- **Flimmer-Skotome:** vorübergehender Gesichtsfeldausfall mit flimmerndem gezackten Rand bei Migräne.

- Wahrnehmung von Ort und Schädigung abhängig
- Als Sonderformen: Farben-Skotome und Flimmer-Skotome.

Merke
Bei Gesichtsfeldausfällen muss in jedem Fall sofort ein Augenarzt bzw. eine Augenklinik aufgesucht werden!

Augenheilkunde

Therapie und Prognose

Therapie und Prognose sind in erster Linie abhängig von Ursache, Art und Lokalisation des Schadens. Gehirntumoren (z. B. Hypophysenadenom) können neurochirurgisch entfernt werden, die Gesichtfeldausfälle sind jedoch meist irreversibel.

12.4 Durchblutungsstörungen des Sehnerven

Papilleninfarkte durch
- Arteriosklerose
- Riesenzellarteriitis.

 Durch Durchblutungsstörungen kommt es zu **Papilleninfarkten** des Sehnerven. Ursachen dafür können sein:

- **Arteriosklerose** der für die Versorgung des Sehnerven wichtigen Gefäße
- **Riesenzellarteriitis** (Entzündung der A. temporalis: *Arteriitis temporalis, Morbus* HORTON) vermutlich eine Autoimmunerkrankung des höheren Lebensalters, die auf die A. ophthalmica übergreifen kann. Leitsymptome sind sicht- oder tastbare Verdickung der A. temporalis, Druckschmerz, Rötung, heftige Kopfschmerzen, Gewichstverlust, Hypersensibilität der Kopfhaut. Gefahr der Erblindung auch für das andere Auge.

 **Klinik**

Die Sehschärfe ist plötzlich stark herabgesetzt und Gesichtsfeldausfälle (typischer Ausfall der unteren Gesichtsfeldhälfte) treten auf bis hin zur Amaurose (vollständige Erblindung).

Vorboten der Riesenzellarteriitis sind kauabhängige Schläfenschmerzen, mehrtägige Kopfschmerzen und Fieber. Schließlich kommt es zur plötzlich einsetzenden Erblindung.

Therapie

- Arteriosklerotisch bedingter Papilleninfarkt
  - Hochdosierte Kortikosteroide, um die Ödembildung zu reduzieren
  - Hämodilution, um Fließeigenschaft des Blutes zu verbessern.
- Riesenzellarteriitis
  - Sofort hochdosierte und langdauernde Gabe von Kortikosteroiden, auch um Befall des zweiten Auges zu verhindern.
  - Maßnahmen zur Verbesserung der Fließeigenschaften des Blutes, z. B. Hämodilution und Gabe von Antikoagulantien.

Prognose

Papilleninfarkt

Die volle Funktion des Sehnerven lässt sich durch eine Therapie selten wiederherstellen. Nur in den ersten 12–24 Stunden besteht die Chance, einige Gesichtsfeldbereiche zurückzugewinnen.

Arteriitis temporalis

Gelegentlich ist bei rechtzeitiger Therapie eine Verbesserung des Sehens möglich. Oft können jedoch nur einige periphere Gesichtsfeldreste wiedergewonnen werden.

? Übungsfragen

❶ Wie werden Entzündungen des Sehnerven nach ihrer Lokalisation unterschieden?

❷ Was kennzeichnet eine Stauungspapille, was ist ein Pseudotumor cerebri?

❸ Was sind Skotome und wie nimmt der Patient sie wahr?

❹ Welche Ursachen für Papilleninfarkte gibt es?

Augenheilkunde

13 Erkrankungen der Augenhöhle

13.1 Exophthalmus und Enophthalmus

13.1.1 Exophthalmus

Exophthalmus als Leitsymptom.

❶ Das **Leitsymptom** für Erkrankungen der Orbita ist der Exophthalmus, das Hervortreten des Augapfels *(Protrusio bulbi)*. Ursachen können eine Infiltration und Volumenvermehrung des Orbitagewebes und Verdickung der äußeren Augenmuskeln sein.

Diagnostik

Alte Fotografien des Patienten können für die Anamnese verdeutlichen, wie lange der Exophthalmus etwa schon besteht. Behelfsmäßig wird ein Exophthalmus beurteilt, indem sich der Untersucher hinter den sitzenden Patienten stellt, die Oberlider anhebt und dann die Augenbulbi über die Stirn vergleicht. Eine genaue Beurteilung ist mittels vergleichender Untersuchung mit dem **Exophthalmometer** möglich, welches die Prominenz der Bulbi misst. Zur Diagnostik eines Exophthalmus gehören weiterhin Visusprüfung, Gesichtsfelduntersuchung, Motilitätsprüfung und Fundusuntersuchung.

13.1.2 Enophthalmus

Typische Trias beim HORNER-Syndrom.

❶ Ein Enophthalmus (Einwärtssinken des Orbitainhalts) kann bei Verletzungen der Orbita (☞ 13.3) oder als Pseudo-Enophthalmus beim **Horner-Syndrom** auftreten. Bei diesem führt eine Störung des Sympathikus unterschiedlicher Ursache zur typischen Trias

- **Miosis** infolge Lähmung des M. dilatator pupillae
- **Ptosis** (☞ 3.1.3) durch Lähmung des MÜLLERschen Lidhebers
- **Enophthalmus,** der jedoch durch die Ptosis vorgetäuscht sein kann.

13.2 Endokrine Orbitopathie

❷ Die endokrine Orbitopathie (Morbus BASEDOW) tritt in über 50% der Fälle bei *Hyperthyreosen* (Überschuss an Schilddrüsenhormonen) und in 90% der Fälle beidseitig auf. Ihre Ursache liegt wahrscheinlich in autoimmunologischen Prozessen.

Klinik

- Allgemeinsymptome der Hyperthyreose (Schweißausbrüche, Nervosität, Tachykardie)
- Exophthalmus
- Bewegungsstörungen des Auges, Diplopie (Sehen von Doppelbildern)
- Geschwollene und gerötete Konjunktiven, sog. Glanzauge
- Erweiterte Lidspalte
- Typische Zeichen: GRAEFE-Zeichen (Oberlid bleibt bei Blicksenkung zurück), STELLWAG-Zeichen (seltener Lidschlag), DALRYMPLE-Zeichen (Sklera am oberen *Limbus,* Übergangslinie zwischen Hornhaut und Sklera, sichtbar), MÖBIUS-Zeichen (Konvergenzschwäche)
- Lagophthalmus (☞ 3.1.4) und der seltene Lidschlag können zum Ulcus corneae führen
- Kompression des Sehnerven führt zu Einschränkungen des Gesichtsfeldes.

 Diagnostik

- Inspektion des Auges, Gesichtsfeldprüfung, Schilddrüsendiagnostik
- Ultraschall-Echographie, CT oder MRT verdeutlichen Augenmuskelverdickungen
- Verlaufskontrollen (z. B. mit dem Exophthalmometer).

In der Differentialdiagnose müssen z. B. ein Orbitatumor (bei einseitigem Auftreten), Pseudotumoren und eine Orbitaphlegmone (☞ 3.2.1) abgeklärt werden.

 Therapie

- Behandlung der Grundkrankheit
- Tränenersatzmittel
- Bei extremem Exophthalmus (maligner Exophthalmus) verhindern Uhrglasverbände das Austrocknen der Hornhaut (evtl. zusätzlich antibiotische Augensalbe)
- Kortikosteroide
- Bei Versagen der medikamentösen Therapie Röntgenbestrahlung der Orbitaspitze oder Entlastungsoperation der Augenhöhle
- Rauchen beeinflusst den Verlauf der Krankheit ungünstig. Deshalb sollten Raucher darauf verzichten.
- Schieloperation bei Motilitätsstörungen und Doppelbildern.

Prognose

Bei einigen Patienten ist die Prognose gut; häufig besteht eine psychische Belastung durch den Exophthalmus.

13.3 Verletzungen der Augenhöhle

❸ Die häufigste traumatische Verletzung der Orbita ist die **Blow-out-Fraktur.** Ursache ist eine frontale Gewalteinwirkung (z. B. Faustschlag, Squashball) direkt auf die Orbita, wobei ihre schwächste Struktur, der Orbitaboden, zertrümmert wird.

Klinik und Diagnostik
- Doppelbilder
- Enophthalmus (oft schwer zu erkennen, da Lidschwellung und Bluterguss) durch traumatische Vergrößerung der Orbita möglich
- Bewegungsstörungen des Bulbus nach oben und unten bei Einklemmung des M. rectus inferior
- Evtl. Sensibilitätsstörungen im Bereich des *N. maxillaris* möglich
- Die Diagnose wird über eine Röntgen-/CT-Aufnahme des Schädels gesichert.

Therapie und Prognose
Die Indikation zur Operation stellen manifeste Bewegungsstörungen des Auges dar. Die operative Versorgung muss möglichst bald erfolgen, danach wird die Einklemmung irreversibel und die Doppelbilder bleiben. Die Prognose ist gut bei sonst erhaltener Augenfunktion und rechtzeitiger operativer Versorgung.

? Übungsfragen
❶ Wodurch sind Exophthalmus und Enophthalmus gekennzeichnet? Was ist das »HORNER-Syndrom«?

❷ Was ist der Morbus BASEDOW, welche Symptome haben die Patienten (Beispiele)?

❸ Welche Symptome zeigt eine Blow-out-Fraktur?

14 Sehfehler

14.1 Hyperopie

❶ Bei einer Hyperopie, der **Weitsichtigkeit** (*Hypermetropie, Übersichtigkeit*), liegt der Vereinigungspunkt der einfallenden Strahlen hinter der Netzhaut. Dabei können zwei Formen unterschieden werden:

- **Achsenhyperopie:** Augapfel für Brechkraft zu kurz (häufig)
- **Brechungshyperopie:** Brechkraft des optischen Systems zu gering (selten).

Korrektur

In der Jugend wird der Brechungsfehler meist durch eigenständige Akkommodation des Auges ausgeglichen, was oft Kopfschmerzen hervorruft. Dieser Ausgleich durch ständige Akkommodation kann außerdem zu einer überschießenden Konvergenz (☞ 2.5) und zum Einwärtsschielen führen, da Akkommodation und Konvergenz zentral zusammen gesteuert werden (mögliche Entstehung eines *Strabismus convergenz* ☞ 14.5). Desweiteren besteht die Gefahr eines Winkelblockglaukoms (☞ 9.2): Da der Augapfel oft so kurz ist und damit Iris und Linse sehr weit vorne liegen, ist der Kammerwinkel eingeengt.
Eine Weitsichtigkeit wird mit **Sammellinsen** (Plusgläser, Konvexgläser) korrigiert. Dabei wird das stärkste Glas verordnet, das der Patient noch verträgt.

Formen der Hyperopie:
- Achsenhyperopie
- Brechungshyperopie.

Therapie über Konvexgläser = Plusgläser = Sammellinsen.

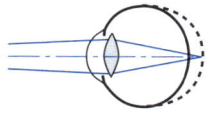

Die Linse ist funktionsfähig, der Augapfel aber zu kurz. Das scharfe Bild naher Objekte liegt hinter der Netzhautebene.

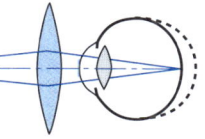

Eine Sammellinse verlegt das scharfe Bild auf die Netzhaut

Abb. 14.1
Strahlengang bei Weitsichtigkeit.
[A400]

14.2 Myopie

14.2.1 Myopie

Bei der Myopie, der **Kurzsichtigkeit,** liegt der Vereinigungspunkt der einfallenden Strahlen vor der Netzhaut. Nur nahe Gegenstände können scharf auf der Netzhaut abgebildet werden, ferne Objekte erscheinen verschwommen.

Formen der Myopie:
- Achsenmyopie
- Brechungsmyopie.

Formen

❶ Auch bei der Myopie werden zwei Formen unterschieden:
- **Achsenmyopie:** Häufig ist der Augapfel für die Brechkraft zu lang. Ist beispielsweise der Augapfel 1 mm zu lang, beträgt der Brechungsfehler ca. 3 dpt. Die Achsenmyopie wird auch als Myopia simplex oder als Schulmyopie bezeichnet, da sie oft erst bei der Einschulung bemerkt wird. Sie bleibt meist nach dem 20. Lebensjahr stabil.
- **Brechungsmyopie:** Seltener ist die Brechungskraft des optischen Systems zu hoch, z.B. bei *Keratokonus* (kegelförmige Verformung der Hornhaut), Katarakt oder Linsenverlagerung nach vorne.

Die Entstehungsursache der Myopie ist unbekannt, es tritt jedoch eine familiäre Häufung auf. Andere Erkrankungen des Auges können ebenfalls zur Myopie führen, wie ein vergrößerter axialer Linsendurchmesser, die Verlagerung der Linse, ein verkleinerter Krümmungsradius der Hornhaut oder ein beginnender Altersstar.

Therapie über Konkavgläser = Minusgläser.

Korrektur

Bei einer Myopie von ca. 3 dpt wird im Alter keine Lesebrille benötigt, da man im Fernpunkt des Auges (Punkt, der bei größtmöglicher Entspannung der Akkommodation noch scharf gesehen wird) liest.

Konkavgläser (Minusgläser) zerstreuen die einfallenden Strahlen. Dabei soll immer das schwächste Glas verwendet werden, mit dem der Kurzsichtige gut sieht. Bei hoher Myopie ab rund 8 dpt wird eine Kontaktlinse empfohlen, da eine Brille dann zu schwer und das Gesichtsfeld sehr eingeengt ist.

Abb. 14.2
Strahlengang bei Kurzsichtigkeit.
[A400]

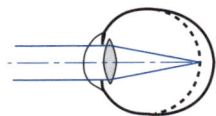

Die Linse ist funktionsfähig, der Augapfel aber zu lang. Das scharfe Bild ferner Objekte liegt vor der Netzhautebene.

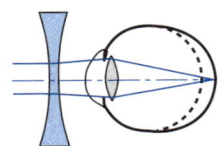

Eine Zerstreuungslinse verlegt scharfes Bild auf die Netzhaut.

Pflege

Umgang mit Kontaktlinsen

Einsetzen:

- Linse nach Angabe des Herstellers mit Spülflüssigkeit abspülen
- Linse mit der gewölbten Außenseite auf die Spitze des einsetzenden Fingers legen
- Mit der freien Hand das Auge aufhalten
- Linse langsam auf die Hornhaut setzen.

Herausnehmen:

- Auge aufhalten
- Weiche Linsen entfernen, indem mit 2 Fingern die Augenlider in Richtung Augapfel leicht zusammengedrückt werden
- Harte Linsen durch Zug am äußeren Augenwinkel nach oben entfernen. Es kann auch ein Sauger eingesetzt werden
- Linse sofort in einen mit Reinigungs- oder Spülflüssigkeit gefüllten Aufbewahrungsbehälter legen.

14.2.2 Progressive Myopie

❷ Falls die Verschlechterung der Kurzsichtigkeit nicht zum Stillstand kommt, handelt es sich um eine progressive (maligne) Myopie *(Myopia maligna)*, die – im Gegensatz zur Schulmyopie – eine Krankheit ist. Der Augapfel dehnt sich kontinuierlich und die Gläserstärken müssen immer weiter erhöht werden. Da sich jedoch Aderhaut und Netzhaut nicht weiter dehnen können, führt die maligne Myopie zu schweren Komplikationen, wie z.B. einer Ablösung der Netzhaut (☞ 11.5).

Fortschreitende, krankhafte Kurzsichtigkeit mit Gefahr der Netzhautablösung und Blutungen.

Diagnostik

Augenhintergrund: Als Folge der starken Dehnung schimmert um die Papille die Sklera als weißer Ring durch, die Netzhautgefäße sind gestreckt.

Komplikationen

Bei einer hinteren Glaskörperabhebung kann es zu einer Netzhautablösung (☞ 11.5) und zu rezidivierenden Blutungen der Netzhaut kommen.

14.3 Presbyopie

❸ Als Presbyopie, die **Alterssichtigkeit,** wird der Verlust der Akkommodationsfähigkeit der Linse infolge Sklerosierung im Alter verstanden. Eine Lesebrille wird benötigt, falls die Akkommodationsfähigkeit weniger als ca. 3 dpt beträgt.

Augenheilkunde

Abb. 14.3
Strahlengang bei
Alterssichtigkeit.
[A400]

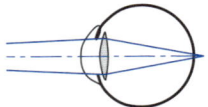

Die Linse hat an Eigenelastizität
verloren und kann sich deshalb
nicht mehr ausreichend krümmen.
Das scharfe Bild naher Objekte
liegt hinter der Netzhautebene.

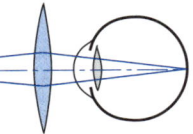

Eine Sammellinse gleicht
fehlende Linsen-Krümmung aus

14.4 Astigmatismus

Formen:
■ Regulärer
 Astigmatismus
■ Irregulärer
 Astigmatismus
 oder Narben-
 Astigmatismus.

Das Wort »Stigma« ist griechisch und bedeutet »Punkt«. »A-stigma-tismus« bedeutet wörtlich (Brenn-)Punktlosigkeit. Im medizinischen Sprachgebrauch wird der Astigmatismus auch als Hornhautverkrümmung bezeichnet.

❹ Beim Astigmatismus weicht die Hornhaut von ihrer idealerweise kugeligen Form ab und hat eine mehr zylindrische Gestalt. Beim **regulären Astigmatismus** werden die Lichtstrahlen nicht mehr in einem Punkt gebündelt, sondern in einer Achse linienförmig verzerrt. Als Folge von Verletzungen und der damit einhergehenden unregelmäßigen Hornhautoberfläche kommt es zum **irregulären** oder **Narben-Astigmatismus.**

Korrektur
■ Regulärer Astigmatismus: zylindrisch geschliffene Gläser wirken der Abweichung der Hornhaut entgegen
■ Irregulärer Astigmatismus: Kontaktlinsen, Hornhauttransplantation.

14.5 Strabismus

Formen des
Strabismus:
■ Begleitschielen
■ Lähmungsschielen.

❺ Das Schielen *(Strabismus)* ist die Unfähigkeit, die Blickachsen beider Augen auf einen Punkt zu richten. Damit geht die Fähigkeit zum beidseitigen Sehen mehr oder weniger verloren.

Diagnostik
■ Prüfung des Parallelstandes, *Orthophorie:* Der Patient betrachtet mit beiden Augen eine 5 m entfernte Lichtquelle. Der Untersucher beobachtet die Reflexbildchen auf der Hornhaut, die im Normalfall auf beiden Augen in der Mitte der Pupille liegen müssen (☞ Abb. 14.4).
■ Abdeckprobe, *Cover-Test:* Einstellbewegungen des Auges werden bestimmt.

Normalbefund (zentriert)

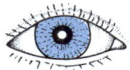 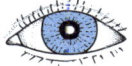

Auswärtsschielen (Strabismus divergens)

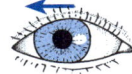 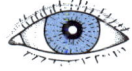

Einwärtsschielen (Strabismus convergens)

 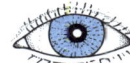

Abb. 14.4
Formen des Schielens: Beim jeweils abweichenden Auge ist das Reflexbild auf der Hornhaut verändert. [L157]

Augenheilkunde

14.5.1 Begleitschielen

Häufig beginnt das Begleitschielen *(Strabismus concomitans)* in den ersten 4 Lebensjahren. Später handelt es sich meist um ein Lähmungsschielen. Das Schielauge begleitet beim Begleitschielen das normal fixierende Führungsauge in alle Blickrichtungen in einem bestimmten Schielwinkel.

Die Ursachen liegen häufig in einer unkorrigierten Hyperopie, Hyper- oder Hypoakkommodation und können auch durch Muskelanomalien und Geburtstraumen bedingt oder vererbt sein.

14.5.2 Lähmungsschielen

Die Lähmung eines Augenmuskels oder des betreffenden Nerven hat das Lähmungsschielen *(Strabismus paralyticus)* zur Folge. Der Patient kann nicht in eine bestimmte Richtung schauen und gibt häufig Doppelbilder an. Es kommt zur Einschränkung des Gesichtsfeldes und des räumlichen Sehens.

 Diagnostik
Die Beweglichkeit des Augapfels in der Zugrichtung des betreffenden Muskels ist in typischer Weise eingeschränkt und mit der Blickrichtung wechselt der Schielwinkel (größer bei Blick in Richtung des gelähmten Muskels). Falls Doppelbilder wahrgenommen werden, kommt es zu einer kompensatorischen Kopfzwanghaltung.

 Therapie
- Behandlung der Ursache, z. B. Tumoren, Enzephalitis, Schädelbasisfraktur
- Doppelbilder werden mit Mattglas vor einem Auge ausgeschaltet

■ Falls ca. 1 Jahr nach dem auslösendem Ereignis keine Besserung eingetreten ist, sollte eine operative Verkürzung des Gegenspielers des betroffenen Muskels erfolgen.

? Übungsfragen

❶ Wie unterscheiden sich Achsenhyperopie und Brechungshyperopie sowie Achsenmyopie und Brechungsmyopie?

❷ Wodurch ist eine progressive Myopie gekennzeichnet?

❸ Was wird unter Presbyopie verstanden?

❹ Wodurch sind regulärer bzw. irregulärer Astigmatismus gekennzeichnet?

❺ Was ist Strabismus und welche Formen gibt es (Beispiele)?

15 Verletzungen des Auges

15.1 Verätzungen und Verbrennungen

❶ Die Folgen für das Gewebe infolge Verletzungen mit Säuren, Laugen und Verbrennungen sind unterschiedlich:

- **Laugen:** *Kolliquationsnekrose* als tief greifende, verflüssigende Gewebezerstörung von Kammerwinkel, Iris und Linse, z. B. bei Kalkverätzung (häufigste Ursache)
- **Säuren:** *Koagulationsnekrose* als Verschorfung, die eine Barriere gegen das weitere Eindringen der Säure bildet, z. B. beim Umgang mit Autobatterien (Schwefelsäure)
- **Verbrennungen:** Zerstörung des Gewebes und Folgen entsprechend einer Verätzung (Koagulation), oft ist nur das Epithel betroffen.

 Klinik und Diagnostik

- Starke Schmerzen und Lichtscheu
- Starker krampfhafter Lidschluss *(Blepharospasmus)*
- Starkes Tränen der Augen.

Die genaue Diagnosestellung ist wegen des Blepharospasmus oft nicht möglich und kann erst nach den Sofortmaßnahmen erfolgen.

 Therapie

- ❷ Auge spülen, z. B. mit Wasser, Mineralwasser, physiologischer NaCl-Lsg., keine Milch
- Notfalltransport in die Augenklinik, dabei das Auge weiter spülen
- Lokalanästhetika und systemische Analgesie helfen, den Lidkrampf zu überwinden und ermöglichen eine genauere Un-

5 Sofortmaßnahmen

Augenheilkunde

Schweregrad 1	Geringe Schädigung des Hornhautepithels, Hornhaut klar, Chemosis der Bindehaut
Schweregrad 2	Geringe Hornhauttrübung, Chemosis und Ischämie der Bindehaut (weniger als 1/3 betroffen)
Schweregrad 3	Hornhautepithelverlust, Hornhauttrübung, Ischämie der Bindehaut (1/3 – 1/2 betroffen)
Schweregrad 4	Hornhaut undurchsichtig (»gekochtes Fischauge«), Ischämie der Bindehaut (> 1/2)

Tab. 15.1
Verätzungsstadien.

tersuchung und Säuberung des Bindehautsacks, Spülung mit spezifischen Pufferlösungen

- Lokale Antibiotika gegen Sekundärinfektionen und Kortikosteroide gegen die Entzündungsreaktion
- Chirurgische Entfernung von nekrotischem Gewebe.

Merke

> Verätzungen und Verbrennungen sind ophthalmologische Notfälle, deshalb muss auch bei Abwehrreaktionen des Patienten aufgrund der starken Schmerzen rasch gehandelt werden.

 Pflege

Augenspülung:

- Patienten den Kopf unbedingt zur betroffenen Seite neigen lassen
- Pro Durchführung 250–500 ml Spülflüssigkeit aus ca. 10 cm Entfernung mit leichtem Druck über das Auge laufen lassen
- Währenddessen den Patienten zum »Augenrollen« auffordern
- Spülung $\frac{1}{4}$ bis $\frac{1}{2}$-stündlich wiederholen.

Komplikationen und Prognose

Komplikationen und Prognose sind vom Ausmaß der Schädigung und vom Zeitpunkt der eingeleiteten Therapie abhängig. Es kann zu Narben der Bindehaut und Hornhaut kommen und zu Verwachsung der Bulbusbindehaut mit der Lidbindehaut *(Symblepharon)*.

Eine besonders schlechte Prognose haben Verätzungen mit Beteiligung des Hornhautepithels am Limbus (Übergangslinie zwischen Hornhaut und Sklera), weil dann Bindehaut und Gefäße in die Hornhaut einsprießen können.

Laugenverletzungen haben eine relativ ungünstige Prognose. Bei tiefem Eindringen sind Linsentrübung und Sekundärglaukom möglich.

Bei Verbrennungen ist die Prognose umso besser, je roter (hyperämischer) die Konjunktiva ist. Bei leichten Verbrennungen (z.B. nach Stichflamme) bestehen nach Abkratzen des verschorften Hornhautepithels gute Heilungschancen ohne wesentliche bleibende Schäden. Innerhalb weniger Tagen ist das Hornhautepithel unter Antibiotikaschutz regeneriert.

Merke

> Als Prophylaxe für Verätzungen bei Umgang mit Säuren und Laugen immer Schutzbrille tragen.

15.2 Perforierende Verletzungen

Ursache sind meist mangelnde Vorsicht, z.B. Nichttragen einer Schutzbrille bei Arbeiten mit Hammer und Meißel (Stahlsplitter) oder Gebrauch von Trennscheiben oder Arbeiten an Kreissägen. Der Fremdkörper kann entweder **extrabulbär** (außerhalb des Bulbus) oder **intrabulbär** (innerhalb des Bulbus) liegen.

 Klinik

❸ Abhängig von Art und Tiefe des Eindringens des Fremdkörpers sind unterschiedliche Strukturen zerstört:

- Durchschuss des Bulbus
- Hornhautverletzungen: kleine Schnittwunden werden durch das Quellen des Stromas oft verschlossen
- Irisverletzung: *Reizmiosis* (Verengung der Pupille) und Irisloch mit *Hyphaema* (Einblutung in die Vorderkammer), das zu einem Sekundärglaukom führen kann. Bei größerer Verletzung aufgehobene Vorderkammer und Irisvorfall. Mögliche Entstehung einer vorderen Synechie (Verwachsung der Iris mit der Hornhaut)
- Linsentrübung durch eingedrungenes Kammerwasser
- Glaskörperblutungen (☞ 10.2) bei Verletzung der Retina.

 Therapie und Prognose

Der Betroffene muss sofort in eine Augenklinik eingeliefert werden!

Oberflächliche Fremdkörper auf der Hornhaut werden nach Tropfanästhesie entfernt. Magnetische Fremdkörper lassen sich oft mit Magneten entfernen. Bei Aufschlagen auf die Netzhaut oder bei nichtmagnetischen Fremdkörpern werden spezielle mikrochirurgische Techniken angewandt. Antibiotische Abdeckung und Überprüfung des Tetanusschutzes.

❹ **Komplikationen:** Infektion mit nachfolgender Endophthalmitis (☞ 10.3), *Panophthalmie* (eitrige Entzündung des gesamten Auges) oder *sympathische Ophthalmie* (Mitentzündung des nicht verletzen Auges), Sekundärglaukom (☞ 9.4), Netzhautablösung (☞ 11.5), *Phthisis bulbi* (Schrumpfung des Augapfels).

Besonders gefährlich sind:

- *Eisensplitter:* Infolge Eisenablagerung im Auge *(Siderosis)* kann es zu Sekundärglaukom und Gesichtsfeldausfällen bis zur Erblindung kommen
- *Kupfersplitter:* Je nach Größe der Splitter chronische Schädigung von Retina und Linse durch Kupfer oder entzündliche Reaktion mit Verflüssigung des Glaskörpers und Zerstörung der Retina innerhalb von Tagen *(Chalkosis).*

 Pflege

Pflege bei Enukleation und Umgang mit Augenprothesen ☞ 8.3.2

Unterscheidung von extrabulbärer und intrabulbärer Lage der Fremdkörper.

Patient muss in der Augenklinik behandelt werden.

Besonders gefährlich sind Eisensplitter und Kupfersplitter.

Augenheilkunde

15.3 Contusio

Die Contusio bulbi ist eine stumpfe Verletzung des Auges, z. B. durch Tennis- oder Squashbälle, aufprallende Sektkorken oder Holzscheite.

Klinik

Abhängig von der Stärke des Aufpralls können Verletzungen an annähernd allen Strukturen des Auges auftreten, z. B:

- Lidödeme, *Luftemphysem* (Aufblähung der Lider)
- Subkonjunktivale Blutung *(Hyposphagma)*
- Ablösung der Iris vom Ziliarkörper *(Iridodialyse)*, Hyphaema (Einblutung in die Vorderkammer)
- Linsentrübung oder Subluxation nach Zonulaabriss führt zum Irisschlottern
- Netzhautablösung
- Berstungsruptur der Sklera und damit Verlust der Stabilität des Auges, *Phthitis bulbi* (Schrumpfung des Augapfels)
- Blow-out Fraktur (☞ 13.3).

Diagnostik

Bei der Fundusuntersuchung findet sich im gegenüberliegenden Bereich der Gewalteinwirkung das sog. BERLIN-Ödem als grau-weißes Ödem der Netzhaut.

Therapie und Prognose

Therapie und Prognose richten sich nach Art und Umfang der Schädigung:

- In der Regel Ruhigstellung, ggf. mit beidseitigem Augenverband
- Hochdosierte Kortikosteroidtherapie zur Behandlung des Ödems am Fundus
- Bei Hyphaema: falls keine Resorption erfolgt, Blutung chirurgisch entfernen, da sonst die Gefahr eines Sekundärglaukoms besteht (☞ 9.4)
- Kontrollen des Augenhintergrundes und Messung des Augeninnendruckes.

? Übungsfragen

❶ Wie unterscheiden sich Koagulationsnekrose und Kolliquationsnekrose?

❷ Welche fünf Sofortmaßnahmen sind bei Verätzungen bzw. Verbrennungen des Auges wichtig?

❸ Was ist ein Hyphaema?

❹ Welche intraokulären Fremdkörper sind besonders gefährlich und warum?

16 Umgang mit Sehbehinderten

- Nehmen Sie die Persönlichkeit des Sehbehinderten – trotz seiner äußeren Abhängigkeit von der Umwelt – ernst. Sprechen Sie ihn daher direkt an – und nicht seine Begleitperson – wenn Sie von ihm eine persönliche Auskunft benötigen. Lassen Sie den Sehbehinderten – sobald er sich etwas auskennt – möglichst viel selbständig tun. Ein solches Vorgehen fördert seine Selbständigkeit, stärkt sein Selbstvertrauen und trägt auch zur Entlastung des Pflegepersonals bei
- Eine systematische Erklärung, wo sich was im Zimmer befindet und das Abtasten der einzelnen Gegenstände sind wichtig, damit sich der Sehbehinderte eine genaue Vorstellung von seiner neuen Umgebung machen kann. Hilfreich sind dabei Fixpunkte wie Schränke, Türen etc. Auch Gegenüberbeziehungen, wie z. B.: »Der Schrank befindet sich gegenüber der Tür« erleichtern die Orientierung
- Informationstafeln, Türschilder u. Ä. sollten in Augenhöhe angebracht sein und mit großer Schrift und deutlichem Farbkontrast geschrieben werden (z. B. schwarz auf gelbem Grund)
- Stellen Sie sich vor, wenn Sie das Zimmer betreten und sagen Sie immer, was Sie gerade machen, damit der Sehbehinderte nicht durch ungewohnte Geräusche oder Berührungen verunsichert wird. Sagen Sie, wenn Sie das Zimmer verlassen
- Sagen Sie ihm jeweils, was es zu essen gibt und wo sich das Geschirr auf dem Tisch befindet. Beschreiben Sie, wie die Speisen auf dem Teller angeordnet sind (z. B. nach dem Uhrzeigersinn: Fisch bei 12, Kartoffeln bei 6 Uhr usw.)
- Wenn Sie den Sehbehinderten z. B. zum Röntgen oder zu einer anderen Untersuchung führen, bieten Sie ihm Ihren Arm an und gehen immer voraus. Wenn Sie die Hand des Sehbehinderten auf die Stuhllehne legen, kann er die Sitzfläche finden
- Nutzen Sie Hilfsmittel für Sehbehinderte, wie z. B. den Langstock oder eine »sprechende Uhr«
- Nutzen Sie bei Fragen oder Problemen die Erfahrungen des Sozialdienstes der Klinik.

Glossar

Ablatio/Amotio (retinae)
Ablösung (der Netzhaut)
Abrasio (corneae)
Abschabung (des Epithels der
Hornhaut)
Akkommodation
Einstellung (Krümmung) der
Augenlinse auf verschiedene
Entfernungen
Amaurose
Blindheit
Amaurosis fugax
vorübergehende anfallsartig
auftretende Erblindung oder
schwere Sehstörung
Amaurotisches Katzenauge
weißer Lichtreflex
bei lichtstarrer Pupille
im Kindesalter
Amblyopie
Schwachsichtigkeit eines
Auges
Amotio/Ablatio (retinae)
Ablösung (der Netzhaut)
Amsler-Netz
regelmäßiges Gitter, dessen
Linien bei Metamorphopsie
verzerrt oder wellenförmig
erscheinen (z. B. bei
Makuladegeneration)
Aphakie
Fehlen der Augenlinse
(angeboren oder erworben)

Arcus senilis
(Gerontoxon, Greisenbogen)
ringförmige Trübung der
Hornhaut-Peripherie (im Alter,
harmlos)
asthenoptische Beschwerden/
Asthenopie
unspezifische Beschwerden
wie Brennen, Tränen, Druck-
und Spannungsgefühl als
Folge des Missverhältnisses
zwischen geforderter
Sehleistung und Funktions-
tüchtigkeit des Auges
Astigmatismus
Hornhautverkrümmung
(»Stabsehen«)
Atrophie
Schwund, Schrumpfung von
Gewebe
Augenspiegel
(Ophthalmoskop) Gerät
zur Untersuchung des
Augenhintergrundes
(Netzhaut, Netzhautgefäße,
Aderhaut, Sehnerv)

Bell-Phänomen
beim Versuch, die Augen
zu schließen, wird die Rotation
des Auges sichtbar
(bei Fazialisparese)
Berlin-Ödem
grau-weißes Ödem der
Netzhaut nach Contusio bulbi

Bielschowsky-Test
Test zur Diagnostik des
okulären Schiefhalses
Bindehaut
(Konjunktiva, Schleimhaut),
überkleidet die Innenfläche
der Augenlider und die
Vorderfläche des Augapfels bis
zum Rand der Hornhaut
binokular
beidäugig
Binokularsehen
beidäugiges Sehen
Bjerrum-Skotom
bogenförmiger Gesichts-
feldausfall im Zentrum bei
Glaukom
bland
mild, reizlos
Blepharitis
Lidrandentzündung
Blepharitis squamosa
Lidrandentzündung mit
Schuppenbildung
Blepharorrhaphie
Vernähung der Lidspalte
Blepharospasmus
Lidkrampf
Blow-out Fraktur
Fraktur des Orbitabodens
durch stumpfe Gewalt-
einwirkung (z. B. Faustschlag)
Bowman-Membran
vordere Basalmembran der
Hornhaut

Brillenhämatom
Bluterguss in der Subkutis
beider Lider

Bulbus oculi
Augapfel

Buphthalmus
(Hydrophthalmus, »Ochsen-
auge«), angeborenes Glaukom

Cataract, Cataracta
Trübung der Linse, grauer Star
(g. S.)

C. congenita
angeborener g. S.

C. corticalis
Rindenstar

C. hypermatura
überreifer g. S.

C. incipiens
beginnender g. S.

C. juvenilis
g. S. des Jugendlichen

C. matura
reifer g. S.

C. nuclearis
Kernstar

C. provecta
fortgeschrittener g. S.

C. senilis
Altersstar

C. stellata
Nahtstar

C. zonularis
Schichtstar

Chalazion
☞ Hagelkorn

Chalkosis
schwere Komplikation
kupferhaltiger intraokularer
Fremdkörper

Chemosis
entzündliche Schwellung der
Bindehaut

**Chiasma opticum/Chiasma nervi
optici**
Kreuzung der beiden
Sehnerven

Chorioidea
Aderhaut

Chorioiditis
Entzündung d. Aderhaut

Chorioretinitis
Entzündung der Aderhaut und
Netzhaut

concomitans
begleitend (beide Augen
bewegen sich in gleichem
Ausmaß)
Contusio (bulbi) stumpfe
Verletzung des Auges

convergens
konvergierend
(zusammenlaufend)

Cornea
Hornhaut

Cornea guttata
Ausstülpungen der
DESCEMET-Membran in
das Hornhautendothel
ohne weitere Störungen
der Hornhautfunktion

Corpus ciliare
Ziliarkörper

Corpus vitreum
Glaskörper

Cotton-wool-Exsudate
ischämische Herdbildung in der
Netzhaut

CREDÉ-Prophylaxe
bei Neugeborenen:
Einträufeln von 1 %iger
Silbernitratlösung in den
Bindehautsack verhindert
bakterielle Entzündungen,
v. a. Gonoblennorhoe.

cum correctione (c. c.)
mit (optischer) Korrektur

Cylinder (cyl)
zylinderförmig geschliffenes
Glas (korrigiert Astigmatismus)

Dakryoadenitis
Entzündung der Tränendrüse

Dakryophlegmone
eitrige Entzündung im Bereich
des inneren Augenwinkels,
meist von Dakryostenose und
Dakryozystitis ausgehend

Dakryops
nichtentzündlicher Rückstau
von Tränenflüssigkeit mit
Ausweitung des Tränensacks

Dakryostenose
Verschluss der ableitenden
Tränenwege

Dakryozystitis
Entzündung des Tränensacks

DALRYMPLE-Zeichen
Sklera am oberen Limbus
sichtbar (Symptom der
endokrinen Orbitopathie)

Deprivationsamblyopie
Schwachsichtigkeit infolge
Ausschluss eines Auges vom
Sehen

Descemetozele
Hornhautulzeration bis zur
DESCEMET-Membran

DESCEMET-Membran
Basalmembran der
Hinterfläche der Hornhaut

Diaphanoskopie
Durchleuchtung (des Auges)

Dioptrie [dpt]
Einheit der Brechkraft [1/m]

Diplopie
Doppeltsehen (z. B. beim
Lähmungsschielen)

divergent
divergierend, auseinander
laufend

Drusen
gelb-weiße hyaline
Ablagerungen unter dem
Pigmentblatt der Netzhaut

Ductus nasolacrimalis
Tränennasengang

Eales, Morbus
☞ Periphlebitis retinae
Einschränkung
Gesichtsfeldausfall
konzentrische E.
kreisförmig, von außen
einengend
nasale E.
von der Nasenseite her
periphere E.
in der Peripherie
ektropionieren
Untersuchungsmethode der
Lidbindehaut durch
Auswärtsdrehen des Lides
Ektropium
nach außen gekipptes Lid
Emmetropie
Normzustand der Brechkraft
des Auges
Endothel
innerste Zellschicht, kleidet alle
Blutgefäße aus
Enophthalmus
Verlagerung eines oder beider
Augen in die Tiefe
Entropium
einwärts gedrehtes Lid
Enukleation
operative Entfernung des
Augapfels
Epikanthus
sichelförmige Hautfalte am
inneren Rand des Oberlides
(»Mongolenfalte«)
Epilation
Entfernen von (fehlstehenden)
Wimpern
Episkleritis
Entzündung der oberfläch-
lichen Schichten der Lederhaut
Epithel
(der Hornhaut) äußere
Zellschicht der Hornhaut
Erosio corneae
oberflächliche Epitheldefekte
der Hornhaut

Esophorie
Form des latenten Schielens
(Heterophorie), bei
dem die Augenachsen leicht
konvergent stehen
Esotropie
Einwärtsschielen
Eversio puncti lacrimalis
Auswärtsdrehung d. unteren
Tränenpünktchens
Exkavation
Vertiefung (der Papille)
physiologische E.
in Papillenmitte
glaukomatöse E.
randständig
Exenteratio orbitae
Entfernung des Orbitainhaltes
Exophorie
Form des latenten Schielens
(Heterophorie), bei dem die
Augenachsen leicht divergent
stehen
Exophthalmometer
Gerät zur Messung des
Exophthalmus
Exophthalmus
Hervortreten des Augapfels
Exotropie
Auswärtsschielen

Fibroplasie, retrolentale
Bindegewebsbildung hinter
der Linse bei Retinopathia
praematurorum
Fluoreszenzangiographie
Sichtbarmachen von
Blutgefäßen mit Hilfe eines
Farbstoffes
Foramen
Loch, Lücke, Öffnung;
F. retinae = Netzhautloch
Fovea centralis
zentraler Teil des gelben
Fleckes (Makula lutea)
Fuchs-Endotheldystrophie
nicht erbliche
Hornhauterkrankung

Fuchs-Fleck
Degeneration des gelben
Flecks bei hoher Myopie
Fundus oculi
Augenhintergrund
Fusion
zentralnervöser Vorgang der
Verschmelzung der
Bildeindrücke jedes Auges

Gerontoxon
☞ Arcus senilis
Gerstenkorn
Hordeolum: eitrige
Entzündung der Hautdrüsen
des Lidrandes
Hordeolum externum
Gerstenkorn der Moll- bzw.
Zeiss-Drüsen
Hordeolum internum
Gerstenkorn der Meibom-
Drüsen im Tarsus
Glaukom
☞ grüner Star
absolutes Glaukom
Endstadium des grünen Stars
mit Erblindung
Glaucoma congestivum
Engwinkelglaukom/drohendes
Glaukom
Glaucoma secundarium
grüner Star als Folge anderer
Augenerkrankungen bzw. von
Allgemeinleiden
Glaucoma simplex
Weitwinkelglaukom/
Offenwinkelglaukom
Gonioskopie
Untersuchung des Kammer-
winkels mit einem Spiegelkon-
taktglas
Gonoblennorhoe
eitrige Bindehautentzündung
der Neugeborenen durch
Gonokokken

GRAEFE-Zeichen
Oberlid bleibt bei Blicksenkung
zurück (Symptom der
endokrinen Orbitopathie)

GRATIOLET-Strahlung
Sehstrahlung, fächerförmige
Fasermasse zwischen Corpus
geniculatum laterale und
Sehzentrum

GUNN-Zeichen
Sanduhrartige Verengung der
Venen an den Kreuzungs-
stellen mit Arterien (Symptom
der Netzhautveränderungen
bei Hypertonie)

Hagelkorn
(Chalazion), chronische
Entzündung, Sekretstau in
den MEIBOM-Drüsen

HASNER-Klappe
Schleimhautfalte am Ausgang
des Tränennasenganges
(Ductus nasolacrimalis)

Hemianopsie
Halbseitenblindheit

Heterochromie
Verschiedenfarbigkeit der
beiden Regenbogenhäute

Heterophorie
latentes Schielen =
Schielen, das durch Fusion
latent gehalten wird

Heterotropie
manifestes Schielen

Hordeolum
Gerstenkorn

Hordeolum externum
eitrige Entzündung MOLL- bzw.
ZEISS-Drüsen

Hordeolum internum
eitrige Entzündung der
MEIBOM-Drüsen im Tarsus

HORNER-Syndrom
Symptomkomplex (Miosis,
Ptosis, Enophthalmus) infolge
Läsion des Sympathikus

Hydrophthalmus
(Buphthalmus, »Ochsen-
auge«), angeborenes Glaukom

Hyperopie (Hypermetropie)
Weitsichtigkeit

Hyphaema
Blutung in der Vorderkammer

Hypopyon
Eiteransammlung in der
Vorderkammer

Hyposphagma
Blutung unter der Bindehaut

Hypertropie
Form des Höhenschielens
(Einstellbewegung von oben)

Hypotropie
Form des Höhenschielens
(Einstellbewegung von unten)

Injektion
vermehrte Blutfülle der
Bindehautgefäße

konjunktivale Injektion
oberflächliche Injektion:
deutliche Gefäßzeichnung
durch gesteigerte Blutfülle in
den oberflächlichen Gefäßen
der Conjunctiva bulbi

ziliare Injektion
tiefe Injektion: roter Saum
um Hornhaut herum durch
vermehrte Blutfülle von
feinen Gefäßen tief in der
Konjunktiva

gemischte Injektion
gemeinsames Auftreten der
konjunktivalen und ziliaren
Injektion

intraokular
im Augeninneren befindlich

Iridektomie
Schaffung eines direkten
Abflussweges zwischen
hinterer und vorderer
Augenkammer durch
Erzeugung eines kleinen
Substanzdefektes
(mikrochirurgisch)

Iridodialyse
traumatische Ablösung der
Iriswurzel vom Ziliarkörper

Iridotomie
Schaffung eines direkten
Abflussweges zwischen
hinterer und vorderer
Augenkammer durch
Erzeugung eines kleinen
Substanzdefektes in der
Regenbogenhaut mittels Laser

Iridozyklitis
Entzündung von
Regenbogenhaut und
Ziliarkörper

Iris
Regenbogenhaut

Iritis
Entzündung der Iris

Isoptere
Verbindungslinie zwischen
Punkten gleicher Empfindlich-
keit im Gesichtsfeld

Katarakt (Cataract)
☞ grauer Star

Keratitis
Hornhautentzündung

Keratokonus
kegelförmige Verformung der
Hornhaut

Keratokonjunktivitis
gemeinsame Entzündung von
Horn- und Bindehaut

Keratoplastik
Hornhauttransplantation

Kolobom
Spaltbildung, z. B. in der Iris,
der Linse oder den Lidern

Konjunktiva
☞ Bindehaut

Konjunktivitis
Bindehautentzündung

Konkavgläser
Minusgläser, Zerstreuungs-
gläser (zur Korrektur der
Kurzsichtigkeit)

konsensuelle Reaktion der Pupillen
gleichartige Pupillenreaktion beider Augen (bei Beleuchtung einer Pupille verengt sich die andere)

Konvergenz
Einwärtsbewegung beider Augen zum Sehen in der Nähe

Konvergenzreaktion
Reaktion der Pupillen bei Konvergenz: Pupillenveren-gung und Akkommodation

Konvexgläser
Plusgläser, Sammellinse (zur Korrektur der Weitsichtigkeit)

Kornea
Hornhaut

Lagophthalmus
(»Hasenauge«) Unmöglichkeit, das Auge ganz zu schließen

Lamina cribrosa
Siebplatte (durchlöcherte Stelle der Lederhaut, durch welche die Sehnervenbündel aus dem Augeninneren austreten)

Lens
Linse

Leukokorie
weiß aufleuchtende Pupille bei verschiedenen Erkrankungen z. B. persistierender hyperplas-tischer primärer Glaskörper, Retinoblastom)

Levator
Heber (meist ist der das Oberlid anhebende Muskel gemeint, der Levator palpebrae)

Lichtreaktion
Veränderung der Pupillenweite bei Beleuchtung

Limbus (corneae)
Übergangslinie zwischen Hornhaut und Sklera

Linsenluxation
vollständige oder teilweise (Subluxation) Verlagerung der Linse in den Glaskörper durch Reißen der Zonulafasern

Lymphangiom
gutartige Lymph-gefäßwucherung

Makula lutea
(Gelber Fleck) Stelle des schärfsten Sehens

Makuladegeneration
Erkrankung des »gelben Flecks«, oft altersbedingt

Meibom-Drüsen
Talgdrüsen in den Augenlidern

Metamorphopsie
veränderte optische Wahrneh-mung, Verzerrtsehen von Gegenständen bei Erkrankung der zentralen Netzhaut

Mikrophthalmus
verkleinerter Augapfel (Anomalie)

Miosis
enge Pupille

Miotikum/Miotika
pupillenverengende(s) Medikament(e)

Möbius-Zeichen
Konvergenzschwäche bei endokriner Orbitopathie

monokular
einäugig

Mouches volantes
Glaskörpertrübungen, die der Patient als »fliegende Mücken« wahrnimmt

Mydriasis
weite Pupille(n)

Mydriatikum, Mydriatika
pupillenerweiternende(s) Medikament(e)

Myopie
Kurzsichtigkeit

Nervus opticus
Sehnerv

Neuritis
Nervenentzündung

Nystagmus
Augenzittern, Augenschlagen

obliquus
schräg verlaufend

Obstruktion
Verlegung, Verstopfung

Occlusio pupillae
erworbener Verschluss der Pupille durch eine entzündliche Membran

Ophthalmometer
Gerät zur Bestimmung der Krümmungsradien der Hornhautvorderfläche und des Hornhautastigmatismus

Ophthalmoskop
☞ Augenspiegel

Optikusatrophie
teilweiser oder vollständiger Untergang des Sehnerven

Ora serrata
gezackte Grenzlinie zwischen dem mit Sinnes- und Nervenzellen ausgestatteten Teil der Retina (Pars optica) und dem sog. blinden Teil der Retina im Bereich der Iris und des Ziliarkörpers (Pars caeca)

Orbita
Augenhöhle

Orbitaphlegmone
akute Entzündung des orbitalen Binde- und Fettgewebes

Orthoptik
Schulung des beidäugigen Sehens

Palpebra
Augenlid

Panophthalmie
eitrige Entzündung des gesamten Auges

Papille
Sehnervenkopf

Papillitis
Entzündung des Sehnervs an seiner Austrittstelle aus dem Auge

Parazentese
Stichinzision

Pars plana
hinterer flacher Teil des Ziliarkörpers

Pars plicata
vorderer zottiger Teil des Ziliarkörpers

perikorneal
in der Umgebung der Hornhaut

Periphlebitis retinae
(Morbus EALES) Entzündung im Bereich der Netzhautvenen

Perimeter
Gerät zur Bestimmung der Gesichtsfeldgrenzen

peripapillär
in der Umgebung der Papille

Phoropter
Korrekturgläser enthaltendes Gerät zur Refraktionsbestimmung und -korrektur

Phthisis bulbi
Schrumpfung des Augapfels

Pinguecula
Lidspaltenfleck

Placido-Scheibe
Scheibe mit konzentrischen Ringen zur Beurteilung von Hornhautkrümmungen

Presbyopie
Alterssichtigkeit

Prisma
Prismengläser dienen zum Ausgleich fehlerhafter Augenstellungen

Protrusio bulbi
Vortreibung des Augapfels

Pseudostrabismus
Strabismus-Vortäuschung durch Epikanthus (»Mongolenfalte«), breite Nase, größere Abweichung der optischen Augenachse von der anatomischen Achse

Pterygium
Flügelfell

Ptosis
Herabhängen des Oberlides

Punctum lacrimale
Tränenpünktchen

Pupille
das von der Iris umgebende Sehloch

Pupillenreaktion
Pupillenreflexe (Lichtreaktion, Konvergenz-reaktion, Schreckreaktion)

rectus
gerade

Refraktion
Lichtbrechung; Beziehung zwischen Gesamtbrechkraft und Achsenlänge des Bulbus

Refraktometer
Gerät zur Bestimmung der Brechkraft des Auges

Retina
Netzhaut

Retinitis
Netzhautentzündung

Retinoblastom
maligner Netzhauttumor des Säuglings- und frühen Kindesalters

Retinopathie
krankhafte Netzhautveränderung

Retrolentale Fibroplasie
Bindegewebsbildung hinter der Linse bei Retinopathia praematurorum

rhegmatogene Ablatio
rissbedingte Netzhaut-Abhebung

Riesenzellenarteriitis
(HORTON-Krankheit, Arteriitis temporalis) vermutlich Autoimmunerkrankung des höheren Lebensalters

Rubeosis iridis
Neubildung von Irisgefäßen bei verschiedenen Erkrankungen

SALUS-Zeichen
bogenförmiges Ausweichen der Venen in Arteriennähe (Netzhautveränderung bei Hypertonie)

SCHIRMER-Test
Test zur Messung der Tränensekretion

SCHLEMM-Kanal
ringförmige Verbindung zwischen Trabekelwerk (»Abflusssieb« im Kammer-winkel) und oberflächlichen Venen der Bindehaut

Seclusio pupillae
ringförmige Verwachsung der Iris mit der Linsenvorderfläche

Sehnervenscheibe
Papille, Sehnervenkopf

Sehstrahlung
☞ GRATIOLET-Strahlung

Sicca-Syndrom
Keratokonjunktivitis sicca und Xerostomie (trockene Mund-höhle), evtl. noch vergrößerte Tränen- und Speicheldrüsen

Siderosis
Eisenablagerung im Auge

sine correctione
s. c.; ohne Korrektur

SJÖRGEN-Syndrom
Sicca-Syndrom ohne Arthritis, bei rheumatischer Arthritis oder entzündlichen Erkrankun-gen des Bindegewebes

Skiaskopie
Untersuchung zur objektiven Refraktionsbestimmung

Sklera
 Lederhaut
Skleritis
 Entzündung der Lederhaut
Skotom
 vollständiger (absoluter) oder
 teilweiser (relativer) Gesichts-
 feldausfall
Sphärophakie
 Kugellinse (angeborene
 Linsenmissbildung)
Stäbchen
 Netzhaut-Sinneszellen für das
 Dämmerungssehen
Staphylom
 krankhafte Vorwölbung von
 Augapfelhüllen
Star, grauer
 die Katarakt
Star, grüner
 das Glaukom
Stauungspapille
 ödematöse Schwellung der
 Sehnervenpapille
STELLWAG-Zeichen
 seltener Lidschlag (Symptom
 der endokrinen Orbitopathie)
Strabismus
 Schielen
S. concomitans
 Begleitschielen
S. concomitans unilateralis
 stets einseitige Fixation und
 Schielstellung
S. concomitans alternans
 abwechselnde Fixation und
 Schielstellung
S. concomitans convergens
 Einwärtsschielen, Esotropie
S. concomitans divergens
 Auswärtsschielen, Exotropie
S. concomitans verticalis
 Höhenschielen (Hypertropie
 bzw. Hypotropie)
S. paralyticus
 Lähmungsschielen
Stroma
 Stütz- bzw. Grundgewebe

subkonjunktival
 unter der Bindehaut
Subluxation
 (Subluxatio lentis) unvollstän-
 dige Luxation (der Linse)
Symblepharon
 Verwachsung der Lidbindehaut
 mit der Bindehaut des
 Augapfels
sympathische Ophthalmie
 Entzündung des zweiten
 Auges (nach schwerer Verlet-
 zung des anderen Auges)
Synchisis scintillans
 Einschluss von Cholesterin-
 kristallen im Glaskörper
Synechie
 Verklebung der Iris
vordere S.
 Verklebung mit der Hornhaut
hintere S.
 Verklebung mit der Linse

Tarsorrhaphie
 operative Verengung der
 Lidspalte
tarsal
 zum Tarsus gehörend
Tarsus
 bindegewebige Platte im
 Ober- und Unterlid
TENON-Kapsel
 aus Bindegewebe bestehende
 Hülle des Augapfels
Tonometer
 Gerät zur Messung des
 Augeninnendrucks
Torticollis ocularis
 okulärer Schiefhals
Trabekelwerk
 »Abflusssieb« für
 das Kammerwasser im
 Kammerwinkel
Trabekulotomie
 operativer Eingriff zur
 Regulierung des erhöhten
 Augendrucks

Trachom
 Infektionskrankheit des
 Auges (»ägyptische
 Augenkrankheit«)
Tractus opticus
 Fortsetzung der Sehbahn
 hinter der Sehnervenkreuzung
 bis zum Corpus geniculatum
 laterale im Mittelhirn
Traktionsablatio
 Netzhautablösung infolge
 Ausbildung von Narben-
 strängen
Trichiasis
 Fehlstellung der Wimpern,
 wodurch sie auf der Hornhaut
 schleifen
TYNDALL-Phänomen
 Lichtstreuung im Kammer-
 wasser durch kolloidale
 Lösungen (Entzündungszellen,
 Eiweiß)

Uvea
 mittlere Augenhaut
Uveitis
 Entzündung der Uvea

Visus
 Sehschärfe
Vitrektomie
 mikrochirurgische Entfernung
 des Glaskörpers

WORTH-Test
 Test zur Prüfung des
 beidäugigen Sehens

Xanthelasma
 gelbliche, flächenhafte
 Lipideinlagerungen in der
 Lidhaut am Oberlid oder
 im Augenwinkel

YAG-Laser
 besondere Form des Lasers

Zapfen
Netzhaut-Sinneszellen für das
Farb- und Tagessehen

Zentralskotom
zentraler Gesichtsfeldausfall

Ziliarkörper
Corpus ciliare, Strahlenkörper;
Teil der Uvea

Zilie(n)
Wimper(n)

Zonulafasern
(Zonula Zinnii); Aufhänge-
apparat der Linse am
Ziliarkörper

Zonula Zinnii
Zonulafasern, Aufhänge-
apparat der Linse am
Ziliarkörper

Zyklitis
Entzündung der Pars plana des
Ziliarkörpers

Zykloplegie
Lähmung des Ziliarmuskels

Dermatologie

Die Dermatologie ist die Lehre der Erkrankungen der Haut und ihrer Hautanhangsgebilde, Haare, Hautdrüsen und Nägel. Dermatologische Erkrankungen, die **Dermatosen,** sind sehr häufig und führen nicht nur durch Jucken und Brennen, sondern auch durch ihre Augenfälligkeit zu physischer und psychischer Beeinträchtigung der Patienten. Hauterkrankungen können wie die Fußpilzerkrankung harmlos und durch konsequente Therapie behandelbar sein. Ebenso gibt es jedoch auch bösartige Hauterkrankungen wie das maligne Melanom, das zum Tode führen kann.

Den Pflegenden kommt im Erkennen und Beobachten von Hauterkrankungen eine besondere Bedeutung zu: Oftmals sind sie die ersten, die z. B. bei der Körperpflege eine Pilzerkrankung bemerken und den Arzt gezielt informieren können. Zusätzlich hat die Pflege in der Dermatologie ein hohes Maß an Mitverantwortung gegenüber dem Heilerfolg der Erkankung, da die meist äußerlichen Therapieformen zum Großteil von den Pflegenden übernommen werden.

Michael Polte   Mainz, im November 2005

1 Aufbau und Funktion der Haut

1.1 Aufbau

- Kutis mit Epidermis und Corium
- Basalmembran
- Subkutis.

❶ Das Hautorgan wird grob in **Kutis** und **Subkutis** eingeteilt (☞ Abb. 1.1). Die Kutis lässt sich wiederum unterteilen in die **Epidermis** *(Oberhaut)* und das **Corium** *(Lederhaut)*. Zwischen Epidermis und Corium liegt eine dünne Trennschicht, die sog. **Basalmembran.**

1.1.1 Epidermis

5 Schichten:
- Statum basale
- Stratum spinosum
- Stratum granulosum
- Stratum lucidum
- Stratum corneum.

❷ Die Epidermis ist ein mehrschichtiges, verhornendes Plattenepithel, welches hauptsächlich aus *Keratinozyten* besteht. Diese Zellen bilden das *Keratin* (Hornstoff), welches die Haut festigt und Wasser abweist. Die Epidermis enthält keine Gefäße. Sie lässt sich in vier bzw. fünf Zellschichten gliedern (☞ Abb. 1.2):
Die **Basalzellschicht** *(Stratum basale)* mit Keratinozyten und pigmentbildenden Melanozyten sitzt der Basalmembran auf. Nur in

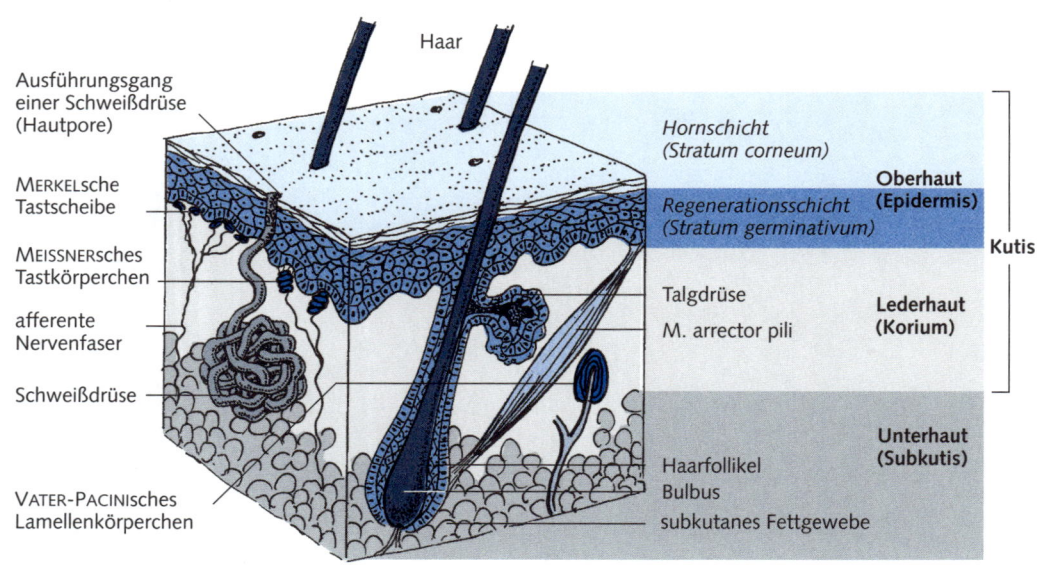

Haar

Ausführungsgang einer Schweißdrüse (Hautpore)

MERKELsche Tastscheibe

MEISSNERsches Tastkörperchen

afferente Nervenfaser

Schweißdrüse

VATER-PACINIsches Lamellenkörperchen

Hornschicht (Stratum corneum)

Regenerationsschicht (Stratum germinativum)

Oberhaut (Epidermis)

Talgdrüse
M. arrector pili

Lederhaut (Korium)

Kutis

Haarfollikel
Bulbus
subkutanes Fettgewebe

Unterhaut (Subkutis)

Abb. 1.1 Übersicht der Hautschichten. [L190]

dieser Schicht teilen sich die Zellen der Epidermis. Die neugebildeten Keratinozyten wandern Richtung Oberfläche und bilden zunächst die **Stachelzellschicht** *(Stratum spinosum)*. Danach gelangen sie zur **Körnerschicht** *(Stratum granulosum)* und werden zu Keratozyten (kernlose Hornzellen). Nur an Handtellern und Fußsohlen findet sich das schmale **Stratum lucidum** aus durchscheinenden Keratozyten. Die äußerste Schicht der Epidermis ist die **Hornschicht** *(Stratum corneum)*. Sie besteht aus vollständig mit Keratin gefüllten Zellen, die ständig abgeschilfert werden. Normalerweise benötigt ein Keratinozyt ca. vier Wochen, um die Schichten der Epidermis zu durchwandern. Bei bestimmten Krankheiten, z.B. der Psoriasis (☞ 6), ist diese Zeit jedoch stark verkürzt.

1.1.2 Corium

Das Corium besteht aus Bindegewebe und verleiht der Haut ihre Dehnbarkeit und ihre Festigkeit. Im Corium finden sich Blut- und Lymphgefäße, Tastorgane und freie Nervenendigungen (☞ Abb. 1.1). Der obere Teil des Coriums, die **Papillarschicht** *(Stratum papillare)*, besteht aus lockerem Bindegewebe. An der Grenze zur Epidermis finden sich blutgefäßführende Ausstülpungen, sog. *dermale Papillen* (☞ Abb. 1.2). Über diese Blutgefäße wird die Epidermis versorgt. Der untere Teil des Coriums ist die **Geflechtschicht** *(Stratum reticulare)*, die aus derbem Bindegewebe besteht. In diese Schicht sind **Haare** und **Haarbälge** (Haarfollikel) sowie Talg- und Schweißdrüsen eingebettet. Hautdrüsen und Haare werden ebenso wie Finger- und Fußnägel als Hautanhangsgebilde bezeichnet.

Besteht aus:
- Stratum papillare → Blut- und Lymphgefäße
- Stratum reticulare → Hautanhangsgebilde.

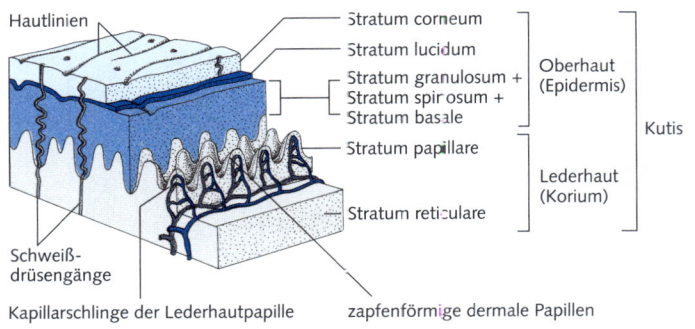

Abb. 1.2
Epidermis und oberes Corium.
[A400-190]

Hautlinien — Stratum corneum — Stratum lucidum — Stratum granulosum + Stratum spinosum + Stratum basale — Oberhaut (Epidermis)

Stratum papillare — Lederhaut (Korium)

Stratum reticulare

Kutis

Schweißdrüsengänge

Kapillarschlinge der Lederhautpapille   zapfenförmige dermale Papillen

1.1.3 Subkutis

- Verschiebeschicht
- Schutz gegen
  mechanische
  Einwirkungen
  und Kälte.

Die Subkutis (Unterhautfettgewebe) gewährleistet die Verschieb-lichkeit der Kutis gegenüber den darunter liegenden Muskel-scheiden *(Faszien)* oder der Knochenhaut *(Periost)* und schützt gleichzeitig gegen Kälte und mechanische Einwirkungen. Sie be-steht aus Fett- und Bindegewebe mit reichlich Blut- und Lymph-gefäßen.

1.2 Funktionen der Haut

Die Haut besitzt einerseits eine **Grenzfunktion** – Schädliche Ein-flüsse von außen sowie der Verlust von Ressourcen nach außen werden abgehalten.
Jedoch hat die Haut andererseits auch eine **Kommunikations-funktion** – Umweltreize werden wahrgenommen und weiterge-leitet, aber auch Signale an die Umwelt abgegeben.

1.2.1 Grenzfunktion

❸ Die Grenzfunktion der Haut bietet Schutz gegen:
- **Krankheitserreger** und **chemische Substanzen** durch den Säureschutzmantel aus Schweiß- und Talgabsonderungen so-wie durch die Hornbarriere u. ortsständige Immunzellen
- **Mechanische Belastung** durch die Hornschicht der Epidermis und das Bindegewebsfasernetz des Coriums
- **UV-Strahlung** durch die Bräunungsreaktion (☞ unten)
- **Flüssigkeitsverlust** an die Außenwelt durch die wasserun-durchlässige Hornschicht
- **Wärmeverlust** durch isolierende Fettschicht der Subkutis.

Bräunungsreaktion der Haut
❹ Die in der Basalzellschicht der Epidermis gelegenen Melanozy-ten reagieren auf das Einwirken von UV-Strahlung (☞ 4.2.1) mit der Bildung des Pigments **Melanin.** Dieser dunkle Farbstoff absorbiert (filtert) die schädliche Strahlung. Die Melanozyten geben das Melanin an die Keratinozyten ab, wodurch es in der gesamten Epidermis verteilt wird.

1.2.2 Kommunikationsfunktion

- **Sinneseindrücke:** Aufnahme und Weiterleitung von Berüh-rung, Druck, Vibration, Wärme, Kälte, Jucken und Schmerz durch Tastorgane und freie Nervenendigungen

- **Temperaturregulation:** Die Abgabe von Körperwärme wird durch eine Erweiterung der Blutgefäße und Schweißproduktion gesteigert. Die Wärmeabgabe wird durch eine Verengung der Blutgefäße verringert: »Gänsehaut« durch gleichzeitige Kontraktion der Haarbalgmuskulatur
- **»Spiegel« innerer Krankheiten:** z. B. Gelbverfärbung (Ikterus) bei bestimmten Lebererkrankungen.
- **»Spiegel« psychischer Zustände:** z. B Erröten bei Scham, Erblassen bei Schrecken.

? Übungsfragen

❶ Wie ist die Haut grob aufgebaut?

❷ Welche Schichten hat die Epidermis?

❸ Gegen welche Einflüsse bietet die Haut Schutz?

❹ Wie schützt Melanin den menschlichen Körper vor schädlicher Strahlung?

Dermatologie

2 Effloreszenzenlehre

Es gibt Primär- und Sekundär-effloreszenzen.

❶ Es gibt zwar eine große Anzahl von Hauterkrankungen, doch nur eine begrenzte Anzahl von Hauterscheinungen, die sog. Effloreszenzen, mit denen die Haut auf krankhafte Veränderungen ihrer Struktur und Funktion reagiert. Hierbei werden Primär- und Sekundäreffloreszenzen unterschieden.

2.1 Primäreffloreszenzen

Primäreffloreszenzen erscheinen zu Beginn einer Hauterkrankung auf gesunder Haut.

Fleck (Macula)
Ein Fleck ist eine umschriebene Veränderung der Hautfarbe im Hautniveau ohne Konsistenzänderung (☞ Abb. 2.1). Durch veränderte Gefäßfüllung entsteht z. B. ein wegdrückbarer Fleck wie das Feuermal (☞ 9.2.2). Durch Einlagerung von Pigmenten entstehen z. B. Sommersprossen und Leberflecke, durch Fehlen von Pigment weiße Flecken (Depigmentierung). Kommt es zu einer flächenhaften Rotfärbung, so wird dies ein **Erythem** genannt, z. B. beim Sonnenbrand.

Exanthem und Enanthem
❷ Ein **Exanthem** *(exanthein, gr.: aufblühen)* ist ein Ausschlag, der als Entzündungs- oder Unverträglichkeitsreaktion auftritt, z. B. bei Kinderkrankheiten wie Masern, Röteln und Scharlach. Ein **Enanthem** ist ein Exanthem der Schleimhäute, z. B. KOPLIK-Flecken bei Masern.

Abb. 2.1
Fleck (Macula) und Knötchen (Papel).
[A400-190]

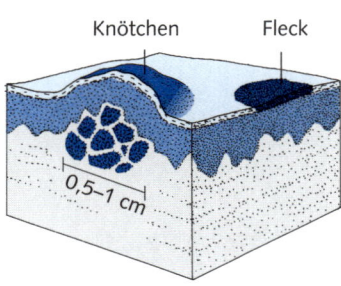

Knötchen   Fleck

0,5–1 cm

Knötchen (Papel), Plaque und Knoten (Nodus)

Knötchen oder Papeln sind umschriebene, im Vergleich zur Quaddel länger bestehende, bis erbsengroße Erhabenheiten durch Gewebevermehrung (☞ Abb. 2.1), z. B. eine Warze. **Plaques** sind plattenartig zusammengelagerte Papeln, z. B. bei der Psoriasis. **Knoten** sind einer Papel ähnlich, nur größer, und liegen meist im Corium oder der Subkutis, z. B. bei Metastasen oder vergrößerten Lymphknoten.

Quaddel (Urtica)

Quaddeln entstehen durch Ansammlungen von Flüssigkeit *(Ödem)* im Corium, wodurch sich die Epidermis vorwölbt (☞ Abb. 2.2). Sie bestehen nur kurzzeitig, sind unscharf begrenzt und jucken, z. B. als Reaktion auf eine Berührung mit Brennnesseln.

Bläschen (Vesicula) und Blase (Bulla)

Bläschen sind mit Flüssigkeit gefüllte Hohlräume im Corium, z. B. Herpes-Bläschen (☞ Abb. 2.3). Eine **Blase** ist größer als ein Bläschen. Sie entsteht durch Spaltbildung in der Oberhaut *(intraepidermal)* oder zwischen Oberhaut und Lederhaut *(subepidermal)*, z. B. bei Verbrennungen 2. Grades.

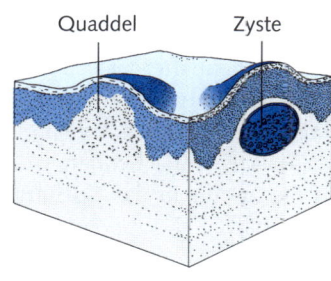

Quaddel   Zyste

Abb. 2.2
Quaddel und Zyste.
[A400-190]

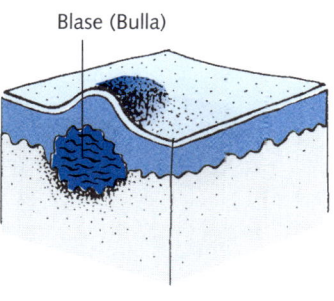

Blase (Bulla)

Abb. 2.3
Bulla (Blase).
[A400-190]

Dermatologie

Pustel (Pustula)

Pusteln sind oberflächliche, mit Eiter gefüllte Hohlräume. Sie können primär entstehen (z. B. Staphylokokkeninfektion der Haut; Aknepustel) oder sekundär aus einem Bläschen. Sie sind steril oder enthalten Keime (Bakterien, Pilze).

2.2 Sekundäreffloreszenzen

Sekundäreffloreszenzen entstehen aus Primäreffloreszenzen, demnach auf vorerkrankter Haut.

Schuppe (Squama)

Durch vermehrte Hornbildung oder Austrocknung entstandene lamellenartige Hornabschilferung, z. B. bei Psoriasis (Schuppenflechte).

Abschürfungen (Erosion und Exkoriation)

Ein oberflächlicher Gewebedefekt, der nur die Oberhaut betrifft und narbenlos abheilen kann wird als **Erosion** (Abschürfung) bezeichnet (☞ Abb. 2.4). Bei der **Exkoriation,** einer tieferen Abschürfung, sind die Papillenspitzen des Coriums gekappt (☞ Abb. 2.4), daher zeigen sich punktförmige Blutungen, z. B. bei einer Schürfwunde.

Geschwür (Ulkus) und Hautriss (Rhagade)

Ein Ulkus ist ein flächenhafter Gewebedefekt, der tiefer als eine Erosion oder Exkoriation reicht (☞ Abb. 2.4), z. B. beim Ulcus cruris. Ein Ulkus hinterlässt nach Abheilung eine Narbe (s. u.).
Während ein Ulkus eher flächenhaft ist, reicht eine **Rhagade** (Hautriss oder Fissur) bis in das Corium (☞ Abb. 2.5). Sie ist meist sehr schmerzhaft.

Abb. 2.4
Erosion, Ulkus und Exkoriation.
[A400-190]

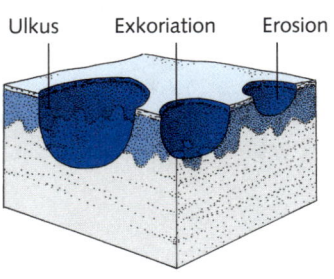

Ulkus   Exkoriation   Erosion

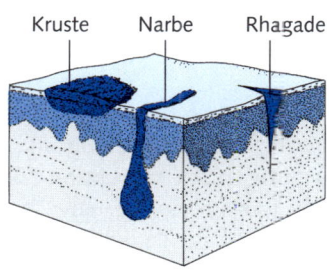

Kruste   Narbe   Rhagade

Abb. 2.5
Kruste, Rhagade
und Narbe.
[A400-190]

Kruste (Crusta)

Auf der Haut eingetrocknete Sekrete wie Blutbestandteile oder Eiter, z. B. aus einer aufgeplatzten Pustel, bilden Krusten (☞ Abb. 2.5).

Atrophie und Narbe

❸ Bei der **Atrophie** verdünnt sich die Haut mit Verlust von Haaren und Drüsen, z. B. bei Schwangerschaftsstreifen *(Striae distensae)*. Die **Narbe** (☞ Abb. 2.5) ist ein bindegewebiger Ersatz eines Gewebedefekts, der die Basalmembran zerstört hat. Sie enthält keine Haare, Schweiß- oder Talgdrüsen.

Nekrose und Gangrän

❹ Eine **Nekrose** ist ein durch Ischämie (Durchblutungsstörung) entstandener Gewebsdefekt. Wird dieser Defekt durch die Einwirkung von Luft und Wärme weiterverändert, kommt es zu einer **trockenen Gangrän** *(Mumifikation)*. Bei einer zusätzlichen Besiedlung mit Fäulnisbakterien kommt es zur Ausbildung einer **feuchten Gangrän** mit stinkender, fauliger Zersetzung des Gewebes.

Lichenifikation

Unter einer Lichenifikation, der **Flechtenbildung,** wird eine flächige Verdickung der Oberhaut verstanden, die mit einer Vergröberung der Hautfelderung einhergeht. Sie ist Folge chronischer Hauterkrankungen, z. B. von Ekzemen (☞ 5.1.3).

? Übungsfragen

❶ Welche Primär- und Sekundäreffloreszenzen kennen Sie?

❷ Was ist ein Exanthem?

❸ Wodurch entsteht eine Narbe?

❹ Was ist eine Gangrän?

Dermatologie

3 Untersuchung der Haut

❶ Bei der Diagnostik von Hauterkrankungen stehen die klinische Untersuchung durch **Inspektion** (Betrachten) und **Palpation** (Betasten) sowie eine genaue **Anamnese** (Krankengeschichte) im Vordergrund. Lediglich um die klinischen Diagnose zu unterstützen und zu sichern, werden **apparative Methoden** wie mikroskopische Untersuchungen von **Gewebeproben** *(Biopsien)* eingesetzt.

3.1 Inspektion und Palpation

Für die Inspektion von Hauterscheinungen werden eine **Lupe** und ein **Glasspatel** benötigt. Letzterer wird eingesetzt, um die Haut im Bereich von Effloreszenzen einzudrücken. Auf diese Weise werden die Blutgefäße in der unter dem Glasspatel liegenden Haut entleert, und die Eigenfarbe des Gewebes kann beurteilt werden. Für die genauere Inspektion wird ein **Auflichtmikroskop** verwendet. Konsistenz und Schmerzhaftigkeit von Hauterscheinungen werden über die Palpation mit den Fingerkuppen beurteilt.

3.2 Spezielle Untersuchungen

3.2.1 Erregernachweis

❷ **Nativuntersuchungen:** Bei Verdacht auf eine Infektion durch Pilze oder Bakterien wird ein Abstrich oder Schuppenmaterial der befallenen Hautareale sofort, ggf. nach Aufbereitung, z. B. Anfärbung, unter dem Mikroskop untersucht. So kann die Entscheidung für oder gegen eine Therapie möglichst schnell getroffen werden.
Kulturelles Anzüchten: Bei Hautbefall mit Pilzen oder Bakterien werden diese für die genaue Bestimmung auf einer Kulturplatte angezüchtet. Der Erfolg der Anzucht mit den typischen Wachstumsformen kann bei Pilzen mitunter erst nach 3−4 Wochen entschieden sein.
WOOD-Licht: Manche Pilze und Bakterien fluoreszieren charakteristisch, wenn sie mit UV-Licht angestrahlt werden.

3.2.2 Funktionstests

Dermographismus

Auf kräftiges Bestreichen, z.B. mit einem Holzspatel, reagiert die Haut je nach Erkrankung unterschiedlich: Die Haut kann blutleer werden, sich stärker als zuvor mit Blut füllen oder quaddelartig anschwellen (weißer, roter, urtikarieller Dermographismus).

Allergietests

❸ Bei allergischen Erkrankungen wird das Allergen (☞ 5.1) durch gezielte Tests identifiziert:

Pricktest: Auf die Haut des Patienten wird ein Tropfen der Allergenlösung gegeben. Dann wird die Haut mit einer Nadel durchstochen *(Pricktest)* oder aufgeritzt *(Scratchtest)*. Die Reaktion wird nach 20 Minuten und ggf. sechs Stunden beurteilt. Anwendung z.B. bei Verdacht auf Heuschnupfen, allerg. Asthma, allergische Urtikaria (☞ 5.1.2). Bei diesem Test kann eine *anaphylaktische Reaktion* (☞ 5.1) auftreten.

Epikutantest: Die verdächtigten Allergene werden mit Hilfe von Testpflastern auf die Haut aufgebracht. Nur hauterscheinungsfreie Areale auf Rücken oder Oberarmen dürfen als Testfläche benutzt werden. Die Testpflaster verbleiben i.d.R. 48 Std. Die Beurteilung der Hautreaktion erfolgt nach 48 und 72 Std., ggf. noch nach 1 Woche. Dieser Test kommt insbesondere bei allergischen Kontaktekzemen (☞ 5.1.3) zum Einsatz.

Expositionstest: Bei Verdacht auf eine Nahrungsmittel- oder Medikamentenallergie nimmt der Patient das verdächtigte Allergen in einer kleinen Menge ein und die Reaktion wird beobachtet. Auch hier besteht die Gefahr einer anaphylaktischen Reaktion (☞ 5.1).

Pricktest zum Nachweis von Typ-I-Allergen.

Epikutantest zum Nachweis von Typ-IV-Allergien.

Expositionstest zum Nachweis von Nahrungs- und Arzneimittelallergien.

3.2.3 Hautbiopsie

Eine Hautbiopsie *(Probeexzision)* dient dazu, die klinisch gestellte Diagnose zu sichern. Aus der erkrankten Haut wird eine Gewebeprobe entnommen und mikroskopisch *(histologisch)* untersucht.

Diagnosesicherung durch Hautbiopsie.

? Übungsfragen

❶ Was sind die wichtigsten Elemente der dermatologischen Diagnostik?
❷ Wie können Erreger nachgewiesen werden?
❸ Nennen Sie bitte zwei Methoden des Allergienachweises!

Dermatologie

4 Grundlagen der Therapie

Die Therapie von Hauterkrankungen umfasst äußerliche, innerliche, physikalische sowie operative Verfahren.

4.1 Lokaltherapie

Lokaltherapie → geringe Nebenwirkungen.

❶ Bei der äußerlichen Therapie, der sog. *Lokaltherapie,* werden Wirkstoffe direkt auf die erkrankte Haut aufgebracht. So haben sie am Wirkort ihre höchste Konzentration und das Risiko unerwünschter Wirkungen auf den Gesamtorganismus ist herabgesetzt, da eine relativ geringe Aufnahme in den Blutkreislauf *(Resorption)* erfolgt.

Eigenschaften der Lokaltherapie
- **Antientzündlich** → eine entzündliche Reaktion wird gehemmt
- **Antiproliferativ** → krankhaftes, übermäßiges Gewebewachstum wird gehemmt
- **Antimikrobiell** → krankheitsauslösende Keime werden abgetötet
- **Keratolytisch** → übermäßige Schuppung wird aufgelöst
- **Antipruriginös** → Juckreiz wird gestillt
- **Austrocknend** → übermäßige Sekretbildung wird gehemmt
- **Rückfettend** → der Haut wird Fett zugefügt.

Tab. 4.1 Indikationen und Eigenschaften wichtiger Grundlagenstoffe.

Grundlagenstoff	Wirkprinzip	Anwendung	Resorption
Puder	austrocknend, juckreizstillend	akute Entzündung	keine
Schüttelmixtur	austrocknend, kühlend	nichtnässende Hautoberfläche	keine
Feuchter Umschlag, Lösung	trocknend	akute, nässende Entzündung	gering
Paste, Creme	abdeckend	subkutane Entzündung	mittel
Salbe	fettend, erhöht die Wirkstoffaufnahme	chronische Entzündung	stark

4.1.1 Lokaltherapeutika

❷ Die zur Lokaltherapie angewandten Substanzen werden Lokaltherapeutika oder auch **Externa** genannt. Sie bestehen aus einem oder mehreren **Wirkstoffen** sowie einem **Grundlagenstoff,** der Trägersubstanz. Die wichtigsten Grundlagenstoffe und deren Mischformen zeigt Abb. 4.3.

Die Auswahl des Grundlagenstoffes richtet sich nach dem Krankheitsbild, der zu behandelnden Körperregion und danach, wie stark der Wirkstoff in den unterschiedlichen Körperarealen resorbiert werden könnte (Tab. 4.1). Einen Überblick über die Eigenschaften der wichtigsten Wirkstoffe und deren Anwendungsbereiche gibt Tab. 4.2.

Externa:
- Grundlagenstoffe
- Wirkstoffe.

Kortikosteroidtherapie

❸ Kortikosteroide sind effektive Entzündungshemmer. Da sehr viele Hauterkrankungen auf entzündlichen Vorgängen beruhen, sind sie besonders wichtig in der Lokaltherapie. Nach ihrer Wirkstärke werden sie in vier Klassen von mild bis sehr stark eingeteilt. Bei längerer Anwendung besteht jedoch das Risiko schwerwiegender unerwünschter Wirkungen: Hautatrophie, Begünstigung von Akne (☞ 10), erhöhte Anfälligkeit für Erreger. Deshalb gilt die **Faustregel:** Je größer die Wirkstärke des eingesetzten Präparates desto kürzer die Anwendungsdauer.

Faustregel der Kortikoidtherapie: Je stärker, desto kürzer.

4.1.2 Durchführung der Lokaltherapie

Die Pflege in der Dermatologie ist eine sog. **Therapiepflege,** d.h. die Externatherapie wird auch vom Pflegepersonal durchgeführt – im Gegensatz zur operativen Therapie in der Chirurgie und der Pharmakotherapie in der inneren Medizin, die ausschließlich in ärztlicher Hand liegt.

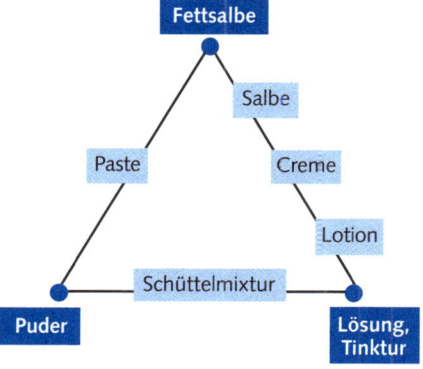

Abb. 4.3
Phasendreieck der Grundlagenstoffe.
[A400]

Dermatologie

Tab. 4.2 Die wichtigsten Wirkstoffe der Lokaltherapie.

Wirkstoffe	Wirkprinzip	Anwendung	Beachte
Kortikosteroide: z.B. Hydrokortison, Betamethason	antiallergisch, antientzündlich, antiproliferativ	entzündliche Haut- erkrankungen, z.B. Psoriasis, Ekzemkrankheiten	(☞ 4.1.1)
Immunsystemhemm- stoffe: Pimecrolimus, Tacrolimus	antientzündlich	Atopisches Ekzem	(☞ 5.1.3)
Antihistaminika: z.B. Chlorphenoxamin (Systral)	antientzündlich, juckreizstillend	allergische Lokalreaktionen, Prurigoerkrankungen	(☞ 5.1.2)
Teerpräparate: Steinkohle-/ Schieferölteer	antientzündlich, antiproliferativ, juckreizstillend	schuppende und juckende Hauterkrankungen, z.B. Psoriasis, chronische Ekzeme	reversible Überempfindlich- keit für UV-Strahlen
Antiseptische Farbstoffe: z.B. Ethacridin (Rivanol), Povidon-Jod	keimtötend – unspezifisch	Hautdesinfektion, z.B. infizierte Unterschenkel- geschwüre (☞ 11)	Kontakt- sensibilisierung (☞ 5.1.2)
Antibiotika: z.B. Tetrazyklin, Bazitrazin	keimtötend – gegen Bakterien	bakterielle Hautinfektionen, z.B. Impetigo, infiziertes Ekzem, Akne	sehr häufig Kontakt- sensibilisierung
Antimykotika: z.B. Nystatin, Clotrimazol	keimtötend – gegen Pilze	Pilzinfektionen der Haut, z.B. Tinea, Candidose	sehr konsequente Anwendung nötig
Antivirale Mittel: z.B. Azyclovir	keimtötend – gegen Viren	Herpes simplex, Herpes zoster	☞ 7.1.1
Antiparasitäre Mittel: z.B. Benzylbenzoat, Lindan	keimtötend – gegen Parasiten	Parasitäre Hauterkrankungen, z.B. Scabies (Krätze), Befall mit Läusen	kein Lindan bei Kindern, Schwange- ren, Stillenden
Keratolytika: Salicylsäure, Harnstoff	Schuppen lösend	Hautkrankheiten mit verstärkter Keratinbildung, z.B. Warzen	☞ 7.1.2
Antipruriginöse Mittel: Thesit, Menthol	juckreizstillend	in kühlenden Lösungen, z.B. Schüttelmixtur	

Pflege

Beim Umgang mit Lokaltherapeutika ist zu beachten:

- **Hygienisches Arbeiten** als Prophylaxe der Keimübertragung von einem Patienten zum anderen
- Lokaltherapeutikum aus einer Tube nur mit Einmalhandschuhen auftragen, Handschuhwechsel nach jedem Patienten
- Substanzen aus einem Topf nur mit Einwegholzspatel entnehmen, Wechsel nach jeder Patientenberührung
- Bett und Kleidung des Pat. vor Kontakt mit Lokaltherapeutika schützen, da Fleckenbildung möglich
- Reste von Lokaltherapeutika auf der Haut vor neuer Behandlung mit Öl oder Wasser entfernen.

Anwendungsformen

Salben, Cremes und Pasten werden i.d.R. dünn aufgetragen. Wenn Pasten zur Abdeckung (Schutzfunktion) von Hautarealen eingesetzt werden, werden sie dicker aufgetragen.

Flüssigkeiten werden mit einem Watteträger oder Mulltupfer aufgebracht.

Bei feuchten Umschlägen lockergewebte Stoffe (Gaze) verwenden, um einen guten Verdunstungs- und Kühlungseffekt zu erzielen. Bei luftundurchlässigen Verbänden bestünde die Gefahr eines Wärmestaus.

Dermatologische Bäder

Ölbäder lindern Erkrankungen mit gestörter Rückfettungsfunktion der Haut, z.B. Neurodermitis (☞ 5.1.3).

Teerbäder haben eine antientzündliche und juckreizstillende Wirkung, des Weiteren steigern sie die Lichtempfindlichkeit der Haut. Dies wird z.B. bei der Psoriasis ausgenutzt, um die Wirksamkeit der Bestrahlungstherapie zu erhöhen (☞ 6).

Bäder mit desinfizierenden Zusätzen werden zur Behandlung und Prophylaxe von z.B. bakteriellen Infektionen oder Superinfektionen (Befall vorgeschädigter Haut mit Erregern), z.B. bei Ulcus cruris (☞ 11) eingesetzt.

Merke

Bei Bädern darf die Wassertemperatur 35 °C nicht überschreiten. Ältere Patienten sowie Herz-Kreislauf-Kranke sollen nur unter Aufsicht baden.

 Pflege

- Die Badedauer sollte 10 min. nicht überschreiten, da sonst die Haut zu stark austrocknet
- Nach dem Bad: Die Haut rückfetten und die Wanne sofort reinigen, da manche Lokaltherapeutika Verfärbungen verursachen.

- Salben, Cremes und Pasten dünn auftragen
- Bei feuchten Umschlägen luftdurchlässige Tücher verwenden.

Dermatologie

- Feuchte Wund-
  behandlung mit
  Hydroverbänden
  bei Ulcus cruris
  und Dekubitus
- Okklusivverband →
  Wirkstoffaufnahme
  in die Haut
- Kompressions-
  verband bei
  chronisch venöser
  Insuffizienz.

Verbände

❹ **Feuchte Wundbehandlung:** Vor allem beim Ulcus cruris (☞ 11) oder beim Dekubitus (☞ 8.1) werden sogenannte Hydrogel-, Hydrokolloid-, Schaumstoff oder hydroaktive Verbände angewandt. Mit Hilfe dieser Verbände wird ein feuchtes Milieu in der Wunde geschaffen. So kommt es zu einer deutlich schnelleren Abheilung der Hautdefekte als bei herkömmlichen Verbänden. Beim Verbandswechsel wird die Wunde ausgeduscht oder die Wundbeläge werden mit in physiologischer Kochsalzlösung getränkten Kompressen vorsichtig abgewischt. Nekrotische Hautanteile werden ggf. auch mit chirurgischen Maßnahmen entfernt.

Okklusivverband (*Okklusion, lat.: Abdichtung*)*:* Um vor allem bei chronischen Ekzemen oder Psoriasis die Wirkstoffaufnahme in die Haut zu steigern, werden Okklusivverbände angelegt. Die Haut wird mit einer Salbengrundlage bestrichen und mit einer dünnen Plastikfolie überdeckt, deren Ränder mit Pflastern abgedeckt werden. Dies führt zum Wärmestau und zur Durchfeuchtung der Haut. Da jedoch bakterielle Entzündungen der Schweißdrüsengänge und Haarfollikel begünstigt werden, immer nur für kurze Zeit anwenden.

Kopfkappe: Als Sonderform eines Okklusivverbandes wird bei übermäßiger Schuppenbildung am Kopf eine hornlösende Substanz (z. B. salicylsäurehaltiges Öl) auf die Kopfhaut aufgetragen und mit einer eng anliegenden Folienkappe bedeckt. Darüber wird ein Schlauchverband gezogen, der die Folie befestigt. Nach einigen Tagen wird so die Haut für spezifische Externa durchlässig.

Tuchverband: Der Patient wird auf zwei Leinentücher gelegt, eingesalbt und dann so in die Tücher eingeschlagen, dass diese möglichst eng am Körper anliegen. Es sollen sich keine Hautpartien berühren, da diese sonst sehr stark aufweichen können. Nach einer Stunde wird der Verband wieder entfernt. Auch hier kommt das Prinzip der Okklusion (s. o.) zum Tragen.

Kompressionsverband: Zur Verbesserung des venösen Rückstroms bei der chronisch venösen Insuffizienz (☞ 11). Vorsicht bei Patienten, die gleichzeitig an peripherer arterieller Verschlusskrankheit leiden – durch den Verband kann es zu Nekrosen kommen.

4.2 Weitere Therapieverfahren

4.2.1 Physikalische Therapie

- UV-Bestrahlung bei
  Psoriasis

UV-Strahlung

UV-Strahlen (*ultraviolette Strahlen*) gehören zu den nicht sichtbaren, kurzwelligen Anteilen des Lichtes. Es werden UV-A-, UV-B- und UV-C-Strahlen unterschieden, wobei UV-A-, UV-B-Strahlen im natürlichen Sonnenlicht enthalten sind. UV-C-Strahlen weden in der Ozonschicht der Erdatmosphäre herausgefiltert. Die unmittelbaren Wirkungen der UV-Strahlen sind die sog. **Photoeffekte:**

- UV-A bewirkt eine sofortige Bräunungsreaktion (☞ 1.2.1)
- UV-B führt zunächst zu einer Entzündungsreaktion, z.B. Sonnenbrand und erst nach 2–3 Tagen zu einer Bräunung.

Bei bestimmten Hauterkrankungen wird die Wirkung der UV-A- und auch der UV-B-Strahlen als Therapie eingesetzt. Um Augenschäden zu vermeiden, müssen die Patienten spezielle Brillen tragen. Bei der sog. **Photochemotherapie** (PUVA) wird zunächst eine lichtsensibilisierende Substanz aufgetragen oder oral verabreicht und danach mit UV-A-Licht bestrahlt. So wird ein antiproliferativer (wachstumshemmender) Effekt erzielt, der z.B. bei Psoriasis (☞ 6) und Akne (☞ 10) Anwendung findet.

Röntgenbestrahlung
Röntgenstrahlen, in Form von Weichstrahlen, die nicht tiefer als 3 cm in das Gewebe eindringen, hemmen je nach Dosierung Entzündungen oder zerstören Gewebe. Anwendung bei bösartigen Tumoren der Haut (☞ 9.3).

Elektrokoagulation
Mit dem sog. Kauter kann Gewebe (z.B. Warzen) abgetragen werden und kleine Blutgefäße (z.B. Teleangiektasien, Spider naevi) können verödet werden.

Laserstrahlen
Laserstrahlen sind gebündelte elektromagnetische Strahlen, die ebenfalls Gewebe zerstören. Der Einsatz ist je nach Gerätetyp vielseitig. Wird z.B. bei der Entfernung von Gefäßnävi (☞ 9.2.2) eingesetzt.

Kryotherapie
Durch extreme Kälte, z.B. mit Kunstschneebrei oder flüssigem Stickstoff, wird Gewebe zerstört. Anwendung bei Lupus erythematodes, Hämangiomen, Narben oder bei Akne und Warzen.

Wärmebehandlung
Infrarotlicht, welches langwelliger ist als sichtbares Licht, wird als Wärmestahlung angewendet, z.B. zur Einschmelzung von Abszessen.

Klimabehandlung
Bestimmte Klimazonen haben einen positiven Effekt auf bestimmte Erkankungen: Meeres- oder Hochgebirgsreizklima mit Anwendung von Salzwasser z.B. bei Psoriasis und Neurodermitis oder Sonnenbäder bei Psoriasis vulgaris und Akne vulgaris. Häu-

- PUVA → antiproliferative Wirkung bei Psoriasis und Akne
- Röntgenstrahlen → hemmen Entzündungsreaktionen, zerstören bestimmte Tumoren
- Elektrokoagulation → Gewebszerstörung
- Laserstrahlen und Kryotherapie → Gewebszerstörung
- Klimatherapie

Dermatologie

fig kehren die Beschwerden jedoch in der gewohnten Umgebung wieder zurück. *Keine* Sonnenbäder bei Lupus erythematodes, photoallergischen Ekzemen oder Hautinfektionen!

4.2.2 Hyposensibilisierung

Bei Allergien vom Soforttyp (☞ 5.1), bei denen der Kontakt mit dem Allergen (☞ 5.1) nicht vermeidbar ist (z. B. Pollenallergie), kann eine Indikation zur Hyposensibilisierung bestehen. Über einen längeren Zeitraum wird in regelmäßigen Abständen ein stark verdünnter wässriger Extrakt des Allergens in das subkutane Fettgewebe injiziert. Die Konzentration des Allergens wird dabei schrittweise erhöht. Die Behandlung kann zu nachhaltiger Besserung der Beschwerden führen.

❺ **Nebenwirkungen:** Wenige Minuten nach der Allergeninjektion können Lokalreaktionen wie Quaddeln, Bindehautentzündung und Schnupfen oder als Allgemeinreaktionen Asthma bronchiale oder eine anaphylaktische Reaktion (☞ 5.1) auftreten.

Merke

Auch bei korrekter Durchführung der Hyposensibilisierungsbehandlung besteht die Gefahr einer Allgemeinreaktion, die *ohne* Lokalreaktion als Vorbote eintreten kann. Deshalb ist bei der Hyposensibilisierung Folgendes zu beachten:
- Patienten während der Injektion und mindestens bis 30 Min. danach überwachen
- Bei Quaddeln mit Durchmesser über 4 cm Injektionsstelle kühlen und orale Antihistaminika geben
- Bei Allgemeinreaktion über intravenösen Zugang Gabe von Adrenalin, Antihistaminika, Kortikoiden und Flüssigkeit.

4.2.3 Systemische Therapie

❻ Eine systemische Therapie von Hauterkrankungen ist unter folgenden Umständen indiziert:
- Die äußerliche Therapie ist nicht ausreichend wirksam, z. B. bei Autoimmunerkrankungen, schwerer Psoriasis und schweren Infektionen
- Bestimmte Medikamenten können ausschließlich systemisch gegeben werden, z. B. bestimmte Antibiotika, das Psoriasismittel Etretinat (Tigason®, ☞ 6) und das Aknemittel Isotretinoin (Roacuttan®, ☞ 10).

Marginal note:
Bei Allergien vom Soforttyp nachhaltige Besserung möglich. Patienten überwachen → Gefahr von Allgemeinreaktionen mit Schockentwicklung!

4.2.4 Operative Therapie

Die operative Therapie in der Dermatologie, die sog. *Hautchirurgie,* ist bei der Therapie von bösartigen Tumoren der Haut Mittel der Wahl. Auch einige zunächst gutartige Tumoren, wie aktinische Keratosen (☞ 9.3.2) und atypische Nävi (☞ 9.2.1) werden operativ entfernt, da sich aus diesen bösartige Tumoren entwickeln können. Je nach Art, Lokalisation und Größe der Tumoren werden verschiedene Techniken angewendet:

- **Kürettage:** Der Tumor wird mit einem scharfen Löffel abgekratzt. Dabei entsteht eine Erosion
- **Hauttransplantation:** Bei großen Gewebedefekten werden zum Wundverschluss Verschiebeplastiken oder Hauttransplantationen durchgeführt
- **Exzision:** Der Tumor wird herausgeschnitten
- **Lasertherapie** (CO_2-Laser, Nd-YAG-Laser).

Chirurgische Entfernung bei Tumoren der Haut.

? Übungsfragen

❶ Was ist der besondere Vorteil der Lokaltherapie?

❷ Woraus besteht ein Lokaltherapeutikum?

❸ Nennen sie unerwünschte Wirkungen der Kortikoidtherapie!

❹ Was unterscheidet die feuchte Wundbehandlung vom einem Okklusivverband?

❺ Was sind die Risiken einer Hyposensibilisierungsbehandlung?

❻ Wann wird eine systemische Therapie durchgeführt?

Dermatologie

5 Störungen des Immunsystems

- Störungen der Immuntoleranz → Autoimmunerkrankungen
- Störungen der Immunregulation → Allergien und Unverträglichkeitsreaktionen.

Das Immunsystem schützt den Körper vor eindringenden Erregern und Fremdeiweißen. Schon beim Erstkontakt werden diese durch spezifische und unspezifische Abwehrreaktionen unschädlich gemacht. Danach entsteht je nach Art des Erregers eine Abwehrstärke (Immunität) bei erneutem Eindringen. Die Abwehrreaktionen sind so gezielt, dass der eigene Körper kaum mitgeschädigt wird. Dies wird dadurch erreicht, dass das Immunsystem Fremdstoffe und körpereigene Strukturen voneinander unterscheidet und letztere nicht angreift: die sog. **Immuntoleranz**. Die Art und das Ausmaß seiner Reaktionen wird über die sog. **Immunregulation** gesteuert. Störungen des Immunsystems treten dabei als folgende Formen auf:

- Allergien und Unverträglichkeitsreaktionen durch Störungen der Immunregulation
- Autoimmunerkrankungen durch Störungen der Immuntoleranz.

5.1 Allergien und Unverträglichkeitsreaktionen

Allergien entstehen durch vorausgegangene Sensibilisierung.

Da sich der Körper an Haut und Schleimhäuten mit Umwelteinflüssen auseinandersetzt, spielen sich auch Allergien und Unverträglichkeitsreaktionen vor allem an der Haut ab.

❶ **Allergien** *(Allergien: Allos, gr.: anders, ergos, gr.: Arbeit):* Beim Erstkontakt mit einem Fremdstoff, dem **Allergen,** entwickelt sich statt einer Immunität (Immunsystem wehrt Erreger ab) eine Überempfindlichkeit, eine sog. *Sensibilisierung.* Während der Erstkontakt noch klinisch stumm verläuft, kommt es bei jedem weiteren Kontakt zu einer überschießenden Reaktion des Immunsystems, der sog. *allergischen Reaktion.*

Unverträglichkeitsreaktionen oder auch Intoleranzreaktionen oder pseudoallergische Reaktionen ähneln in ihrem klinischen Erscheinungsbild den Allergien, lassen sich aber nicht auf eine spezifische Überempfindlichkeit zurückführen.

Häufigkeit: Sowohl aufgrund zunehmender Umweltverschmutzung als auch aufgrund übertriebener Hygiene sind Allergien und Unverträglichkeitsreaktionen in den letzten Jahrzehnten immer häufiger geworden und werden wohl auch weiter zunehmen.

Derzeit wird der Anteil der Menschen in Deutschland, die mindestens eine allergische Erkrankung oder Unverträglichkeit haben, auf 30 bis 40% geschätzt.

5.1.1 Ursachen und Einteilung

Ursachen

❷ **Veranlagung:** Bei ungefähr 20% der Bevölkerung besteht eine Disposition *(vererbte Bereitschaft)* des Organismus, Sensibilisierungen gegen Umwelteinflüsse auszubilden: die sog. **Atopie** *(a-topos: griech. = am falschen Ort)*. Bei diesen Menschen treten das atopische Ekzem (☞ 5.1.3), Urtikaria (☞ 5.1.2), Heuschnupfen und Asthma als sog. atopische Krankheitsbilder vermehrt auf. **Umwelteinflüsse:** Wachsende Umweltverschmutzung, steigende Medikamenteneinnahme, häufigerer Umgang mit Chemikalien, übertriebene Hygiene sowie seelische Belastungen (z. B. Stress) werden für den Häufigkeitsanstieg der Allergien mitverantwortlich gemacht.

- Atopische Veranlagung
- Umweltfaktoren.

Einteilung der Allergien

Nach Coombs und Gell werden allergische Reaktionen in vier Haupttypen eingeteilt. Diese unterscheiden sich zum einen im **Mechanismus** der fehlerhaften Immunantwort, zum anderen in der **Zeitspanne** *(Latenzzeit)* zwischen dem Zweitkontakt mit dem Allergen und dem Auftreten der Beschwerden.

Einteilung nach
- 4 verschiedenen Pathomechanismen und Latenzzeit
- Klinischem Erscheinungsbild in Exantheme und Ekzeme.

Typ I – Soforttyp, Anaphylaxie
Durch übermäßige Bildung von IgE-Antikörpern nach dem Erstkontakt mit dem Allergen kommt es Sekunden bis Minuten nach dem Zweitkontakt zu einer überschießenden Entzündungsreaktion, der sog. **anaphylaktischen Reaktion,** z. B. bei Asthma, Heuschnupfen, allergischer Urtikaria, Quincke-Ödem (☞ 5.1.2).

Anaphylaktischer Schock
Der anaphylaktische Schock ist die Maximalform des Soforttyps (Typ I) aufgrund einer **Generalisierung** der allergischen Reaktion. Durch die starke Histaminfreisetzung kommt es zur Weitstellung der Gefäße und damit zum Blutdruckabfall, ggf. zu schwerer Atemnot und gar zum Kreislaufstillstand.

Typ II – Zytotoxischer Typ
IgG- und IgM-Antikörper richten sich gegen Oberflächenstrukturen von Zellen. Meist innerhalb von Minuten bis Stunden nach dem Allergenkontakt werden diese Zellen zerstört *(zytotoxische Reaktion)*, z. B. bei Blutgruppenunverträglichkeiten oder bei

Dermatologie

Transplantatabstoßung nach einer Organtransplantation. Typische Hauterkrankungen sind der Pemphigus, bullöses Pemphigoid, Lupus erythematodes (☞ 5.2.2).

Typ III – Immunkomplex-Typ

Im Blut zirkulierende Antigen-Antikörperkomplexe lösen innerhalb von Minuten bis Stunden nach dem Allergenkontakt schwere Gefäßentzündungen *(Vaskulitiden)* aus, z.B. allergische Vaskulitis oder Gefäß- und Gewebeschäden beim Lupus erythematodes.

Typ IV – Spättyp

Im Gegensatz zu den drei vorgenannten Allergentypen sind bei der Allergie vom Spättyp keine Antikörper, sondern T-Lymphozyten Ursache für die allergische Reaktion. Nach Erstkontakt mit dem Allergen oder Fremdzellen sind diese Zellen sensibilisiert und führen bei Zweitkontakt zehn Stunden bis mehrere Tage danach zu einer Entzündungsreaktion; z.B. allergische Kontaktekzeme (☞ 5.1.3).

Klinische Einteilung

Bei Unverträglichkeitsreaktionen an der Haut laufen meist mehrere dieser Mechanismen gleichzeitig ab. Nach ihrem klinischen Erscheinungsbild werden sie daher auch in die Gruppe der **Exantheme** und der **Ekzeme** eingeteilt.

5.1.2 Exantheme

Urtikaria und Quincke-Ödem

Urtikaria =
Hautausschlag aus
Quaddeln
Quincke-Ödem =
Schwellung
der Subkutis.

Ursachen:
- Allergien
- Unverträglichkeiten
- Physikalische Einflüsse
- Infektallergisch
- Vererbung (Quincke-Ödem).

Bei der Urtikaria *(Nesselsucht, Urtica: lat. = Brennnessel)* bilden sich als Hautausschlag Quaddeln, also Schwellungen der Kutis. Das Quincke-Ödem *(Angioneurotisches Ödem, Angio-ödem)* hingegen ist eine anfallsartig auftretende Schwellung der Subkutis. Beide Erkrankungen können gemeinsam auftreten.
❸ Je nach Auslösemechanismus werden unterschieden:
- **Allergische Form** als allergische Reaktionen vom Typ I oder III. Häufige Allergene: Insektengifte, Nahrungsmittel
- **Pharmakologische Form** als sog. *pseudoallergische Reaktion.* Häufige Auslöser sind Röntgenkontrastmittel, Plasmaexpander (Dextrane), Acetylsalicylsäure (Aspirin®), Zusatzstoffe, Antibiotika, Nahrungsmittelkonservierungs- und Farbstoffe
- **Physikalische Form** als Reaktion auf Druck oder Reibung, Kälte, Wärme oder Licht
- **Infektallergische Form** bei überschießender Immunreaktion bei Infekten, z.B. Tonsillitis, grippaler Infekt.

Klinik
Urtikaria
Innerhalb von Minuten nach dem Kontakt mit dem Fremdstoff oder Reiz entstehen leicht erhabene, meist rötliche Quaddeln von sehr unterschiedlicher Größe, die stark jucken. Je nach Dauer der Hauterscheinungen wird die **akute Urtikaria** (Dauer Stunden bis Tage) von der **chronischen Urtikaria** unterschieden, bei der die Symptome andauern oder häufig wiederkehren. Als lebensbedrohliche Komplikation kann ein anaphylaktischer Schock (☞ 5.1.1) auftreten.

QUINCKE-Ödem
Bevorzugt schwellen Augenlider und Lippen an. Sind die Schleimhäute der oberen Luftwege betroffen, besteht Erstickungsgefahr. Die Patienten klagen weniger über Juckreiz als über ein schmerzhaftes Spannungsgefühl in den entsprechenden Hautpartien. Die Symptome bilden sich innerhalb von 1–3 Tagen zurück.

Diagnostik
Der Auslöser wird durch Anamnese und Allergietests gesucht, bei Verdacht auf Nahrungsmittelallergien über Suchdiät oder Expositionstest. Oft bleibt der Auslöser jedoch unklar.

Therapie
- Bekannte Allergene meiden
- Bei leichter **Urtikaria** äußerlich kühlende Externa (z. B. Lotio alba), antihistaminikahaltige Gele (z. B. Systral®) oder Kortisoncremes
- Bei schweren Formen Antihistaminika intravenös, evtl. auch Kortikoide
- Ggf. Intubation bei QUINCKE-Ödem, Reanimation bei anaphylaktischem Schock.

Arzneimittelexantheme

Arzneimittelexantheme treten als Reaktion nach Einnahme bestimmter Medikamente auf. Sie sind besonders häufig bei älteren Patienten, die eine Vielzahl von Medikamenten einnehmen. Der Schweregrad der verschiedenen Krankheitsbilder reicht von örtlichen Hauterscheinungen bis hin zu lebensbedrohlichen Allgemeinreaktionen.

Ursachen
Arzneiexantheme können durch alle vier Typen der Allergien sowie als toxische oder pseudoallergische Reaktionen (☞ 5.1) entstehen.
Meist ist das Zusammentreffen eines fieberhaften Infektes und der Medikamenteneinnahme die Voraussetzung für die Reaktion.

- Ausschlag aus Quaddeln
- Unterscheidung von akuten und chronischen Formen
- Gefahr des anaphylaktischen Schocks.

QUINCKE-Ödem der oberen Luftwege → Erstickungsgefahr!

- Anamnese
- Allergietests
- Expositionstests.

- Antihistaminika äußerlich oder systemisch
- Ggf. Kortikoide
- Ggf. Schockbehandlung oder Intubation.

- Allergische Reaktion auf Medikamente
- Toxisch
- Pseudoallergisch.

Dermatologie

Abb. 5.1
Arzneimittel-
exanthem.
[M111-157]

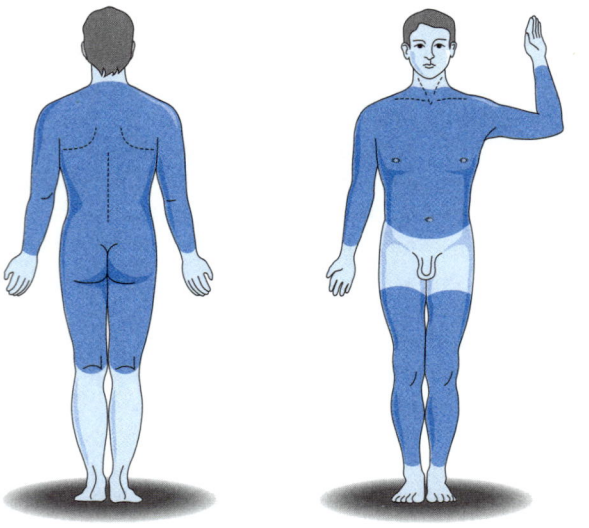

Multiple
Erscheinungsformen.

 Klinik

Abhängig vom Erscheinungsbild und dem Auslöser werden folgende Exantheme unterschieden:

Fixes Exanthem: Auslöser sind meist Barbiturate (Schlafmittel). Es treten ein oder zwei einzelne gerötete Herde auf; vorwiegend an den Füßen ist Blasenbildung möglich. Bei wiederholter Einnahme des Medikamentes bildet sich meist an derselben (fixen) Stelle ein geröteter Herd.

Makulopapulöses Exanthem: Einige Tage nach Einnahme von Sulfonamiden, Ampillicin oder Penicillin findet sich an der gesamten Haut des Körpers ein masernähnliches *(morbilliformes)* Exanthem aus rötlichen Makulae und Papeln.

Urtikarielles Exanthem: Dies entspricht der pharmakologischen Form der Urtikaria (☞ 5.1.2).

Purpura Schoenlein-Henoch: Im Anschluss an einen Infekt kommt es zu einer Überempfindlichkeitsreaktion vom Typ III. Auslöser ist ein Medikament oder ein Bakterienbestandteil (häufig von Streptokokken). Die Gefäßwände der Kapillaren werden durchlässig für Erythrozyten und es kommt zu Petechien *(Einblutungen in die Haut)*. Klinisch zeigen sich punktförmige, nicht wegdrückbare Maculae, die ebenso wie ein Hämatom mit der Zeit ihre Farbe ändern, die sog. *Purpura*.

Erythema exsudativum multiforme (EEM): Es bilden sich schubweise typische, scheibenförmige Herde mit bläulicher Mitte und hellrotem Rand, sog. *Kokarden*. In der Mitte der Herde können sich Blasen bilden. Häufig sind nur die Handrücken befallen. Bei schwerem Verlauf können der gesamte Körper und die

Schleimhaut betroffen sein. Die Herde bestehen dann zu einem großen Teil aus Blasen; die Patienten haben hohes Fieber und fühlen sich schwer krank.

Lyell-Syndrom: 50% tödlicher Verlauf, Extremvariante eines EEM oder blasenbildenden Arzneimittelexanthems. Es wird auch *toxische epidermale Nekrolyse* genannt. Es kommt zu großflächigen, blasigen Abhebungen der Oberhaut, die sehr schmerzhaft sind und Verbrühungen gleichen.

Erythema nodosum: Es handelt sich um eine Überempfindlichkeitsreaktion auf Medikamente, Infekte (z. B. Tuberkulose) oder chronische Entzündungen (z. B. Sarkoidose oder Morbus Crohn). Dabei finden sich überwiegend an den Streckseiten der Unterschenkel schmerzhafte, gerötete Knoten.

Lyell-Syndrom = schwerste Erscheinungsform.

Diagnostik

Eine präzise **Anamnese** ist die wichtigste Voraussetzung, um den Auslöser zu finden. Ggf. werden Expositionstests, z. T. stationär, durchgeführt, nicht jedoch bei Gefahr eines anaphylaktischen Schocks oder beim Lyell-Syndrom. Beim urtikariellen oder fixen Exanthem kommen Prick- und Epikutantests zum Einsatz. Bei Penicillinallergie zusätzlich IgE-Antikörperbestimmung im Serum.

- Anamnese
- Allergietests.

Therapie

Das auslösende Medikament wird abgesetzt und in Zukunft gemieden.

- **Fixe, makulopapulöse und urtikarielle Exantheme:** Antihistaminika und Kortikoide, bei schweren Verläufen auch intravenös
- **Erythema exsudativum multiforme:** bei leichten Formen austrocknende und kortikoidhaltige Externa, bei schweren Formen orale oder intravenöse Kortikoide, Ausgleich des Flüssigkeitsverlustes und Vorbeugen von Superinfektionen
- **Lyell-Syndrom:** hochdosierte, intravenöse Gabe von Kortikoiden, intensivmedizinische Betreuung, Ausgleich des enormen Flüssigkeitsverlustes und Vorbeugen von Superinfektionen (☞ 7).

- Auslöser meiden bzw. absetzen
- Antihistaminika und Kortikoide
- EEM und Lyell-Syndrom: systemisch Kortikoide und Flüssigkeit.

5.1.3 Ekzeme

Ekzeme *(Ekzema, gr.: aufschwellen, aufkochen)* oder auch Dermatitiden *(Dermis, lat.: Haut, -itis, lat. Endsilbe: Entzündung)* sind die häufigsten Hauterkrankungen. Es handelt sich um Entzündungen, die die Epidermis und angrenzende Dermis betreffen. Sie sind nicht erregerbedingt und daher nicht ansteckend. Grundsätzlich entsprechen sich Ekzem und Dermatitis. Der Begriff Dermatitis wird jedoch eher für akute, der Begriff Ekzem eher für chronische Krankheitsverläufe benutzt.

Ekzeme = nicht erregerbedingte Entzündungen der Epidermis mit gleichartigem klinischem Muster.

Dermatologie

Ekzeme:

- Makeln, Papeln, Bläschen
- Erosionen, Rhagaden, Hyperkeratose
- Juckreiz, Exkoriation
- Lichenifizierung.

Das **klinische Muster** der Ekzemerkrankungen ist prinzipiell gleichartig:
Zunächst bilden sich rote Makulae, Papeln und Bläschen, dann folgen Erosionen, Rhagaden sowie Schuppungen und eine Verdickung der Hornschicht *(Hyperkeratose)*. Aufgrund des Juckreizes sind zusätzlich Exkoriationen (Hautabschürfung, die das Corium erreicht) zu beobachten. Bei chronischen Verläufen vergröbert sich die Hautfelderung, sog. Lichenifikation (☞ 2.2). Gewebedefekte und Narben entstehen nicht.

Kontaktekzem

Unterschieden werden das **allergische Kontaktekzem** und das häufigere **irritative toxische Kontaktekzem**. Es gibt jeweils akute und chronische Verlaufsformen.

Ursachen und Entstehung
Irritativ-Toxisches Kontaktekzem

- Toxisches Kontaktekzem durch Toxine und Phototoxine
- Allergisches Kontaktekzem durch Typ IV-Reaktion.

❹ Hervorgerufen wird das toxische Kontaktekzem durch Irritation bzw. direkt gewebeschädigende Substanzen (Toxine). Bei der **phototoxischen Reaktion** wird eine Substanz erst durch Lichteinwirkung toxisch. Solche Substanzen können z.B. in Gräsern (»Wiesengräserdermatitis«) oder in Kosmetika enthalten sein. Das Ausmaß und der Verlauf der Hautreaktion hängt von der Aggressivität und der Einwirkdauer des Toxins ab: aggressive Lösungsmittel, Laugen und Säuren (☞ 8.2) sowie phototoxische Substanzen lösen schon nach kurzem Kontakt akute Entzündungen aus, während Stoffe von geringer Aggressivität (z.B. Reinigungsmittel) erst nach langer Einwirkung zu **chronischen Ekzemen** führen, z.B. zum *degenerativen Ekzem* (Abnutzungsekzem, Hausfrauenekzem). Durch Einwirkung von Stuhl und Urin auf empfindliche Säuglingshaut in Verbindung mit einer Superinfektion mit Hefepilzkeimen entsteht die sog. **Windeldermatitis** (☞ 7.3.2).

Allergisches Kontaktekzem

Zugrunde liegt eine Typ IV-Reaktion zehn Stunden bis einige Tage nach dem Zweitkontakt mit dem Allergen. Häufige Allergene sind Chromate (z.B. in Zement), Nickel (z.B. Knöpfe, Modeschmuck, Brillen), Duft-, Farb- und Konservierungsstoffe (z.B. in dermatologischen Externa oder Kosmetika) sowie äußerliche Antibiotika (z.B. Neomycin). Bei der **photoallergischen Reaktion** wird eine Substanz durch Lichteinwirkung zum Allergen. Ein **chronisches allergisches Kontaktekzem** entsteht, wenn der Kontakt mit dem Allergen über einen längeren Zeitraum besteht.

Merke

Chronisch-toxische Kontaktekzeme begünstigen durch die Störung der Barrierefunktion der Haut die Entstehung von allergischen Kontaktekzemen.

Klinik

❺ Beim toxischen Kontaktekzem ist die Entzündungsreaktion typischerweise streng auf den Bereich der Einwirkung des Toxins beschränkt. Beim allergischen Kontaktekzem entstehen durch ein Streuen des Allergens entlang der Lymphspalten oder über Blutgefäße auch Entzündungsherde außerhalb des Kontaktbereichs mit dem Allergen, sog. **Streureaktionen.**

Akute Form

- Zunächst brennende Rötung, dann Schwellung und Bläschenbildung, Juckreiz (beim allergischen Kontaktekzem)
- Im weiteren Verlauf platzen die Bläschen und es entstehen nässende Erosionen, welche unter geringer Schuppenbildung abheilen. Erst in diesem Stadium tritt beim toxischen Kontaktekzem der Juckreiz hinzu.

Chronische Form

- Rötung ohne Bläschenbildung und Erosionen, Juckreiz
- Festhaftende Schuppung. Die Haut trocknet aus und es entstehen Rhagaden
- Im weiteren Verlauf Lichenifikationen.

Diagnostik und Therapie

- **❻** Identifikation des Toxins oder Allergens mit Hilfe von Anamnese und Epikutantests
- Kontakt mit bekannter Substanz meiden, ggf. Schutzkleidung (z.B. Handschuhe) verwenden
- Lokaltherapie
  - **Akute Form:** Zunächst lokale Kortikoide, ggf. unter Okklusion, dann rückfettende Externa, bei nässenden Hautschädigungen feuchte Umschläge und Schüttelmixturen
  - **Chronische Form:** Zunächst lokale Kortikoide, danach Teersalben. Besonders wichtig ist die Pflege mit rückfettenden Salben. Schutzverbände, um Kratzen und Irritation zu vermeiden
- **Windeldermatitis:** Häufiger Windelwechsel, austrocknende Lösungen und schützende Zinkpasten, Antimykotika bei Superinfektion mit Hefepilzen (☞ 7.3.2).

Berufliche Aspekte

Zusätzlich zu Menschen mit einer atopischen Veranlagung unterliegen vor allem Personen in sog. **Feuchtberufen** einem hohen Risiko, Kontaktekzeme zu entwickeln. Zu diesen gehören z.B.

- Toxisches Kontaktekzem → scharf begrenzt
- Allergisches Kontaktekzem → Streureaktionen
- Akute und chronische Verläufe.

Ziele:
- Identifikation des Auslösers
- Meiden des Toxins oder Allergens
- Lokaltherapie.

Dermatologie

Hohes Erkrankungsrisiko
bei:
- Atopikern
- Personen in Feucht-
  berufen.

Maurer, Friseure, Krankenschwestern/-pfleger sowie Laboranten. Durch Berufsstoffe ausgelöste Ekzeme können als **Berufskrankheit** anerkannt werden. Kann bei der Ausübung eines Berufes der Kontakt mit dem Allergen nicht umgangen werden, muss eine Umschulung ins Auge gefasst werden. Menschen mit einer **atopischen Veranlagung** müssen bei der Berufswahl bedenken, dass für sie in Feuchtberufen eine Sensibilisierung auf Arbeitsstoffe vorprogrammiert ist.

 Pflege
Zur Linderung von Juckreiz sind folgende Maßnahmen hilfreich:
- Nur bei intakter Haut: Haut mit Essigwasser abreiben
- Wärme fördert den Juckreiz, deshalb dem Pat. eine leichte Bettdecke geben, um Wärmestau zu vermeiden
- Für kühle Raumtemperatur im Krankenzimmer sorgen
- Nicht zu lange und nicht zu warm baden
- Patienten kalt abduschen lassen und danach Hautpflege nach Absprache mit dem Arzt durchführen
- Kühle feuchte Auflagen anwenden, dabei bedenken, dass der Patient durch großflächige kalte Umschläge leicht zu frieren beginnt
- Nägel kürzen, um Läsionen zu vermeiden.

Atopisches Ekzem

Synonyme:
- Atopisches Ekzem
- Neurodermitis
- Endogenes Ekzem.

Das atopische Ekzem, auch **Neurodermitis** oder *endogenes Ekzem* genannt, ist eine meist im Kleinkindalter beginnende Hauterkrankung mit chronischem Verlauf. Die Erkrankung tritt familiär gehäuft auf und ist sehr verbreitet: 10% der Kinder und 5% der Erwachsenen sind betroffen.

Ursachen und Entstehung

- Atopische
  Veranlagung
- Provokationsfaktoren.

❼ Eine **atopische Veranlagung** ist Voraussetzung für die Krankheitsentstehung. Ob das Ekzem letztlich ausbricht, hängt von zusätzlichen **Provokationsfaktoren** wie klimatischen Einflüssen, Infekten, Hautbelastungen und z.T. psychischen Belastungen ab. Diese Faktoren können sowohl den ersten Erkrankungsschub als auch nachfolgende Schübe auslösen. Bedingt durch die atopische Veranlagung entwickeln sich häufig Sensibilisierungen gegen Nahrungsmittel. Diese Stoffe lösen dann Ekzemschübe aus. Weiterhin entwickeln sich sehr häufig Sensibilisierungen gegen auf dem Luftweg verbreitete Allergene (Pollen, Hausstaubmilben, Schimmelpilze, Tierepithelien). Diese äußern sich in Heuschnupfen und Asthma.

 Klinik
Das klinische Bild ist vielgestaltig. Charakteristisch sind:
- Symmetrisches Befallsmuster (☞ Abb. 5.2)

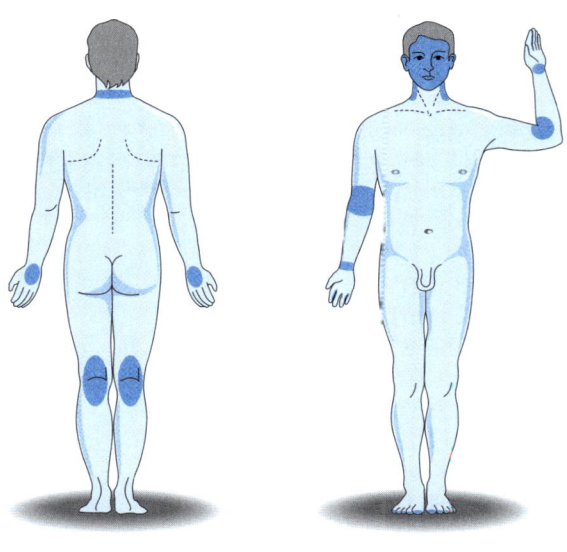

Abb. 5.2
Typisches Befalls-
muster beim
atopischen Ekzem.
[M111-157]

- Starker Juckreiz
- Sehr trockene Haut.

Meist finden sich bereits im **Säuglingsalter** die ersten Hauterscheinungen: Schuppenkrusten auf gerötetem Grund, typischerweise im Gesicht und am behaarten Kopf; wegen der Ähnlichkeit
mit über dem Feuer eingetrockneter Milch werden diese Hauterscheinungen als *Milchschorf* bezeichnet.

Im **Kleinkindes- und Kindesalter** entwickeln sich dauerhafte Ent-
zündungsflächen, auf denen Papeln vorherrschen. Die Haut ist
sehr trocken und es zeigen sich erste Lichenifikationen. Typischerweise sind die **Beugeseiten der Gelenke** (Ellenbeugen, Knie-
kehlen) sowie Nacken, Hals und Hände befallen (☞ Abb. 5.1).
Häufig sind die Augenbrauen gelichtet und die Unterlidfalte ist
gedoppelt. Die Kinder werden durch Juckreizattacken gequält
und kratzen die betroffenen Hautareale auf. In den Wintermona-
ten verschlechtert sich das Bild, während es sich im Sommer sowie im Gebirge und an der See bessert. Auch Textilien wie z. B.
Wolle verschlechtern die Situation.

Komplikation: Superinfektion der Hautschädigungen mit Staphylokokken (☞ 7.2) oder Herpes-Viren (☞ 7.1.1).

Prognose: Etwa ein 1/4 der erkrankten Kinder leiden auch noch
als Erwachsene unter Ekzemschüben, die allerdings milder verlaufen, z. B. als Handekzem. Bei allen Patienten bleibt lebensläng-
lich eine Überempfindlichkeit der Haut bestehen.

- Typisches Befalls-
  muster
- Stark juckende
  Papeln
- Sehr trockene Haut
  mit Lichenifikatio-
  nen

- Komplikation:
  Superinfektionen.

Dermatologie

- Familienanamnese
- Klinisches Bild.

Diagnostik

- Familienanamese mit einer Häufung von atopischen Erkrankungen
- Klinisches Bild mit weißem Dermographismus (☞ 3.2.3)
- Bei einem Großteil der Patienten findet sich eine Erhöhung von IgE-Antikörpern im Blut. Pricktestungen sind häufig positiv. Bei Nahrungsmittelunverträglichkeit ist wie bei der Urtikaria (☞ 5.1.2) vorzugehen.

Therapie

- **Schüben vorbeugen**
  - Tägliche Hautpflege mit wirkstofflosen Cremes und Salben sowie rückfettenden Ölbädern auch zwischen den Schüben
  - Zur Körper- und Händereinigung statt Seifen Syndets (Seifenersatzstoffe) oder Ölbäder verwenden
- **Im akuten Schub:** Kortikoide, Immunsystemhemmstoffe; für die Dauerbehandlung Teerpräparate
- **Physikalische Therapie:** sowohl bei Schüben als auch dazwischen Bestrahlung mit UV-Licht, Klimakuren an der See oder in den Bergen
- **Lebensführung:** Kleidung und Wäsche aus leichter, weicher Baumwolle, Diät nur im Falle nachgewiesener Nahrungsmittelunverträglichkeiten, psychologische Betreuung, keine Berufe mit häufigem Waschen und häufigem Allergenkontakt.

Pflege

- Die sorgfältige und regelmäßige Hautpflege bei Neurodermitis ist unerlässlich. Der Patient muss deshalb sorgfältig zur Selbstpflege angeleitet werden
- Die Kleidung des Patienten sollte aus atmungsaktiven Stoffen bestehen, um einen Wärmestau zu vermeiden
- Den Zustand der Haut regelmäßig kontrollieren.

Seborrhoisches Ekzem

Das seborrhoische Ekzem tritt in den talgdrüsenreichen Hautarealen (Mittellinie des Körpers) auf. Die Erkrankung ist weit verbreitet, junge Männer sind bevorzugt betroffen. Die bei Säuglingen auftretende Form ist die sog. *seborrhoische Säuglingsdermatitis.*

Erkrankung talgdrüsenreicher Hautbezirke.

Ursachen und Entstehung

- Lücken im Säureschutzmantel
- Pityrosporum ovale
- Klimatische und psychische Faktoren.

Lücken im Säureschutzmantel der Haut und der Pilz *Pityrosporum ovale* spielen eine wesentliche Rolle. Weiterhin haben klimatische und psychische Faktoren Einfluss auf die Erkrankung: Besserung im Sommer, in den Bergen und am Meer, Verschlechterung bei Stress.

Klinik

Erwachsenenform: Am behaarten Kopf, zwischen den Augenbrauen, neben den Nasenflügeln und/oder in der vorderen Schweißrinne finden sich eine leichte, bräunliche Schuppung auf gerötetem Grund. Juckreiz ist meist gering ausgeprägt.

Seborrhoische Säuglingsdermatitis: Gerötete und schuppende Hauterscheinungen außer in der Mittellinie des Körpers, auch in den Leisten und Achseln. Wie bei der Windeldermatitis (☞ 5.1.3) und der Intertrigo kann es zu einer Superinfektion mit Hefepilzen kommen (☞ 7.3.2).

Bräunliche Schuppungen auf gerötetem Grund.

Therapie

Oft spricht die Erkrankung auf gegen Pityrosporum wirksame **Antimykotika** an. Kortikoidhaltige Lokaltherapeutika werden nur kurzfristig eingesetzt. Die Langzeitbehandlung erfolgt mit **schwefelhaltigen Substanzen.** An den Einfluss von psychischen und klimatischen Bedingungen muss gedacht werden.

- Kurzfristig Antimykotika und Kortikoide
- Langfristig schwefelhaltige Externa.

Intertrigo

❽ Bei der Intertrigo *(lat. = Wundreiben)* handelt es sich um ein in den Körperfalten (z. B. unter den Brüsten oder in der Analfalte) auftretendes Ekzem. Betroffen sind häufig Säuglinge und adipöse Menschen. **Ursachen** sind Reibung und ein Aufweichen der Haut durch Feuchtigkeit. Das **klinische Bild** und die **Therapie** entspricht einem akuten toxischen Kontaktekzem, das mit Bakterien oder Hefepilzen superinfiziert ist (☞ 5.1.3).

- Ekzem in Körperfalten
- Verursacht durch Reibung und Feuchtigkeit.

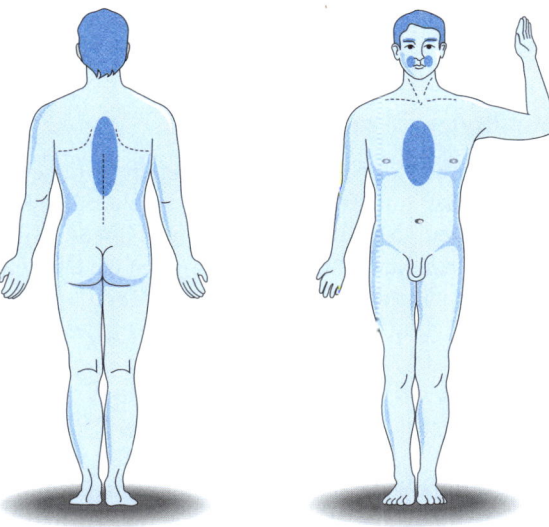

Abb. 5.3
Befallsmuster bei seborrhoischem Ekzem. [M111-157]

Dermatologie

? Übungsfragen

❶ Was ist eine Allergie?

❷ Was ist eine Atopie?

❸ Welche Formen der Urtikaria gibt es?

❹ Was sind die Ursachen eines Kontaktekzems?

❺ Wodurch unterscheiden sich die verschiedenen Formen des Kontaktekzems klinisch?

❻ Was ist das wichtigste Ziel bei der Therapie des Kontaktekzems?

❼ Was ist die Ursache des atopischen Ekzems?

❽ Nennen Sie bitte Ursachen der Intertrigo!

5.2 Autoimmunerkrankungen

Autoimmun-
erkrankungen:
■ blasenbildende Erkrankungen
■ Bindegewebs-erkrankungen.

Autoimmunerkrankungen (*Auto, gr.: selbst, immun, gr.: unempfindlich*): Abwehrreaktionen des Immunsystems gegen Strukturen des eigenen Körpers. Als Autoimmunerkrankungen der Haut kommen blasenbildende Erkrankungen und Bindegewebserkrankungen vor. Sie zeigen häufig schwere, chronische Verläufe.

5.2.1 Blasenbildende Erkrankungen

Blasenentstehung durch Bildung von Spalträumen.

Durch Zerstörung von Bestandteilen der Keratinozyten, der Basalmembran oder der oberen Lederhaut verliert der Gewebeverband seinen Zusammenhalt. Die so entstandenen Spalträume füllen sich mit Gewebeflüssigkeit und es kommt zur Blasenbildung.

Pemphigus vulgaris

Ursache: Antikörper gegen Keratinozyten-oberfläche.

Der Pemphigus vulgaris ist zwar die häufigste blasenbildende Erkrankung, kommt aber insgesamt eher selten vor. Er befällt vorwiegend Menschen des mittleren und höheren Alters. Ursache sind im Blut befindliche Antikörper gegen die Oberfläche der Keratinozyten. Die dadurch ausgelöste Entzündungsreaktion führt zum Verlust der Zellverbindungen in der Epidermis.

Klinik

■ Schlaffe Blasen, Erosionen
■ Unbehandelt schwerer Verlauf.

Auf der zunächst nicht geröteten Haut und Schleimhaut finden sich schlaffe Blasen und Erosionen, später eine entzündliche Randreaktion. Wenn die Erosionen sehr ausgedehnt sind, nimmt die Erkrankung unbehandelt einen schweren, fast immer tödlichen Verlauf.

Diagnostik und Therapie

- **Klinisches Bild** mit positivem Nᴵᴋᴏʟꜱᴋᵢ-Phänomen: Verschieben der gesund aussehenden Haut in der Umgebung einer Hautschädigung führt zu Blasenbildung
- **Nachweis** der gegen die Keratinozyten gerichteten Antikörper im Serum oder durch Hautbiopsie
- **Therapie:** Austrocknende und antiseptische Externa, um Superinfektion zu verhindern. Hochdosierte, systemische Gabe von Kortikoiden und Immunsuppressiva.

- Nᴵᴋᴏʟꜱᴋᵢ-Phänomen
- Antikörper-Nachweis
- Prophylaxe vor Superinfektionen
- Kortikoide und Immunsuppressiva systemisch.

Bullöses Pemphigoid

Eine ebenfalls eher seltene, schwer verlaufende (u. U. tödlich) Erkrankung des höheren Alters (60–80 Jahre) ist das bullöse Pemphigoid. Die Ursache sind Antikörper gegen die Basalmembran mit der Folge einer Entzündungsreaktion und Blasenbildung in dieser Zone.

Ursache: Antikörper gegen Basalmembran.

 Klinik

Im Unterschied zum Pemphigus vulgaris sind die Blasen prall gefüllt und die Blasendecke ist stabiler. Die umliegende Haut ist unterschiedlich stark gerötet. Häufig kommt es zu Einblutungen in die Blasenhöhle, nach ihrem Platzen sind dunkle Krusten zu sehen.

- Pralle Blasen, Rötung, Krusten
- Unbehandelt schwerer Verlauf.

 Diagnostik und Therapie

❶ Die Diagnose ergibt sich aus dem klinischem Bild und dem Nachweis der Antikörper. Da ein bösartiges Tumorleiden hinter der Entstehung eines bullösen Pemphigoid stehen kann, werden die Patienten gründlich untersucht. Auch Medikamente können auslösende Faktoren sein. Die Therapie ist die gleiche wie beim Pemphigus vulgaris.

- Antikörpernachweis
- Tumorsuche.

5.2.2 Bindegewebserkrankungen

Bei den Bindegewebserkrankungen, den **Kollagenosen,** greifen Autoantikörper und Immunzellen die kollagenen Bindegewebsfasern der Blutgefäße an. Dies führt meist zu Schädigungen sämtlicher Organe. Bei der diskoiden Form des Lupus erythematodes ist jedoch nur die Haut betroffen.

Bindegewebserkrankungen = Kollagenosen.

Lupus erythematodes

Namensgebend für den Lupus erythematodes ist das Auftreten von geröteten *(erythematösen)* sowie teilweise vernarbenden und entstellenden Hautschädigungen *(Lupus, lat.: Wolf, fressende Flechte).* Es werden zwei Hauptformen und eine Zwischenform der Erkrankung unterschieden:

2 Hauptformen:
- Diskoider LE
- Systemischer LE.

Dermatologie

- Diskoider Lupus erythematodes (DLE)
- Subakuter cutaner Lupus erythematodes (SCLE)–Zwischenform
- Systemischer Lupus erythematodes (SLE).

Der häufigere DLE befällt nur die Haut und ist vergleichsweise harmlos. Der SLE betrifft hingegen den ganzen Körper und stellt durch die Schädigung innerer Organe eine bedrohliche Erkrankung dar. Beide Formen treten am häufigsten bei Frauen zwischen dem 20. und 40. Lebensjahr auf.

Ursachen und Entstehung
 Es finden sich sowohl Autoantikörper als auch Störungen der zellulären Immunität (T-Lymphozyten). Außerdem beeinflussen Vererbung und äußere Faktoren wie UV-Licht, Hormone oder Medikamente, die Entstehung und den Ausbruch der Gewebeschädigungen.

Klinik
Diskoider Lupus erythematodes
An den Sonnenlicht ausgesetzen Hautarealen (Kopf, Hals, Oberkörper) zeigen sich scheibenförmige *(Diskus, lat.: Scheibe)*, gerötete und schuppende Plaques, die von ihrer Mitte weggerichtet *(zentrifugal)* wachsen. Dort bleiben dann Hautatrophien zurück *(zentrale Atrophien)*. Häufig sind diese Hauterscheinungen sehr schmerzempfindlich. Die diskoide kann in die systemische Form übergehen.

Systemischer Lupus erythematodes
Hauterscheinungen in Form eines **Schmetterlingserythems** im Gesicht kommen bei ungefähr 3/4 der Patienten vor. Als Zeichen der systemischen Erkrankung zeigen sich zusätzlich Müdigkeit und Gewichtsverlust, Gelenk- und Muskelschmerzen, sowie u. a. Entzündungen des Herzbeutels *(Perikarditis)*, des Rippenfells *(Pleuritis)* und der Nierenglomerula *(Glomerulonephritis)*.

Diagnostik und Therapie
DLE: Diagnose durch klinisches Bild und Hautbiopsie; Blutuntersuchungen sind unauffällig. Therapie mit starken Lichtschutzpräparaten, lokalen Kortikoiden, ggf. unter Okklusion oder durch intrakutane Injektion, bei ausgedehntem Befall niedrigdosierte, systemische Gabe von Chloroquin.
SLE: Diagnose v. a. durch den Nachweis spezifischer Autoantikörper im Blut. Therapie bei milden Verläufen ist die systemische Gabe von Cloroquin (Resochin®), bei schwerem Verlauf systemische Kortikoide oder Immunsuppressiva.

Marginalien (linke Spalte):

DLE ist häufiger und befällt nur die Haut.

- Autoantikörper
- Störungen der zellulären Immunität
- Vererbung
- Einfluss äußerer Faktoren möglich.

- DLE: scheibenförmige, schmerzhafte, gerötete, schuppende Plaques.

- SLE: Schmetterlingserythem, Allgemeinbeschwerden, Perikarditis, Glomerulonephritis u. a.

- DLE: Hautbiopsie, äußerlich Kortikoide, ggf. systemisch Choroquin

- SLE: Nachweis der Autoantikörper, systemisch Chloroquin, Kortikoide oder Immunsuppressiva.

? Übungsfragen

❶ Worauf kann ein bullöses Pemphigoid hinweisen?

❷ Was ist die Ursache des Lupus erythematodes?

6 Psoriasis

- Chronisch-rezidivierender Verlauf
- 2–5% aller Europäer.

Die Psoriasis, die *Schuppenflechte (Psora, gr.: Krätze, Räude)*, ist eine erbliche, entzündliche Verhornungsstörung der Haut. Die Erkrankung verläuft in häufig wiederkehrenden Schüben und ist sehr häufig: 2–5% der Europäer sind betroffen.

6.1 Ursachen der Psoriasis

- Verhornungsstörung
- Hautentzündung
- Erbliche Veranlagung.

Verhornungsstörung

❶ Die Bildungsrate von Keratinozyten in der Basalschicht der Epidermis ist stark erhöht, und die folgenden Schichten werden in einer stark verkürzten Zeit durchlaufen. Die Folge ist eine übermäßige Abschilferung von unreifen Hornlamellen, die sog. *parakeratotische Schuppung.*

Entzündung

Sowohl in den Papillen der Lederhaut als auch in der Oberhaut sammeln sich Leukozyten (z. B. neutrophile Granulozyten) an und es bilden sich sterile Pusteln (oft klinisch nicht sichtbar).
Die **Ursache** für diese Vorgänge ist letztlich unklar. Eine *erbliche Veranlagung* konnte in vielen Fällen nachgewiesen werden. Ähnlich wie bei der Neurodermitis sind allerdings *auslösende Faktoren* für den Ausbruch der Krankheit Voraussetzung, z. B. Infekte, Verletzungen, psychische Belastungen oder Infektionen. Jahreszeitliche (Sommer) und klimatische (Sonne, Meer) Faktoren können die Psoriasisschübe hemmen.

Abb. 6.1
Typisches Befallsmuster bei der Psoriasis.
[A400-215]

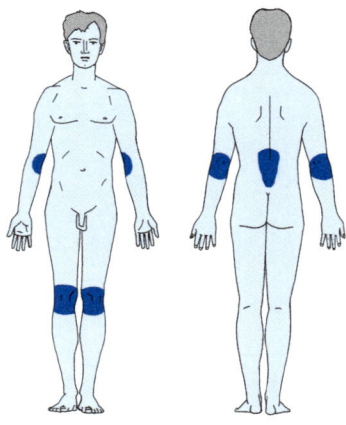

6.2 Klinik, Diagnostik und Therapie

6.2.1 Formen der Psoriasis

❷ **Psoriasis vulgaris** als häufigste Form der Psoriasis. Dabei finden sich typischerweise an den Streckseiten beider Ellenbogen- und Kniegelenke, am Kreuzbein und am behaarten Kopf im akuten Schub erythematöse, scharf begrenzte Papeln und Plaques (☞ Abb. 6.1). Im weiteren Verlauf entstehen auf diesen Knötchen oder Plaques charakteristische, silbrig glänzende Schuppungen. Es kann zu Juckreiz kommen. Bei Befall von Finger- und Fußnägeln werden punktförmige Einziehungen der Nagelplatte *(Tüpfelnägel)* und fleckige, rot-braune Verfärbungen des Nagelbettes *(psoriatischer Ölfleck)* beobachtet. Wird die Nagelplatte vollständig zerstört, finden sich die sog. *Krümelnägel.*
Psoriasis pustulosa: Durch die Ansammlung von Leukozyten bilden sich hauptsächlich an Händen und Füßen Pusteln.

- Psoriasis vulgaris: erythemato-squamöse Plaques mit typischem Verteilungsmuster
- Psoriasis pustulosa.

Komplikationen
Die Hauterscheinungen können den gesamten Körper befallen *(psoriatische Erythrodermie)*. Dies kann lebensbedrohlich sein. In manchen Fällen kommt es zu einem Übergriff des entzündlichen Geschehens auf die Gelenke *(Psoriasis arthropathica)* mit starken Schmerzen und Zerstörung und Verformung des Gelenks. Erhebliche Einschränkungen der Beweglichkeit sind die Folge.

Komplikation: psoriatische Erythrodermie, Psoriasis arthropathica.

6.2.2 Diagnostik der Psoriasis

Familienanamnese und **klinisches Bild** mit charakteristischer Verteilung der Herde.
❸ Nachweis der sog. »Psoriasisphänomene«:
- **Kerzenwachsphänomen:** Durch vorsichtiges Kratzen an der Oberfläche eines Herdes bilden sich silbrige Schüppchen, die abgeschabtem Kerzenwachs ähneln
- **Phänomen des letzten Häutchens:** Werden diese Schüppchen duch weiteres Kratzen entfernt, kommt darunter ein glänzendes Häutchen (Basalmembran) zum Vorschein
- **Phänomen des blutigen Taus** (Ausfitz-Phänomen): Wird auch dieses Häutchen abgekratzt, entstehen punktförmige Blutungen
- **Isomorpher Reizeffekt** (Köbner-Phänomen): Reizen eines äußerlich gesunden Hautareals (z. B. durch Kratzen) kann nach ca. 2 Wochen zu Psoriasis-Effloreszenzen führen.

- Familienanamnese
- Klinik
- Psoriasis-phänomene.

Dermatologie

6.2.3 Therapie der Psoriasis

- Erst Keratolytika, dann Antipsoriatika
- PUVA
- Ggf. Retinoide oder Immunsuppressiva systemisch
- Hautpflege, Klimatherapie.

 Lokale Therapie

- ❹ Zunächst Schuppenauflagerungen mit Hilfe von Keratolytika entfernen. Danach **spezifische Lokaltherapie** mit Cignolin- und teerhaltigen Salben, Kortikoide nur im akuten Schub. Zusätzlich Photochemotherapie
- **Pflege** mit Ölbädern, auch zwischen den Schüben
- **Klimabehandlung** mit Sonnenbädern, v. a. am Meer oder im Gebirge.

Systemische Behandlung

Bei psoriatischer Erythrodermie sowie Psoriasis pustulosa und arthropathica Gabe von Retinoiden (z. B. Tigason), Zytostatika (z. B. Methotrexat) oder Immunsuppressiva (z. B. Ciclosporin).

 Pflege

Bei der Therapie mit Cignolin sind folgende Punkte zu beachten:

- Wesentlich! Lokaltherapeutikum präzise auf die befallenen Stellen auftragen, da der Kontakt mit gesunder Haut zu Hautreizungen führt
- Den Patienten vor der Behandlung aufklären, dass Cignolin ein brennendes Gefühl auslöst
- Abdeckung mit Vaseline bei Therapie in der näheren Umgebung von den äußeren Geschlechtsteilen und Gesicht
- Dem Patienten mitteilen, das Cignolin Flecken hinterlässt, deshalb alte Bettwäsche und Unterwäsche verwenden
- Vor der Behandlung mit teerhaltigen Salben den Patienten auf den Teergeruch der Salbe hinweisen.

? **Übungsfragen**

❶ Wie entsteht die Psoriasis?

❷ Welche klinischen Erscheinungsformen der Psoriasis werden unterschieden?

❸ Beschreiben Sie die »Psoriasis-Phänomene«!

❹ Was sind die therapeutischen Prinzipien bei der Psoriasis?

7 Erregerbedingte Erkrankungen

Erregerbedingte Erkrankungen, verursacht durch Viren, Bakterien, Pilze oder Parasiten, gehören zu den häufigsten Hauterkrankungen. Dabei sind bei intakter Barrierefunktion der Haut nur besonders aggressive Erreger in der Lage, Krankheiten zu verursachen. Sie werden als **obligat pathogene Keime** bezeichnet. Andere Erreger führen nur bei gestörter Barrierefunktion der Haut zu Erkrankungen, z. B. bei Hautverletzungen, gestörter Immunabwehr oder Veränderungen der natürlichen Hautflora. Diese Erreger werden als **fakultativ pathogen** bezeichnet. Die durch sie verursachten Erkrankungen werden *opportunistische Infektionen* genannt.

Erreger:
- Viren
- Bakterien
- Pilze
- Parasiten.

Unterscheidung inobligat und fakultativ pathogene Keime.

7.1 Viruserkrankungen

Die in der Dermatologie klinisch bedeutenden Viren (kleinste Infektionserreger) gehören zu den Herpes-, humanen Papilloma- und Pockenviren. Masern- und Rötelnviren führen fast nur im Kindesalter zu Erkrankungen und werden an dieser Stelle nicht besprochen.

7.1.1 Erkrankungen durch Herpesviren

Zu den bedeutenden Herpesviren, die Hauterkrankungen auslösen, gehören Herpes-simplex-Viren und Varizella-Zoster-Viren.

Herpes-simplex-Viren

Herpes-simplex-Viren (HSV) **vom Typ 1** verursachen Infektionen an der gesamten Haut und Schleimhaut, **HSV Typ 2** lösen v. a. Erkrankungen im Genitalbereich aus.

Herpes-simplex Typ 1 und 2.

Formen und Übertragung

❶ Nahezu jeder Mensch durchläuft bereits im Kindesalter eine **Erstinfektion** mit dem Herpes-simplex-Virus, die meist unbemerkt verläuft. Übertragen wird das Virus durch den Direktkontakt der Schleimhäute. Im Mundbereich kann sich in schweren Fällen eine **Gingivostomatitis herpetica** *(Herpetische Mundfäule)* entwickeln. Im Genitalbereich ruft das Virus als genitale Erstin-

Erstinfektionen:
- Typ 1 → Gingivostomatitis
- Typ 2 → Vulvovaginitis oder Balanitis.

Dermatologie

fektion eine **Vulvovaginitis** *(Scheidenentzündung)* bzw. **Balanitis** *(Penisentzündung)* aus. Die Übertragung erfolgt im Geburtskanal oder durch Geschlechtsverkehr.

Das Virus ruht nach der Erstinfektion in Spinalganglien und wird durch bestimmte Einflüsse (z. B. bei Sonnenbestrahlung, Fieber, psychischer Belastung) aktiviert: **Rezidiverkrankung** – je nach befallener Körperstelle als **Herpes labialis** *(Lippenherpes)* oder **Herpes genitalis** *(Genitalherpes)*.

 Klinik

❷ **Erstinfektion:** Oft bleiben Hauterscheinungen aus. Ansonsten finden sich gruppiert stehende Bläschen auf gerötetem Grund. Im weiteren Verlauf trocknen die Bläschen ein und bilden Krusten. Narben entstehen nicht. Genitale Infektionen gehen zusätzlich mit Allgemeinsymptomen wie Fieber einher.

Rezidiverkrankung: Kündigt sich an durch Jucken oder Brennen. Danach entstehen die typischen Bläschen, die sich nach einigen Tagen mit Eiter füllen. Entleeren sich die Bläschen, erscheinen sie eingedellt. Vor allem der genitale Herpes ist sehr schmerzhaft. Es entstehen keine Narben.

Therapie

- Bei leichtem Verlauf antiseptische und austrocknende Lokaltherapie, sowie Aciclovir lokal.
- Bei schwereren Verläufen orale oder intravenöse Gabe von Virostatika (z. B. Aciclovir).

Komplikationen

- Bei Neugeborenen oder immungeschwächten Patienten kann es zu schweren Krankheitsverläufen kommen
- Bei Patienten mit atopischer Dermatitis kann eine großflächige Superinfektion des Ekzems mit HSV vorkommen *(Ekzema herpeticatum)*.

Varizella-Zoster-Virus

❸ Das **Varizella-Zoster-Virus** ruft im Kindesalter die **Windpocken** *(Varizellen)* hervor, gegen das nach Abklingen der Hauterscheinungen eine lebenslange Immunität verbleibt. Der Erreger kann aber, wie das Herpes-simplex-Virus, in Spinalganglien überdauern. Durch eine Immunschwäche (z. B. in höherem Lebensalter, bei Tumorleiden oder bei Stress) kann es reaktiviert werden und zum Krankheitsbild des **Zoster** (Gürtelrose) führen.

 Klinik

❹ Kurzes Vorstadium mit allgemeinem Krankheitsgefühl und evtl. Fieber. Danach entwickeln sich die gleichen Bläschen wie beim Herpes simplex.

Wiederkehrende Infektionen:
- Typ 1 → Herpeslabialis
- Typ 2 → Herpesgenitalis.

- Gruppiert stehende Bläschen auf gerötetem Grund
- Allgemeinbeschwerden
- Schmerzen bei Herpes genitalis.

Varizella-Zoster-Virus:
- Kinder → Windpocken
- Reaktivierung → Gürtelrose (Zoster).

- Vorstadium mit Allgemeinbeschwerden

Charakteristisch sind die **gürtelförmige Anordnung** *(Zoster, gr.: Gürtel)* der Bläschengruppen im Versorgungsgebiet des befallenen Nerven (☞ Abb. 7.1) und stärkste, brennende, wochenlang anhaltende Schmerzen. Besonders bei älteren Menschen können die Schmerzen noch sehr lange über das Abklingen der Hauterscheinungen hinaus anhalten: sog. *postzosterische Neuralgie.*

Therapie
- Pinselungen mit austrocknenden Lotionen (Lotio alba)
- Bei schwerem Verlauf Aciclovir oral oder intravenös
- Bei postzosterischer Neuralgie Analgetika, ggf. auch Carbamazepin.

- Typische Herpesbläschen in gürtelförmiger Anordnung
- Stärkste, brennende Schmerzen
- Postzosterische Neuralgie.

7.1.2 Viruswarzen

Warzen durch Humane Papillomaviren

Warzen sind gutartige Gewebsneubildungen der Oberhaut, ausgelöst durch Infektion mit dem Humanen Papillomavirus *(HPV).*

Warzen durch HPV

Erreger und Übertragung

❺ Voraussetzungen für die Warzenentstehung sind eine verminderte Immunabwehr und Verletzungen der Haut sowie die Anwesenheit des Virus. Da die Immunabwehr der Haut u. a. durch eine geringe Körpertemperatur herabgesetzt wird, treten Warzen sehr häufig an Händen und Füßen auf.
Einige HPV-Untertypen werden durch Geschlechtsverkehr übertragen. Sie verursachen sog. **Spitze Kondylome** *(Condylomata accuminata, Feigwarzen)*, die selten auch entarten können.

- HPV
- Immunschwäche
- Hautverletzungen.

Bei einigen HPV Übertragung durch Geschlechtsverkehr.

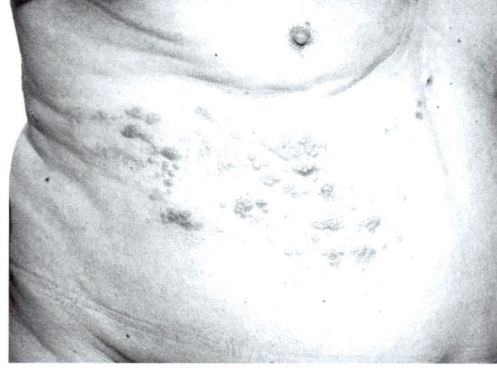

Abb. 7.1
Gruppiert stehende Bläschen beim Zoster. [M123]

Dermatologie

- Gewöhnliche Warzen
- Plantarwarzen
- Spitze Kondylome.

Klinik

❻ **Gewöhnliche Warzen**, *Verrucae vulgares:* Es handelt sich um Papeln mit hyperkeratotischer, höckriger Oberfläche.

Plantarwarzen, *Verrucae plantares, Dornwarzen:* Bedingt durch ihren Sitz an den Druckstellen des Fußes sind diese Warzen entweder sehr flach oder wachsen nach innen. Von der eigentlichen Warze ist dann nur ein bräunlicher Punkt sichtbar. Durch den Druck auf die tief in das Gewebe reichenden Hornmassen sind Dornwarzen äußerst schmerzhaft.

Spitze Kondylome: Meist in der Genital- und Analregion wachsen blumenkohlartige Gebilde heran, die sehr groß werden können.

- Häufig Spontanheilung
- Warzenentfernung: Keratolytika und Hornhauthobel oder Kürettage
- Suggestiv-behandlung
- Spitze Kondylome: Podophyllin-Lsg., ggf. operative Entfernung.

Therapie

❼ **Viruswarzen** heilen nach einigen Monaten bis Jahren auch ohne Therapie ab (Spontanheilung). Um der Ausbreitung vorzubeugen, sollten einzelne Warzen entfernt werden: Salicylsäurehaltige Lösungen weichen die Warze auf, die dann mit einem Hornhauthobel oder einer Kürettage abgetragen wird. Im Sinne eines zurückhaltenden Vorgehens v. a. bei Kindern *Suggestivbehandlung* (Warzenbesprechen), um die Spontanheilung abzuwarten.

Spitze Kondylome werden zur Diagnosesicherung feingeweblich untersucht. Zur Therapie mit Podophyllin-Lösung betupft, ggf. mittels Laser operativ entfernt.

Pocken-Virus V. a. Kinder und Immungeschwächte betroffen.

Dellwarzen

Erreger und Übertragung

Dellwarzen *(Mollusca contagiosa)* werden durch Viren aus der Pockenviren-Gruppe hervorgerufen und durch Schmierinfektion übertragen. Sie treten hauptsächlich bei Kindern (bes. Atopiker) und Immungeschwächten auf, bevorzugt im Gesicht und am Hals sowie in den Achselhöhlen und dem Genitalbereich.

- Papeln mit Delle und Öffnung
- Spontanheilung
- Ausdrücken oder Kürettage.

Klinik und Therapie

Es finden sich rundliche, kleine Papeln mit glänzender Oberfläche. In deren Mitte befindet sich eine Delle und eine Öffnung, durch die sich eine weißliche, breiige Masse nach außen entleeren lässt. In den meisten Fällen heilen die Papeln nach einigen Monaten spontan ab.

Bei jahrelangem Verlauf werden sie mit gebogener Pinzette oder Kürettage ausgedrückt und danach wird eine desinfizierende Lösung aufgetragen.

? Übungsfragen

❶ Zu welchen Erkrankungen führt das Herpes-simplex-Virus?

❷ Wie äußern sich Herpes-simplex-Infektionen klinisch?

❸ Mit welchem Erreger einer Kinderkrankheit ist das Varizella-Zoster-Virus identisch und wie wird es reaktiviert?

❹ Wodurch ist der Zoster klinisch gekennzeichnet?

❺ Welche Faktoren führen zur HPV-Warzenentstehung?

❻ Welche Warzenformen gibt es?

❼ Nennen sie mögliche Therapieformen für HPV-Warzen!

7.2 Bakterielle Erkrankungen

❶ Die häufigsten bakteriellen Hauterkrankungen sind Infektionen mit den Eitererregern *Streptokokken und Staphylokokken,* die sog. **Pyodermien** *(Pyos, gr.: Eiter).* Diese verursachen den Impetigo contagiosa, Follikulitis-Erkrankungen, Erysipel und Phlegmone.

Pyodermien = Infektionen mit Eitererregern.

7.2.1 Impetigo contagiosa

Die Erreger sind meist **Staphylokokken.** Ihre Übertragung erfolgt meist durch **direkten Kontakt** (Schmierinfektion). Betroffen sind hauptsächlich Kinder und abwehrgeschwächte Menschen, wobei mangelnde Hygiene die Infektion begünstigt.

- Schmierinfektion mit Staphylokokken
- Mangelnde Hygiene
- Immunschwäche.

 Klinik

Meist ist das Gesicht befallen. Auf gerötetem Grund bilden sich kleine Bläschen und Pusteln. Diese platzen bald, und es bildet sich eine goldgelbe Kruste. Fieber als Reaktion des Gesamtorganismus ist möglich.

- Befall des Gesichts
- Zunächst Bläschen und Pusteln
- Später goldgelbe Krusten.

 Therapie

- In leichten Fällen Krusten entfernen und äußerliche Antibiotika sowie desinfizierende und austrocknende Farbstoffe auftragen
- In schwereren Fällen systemische Gabe von Antibiotika.

- Krustenabtragung und Desinfektion
- Antibiotika.

7.2.2 Follikulitis-Erkrankungen

❷ Es handelt sich um Entzündungen der Haarfollikel mit unterschiedlicher Tiefenausdehnung: Follikulitis, Furunkel, Karbunkel. Erreger sind überwiegend **Staphylokokken;** Immungeschwächte und Patienten mit Diabetes mellitus erkranken häufiger.

Follikulitis = Haarwurzelentzündung durch Staphylokokken, v. a. bei Immunschwäche und bei Diabetes.

Dermatologie

- Pustel
- Abszessbildung mit Furunkel und Karbunkel
- Gefahr der Hirnvenenthrombose

- Pusteleröffnung
- Antibiotika
- Abszessspaltung.

 Klinik

❸ Im betroffenen Follikel entsteht zunächst eine Pustel. Typische Stellen sind die Bartgegend, Oberschenkel und Gesäß. Durch Bildung eines Abszesses (abgekapselter Entzündungsherd) aus benachbarten Follikelentzündungen kann ein **Furunkel** entstehen. Dann zeigt sich ein schmerzhafter, geröteter Knoten (☞ Abb. 7.2). Ein ausgedehnter Furunkel mit schmerzhafter, eitriger Gewebeeinschmelzung wird **Karbunkel** genannt.

 **Therapie**

- Bei oberflächlichen Herden Pustel eröffnen und Antiseptika auftragen
- Bei tiefem Befall Abszess eröffnen und systemische Antibiotikagabe, v. a. bei Herden an der Oberlippe und höher sind mindestens orale, bei großen Herden auch intravenöse, Antibiotika angezeigt (☞ Komplikationen).

Komplikationen

Bei Furunkeln an der Oberlippe oder darüber besteht die Gefahr der Keimverschleppung in die Venen des Gehirns mit der Folge einer lebensgefährlichen Hirnvenenthrombose. Deshalb sollte an diesen nicht unnötig manipuliert werden.

Abb. 7.2
Furunkel-Karbunkel-Schema. [A400-190]

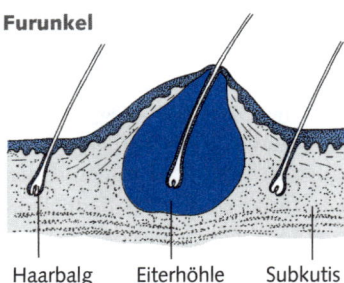

Furunkel

Haarbalg   Eiterhöhle   Subkutis

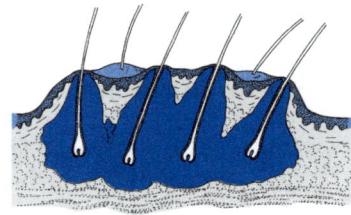

Karbunkel

7.2.3 Erysipel

❹ Das Erysipel ist eine Entzündung der Kutis mit flächenhafter Ausdehnung, welche in der Regel durch **Streptokokken** hervorgerufen wird. Diese gelangen meist über kleine Hautdefekte, z.B. Rhagaden zwischen den Zehen (z.B. bei Fußpilz ☞ 7.3.1), in die Lymphspalten der Haut, an denen entlang sie sich flächenhaft ausbreiten.

Klinik

Sehr plötzlicher Beginn 1–3 Tage nach Infektion mit Fieber, Schüttelfrost und schwerem Krankheitsgefühl. Das betroffene Hautareal zeigt ein flächenhaftes, leuchtendes Erythem mit typischen, streifigen Ausläufern. Die Rötung ist gut abgrenzbar. Das Gewebe ist geschwollen und druckschmerzhaft. Die regionalen Lymphknoten sind vergrößert.

Therapie

- Lokal: feuchte antiseptische Umschläge, Bettruhe
- Systemische Gabe von Antibiotika
- Beseitigung der Eintrittspforte.

Komplikation

Bei Befall des Gesichts Gefahr der Hirnvenenthrombose (s.o.).

7.2.4 Phlegmone

❺ Ein meist durch **Streptokokken** verursachter, abszedierender Entzündungsprozess der tieferen Hautschichten, der sich entlang der Sehnen und Faszien ausbreitet und nicht an Haarfollikel gebunden ist. Ebenso wie beim Erysipel entsteht ein Erythem und der betroffene Hautbezirk schwillt an. Das Erythem ist aber hier eher bläulich statt flammend rot, und die Schwellung ist teigig und sehr viel schmerzhafter als beim Erysipel. Vergrößerungen von Lymphknoten bleiben bei der Phlegmone häufig aus. Eine Phlegmone muss unbedingt **chirurgisch gespalten** werden.

❔ Übungsfragen

❶ Was sind Pyodermien?
❷ Was sind Follikulitis-Erkrankungen und wie entstehen sie?
❸ Nennen sie klinische Erscheinungsbilder von Follikulitis-Erkrankungen!
❹ Wie kommt es zum Erysipel und wie äußert es sich klinisch?
❺ Was ist eine Phlegmone?

Streptokokkeninfektion durch Hautdefekte, Ausbreitung über Lymphspalten.

- Plötzlicher Beginn, Fieber, Schüttelfrost
- Scharfrandiges Erythem mit streifigen Ausläufern
- Entzündungszeichen.

Antibiotika systemisch.

Bei Gesichtserysipel Gefahr der Hirnvenenthrombose.

- Nicht follikelgebundener, tiefer Abszess durch Streptokokken
- Bläuliches, sehr schmerzhaftes Erythem
- Chirurgische Spaltung.

Dermatologie

7.3 Pilzerkrankungen

Pilzerkrankungen *(Mykosen)* sind die häufigsten erregerbeding-
ten Hauterkrankungen.

Einteilung
Die menschenpathogenen Pilzarten werden in das sog. »D-H-S-
System« eingeteilt:
- Dermatophyten (Fadenpilze)
- Hefen (Sprosspilze)
- Schimmelpilze.

Schimmelpilze führen bei immunsupprimierten Menschen meist
zum Befall innerer Organe und werden daher hier nicht geson-
dert besprochen.

7.3.1 Erkrankungen durch Dermatophyten

Tinea corporis

Erreger und Übertragung
Verschiedene **Dermatophyten-Arten** wie Trichophyton-, Epider-
mophyton- und Mikrosporum-Arten, die z.T. von Haustieren
auf den Menschen übertragen werden, rufen an Kopfhaut oder
Körperstamm Erscheinungen hervor.

DHS
- Dermatophyten
- Hefen
- Schimmelpilze.

Häufig Übertragung
durch Haustiere.

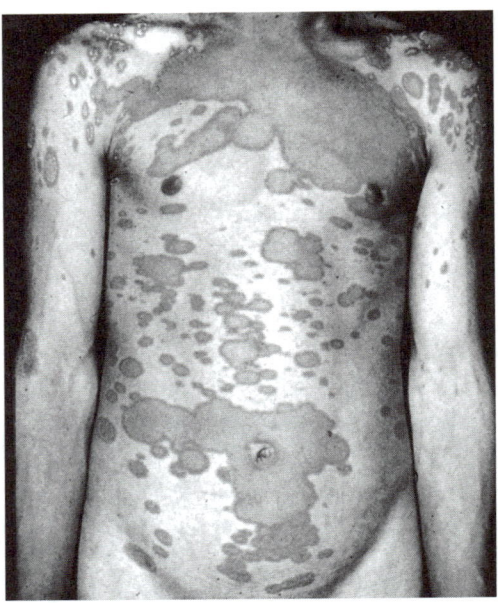

Abb. 7.3
Tinea corporis.
[M111]

Klinik

❶ Unterschieden werden eine oberflächliche und eine tiefe Form.
Oberflächliche Form: Gerötete, schuppende Papeln bilden einen kreisförmigen, scharf begrenzten Herd. Die Papeln treten unter Betonung des Herdrandes auf und wachsen vom Zentrum des Kreises weggerichtet weiter (☞ Abb. 7.5). Die oberflächliche Form kann am gesamten Körper vorkommen.
Tiefe Form: Mehrere Knoten, die tief im Haarkanal und Haarschaft angesiedelt sind und unter Pustelnbildung miteinander verschmelzen, v.a. im Bartbereich und am Kinderkopf. Die tiefe Form kann sich aus der oberflächlichen entwickeln.

- Oberflächliche Form → Kreisförmiger Herd aus schuppenden Papeln
- Tiefe Form → Knoten und Pusteln, follikelgebunden.

 Therapie

Oberflächliche Form: Langfristige, konsequente Therapie über Wochen oder Monate. Antiseptische Bäder mit Kaliumpermanganat-Lösung, Einreibung mit Antimykotika-Lösungen oder Cremes, z.B. Tolnaftat. Bei großflächigem Befall systemische Antimykotika.
Tiefe Form: Befallene Haare kurzschneiden oder entfernen, Pusteln chirurgisch eröffnen und entleeren, lokal Antimykotika. Systemisch Griseofulvin oder Imidazolpräparate (z.B. Itraconazol), bei bakterieller Superinfektion zusätzlich Antibiotika.

- Antimykotika, ggf. Kortikoide
- Evtl. Pusteln eröffnen
- Bei Superinfektion Antibiotika.

Merke

> Befallene Haustiere müssen in tierärztliche Behandlung gegeben werden.

Tinea pedis

Erreger und Übertragung

Erreger des Fußpilzes, der sog. **Tinea pedis,** sind verschiedene Dermatophytenarten, die feucht-warme Umgebungen bevorzugen. Die Übertragung erfolgt v.a. in Schwimmbädern und öffentlichen Duschen.

Übertragung in feuchtwarmem Milieu.

 Klinik

❷ Die Symptome beginnen meist in den Zehenzwischenräumen mit Rötung und starkem Juckreiz. Im weiteren Verlauf verdickt sich die Hornhaut und quillt auf – bedingt durch die feuchte Umgebung. Dadurch erscheint sie weißlich und teigig. Weiterhin entstehen Schuppen und Bläschen. Wenn sich die aufgequollene Hornhaut auflöst oder die Bläschen platzen, entstehen schmerzende Rhagaden.

- Rötung und Juckreiz in den Zehenzwischenräumen
- Aufweichung der Hornhaut
- Schuppen und Bläschen
- Schmerzhafte Rhagaden

Dermatologie

Wie Tinea corporis.

 Therapie

Wie bei Tinea corporis. Zusätzlich werden Leinenläppchen in den Zwischenzehenräumen platziert, um zu vermeiden, dass die erkrankten Hautstellen gegeneinander reiben.

 Pflege

- Prophylaxe:
  - Zehenzwischenräume gut abtrocknen
  - Auskochbare Baumwollstrümpfe tragen und täglich wechseln
- Bei bereits befallenen Füßen Schuhe mit Sprühdesinfektion behandeln.

Nagelmykosen

Erreger und Übertragung

Voraussetzung: Störung des Nagelwachstums.

Voraussetzung einer Nagelmykose *(Onychomykose)* ist eine Störung des Nagelwachstums, z.B. durch einengendes Schuhwerk oder eine Mangelernährung des Nagels bei Durchblutungsstörungen. Besiedeln zusätzlich Pilze wie Epidermophyten oder Spross- und Schimmelpilze den Bereich, kommt es zur Nagelmykose.

 Klinik

- Verformung, Verdickung und Auflockerung des Nagels.

Die Nägel sind verformt und verdickt. In der Nagelplatte bildet sich ein weißliches Netz, sie erscheint trübe und lockert auf. Darunter lagern sich bröckelige Nagelreste ab.

 Therapie

- Entfernung oder Auflösung des Nagels
- Lokale Antimykotika.

Da Antimykotika nicht tief genug in den Nagel eindringen, wird zuerst die erkrankte Nagelplatte abgefeilt. Danach werden Antimykotika auf den nachwachsenden Nagel aufgetragen. Alternativ dazu zuerst nagelauflösende Salben auftragen, dann lokale Antimykotika.

 Pflege

- Prophylaxe:
  - Zehenzwischenräume gut abtrocknen
  - Auskochbare Baumwollstrümpfe tragen und täglich wechseln
- Bei bereits befallenen Füßen Schuhe mit Sprühdesinfektion behandeln.

Mikrosporie

- V. a. Kinder
- Feine Schuppung

Mikrosporie ist eine Pilzinfektion, die hauptsächlich Kinder befällt. Erreger sind verschiedene **Mikrosporon-Arten.**

Klinisch zeigen sich am Körper oder am behaarten Kopf scharf abgegrenzte Herde mit feiner Schuppung und nur wenig ausgeprägter Rötung. Am behaarten Kopf sind die Haare kurz über der Hautoberfläche abgebrochen (»gemähte Wiese«). Die Therapie besteht im Entfernen der befallenen Haare, Auftragen lokaler Antimykotika (z. B. Tolnaftat, Tonoftal®); ggf. systemisch Griseofulvin oder Itraconazol.

- »Gemähte Wiese«
- Haarentfernung, Antimykotika.

7.3.2 Erkrankungen durch Hefen

Kandidose

Erreger und Übertragung
❸ Eine Kandidose *(Soor)* tritt bevorzugt an Schleimhäuten und Körperstellen auf, die ein feuchtwarmes Milieu aufweisen. Erreger ist meist **Candida albicans,** der auf der Haut und Schleimhaut auch vieler gesunder Menschen anzutreffen ist. Voraussetzung für die krankhafte Besiedelung ist meist eine relative Immunschwäche des Patienten, z. B. bei Tumoren, AIDS, Tuberkulose oder Behandlung mit Kortikosteroiden oder Zytostatika sowie bei Kleinkindern, alten Menschen und Diabetikern. Ebenso kann eine längerdauernde Antibiotikatherapie dazu führen, dass die natürliche Hautflora gestört und so das Gleichgewicht zwischen Bakterien und Pilzen zugunsten der Pilze verändert wird.

Candida albicans:
- Schleimhäute
- feuchtwarmes Milieu
- begünstigende Faktoren.

Klinik
- An der **Schleimhaut** zeigen sich weißliche, abstreifbare Beläge. Werden diese entfernt, bleibt eine zu Blutungen neigende Schleimhautwunde zurück
- In den **Körperfalten** (z. B. in den Finger- und Zehenzwischenräumen oder unter den Brüsten) zeigt sich eine scharf begrenzte, flächige Rötung. Im Zentrum dieses Herdes löst sich die Hornschicht ab, während zum Rand hin Schuppen vorherrschen
- In der näheren Umgebung bilden sich Pusteln und **Satellitenherde** *(Tochterherde),* die klein und rundlich erscheinen. Die Patienten klagen über starken Juckreiz.

- Weißliche abstreifbare Schleimhautbeläge
- Juckende scharfbegrenzte, flächige Rötung in den Körperfalten
- Satellitenherde.

Therapie
- An erster Stelle steht die Behandlung der Grunderkrankung
- Nässende Hautareale austrocknen, z. B. mit Lotio alba und antiseptischen Zusätzen
- Bei Befall der Schleimhaut Spülungen mit antimykotischen Emulsionen, z. B. mit Nystatin
- Bei Befall der äußeren Haut Nystatin- oder Amphotericin B-haltige Salben
- Ggf. systemisch Ketoconazol, Fluconazol oder Itraconazol.

- Therapie der Grunderkrankung
- Antimykotika

Dermatologie

Pflege

- ❹ Der Patient sollte luftige Baumwollkleidung und offene Schuhe bevorzugen
- Handtücher und Waschlappen täglich wechseln
- Als Schutz vor weiterer Ausbreitung der Erreger dürfen die Herde nicht aufgekratzt werden
- Läsionen trocken halten; nach dem Waschen Haut abtrocknen, ggf. föhnen
- Pat. dazu anhalten, auf Zucker und zuckerhaltige Nahrungsmittel zu verzichten, da das Wachstum der Pilze dadurch gefördert wird
- Auf ausgedehnte warme Bäder verzichten, da Pilzsporen in die aufgequollene Haut leichter eindringen können.

Pityriasis versicolor

Pityrosporum ovale, eine Hefepilz-Art (früher Malassezia furfur genannt), bevorzugt warme und feuchte Orte und besiedelt deshalb gehäuft die Haut stark schwitzender Menschen. Es handelt sich um eine vergleichsweise harmlose, in den oberflächlichen Hautschichten ablaufende Erkrankung.

Pityrosporum ovale (Malassezia furfur); bevorzugt feucht-warmes Milieu.

 Klinik

Vorwiegend am Körperstamm sind scharf begrenzte Maculae zu sehen. Diese erscheinen auf sehr blasser Haut meist dunkel, auf gebräunter Haut eher hell und können zusammenfließen. Weiterhin kommt es zur Bildung feiner, weißlicher, »mehlstaubartiger« Schuppen.

- Befall des Körperstamms
- Scharf begrenzte Maculae
- »Mehlstaubartige« Schuppung.

Therapie

- Auch wenn keine Haarschuppung besteht, sollten die Kopfhaare mitbehandelt werden, da sie ein Erregerreservoir sein können
- Bei leichter Ausprägung Haut und Haare täglich mit Selen-Schwefel-Schampoo waschen (handelsübliche Anti-Schuppen-Produkte)
- Bei stärkerer Ausprägung Haare und befallene Haut mit lokalen Imidazol-Antimykotika 1–2-mal täglich behandeln – z.B. als Spray
- Falls so kein dauerhafter Erfolg zu erreichen ist, orale Einnahme von Imidazol-Antimykotika.
- Luftdurchlässige Kleidung, um Schwitzen zu vermeiden.

Therapeutische Waschungen und Einreibungen.

? Übungsfragen

❶ Beschreiben Sie die beiden Formen einer Tinea corporis!

❷ Woran erkennen Sie eine Tinea pedis klinisch und wie ist ihr vorzubeugen?

❸ Was ist der Erreger der Kandidose und wie erkennt man sie?

❹ Worauf ist bei der Pflege von Patienten mit Kandidosen allgemein zu achten?

7.4 Erkrankungen durch Epizoen

Epizoen sind mehrzellige Parasiten, die auf der Haut leben *(epi: griechisch = auf)*. Dort ernähren sie sich von Blut und Hornmaterial. Epizoen, die beim Menschen häufig Hautkrankheiten auslösen, sind Krätzmilben, Läuse und Zecken.

Epizoen = mehrzellige, auf der Haut lebende Parasiten.

7.4.1 Krätze (Scabies)

❶ Die weibliche **Krätzmilbe** *(Acarus siro var. hominis)* lebt in der Hornschicht der Oberhaut. Dort bohrt sie ein Gangsystem, in das sie Eier und Kot legt. Die Larven werden innerhalb weniger Wochen geschlechtsreif, und der Kreislauf beginnt von neuem. **Übertragen** werden die Parasiten durch engen Körperkontakt meist beim Geschlechtsverkehr, auch durch Bettwäsche oder Kleidung. Mangelnde Hygiene spielt oft eine entscheidende Rolle.

- Krätzmilbe → bohrt Gangsystem in Epidermis und legt dort Eier und Kot ab
- Übertragung durch engen Kontakt bei mangelnder Hygiene.

 **Klinik**

Hauptsächlich in den Zwischenfingerräumen und an den Geschlechtsorganen finden sich Papeln und Bläschen. In der Papel zeigt sich als schwarzer Punkt der Ausgang des Milbengangs, in der manchmal die Milbe entdeckt wird. Die ersten Wochen nach Infektion sind durch quälenden, lokalen Juckreiz geprägt, der durch Bettwärme noch verstärkt wird. Im weiteren Verlauf kann es zu allgemeinem Juckreiz und der Ausbildung von Quaddeln am ganzen Körper kommen. Durch den Juckreiz ist die Haut meist stark aufgekratzt und es entstehen Superinfektionen.

- Papeln und Bläschen über Milbengängen
- Juckreiz, Quaddeln
- Superinfektionen durch Kratzen.

Therapie
- Wäsche täglich wechseln und waschen
- Bei Erwachsenen Ganzkörperbehandlung mit Lindan *(nicht bei Schwangeren!)* oder Benzylbenzoat an 3 aufeinander folgenden Tagen

Dermatologie

- Bei Kleinkindern aufgrund der Nerventoxizität von Lindan nur einzelne Körperpartien behandeln bzw. Benzylbenzoat verwenden
- Enge Kontaktpersonen müssen mitbehandelt werden
- Kuscheltiere, Kissen und andere nicht bei 60 °C waschbare Textilien 3 Wochen in Plastiktüten verschlossen halten oder 24–48 Std. in den Eisschrank legen.

7.4.2 Läusebefall

Übertragung: enger Kontakt bei mangelnder Hygiene.

❷ Bei Läusen sind **Kopf-, Kleider- und Filzläuse** zu unterscheiden. Ihre Eier, die *Nissen,* kleben die Weibchen der Kopfläuse an die Kopfhaare, die Filzlaus-Weibchen an die Schamhaare und die Kleiderlaus-Weibchen an die Kleidernähte. Die **Übertragung** erfolgt von Mensch zu Mensch, besonders bei schlechten hygienischen Verhältnissen und engem körperlichen Kontakt. Insgesamt sind Erkrankungen durch Läuse seltener geworden, jedoch treten in Kindergärten und Grundschulen häufig Kopflausinfektionen auf.

Klinik und Diagnostik

- Filzläuse → Taches bleues
- Kleiderläuse → Quaddeln
- Juckreiz
- Superinfektionen durch Kratzen.

Der Läusebefall, die **Pedikulose,** geht mit starkem Juckreiz einher. Dieser wird durch starkes Blutsaugen hervorgerufen. Bei Filzläusen entstehen kleinste Blutergüsse *(Taches bleues),* während sich bei Kleiderläusen stark juckende Quaddeln bilden. Durch starkes Kratzen kommt es zu Exkoriationen, welche häufig bakteriell superinfiziert werden.
Der Erreger wird mit bloßem Auge, Lupenvergößerung oder anhand der Auflichtmikroskopie nachgewiesen.

Therapie

- **Kopf- und Filzläuse:** Haare mit Essigwasser einweichen, Lindan wiederholt auftragen, Nissen auswaschen und mit einem feinen Kamm auskämmen
- **Kleiderläuse:** Kleider desinfizieren. Ggf. medikamentöse Behandlung der ekzematischen Hautveränderungen (☞ 5.1.3) oder der Superinfektionen
- Enge Kontaktpersonen werden mitbehandelt.

7.4.3 Zeckenbefall

Durch Zeckenbiss Infektion mit:
- Borrelien
- FSME-Virus.

❸ Zecken sind in waldreichen Gegenden sehr häufig. Sie lassen sich von Bäumen auf vorbeikommende Warmblüter fallen, heften sich an deren Haut, saugen sich mit Blut voll und fallen wieder ab. Während der Zeckenbiss selbst nur leichten Juckreiz hervorruft, können durch den Speichel der Zecke v. a. **Borrelien** oder in umschriebenen Regionen das **Frühsommer-Meningo-Enzephalitis-Virus** (FSME-Virus) übertragen werden. Das FSME-Virus ruft im Gegensatz zu den Borrelien keine Hauterscheinungen hervor, sondern eine Enzephalitis, die zu den neurologischen Krankheitsbildern zählt.

Klinik

Borrelien verursachen an der Haut zunächst das **Erythema chronicum migrans** (Wanderröte). Dabei erscheint einige Tage nach dem Biss eine flächige, scharf abgegrenzte, im Zentrum abblassende Rötung, die sich zentrifugal ausbreitet. Die Infektion kann ohne Behandlung abheilen. Die Borrelien können aber auch im Körper überdauern und andere Hautareale befallen.

Im weiteren Verlauf kann es dann zur **Akrodermatitis chronica atrophicans** kommen. Diese ist durch Rötung, Atrophie und zigarettenpapierartige Fältelung der Haut – häufig an den Streckseiten der Arm- und Beingelenke – gekennzeichnet. In jeder Phase kann ein Befall der Hirnhaut und Rückenmarkswurzeln *(Meningo-Radikulitis)* oder eine Gelenkbeteiligung hinzutreten.

Therapie

Die Zecke muss im Ganzen entfernt werden, weil verbleibende Reste zu Infektionen führen. Bei einer **Borrelieninfektion** systemische Gabe von Antiobiotika für mind. zwei Wochen. Hierzu werden Penicillinpräparate, Doxycyclin oder Cephalosporine eingesetzt.

? Übungsfragen

❶ Wie kommt es zur Krätze?
❷ Wie kommt es zum Läusebefall?
❸ Welche Erreger werden durch Zeckenbisse übertragen?

7.5 Geschlechtskrankheiten

Geschlechtskrankheiten, die heute als **sexuell übertragene Erkrankungen** *(Sexually Transmitted Diseases, STD)* bezeichnet werden, sind Infektionserkrankungen, die fast ausschließlich durch Geschlechtsverkehr übertragen werden, weil ihre Erreger ohne direkten Schleimhaut- oder Blutkontakt nicht überleben. Es ist auch eine Übertragung durch Kanülenstichverletzungen oder Bluttransfusionen möglich.

Einteilung

Zu den STD gehören **Syphilis** (Lues), **Gonorrhoe** (Tripper), **Ulcus molle** und **Lymphogranuloma inguinale.** Weiterhin gehö-

---

Borrelieninfektion:
- Erythema chronicum migrans
- Akrodermatitis chronica atrophicans
- Meningoradikulitis
- Gelenkentzündung.

- Zecke im Ganzen entfernen
- Bei Borrelien-Infektion systemisch Antibiotika.

Geschlechtskrankheiten = STD.

ren zu den STD die sehr häufige **Chlamydien-Urethritis** (Harnröhrenentzündung) sowie Erkrankungen durch Parasiten, Hefepilze, Herpesviren, HPV und HIV sowie Hepatitis B und C.
Ulcus molle und Lymphogranuloma inguinale treten nur noch selten auf, weshalb sie hier nicht beschrieben werden.

7.5.1 Syphilis

Erreger: Treponema pallidum.

Erreger der Syphilis *(Lues)* ist das Bakterium **Treponema pallidum** aus der Gruppe der Spirochäten. Es kann nur verletzte, nicht jedoch intakte Haut durchdringen. Der Nachweis ist meldepflichtig.

 Klinik

❶ Die Erkrankung verläuft in Stadien: Zunächst Frühsyphilis mit **Primär-** und **Sekundärstadium**, nach **Latenzstadium** (Ruhestadium) **Spätsysphilis** (Tertiärstadium), welche selbst ohne Behandlung heute nur noch bei schlechter Immunabwehr beobachtet wird.

Primärstadium

Infektiöse
Frühsyphilis:
■ Primärstadium mit
Primärkomplex

2–3 Wochen nach der Infektion zeigt sich an der Eintrittspforte des Erregers ein schmerzloses Ulkus von harter Konsistenz, der sog. **Primäraffekt** *(Harter Schanker, Ulcus durum)*. Einige Tage später tritt eine ebenfalls schmerzlose, harte Schwellung der regionalen Lymphknoten auf. Der Primäraffekt und die Lymphknotenschwellungen werden als **Primärkomplex** bezeichnet. Dieser ist hochinfektiös (ansteckend).

Sekundärstadium

■ Sekundärstadium
mit Allgemein-
beschwerden,
Syphiliden,
Condylomata lata,
Angina specifica.

8–12 Wochen nach der Infektion treten als Reaktion auf die Ausbreitung der Erreger im Körper allgemeines Krankheitsgefühl, Gelenkschmerzen und erhöhte Körpertemperatur auf. Wenig später kommt es zur Ausbildung von meist makulopapulösen, druckschmerzhaften Exanthemen, sog. **Syphiliden,** und generalisierten, derben Lymphknotenschwellungen. Weiterhin können sich breit aufsitzende, nässende Papeln, sog. **Condylomata lata,** eine Mandelentzündung mit milchigen Belägen, die sog. **Angina specifica,** und weiße, durchscheinende Schleimhautknötchen, sog. **Plaques muqueuses,** zeigen. Das Sekundärstadium dauert unbehandelt etwa zwei Jahre. Die Haut- und Schleimhautveränderungen sind bei Kontakt mäßig infektiös.

Spätsyphilis

Nicht infektiöse
Spätsyphilis nach
Latenzstadium:

Nach jahre- bis jahrzehntelangem, beschwerdefreien **Latenzstadium** können erneut Entzündungsreaktionen auftreten: Vereinzelte papulöse **Syphilide** sowie große, schmerzhafte Knoten, sog.

Gummen *(Syphilome)*, in sämtlichen Körpergeweben. Zerfallen die Gummen, wird Organgewebe zerstört.

Der Befall des Nervensystems wird als **Neurosyphilis** bezeichnet: Es kommt zur Schädigung des Rückenmarkes mit Sensibilitätsausfällen, Störungen der Bewegungskoordination und Lähmungserscheinungen *(Tabes dorsalis)* sowie Schädigung übergeordneter Hirnbereiche mit Wesensänderungen *(Progressive Paralyse)*. Die Spätsyphilis ist über Kontakt *nicht ansteckend*.

Angeborene Syphilis

Bei erkrankter Mutter können die Erreger über die Plazenta auf das Kind übertragen werden, wodurch es bereits vor der Geburt sterben kann. Anderenfalls tritt die Erkrankung beim Säugling oder spätestens im Kindesalter in Erscheinung. Durch routinemäßige Antikörpersuche in der Frühschwangerschaft wird die angeborene Syphilis *(Syphilis connata)* heute weitgehend vermieden.

Diagnostik

- ❷ **Direkter, mikroskopischer Erregernachweis mit sog. Dunkelfeldmikroskopie:** Nur in den Frühstadien der Erkrankung möglich, untersucht wird die aus dem Primäraffekt oder aus einem breiten Kondylom gewonnene Flüssigkeit (Reizsekret)
- **Antikörpernachweis:** Treponemen-Antikörper werden vom Immunsystem in den ersten Wochen nach der Infektion gebildet und können frühestens nach 3 Wochen nachgewiesen werden. Als Suchtest wird der **Treponema-pallidum-Hämagglutinationstest** (TPHA) eingesetzt. Ist dieser positiv, so kommt als Bestätigungstest der **Fluoreszenz-Treponema-Antikörpertest** (FTA) zum Einsatz.

Therapie

In allen Stadien systemische Antibiotikatherapie mit Penicillin. Spätstadien erfordern eine längere Anwendungsdauer als die Frühstadien. Ggf. Mitbehandlung der Sexualpartner.

Komplikation

Die Antibiotikagabe kann bei der Frühsyphilis zu massivem Erregerzerfall und dadurch zur sog. JARISCH-HERXHEIMER-Reaktion mit Fieber, Schüttelfrost, Hautausschlag und Schock führen.

Pflege

Folgende pflegerische Maßnahmen sind insbesondere im Frühstadium von Bedeutung:

- Einwegmaterial in infektiösem Sondermüll entsorgen
- Urinflasche und Steckbecken desinfizieren
- Zum Eigenschutz: Den Hautkontakt mit dem Pat. meiden, Handschuhe tragen

- Gummen
- Neurosyphilis mit Tabes dorsalis und progressiver Paralyse.

Bei Infektion während der Schwangerschaft:
- Fruchttod
- Angeborene Syphilis.

- Direkter Erregernachweis in Frühstadien
- Antikörpernachweis durch TPHA und FTA

Penicillin

Komplikation: JARISCH-HERXHEIMER-Reaktion.

Dermatologie

- Den Patienten über die Infektionswege aufklären und ihn dazu auffordern, sich nach jedem Toilettengang die Hände zu desinfizieren.

7.5.2 Gonorrhoe

Erreger: Neisseria gonorrhoeae.

Die Gonorrhoe *(Tripper)* ist stark zurückgegangen. Erreger ist das Bakterium **Neisseria gonorrhoeae**.

Klinik und Diagnostik

Die Symptome sind bei Männern und Frauen unterschiedlich:

- Mann: Schmerzen und Brennen beim Wasserlassen
- Frau: zunächst beschwerdefrei, durch aufsteigende Entzündung Unterbauch- schmerz, Fieber, Erbrechen
- Komplikationen: Unfruchtbarkeit, Sepsis
- Bindehautentzün- dung beim Neugeborenen.

- **Beim Mann:** Wenige Tage nach der Infektion kommt es zu Schmerzen und Brennen beim Wasserlassen sowie grüngelb- lich-eitrigen Ausfluss. Unbehandelt kann die Infektion unter starker Schmerzhaftigkeit auf Nebenhoden und Prostata übergreifen. Dadurch können die Samenwege verschlossen werden
- **Bei der Frau:** Die Frühphase der Erkrankung bleibt oft uner- kannt. Tückischerweise besteht dennoch Ansteckungsgefahr. Durch ein Aufsteigen der Infektion kann eine Gebärmutter-, Eierstock- und Bauchfellentzündung mit starkem Unter- bauchschmerz, Fieber, Erbrechen und Übelkeit entstehen
- Direkter **Erregernachweis** durch Färbung und anschließende Mikroskopie des aus Morgenurin gewonnenen Nativpräpara- tes. **Kulturelles Anzüchten** sichert die Diagnose.

- Diagnostik durch direkten Erreger- nachweis aus Abstrichmaterial
- Therapie mit systemischen Antibiotika.

Therapie

- Systemische Gabe von Cephalosporinen oder Ciprofloxacin
- Sexuelle Enthaltsamkeit
- Mitbehandlung der Sexualpartner.

- Unfruchtbarkeit
- Gonokokkensepsis
- Gonoblenorrhoe.

Komplikationen

- **Unfruchtbarkeit** durch Verkleben der Samenwege bzw. Eilei- ter
- **Gonokokkensepsis** (Ausstreuung der Erreger auf dem Blut- weg) mit Fieberschüben, Gelenkschmerzen und Pusteln an Händen und Füßen; eher selten
- Bei Übertragung der Erreger unter der Geburt kommt es zu einer **eitrigen Bindehautentzündung** *(Gonoblenorrhoe* ☞ Au- genheilkunde 5.1.3) des Neugeborenen.

? Übungsfragen

❶ Beschreiben Sie die Hauterscheinungen im Primärstadium der Syphilis!

❷ Wie wird die Syphilis diagnostiziert?

8 Hautschäden durch physikalische und chemische Einflüsse

Zu den hautschädigenden physikalischen Einflüssen zählen mechanische Kräfte, Kälte, Hitze und Strahlen. Bei den Chemikalien sind es Säuren und Laugen. Entscheidend für den Schweregrad der Schädigung ist die Einwirkdosis, die von Einwirkmenge und Einwirkdauer abhängt.

8.1 Schäden durch mechanische Kräfte

Bei Druck-, Scheuer- oder Reibekräften können sich je nach Art der Belastung entweder eine **Blase,** eine **Schwiele** oder ein **Hühnerauge** bilden. Eine weitere Hautschädigung durch mechanische Belastung ist der **Dekubitus.**

8.1.1 Druckblase, Schwiele und Hühnerauge

Druckblasen (Marsch-, Reibeblase) bilden sich nach verhältnismäßig starken mechanischen Beanspruchungen der Haut, z.B. an der Haut der Fußsohle bei längeren Wanderungen.

Beanspruchungen, die zu einer **Schwiele** *(Kallus)* führen, sind geringer als diejenigen, die eine Druckblase hervorrufen. Entscheidend für die Ausbildung einer Schwiele ist, dass sich die Beanspruchung häufig wiederholt. Das **klinische Bild** zeigt eine übermäßige Verhornung. In der Mitte einer Schwiele kann sich ein Hornpfropf bilden, das sog. **Hühnerauge** *(Klavus).*

Die **Therapie** besteht in der Druckentlastung und -verteilung, steriler Punktion der Blasen oder im Abtragen der Schwielen und Hühneraugen.

- Starke, kurze Belastung → Druckblase
- Chronische Belastung → Schwiele, Hühnerauge.

8.1.2 Dekubitus

Bei einem **Dekubitus** (Druckgeschwür) handelt es sich um einen Gewebedefekt durch Druckeinwirkung.

Dekubitus = Gewebsdefekt durch Druckbelastung.

Entstehung

❶ Langdauernde, ununterbrochene Druckbelastung führt zu mangelnder Blutversorgung des Haut- und Unterhautgewebes,

Dermatologie

da der Blutfluss in den Kapillaren behindert wird. Deshalb sind Patienten mit folgenden **Risikofaktoren** gefährdet:

- Immobilität
- Neurologische Ausfälle mit Sensibilitätsstörungen oder Lähmungen
- Durchblutungstörungen, Mangelernährung, Stoffwechselstörungen (z. B. Diabetes mellitus)
- Hautinfektionen
- Arteriosklerose der kleinen Gefäße.

Klinik

Betroffen sind Körperstellen, auf denen beim Liegen ein Großteil des Körpergewichts lastet und die zudem wenig Unterhautfettgewebe als Polter besitzen: z. B. Hinterkopf, Ellenbogen, Steißbein, Ferse, Knöchel. Erstes Zeichen einer Mangeldurchblutung ist eine Rötung. Hält die Druckeinwirkung an, kommt es zu Blasenbildung und Ulzeration. Nachfolgend entstehen Gewebedefekte, die bis auf den Knochen reichen können.

Komplikation

Bei tiefen Wunddefekten mit Nekrosen und feuchter Gangrän kann es zu einer Aussaat der Erreger in die Blutbahn und zu einer Sepsis kommen. Wenn Knochenstrukturen benachbart sind, kann es zu einer Knochenmarksentzündung (Osteomyelitis) kommen.

Merke

> **Einteilung des klinischen Bildes eines Dekubitus in vier Schweregrade.** Diese Einteilung hat sich im Alltag bewährt. Sie wird auch bei Begutachtungen, z. B. durch den medizinischen Dienst der Krankenkassen, benutzt.
> - **Grad 1:** Scharf begrenztes Erythem mit intakter Epidermis
> - **Grad 2:** Blasenbildung, flaches Ulcus oder Erosion. Damit Ausdehnung von der Epidermis auf die Dermis
> - **Grad 3:** Ulcus und Nekrose bis zur Faszie oder Periost
> - **Grad 4:** Nekrose betrifft auch subfasziale Strukturen (Knochen, Sehnen, Muskel)

Therapie

- ❷ Druckentlastung des betroffenen Hautareals durch Lagerungsmaßnahmen.
- Wunde regelmäßig reinigen (z. B. mit Ringer-Lösung)
- Bei Grad I bis III feuchte Wundbehandlung (☞ 4.1.2). Bei Grad IV ist feuchte Wundbehandlung *kontraindiziert*
- Bei III und auch bei Grad IV kann die sogenannte VAC-Therapie angewendet werden. Dabei wird an eine spezielle Wundabdeckung ein Unterdruck (Vakuum) angelegt

Risikofaktoren

- Zunächst Rötung und Blasenbildung
- Dann Ulzeration und Nekrosen
- Schlimmstenfalls tiefe Nekrose bis auf den Knochen

- Eiweißhaltige Beläge (Fibrin) und kleinere Nekrosen mittels enzymatischer Externa (z. B. Kollagenase) und/oder mit einer sterilen anatomischen Pinzette entfernen
- Bei größeren Nekrosen chirurgisches Debridement, ggf. im Verlauf auch plastische Wunddeckungen
- Bei Superinfektionen antiseptische Externa. Antibiotikahaltige Externa führen sehr häufig zu Kontaktsensibilisierungen und Resistenzentwicklung. Deshalb sind bei Versagen der antiseptischer Externa systemische Antibiotika angezeigt

Pflege

Zu den Aufgaben der Pflegenden gehört es, die Dekubitusgefährdung der Patienten einzuschätzen. Das Prinzip der Dekubitusprophylaxe ist die Druckentlastung. Geeignete Instumente sind die NORTON- und die BRADEN-Skala. Maßnahmen der **Dekubitusprophylaxe** sind:

Dekubitusprophylaxe.

- Alle zwei Stunden nach Lagerungsschema umlagern, dabei gefährdete Hautstellen beobachten und Beobachtung dokumentieren
- Patienten vorsichtig umlagern und abpolstern, um Mikroläsionen der Haut durch Reibungs- und Scherkräfte zu vermeiden
- Patienten frühzeitig mobilisieren
- Sorgfältige Hautpflege.

8.2 Schäden durch Kälte, Hitze, Chemikalien und Strahlen

Schäden durch Kälte führen an der Haut zu **Erfrierungen,** durch Hitze zu **Verbrennungen** oder Verbrühungen. Säuren und Laugen rufen **Verätzungen** hervor. UV-Strahlen führen zum **Sonnenbrand** (☞ 4.2.1) und ionisierende Strahlen wie Röntgen- oder radioaktive Strahlen zur sog. akuten und chronischen Radiodermatitis *(Dermatitis = Hautentzündung)*. Prinzipiell reagiert die Haut auf diese unterschiedlichen Einflüsse gleich.

Klinik

❸ Die Reaktion setzt fast immer schon nach Sekunden ein. Das endgültige Ausmaß der Schädigung zeigt sich meist erst nach einigen Tagen. Nur nach der Einwirkung von ultravioletten und ionisierenden Strahlen vergehen mitunter Stunden bis Wochen bis zum endgültigen Ausmaß der Reaktion. In Abhängigkeit von der Einwirkdosis zeigen sich drei **Schweregrade der Verbrennung** (gleiche Einteilung bei Erfrierung, Sonnenbrand und Radiodermatitis):

Schweregrade:
- Grad 1 → schmerzhafte Rötung und Schwellung, Spontanheilung
- Grad 2 → Blasen, keine Narbenbildung
- Grad 3 → Gewebsnekrosen, Superinfektionen, kein Schmerzempfinden.

- Sofortmaßnahmen
- Stadiengerechte Therapie.

Grad 1: Der betroffene Hautbezirk ist gerötet (Erythem), leicht geschwollen (Ödem) und schmerzt. Nach Tagen bis Wochen Spontanheilung ohne Narbenbildung.

Grad 2: Es kommt auf der geröteten Haut zur Bildung von Blasen, die stark schmerzen. Die Abheilung dauert Wochen bis Monate, keine Narbenbildung, oft Hyperpigmentierung.

Grad 3: Das Gewebe ist bis zur Subkutis zerstört. Nekrotische Zellreste sind mit weißlichem oder schwärzlichem Schorf durchsetzt. Bei großflächigen Verbrennungen besteht durch die großen Flüssigkeitsverluste zudem Schockgefahr. Da die Nervenendigungen mitverbrannt sind, besteht bei einer drittgradigen Verbrennung kein Schmerzempfinden. Nach Entfernen der Nekrosen heilen die Hautschädigungen unter Narbenbildung und Verlust der Sensibilität ab. Oft vergehen dabei Monate.

Therapie

- ❹ **Sofortmaßnahmen bei Verbrennungen und Verätzungen:**
  - Betroffene Stelle sofort mit kaltem Wasser spülen und kühlen
  - Bei Laugen oder Säuren *keine* Neutralisierungsversuche
- **Grad 1–2**
  - Antientzündliche Lokaltherapie
  - Blasen steril eröffnen und lokal desinfizieren; ggf. Gabe von Antibiotika. Nur bei sehr ausgedehntem Befall systemisch Kortikoide
- **Grad 3**
  - Nekrosen abtragen und Gewebeschäden durch plastisch-chirurgische Verfahren decken
  - Entscheidend für die Prognose ist der Ausgleich des erheblichen Flüssigkeitsverlustes und eine gewissenhafte Prophylaxe von Superinfektionen
- **Sofortmaßnahme bei Erfrierungen:**
  Betroffenes Gebiet langsam aufwärmen.

? Übungsfragen

❶ Wie entsteht ein Dekubitus und wie werden die klinischen Schweregrade eingeteilt?

❷ Wie wird ein Dekubitus therapiert?

❸ Beschreiben Sie bitte die klinische Gradeinteilung von Verbrennungen, Erfrierungen und Verätzungen!

❹ Was sind die therapeutischen Prinzipien bei Verbrennungen, Erfrierungen und Verätzungen?

9 Tumoren der Haut

Bei **Tumoren** *(lat.: Geschwülste)* handelt es sich um überschießend wachsendes, körpereigenes Gewebe. Dabei lassen sich **gutartige** *(benigne)* und **bösartige** *(maligne)* Tumoren sowie **Präkanzerosen** unterscheiden. Diese zeigen folgende Unterscheidungsmerkmale:

- **Gutartige Tumoren** wachsen verdrängend
- **Bösartige Tumoren** wachsen nicht nur verdrängend, sondern auch infiltrierend (zerstörend) und bilden über Lymph- und Blutgefäße Metastasen (Tochtergeschwülste)
- ❶ **Präkanzerosen** sind eine Gruppe verschiedener (Haut-)Veränderungen, von denen man aus der klinischen Erfahrung weiß, dass sie ein sehr hohes Risiko aufweisen, nach einiger Zeit zu entarten. Ein infiltrierendes Wachstum findet somit zunächst nicht statt, entwickelt sich jedoch mit großer Wahrscheinlichkeit.

Zusätzlich dazu werden noch wichtige Sonderformen gutartiger Tumoren unterschieden, die sog. **Nävi** *(Male).*

Merke

> Gutartige und bösartige Hauttumoren können sich klinisch sehr ähneln. Zunächst gutartige Tumorerkrankungen können in ihrem Verlauf entarten.

9.1 Gutartige Tumoren

Zysten

Zysten sind mit Epithel ausgekleidete Hohlräume (☞ Abb. 2.2) Eine in der Oberhaut auftretende Zystenform sind die sog. **Milien,** die meist im Gesicht als stecknadelkopfgroße, mit Horn gefüllte, weißliche Knötchen erscheinen. Sie werden angeritzt und können dann entleert werden.

Eine weitere Zystenform ist das **Atherom** *(Grützbeutel, Talgretentionszyste).* Es entsteht meist an Kopf und Stamm, wenn ein Talgdrüsenausführungsgang verstopft ist. Dabei zeigen sich prallelastische, halbkugelige Knoten. Sie enthalten Talg und Hornmaterial und können faustgroß werden. Sie werden hautchirurgisch entfernt.

Präkanzerose = Dysplasie aus Zellen, die die Basalmambran nicht überschreiten.
- Gutartige Tumoren → verdrängend
- Bösartige Tumoren → verdrängend, zerstörend und metastasierend
- Nävi = Sonderform gutartiger Tumoren

Zysten = mit Epithel ausgekleidete Hohlräume.
- Milien: horngefüllte, weißliche Papeln; Anritzen und Entleeren
- Atherom: pralle talg- und horngefüllte Knoten; chirurgische Entfernung.

Dermatologie

- Bräunliche, knospenförmige Tumoren
- Bei älteren Menschen sehr häufig
- Kein Entartungsrisiko.

Fibrom = Bindegewebstumor. Pendulierendes Fibrom:
- Weiches Knötchen
- Entfernung mit Schere.

Keloid = Überschießend wachsendes Narbengewebe.

- Juckende, strangförmige Gewebswülste
- Bewegungseinschränkung durch Schrumpfung.

Druckverbände, lokal Kortikoide.

Nävus = umschriebene, gutartige Fehlbildung.

Seborrhoische Warzen

Seborrhoische Warzen *(Alterswarzen, seborrhoische Keratosen)* sind sehr häufige, gutartige Tumoren der Oberhaut, die v. a. bei älteren Menschen auftreten. Ein Risiko der bösartigen Entartung besteht nicht. **Klinisch** finden sich vornehmlich am Stamm gelbbraune bis schwärzliche, breit aufsitzende knospenförmige Tumoren. Oft haben sie eine fettig-glänzende Oberfläche. Sie werden mittels Kürettage (☞ 4.2.4) entfernt.

Fibrome

Ein Fibrom entsteht durch die übermäßige Bildung von Bindegewebe. Eine bei Erwachsenen jeder Altersklasse häufig vorkommende Fibromart ist das sog. **pendulierende Fibrom.** Es ist harmlos und tritt meist zu mehreren am Hals, an den Augenlidern oder in den Achselhöhlen als weiches, hautfarbenes, gestieltes Knötchen auf. Es wird mit einer Schere entfernt.

Narbenkeloide

Ein Narbenkeloid entsteht durch überschießendes Wachstum von Narbengewebe. Dies kann sich auf den Bereich der ursprünglichen Hautverletzung beschränken oder auch auf die unverletzte Haut der Umgebung übergreifen.

Klinik
Zunächst zeigt sich eine mit Juckreiz einhergehende Rötung. Später entstehen hautfarbene, knotige oder strangförmige Gewebswülste. Diese können bei entsprechender Lokalisation zu erheblichen Einschränkungen der Beweglichkeit führen.

Therapie
Druckverbände vermindern das überschießende Wachstum ebenso wie lokal angewandte Kortikosteroide und Kryotherapie. Bei eingegrenztem Befall Injektion von Kortikoiden direkt in den Herd.

9.2 Nävi

 Eine allgemein akzeptierte Definition des Begriffes Nävus ist bisher nicht gelungen. Gewöhnlich versteht man unter Nävi *(Male)* umschriebene, gutartige Fehlbildungen der Haut, denen eine embryonale Entwicklungsstörung zugrundeliegt. Es gibt sowohl vererbte als auch nicht vererbte Formen. Sie können schon bei der Geburt vorhanden sein oder erst im Verlauf des Lebens auftreten. Manche Nävi bilden sich spontan zurück, andere neigen zu maligner Entartung.

Die Einteilung der Nävi richtet sich nach ihrer unterschiedlichen Abstammung (Pigmentnävi, Blutgefäßnävi, Bindegewebsnävi usw.).

9.2.1 Pigmentnävi

❸ Ein Pigmentnävus besteht entweder aus einer **Ansammlung von Nävuszellen** oder aus verstärkt pigmentproduzierenden **Melanozyten.** Beide Zellarten enthalten das Pigment Melanin, aber nur die Melanozyten besitzen Zellarme, mit denen sie ihr Melanin an umliegende Keratinozyten abgeben können.

Nävuszellnävi

Sie können bei Geburt vorhanden sein (sog. kongenitale Nävi, bei 1% der Neugeborenen) oder entwickeln und vergrößern sich oft schubweise im Laufe des Lebens. Bei den erworbenen Nävuszellnävi werden der **einfache, unauffällige Nävus** *(Leberfleck)* und der **atypische Nävus** *(dysplastische Nävus)* feingeweblich unterschieden. Beim Vorhandensein vieler atypischer Nävi, dem **Syndrom der dysplastischen Nävuszellnävi,** besteht ein erhöhtes Risiko einer malignen Entartung. Es tritt familiär sowie bei Menschen mit hellem Hauttyp (☞ 9.3) gehäuft auf.

- Nävuszellnävi: angeboren oder erworben
- Atypischer Nävus: Präkanzerose
- Melanozytäre Nävi: Sommersprossen.

Melanozytäre Nävi

Die häufigste Form sind **Sommersprossen** *(Epheliden).* Sie sind zwar vererbt, aber nicht angeboren. Meist besteht eine Verbindung mit hellen Hauttypen.

 Klinik

Angeborener Nävuszellnävus: Das Erscheinungbild ist vielgestaltig. Häufig handelt es sich um unregelmäßig pigmentierte Herde, oft mit papulöser Oberfläche. Kleine Nävi kommen ebenso vor wie solche, die ganze Körperregionen bedecken. Auch können sie mit Haaren besetzt sein. Je ausgedehnter die Nävi sind, desto größer ist das Risiko der Entartung zum malignen Melanom (☞ 9.3.1).

Erworbener Nävuszellnävus: Besonders im Kindes- und jungen Erwachsenenalter bilden sich kleine (ca. 5 mm Durchmesser) bräunliche Flecken, die sich zu leicht erhabenen Knötchen wandeln. Die meisten bilden sich später wieder zurück. Eine hautfarbene Papel kann bestehen bleiben.

Atypischer Nävus: Für diesen gibt es folgende Kriterien:
- Schnelle Größenzunahme des Herdes
- Durchmesser von über 5 mm

Angeborene Nävuszellnävi:
- Vielgestaltig,
- Je ausgedehnter, desto größer das Entartungsrisiko.

Erworbene Nävuszellnävi:
- Bräunliche Flecken
- Rückbildung nach Jahrzehnten.

- Unregelmäßige Begrenzung und Pigmentierung, sehr dunkle Pigmentierung
- Entzündlich geröteter Rand.

❹ Syndrom der dysplastischen Nävuszellnävi: Bei den betroffenen Patienten finden sich mehr als 10 atypische Nävi gleichzeitig, bei manchen über 100. Hauptsächlich befallene Körperbereiche sind Stamm, Gesäß und Kopf. Unbehandelt entwickeln sich fast immer maligne Melanome, häufig schon zwischen dem 20.–40. Lebensjahr.

Melanozytärer Nävus: Sommersprossen treten bereits bei Kindern in Erscheinung. Je nach Sonneneinwirkung wechseln die kleinen, unregelmäßig geformten Flecken die Intensität ihrer bräunlichen Pigmentierung. Es besteht kein Risiko einer malignen Entartung.

Diagnostik

❺ Die genaue Anamnese und die Beurteilung des klinischen Bildes sind Grundlage der Diagnose. Ggf. Verwendung einer Lupe, eines Dermatoskops (Beleuchtung der Haut mit 10facher Vergrößerung) oder Auflichtmikroskops (bis 40fache Vergrößerung bei Beleuchtung der Haut). Bei Verdacht auf ein malignes Melanom (☞ 9.3.1) wird **keine Probeexzision** durchgeführt, da eine inkomplette Entnahme von Melanomgewebe eine Metastasierung provozieren kann. Stattdessen wird der gesamte Herd exzidiert und histologisch untersucht.

Therapie

❻ Angeborene Pigmentnävi: Falls Durchmesser größer als 2 cm Beobachtung, bei auffälligen Veränderungen prophylaktische Entfernung angeraten. Bei großflächigen Nävi ggf. Dermabrasio oder Lasertherapie in den ersten Lebenstagen.

Atypische, erworbene Nävi und Syndrom der dysplastischen Nävuszellnävi:

- Überwachung durch ständige Selbstkontrolle der Patienten und regelmäßige ärztliche Untersuchung
- Schreitet die Atypie fort oder verändern sich die Nävi, werden sie vorsorglich im Ganzen entfernt.

9.2.2 Gefäßnävi und Hämangiome

Gefäßnävi *(Feuermale, Nävi flammei)* sind angeborene **Fehlbildungen von Blutgefäßen** der Haut, die übermäßig erweitert sind. Bei Hämangiomen *(Blutschwämmen)* handelt es sich um gutartige **Neubildungen** von Blutgefäßen.

Marginal notes (left column):

Syndrom der dysplastischen Nävuszellnävi:
- Familiäre Häufung
- Heller Hauttyp
- ≥ 10 atypische Nävi gleichzeitig
- Unbehandelt Melanomentstehung.

- Anamese
- Klinik
- Bei Malignitätsverdacht auf keinen Fall Biopsie
- Exzision im Ganzen
- Histologie.

Angeborene Pigmentnävi:
- Bei Durchmesser > 2 cm → Beobachtung
- Sonst baldige Entfernung im Ganzen.

Atypische, erworbene Pigmentnävi:
- Überwachung
- Bei Veränderung Entfernung im Ganzen.

Gefäßnävi = angeborene Fehlbildungen von Blutgefäßen.

Gefäßnävi

Ein sehr häufiger Gefäßnävus ist der sog. **Storchenbiss,** der bei sehr vielen Säuglingen vorkommt, jedoch nicht vererbt ist. Eine Sonderform der Gefäßnävi sind die sog. **Spinnennävi** *(Spider nävi).*

Hämangiome

Häufige Formen sind das **kavernöse Hämangiom** und das **senile Angiom** *(Angioma senile).* Treten Hämangiome gehäuft auf, können diese vererbt sein.

Klinik und Diagnostik
Gefäßnävi

Storchenbiss: Bei der Geburt oder kurz danach zeigt sich in der Mittellinie des Körpers – meist im Nacken oder an der Stirn – ein einzelner, hellroter, unregelmäßig begrenzter, nicht erhabener Herd von unterschiedlicher Größe. Während des 2. Lebensjahres blasst er ab und kann später ganz verschwinden.

Spinnennävus: Um ein hellrotes Knötchen (Zentralgefäß) sind erweiterte Hautgefäße sternförmig angeordnet (Durchmesser z. T. bis 1 cm). Bei Erwachsenen mit Lebererkrankungen erscheinen sie gehäuft und meist am Oberkörper.

Hämangiome

Kavernöses Hämangiom: Kurz nach der Geburt bilden sich blaurote Flecken, die innerhalb des ersten Lebensjahres zu rötlichen Tumoren unterschiedlichster Größe (erbsen- bis faustgroß) heranwachsen. Im späteren Verlauf bilden sie sich zurück.

Seniles Angiom: Nach dem 20. Lebensjahr entstehen an der Brustwand ca. stecknadelkopfgroße Tumoren von hellroter Farbe. Veranlagungsbedingt können diese in großer Zahl auftreten. Für die Diagnose ist das klinische Bild ausschlaggebend.

Therapie

Gefäßnävi werden mit dem Laser oder durch Elektrokoagulation mit dem Kauter (☞ 4.2.1) entfernt. Bei **Hämangiomen** wird meist die spontane Rückbildung abgewartet. Bleiben Hauterscheinungen zurück, können diese nach dem 10. Lebensjahr operativ entfernt werden. Hämangiome, die Organe verdrängen (z. B. den Augapfel oder die Luftröhre), werden frühzeitig exzidiert oder mit Kryotherapie bzw. Lasertherapie oder systemisch mit Kortikoiden behandelt. Bei **senilen Angiomen** besteht kein Behandlungsbedarf.

Hämangiome = gutartige Neubildungen von Gefäßen.

- Storchenbiss: hellrote Makula in der Mittellinie des Körpers, Rückbildung
- Spinnennävus: sternförmig angeordnete, erweiterte Gefäße

- Kavernöses Hämangiom: rötliche Tumoren, Rückbildung
- Seniles Angiom: hellrotes Knötchen.

- Gefäßnävi: ggf. Lasertherapie
- Hämangiome: spontane Rückbildung abwarten.

Dermatologie

? Übungsfragen

❶ Was sind Präkanzerosen?

❷ Was sind Nävi?

❸ Welche Arten von Pigmentnävi gibt es?

❹ Was ist das Syndrom der dysplastischen Nävi?

❺ Wie sieht die Diagnostik bei Pigmentnävi aus?

❻ Wie werden Pigmentnävi behandelt?

9.3 Bösartige Tumoren und Präkanzerosen

❶ Unterschieden werden **pigmentierte** Tumoren der Melano-zyten oder Nävuszellen, zu denen die Formen des malignen Melanoms gehören und **nicht pigmentierte** Tumoren der Kerati-nozyten, unter die u. a. das Plattenepithelkarzinom (Spinaliom) und das Basaliom fallen.

Die **pigmentierte Präkanzerose** der Haut ist die Lentigo maligna, die nicht pigmentierten Präkanzerosen umfassen die aktinische Keratose und den Morbus Bowen.

Heller Hauttyp und UV-Licht

Bei einem hellen Hauttyp enthält die Epidermis sehr wenig Mela-nin. Dieser Farbstoff wird bei UV-Einwirkung durch eine schwa-che Bräunungsreaktion (☞ 1.2.2) zudem unzureichend nach-produziert. Daher kommt es sehr viel leichter zu **Sonnenbränden** als bei dunkelhäutigen Menschen. Besonders die im Rahmen von Sonnenbränden entstandenen Schäden am Erbgut der Zellen des Stratum basale bergen aber ein großes Risiko für eine spätere maligne Entartung. Diese Schäden sind umso größer, je häufiger und schwerer die Sonnenbrände waren. Weiterhin spielt das **Alter** eine große Rolle: Sonnenbrände im Kindesalter sind deutlich ris-kanter als bei Erwachsenen.

Ursachen:
- Alter
- Heller Hauttyp
- UV-Licht.

Merkmale des hellen, lichtempfindlichen Hauttyps

- Blasser Teint
- Rote Haare
- Sommersprossen
- Blaue oder grüne Augen
- Bei UV-Einwirkung häufig Sonnenbrände, kaum Bräunungs-reaktion.

9.3.1 Pigmentierte Tumoren

Lentigo maligna

Bei der Lentigo maligna *(melanotische Präkanzerose)* handelt es sich um einen Tumor aus atypischen Melanozyten. Sie kommt meist bei über 50-Jährigen vor und geht häufig in das Lentigo-maligna-Melanom über. **Prädisponierend** sind ein heller Hauttyp und langjährige Einwirkung von UV-Strahlen.

 ### Klinik und Diagnostik

Hauptsächlich dem Licht ausgesetze Hautbezirke sind betroffen. Es zeigen sich unscharf begrenzte, unregelmäßig braun bis schwarz pigmentierte Flecken (☞ Abb. 9.2) mit einem Durchmesser von wenigen Millimetern bis mehreren Zentimetern – je größer der Herd, desto unregelmäßiger die Pigmentierung. Erhebt sich der Herd knotig über das Hautniveau, so ist meist die Basalmembran bereits infiltriert worden: damit liegt ein Lentigo-maligna-Melanom vor. Die **Diagnose** wird über das klinische Bild gestellt. Bei V. a. ein bereits vorliegendes Lentigo-maligna-Melanom wird der Herd als Ganzes exzidiert. Keine diagnostische Probeexzision.

Therapie und Prognose

Die Therapie ist die Entfernung des Herdes im Ganzen. Wird der Herd noch als Präkanzerose entfernt, ist der Patient geheilt.

Malignes Melanom

Das maligne Melanom ist der **bösartigste** der Hauttumoren. Schon sehr früh infiltriert es die Basalmembran der Epidermis sowie Blut- und Lymphgefäße, wodurch rasch Metastasen gesetzt werden. Die Häufigkeit des malignen Melanoms steigt in den von hellhäutigen Menschen bewohnten Ländern stark an, besonders dort, wo die Sonneneinstrahlung sehr intensiv ist, z. B. in Australien. Mitverantwortlich ist wahrscheinlich die Abnahme der schützenden Ozonschicht. Betroffen sind v. a. Menschen zwischen dem 30. und 60. Lebensjahr, wobei Frauen stärker als Männer betroffen sind. Das Lentigo-maligna-Melanom tritt meist erst bei über 60-Jährigen auf.

Ursachen und Entstehung

❷ Die genauen Ursachen sind nicht geklärt. Es hat sich jedoch gezeigt, dass bei Vorliegen bestimmter **Risikofaktoren** die Wahrscheinlichkeit der Melanomentstehung erhöht ist (Tab. 9.1). Diese Wahrscheinlichkeit steigt weiter, wenn mehrere dieser Faktoren zusammentreffen. So entarten Pigmentnävi umso eher, je mehr UV-Licht im Laufe der Zeit auf sie einwirkt.

Präkanzerose bei alten Menschen.

- Unscharf begrenzte, unregelmäßig pigmentierte Flecken
- Bei Erhabenheit Lentigomaligna-Melanom
- Keine Probeexzision.

Bösartigster Hauttumor.

Dermatologie

Tab. 9.1
Risikofaktoren und
Wahrscheinlichkeit
der Entstehung
eines malignen
Melanoms.

Risikofaktoren	Wahrscheinlichkeit
Heller Hauttyp in Verbindung mit UV-Licht	erhöht
Hohe Anzahl (> 30) von Pigmentnävi	erhöht
Ausgedehnte (> 2 cm) angeborene Nävi	stark erhöht
hohe Anzahl (> 10) von atypischen Pigmentnävi	sehr stark erhöht
Lentigo-Maligna-Präkanzerose	sicher (nach jahrelangem Verlauf)

In den meisten Fällen entwickelt sich das maligne Melanom auf einem seit Jahren bestehenden Nävuszellnävus oder beim Syndrom der dysplastischen Nävi (☞ 9.2.1); weiterhin auf dem Boden einer Lentigo-maligna-Präkanzerose (☞ 9.3.1) oder auch auf äußerlich gesunder Haut.

Klinik

❸ Die Erscheinungsform ist vom Typ des Melanoms abhängig. Generell sind bei Frauen sind sehr häufig die Beine betroffen, bei Männern eher die Rückenpartien. Seltenere Melanomformen sind z.B. durch den Befall der Schleimhäute oder das Fehlen der Pigmentierung gekennzeichnet *(amelanotisches malignes Melanom)*.

Superfiziell spreitendes Melanom

Innerhalb weniger Jahre entwickelt sich bevorzugt an Brust, Rücken und Extremitäten ein unterschiedlich pigmentierter, flacher, scharf begrenzter Herd. Dieser wächst langsam und im Niveau der Oberhaut, in sog. **horizontaler Ausbreitung.**

Lokalisation:
- Frauen → Beine
- Männer → Rücken.

- SSM: dunkler, flacher, scharf begrenzter Herd mit horizontaler Ausbreitung

Abb. 9.2
Malignes Melanom auf dem Rücken. Typisch ist die polyzyklische Randkontur und die unregelmäßige Pigmentierung. [M123]

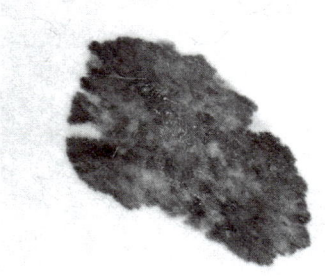

Noduläres Melanom

Ebenfalls bevorzugt an Brust, Rücken und Extremitäten entwickelt sich auf gesunder Haut oder auf einem Pigmentnävus innerhalb von Monaten bis wenigen Jahren ein braun-schwarzer, erhabener Tumor mit zunächst glatter Oberfläche (☞ Abb. 9.1). Es besteht eine starke Neigung zu Ulzerationen und Blutungen. Der Tumor wächst schnell in die Tiefe, in sog. **vertikaler Ausbreitung.**

■ NM: dunkler Knoten mit vertikaler Ausbreitung

Akral-lentiginöses Melanom

Diese Form betrifft ausschließlich die Hände oder Füße, wobei auch das Nagelbett befallen sein kann. Das Bild reicht von Flecken unterschiedlicher Größe und Pigmentierung bis hin zu Knoten und Ulzera.

■ ALM: dunkle Flecken oder Papeln an Händen und Füßen

Lentigo-maligna-Melanom

Am häufigsten befallen sind dem Licht ausgesetzte Hautareale wie Gesicht, Hals und Hände. Innerhalb vieler Jahre bis Jahrzehnte entsteht auf dem Boden einer Lentigo-maligna-Präkanzerose ein flacher, ausgedehnter Herd von unterschiedlicher Pigmentierung. Erst nach langem Verlauf bilden sich dunkle Knötchen, die auch in die Tiefe wachsen.

■ LMM: dunkle Papeln auf Lentigo maligna Herd.

Metastasierung

Das Metastasierungsrisiko hängt z. T. ab von den feingeweblichen Kriterien Gesamttumordicke und Eindringtiefe ins Gewebe (CLARK-Level). Beim nodulären malignen Melanom kommt es sehr früh zur Bildung von Metastasen, die zunächst in den regionären Lymphknoten, bald darauf in Lunge, Leber, Gehirn und Knochen auftreten.

V. a. beim NM schon sehr früh Metastasierung!

Diagnostik

❹ Die Diagnose und damit die Indikation für einen hautchirurgischen Eingriff muss so früh wie möglich gestellt werden. Da wegen der Gefahr der Metastasenbildung eine Probeexzision unterbleiben muss, ist das klinische Bild ausschlaggebend. Nach der »**ABCDE-Regel**« wecken fünf Kriterien den Verdacht auf ein malignes Melanom:

■ Asymmetrie des Herdes
■ Begrenzung unscharf oder polyzyklisch
■ Colorierung (Färbung) unregelmäßig
■ Durchmesser ungleich groß
■ Erhabenheit über das Hautniveau.

Zusätzliche Kriterien aus der Anamnese sind:

■ Schnelle Größenzunahme des Herdes
■ Blutungsneigung
■ Juckreiz.

■ ABCDE-Regel
■ Anamnese
■ Metastasensuche.

Dermatologie

Die Suche nach **Metastasen** erfolgt mittels Sonographie, Computer- und Kernspintomogramm.

Therapie

Alle verdächtigen Herde müssen im Ganzen entfernt werden. Bei klinisch eindeutiger Diagnose sollte gleich ein ausreichender Sicherheitsradius gewählt werden. Bei fraglicher Diagnose in problematischer Lokalisation ist eine Schnellschnittuntersuchung und ggf. erweiterte Exzision anzustreben.

Metastasen können mit Chemotherapie sowie Röntgenbestrahlungen im Wachstum gehemmt werden.

- Entfernung im Ganzen mit 3 cm Sicherheitsabstand
- Chemotherapie bei Metastasen.

Prognose

❺ Die Überlebenschance hängt v. a. von der **Eindringtiefe** des Tumors ab. Ist die Basalmembran noch intakt, so ist die Überlebensrate 100%. Danach sinkt sie rapide ab: Ist bereits die Subkutis infiltriert, so überleben nur noch 50% die nächsten 5 Jahre. Die Patienten versterben meist durch das Metastasenwachstum in lebenswichtigen Organen wie Leber und Gehirn.

- Abhängig von Eindringtiefe des Tumors
- Tod durch Metastasierung.

9.3.2 Nicht pigmentierte Tumoren

Basaliom

❻ Das Basaliom *(Basalzellkarzinom)* geht von entarteten Keratinozyten der Basalschicht (☞ 1.1.1) aus. Es wächst zwar infiltrierend, setzt aber außer bei sehr langem Bestehen und aggressiver Wachstumsform **keine Metastasen.** Es ist der **häufigste** Hauttumor. Meist sind Menschen über 40 Jahren betroffen, Männer ebenso wie Frauen. Zu den nachgewiesenen Risikofaktoren gehören ein heller Hauttyp in Verbindung mit jahrelanger Einwirkung von UV-Strahlen (☞ 9.3).

- Häufigster Hauttumor
- Entartung der Keratinozyten
- Infiltrierend aber nicht metastasierend
- Ursache: Heller Hauttyp und UV-Licht.

Abb. 9.3
Basaliom am Rumpf.
[M123]

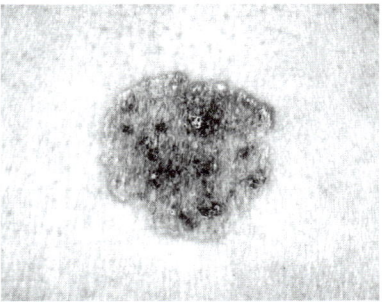

Klinik

Hauptsächlich auf den »Lichtterrassen« Gesicht und Ohren sowie Unterarmen und Handrücken entwickeln sich hautfarbene Knötchen, die in einem perlschnurartigen Saum zueinander angeordnet sind (☞ Abb. 9.3). Ihre Oberfläche ist glänzend. Häufig finden sich **Teleangiektasien** (erweiterte Hautgefäße). In der Mitte des Herdes können sich Ulzerationen bilden. Im späteren Verlauf werden auch benachbarte knorpelige oder knöchernene Strukturen angegriffen und zerstört.

- Lokalisation an »Lichtterrassen«
- Hautfarbene Papeln mit perlschnurartigem Randsaum
- Teleangiektasien
- Ulzerationen.

 Diagnostik, Therapie und Prognose

Das **klinische Bild** ist richtungsweisend. Die Diagnose wird durch **Probeexzision** gesichert. Nach Möglichkeit wird der Tumor im Ganzen entfernt und die Entnahmestelle regelmäßig kontrolliert, da nicht vollständig entfernte Basaliome nachwachsen können. Die Prognose ist gut – bei vollständiger Entfernung und regelmäßiger Kontrolle.

- Diagnose durch Probeexzision
- Therapie durch vollständige Entfernung.

Aktinische Keratose

❼ Die Aktinische Keratose *(Keratosis solaris)* ist eine Präkanzerose, die bei über 50-Jährigen mit hellem Hauttyp sehr häufig vorkommt. Aus bis zu 1/4 der aktinischen Keratosen entwickelt sich ein **Spinaliom.** Risikofaktoren sind ein heller Hauttyp und Einwirkung von UV-Strahlen.

- Altersabhängige Präkanzerose
- Heller Hauttyp
- UV-Licht.

 Klinik und Diagnostik

Betroffen sind häufig dem Licht ausgesetzte Hautbezirke wie Stirn, Nasenrücken und Kopfglatzen. Hier zeigt sich zunächst eine Rötung. Es folgen Hyperkeratosen, gelbliche Schuppungen und Übergang zum Spinaliom. Bei unsicherer **Diagnose** wird eine Probeexzision vorgenommen.

- Rötung, Hyperkeratose, Schuppung
- Entartung zum Spinaliom
- Probeexzision.

 Therapie und Prognose

Vorsorgliche Entfernung des Herdes z. B. durch **Kürettage** oder **Exzision.** Bei regelmäßiger Kontrolle ist die Prognose gut.

Spinaliom

❽ Das Spinaliom *(Spinozelluläres Karzinom),* das sog. **Plattenepithelkarzinom,** entstammt entarteten Kerationozyten der Stachelzellschicht. In seltenen Fällen und bei langjährigem Bestehen kann es metastasieren. Die Prädilektionsstellen sind die der aktinischen Keratose. Ein Plattenepithelkarzinom kann auch an den Schleimhäuten auftreten. Meist sind Menschen jenseits des 60. Lebensjahres betroffen; Männer dreimal so häufig wie Frauen.

- Präkanzerose der Schleimhäute
- Metastasierung möglich
- Männer ≥ Frauen.

Dermatologie

- Aktinische Keratose
- Narben
- Tabakrauchen
- Chronische mechanische Reizung.

- Schuppende Plaques
- Später rötliche Knoten, Ulzerationen, Verhornung
- Erst spät Metastasierung.

- Diagnose durch Probeexzision
- Therapie durch Entfernung im Ganzen
- Kontrolle der Lymphknoten.

- Meist bei älteren Menschen.
- Alle Hauttypen
- Gesicht, Rumpf, Hände
- Scharf begrenzte, gerötete, schuppende Herde
- Übergang in BOWEN-Karzinom.

Ursache

Risikofaktoren sind UV-Strahlung, Vorbestehen einer aktinischen Präkanzerose, alte Narben und chronische Ulzera (z.B. Ulcus cruris). Risikofaktoren v.a. für Schleimhautspinaliome der Lippe und Mundhöhle sowie von Nasopharynx, Kehlkopf und Speiseröhre sind Rauchen und Alkoholabusus.

Klinik

An der **äußeren Haut** sind die dem Licht ausgesetzten Hautbezirke bevorzugt betroffen, an den **Schleimhäuten** Lippen und Zunge sowie Anus, Vulva und Penis. Dabei zeigen sich zunächst hautfarbene bis gelb-bräunliche, schuppende Plaques. Im weiteren Verlauf bilden sich rötliche Knoten. Häufig kommt es zu Ulzerationen und übermäßiger Hornbildung (☞ Abb. 9.4). Die **Metastasierung** erfolgt meist relativ spät.

Diagnostik und Therapie

Bei klinischem Verdacht muss die Diagnose durch **Probeexzision** gesichert werden. Die Therapie besteht in der **Entfernung** des Spinalioms; die regionären Lymphknoten werden kontrolliert und ggf. ebenfalls entfernt.

Morbus BOWEN

Der Morbus BOWEN *(BOWENoide Präkanzerose)* tritt jenseits des 40. Lebensjahres auf. Er ist weniger häufig als die Aktinische Keratose und tritt bei allen Hauttypen auf. Wird die Basalmembran überschritten, liegt das **BOWEN-Karzinom** vor.

Klinisch zeigen sich einzelne gerötete, schuppende Herde. Diese sind flach, scharf begrenzt und bizarr geformt. Befallen sind meist Gesicht, Rumpf und Hände. Der Einzelherd kann Ähnlichkeiten mit der Psoriasis aufweisen.

Abb. 9.4
Spinaliom. [M123]

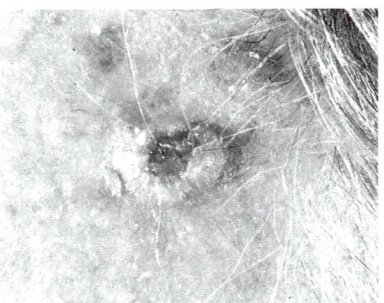

Diagnostik und Therapie

Bei klinischem Verdacht Diagnose durch Probeexzision sichern. Die Therapie besteht aus der Exzision; ist dies nicht möglich, Röntgenbestrahlung (☞ 4.2.1).

- Probeexzision
- Entfernung im Ganzen (wenn möglich), sonst Röntgenbestrahlung.

? Übungsfragen

❶ Welche Typen von bösartigen Hauttumoren gibt es?

❷ Welche Risikofaktoren für ein malignes Melanoms sind bekannt?

❸ Welche Formen des malignen Melanoms kennen Sie?

❹ Welche Hinweise deuten auf ein malignes Melanom hin?

❺ Wovon hängt die Prognose des malignen Melanoms ab?

❻ Wodurch unterscheidet sich das Basaliom von anderen bösartigen Hauttumoren?

❼ Wie entsteht eine aktinische Keratose?

❽ Wo finden sich Spinaliome häufiger als Basaliome?

Dermatologie

10 Akne und Rosazea

10.1 Akne vulgaris

Akne = Erkrankung der Talgdrüsen.

Die Akne ist eine Erkrankung der talgdrüsenreichen Hautregionen wie Gesicht sowie vorderer und hinterer Schweißrinne in der Mittellinie von Brust und Rücken. Sie ist eine der häufigsten Hauterkrankungen und tritt vorwiegend während der Pubertät auf. Männliche Jugendliche sind gleichermaßen betroffen wie weibliche, zeigen jedoch häufiger schwere Verlaufsformen.

Ursachen und Entstehung

- Androgenübergewicht
- Talgspaltende Bakterien.

❶ **Androgene:** Durch die ab der Pubertät gebildeten Androgene *(männliche Sexualhormone)* wird die Sekretbildung in den Talgdrüsen stimuliert und Ausführungsgänge der Drüsen verhornen bei entsprechender erblicher Veranlagung. Dies führt zum Rückstau von Talg im Ausführungsgang (☞ Abb. 10.1).

Bakterien: Talgspaltende Bakterien der Hautflora poduzieren Fettsäuren, die eine starke Entzündungsreaktion hervorrufen.

 Klinik

- Komedonen
- Papeln und Pusteln
- Knoten und Abszesse

❷ Es werden drei klinische Verlaufsformen sowie Mischformen unterschieden:

- **Komedonenakne** mit halbkugeligen milienartigen (☞ 9.1) Hauterscheinungen, sog. Komedonen (Hornpfropf, Mitesser). Unter Druck entleert sich eine weißliche Masse. Aus den

Abb. 10.1
Schema zur Entstehung der Akne. [L157]

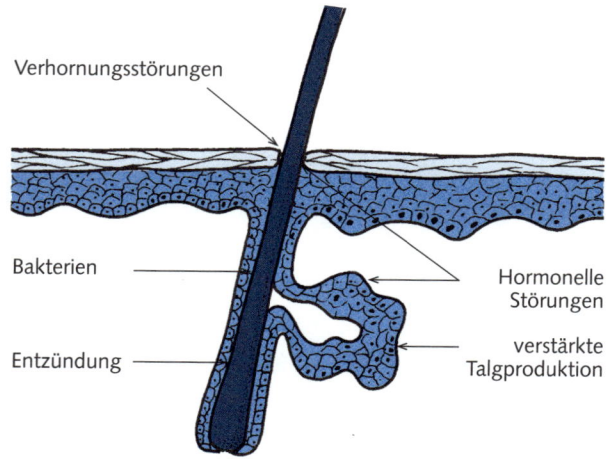

Verhornungsstörungen

Bakterien

Entzündung

Hormonelle Störungen

verstärkte Talgproduktion

zunächst geschlossenen werden offene Komedonen mit einem schwarzen Mittelpunkt durch Einlagerung von Melanin

- **Akne papulopustulosa** mit Papeln und Pusteln als Ausdruck der Entzündungsreaktion
- **Akne conglobata:** Die Talgdrüsenwände platzen und es entstehen entzündliche Knoten und Abszesse. Die entzündlichen Knoten können primär oder aus Komedonen sekundär entstehen.

Prognose: Bis zum 25. Lebensjahr klingt die Akne meist spontan ab, bei Komedonenakne und Akne papulopustulosa ohne Narbenbildung. Bei der Akne conglobata können entstellende Narben oder Keloide (☞ 9.1) zurückbleiben.

- Narben durch Akne conglobata
- Meist Spontanheilung.

Therapie
❸ Ziel der Therapie ist die Prophylaxe von Narbenbildungen. Eine gründliche Reinigung und Entfettung der Haut mit Syndets und alkoholischen Lösungen unterstützt die Therapie, bei der je nach Krankheitsstadium und -aktivität folgende Prinzipien angewandt werden:

Lokaltherapie
Bei Komedonenakne schälende Lokaltherapeutika, in erster Linie Benzoylperoxid oder Vitamin-A-Säure. Im papulo-pustulösen Stadium lokale Antiseptika und Antibiotika (z. B. Erythromycin). *Keine Kortikoide!*

Systemische Therapie
Bei starker Pustelbildung orale Gabe von Tetrazyklin. Um die Sekretproduktion der Talgdrüsen zu verringern, können bei Frauen **Antiandrogene** (hormonelle Kontrazeptiva) eingesetzt werden. Der Vitamin A-Abkömmling Isotretinoin (Roaccutan®) hemmt die Erkrankung stark, wird aber aufgrund ausgeprägter Nebenwirkungen nur bei schweren Akneformen eingesetzt (bei Frauen sicherer Konzeptionsschutz erforderlich, da Isotretinoin fruchtschädigend ist).

Manuell-physikalische Therapie
Entleerung von Komedonen durch Fingerdruck. Bei einschmelzenden Knoten und Abszessen chirurgische Spaltung und Entleerung.

Phototherapie
UV-A und UV-B-Bestrahlung (☞ 4.2.1) unterstützt die lokale und systemische Behandlung.

- Ziel: Vorbeugen von Narbenbildung
- Lokaltherapie mit Benzoylperoxid, Vitamin-A-Säure, Antiseptika und Antibiotika
- Bei schwerem Befall systemisch Tetrazyklin, Isotretinoin
- Manuell-physikalische Therapie und Phototherapie.

Dermatologie

10.2 Rosazea

Häufige, entzündliche Hauterkrankung des Gesichts.

Bei der Rosazea *(Akne rosacea)* handelt es sich um eine sehr häufige, entzündliche Hauterkrankung des Gesichts. Meist sind Menschen jenseits des 30. Lebensjahres betroffen; Frauen häufiger als Männer. Die Ursache ist nicht geklärt.

 Klinik

Die Hauterscheinungen werden durch den Genuss von Alkohol oder Gewürzen sowie durch Kälte, Hitze und Sonnenlicht verstärkt (→ Gefäßerweiterung). Es kommt schubweise zu flüchtigen Gesichtserythemen. Im weiteren Verlauf entwickeln sich auf beiden Seiten der Nase Papeln und bleibende Erytheme. Teleangiektasien und Pusteln können hinzutreten. Manchmal entstehen große, entzündliche Knoten. Im Gegensatz zur Akne heilen die Knoten ohne Narbenbildung ab. Fast ausschließlich bei Männern kann sich durch eine massive Vergrößerung der Talgdrüsen ein **Rhinophym** *(Knollennase)* ausbilden.

- Auslöser: Alkohol, Gewürze, Kälte, Hitze, Sonne
- Zunächst schubartig flüchtige Erytheme
- Dann Papeln und bleibende Erytheme
- Später Pusteln und entzündliche Knoten
- Bei Männern manchmal Rhinophym
- Erblindung durch Übergreifen der Entzündung auf die Hornhaut.

Komplikation

Beteiligung der Augen *(Ophthalmorosazea):* Trockenheit der Bindehaut (Therapie: künstliche Tränen), Blendempfindlichkeit (getönte Brille), augenärztliche Betreuung erforderlich.

 Therapie

- Betroffene Areale mit milden Seifen oder Syndets reinigen (Entfettung)
- Konsequenter Lichtschutz täglich (Gel oder Lotio LSF 10–20)
- Lokale oder orale Antibiotika und ggf. Roaccutan® wie bei der Akne; keine Kortikoide!
- Manuell-physikalische Therapie durch Massage der betroffenen Areale
- Bei Teleangiektasien Laserbehandlung
- Das Rhinophym kann chirurgisch abgetragen werden.

? **Übungsfragen**

❶ Welche Faktoren spielen bei der Entstehung der Akne vulgaris eine Rolle?

❷ Welche klinischen Verlaufsformen der Akne vulgaris gibt es?

❸ Was sind die Therapieprinzipien bei der Akne vulgaris?

11 Chronisch-venöse Insuffizienz

Die chronisch-venöse Insuffizienz *(CVI)* ist eine Störung des venösen Blutflusses der Beine, die zu Hautulzerationen in Form eines **Ulcus cruris** *(Unterschenkelgeschwür)* führen kann. Sie ist sehr häufig und betrifft Frauen häufiger als Männer.

CVI = Störung des venösen Blutflusses der Beine.

11.1 Ursachen der chronisch-venösen Insuffizienz

11.1.1 Physiologie des venösen Systems

❶ Der Rückfluss des venösen Blutes aus den Beinen zum Herzen erfolgt weitgehend über große, tiefe Venen, die sog. Leitvenen. Das Blut aus dem oberflächlichen Venensystem fließt über Perforans-Venen in die Leitvenen ab. Durch das Zusammenspiel von Muskelpumpe und Venenklappen wird der Blutfluss gegen die Schwerkraft ermöglicht (☞ Abb.11.1). Der Blutfluss wird demnach entweder durch einen Ausfall der Muskelpumpe oder den Ausfall der Venenklappen, der Venenklappeninsuffizienz *(Varikosis, Krampfaderleiden)*, gestört.

- Ausfall der Muskelpumpe
- Insuffizienz der Venenklappen.

11.1.2 Venenklappeninsuffizienz

Es wird die primäre und sekundäre Varikosis unterschieden.

Primäre Varikosis
- Die Venenklappen sind von Geburt an nicht oder fehlerhaft angelegt, es kommt nachfolgend zu einer Erweiterung der Venen durch den erhöhten orthostatischen Druck
- Es besteht eine Bindegewebsschwäche der Venenwände. Diese dehnen sich und die Venenklappen werden funktionsuntüchtig.

Beide Ursachen führen somit letztlich zu einer Varikosis mit insuffizienten Venenklappen. Es kommt zur Umkehr des Blutflusses und zu einem Rückstau – zunächst nur im oberflächlichen Venensystem. Schließlich kann dies auch zu einer Klappeninsuffizienz und Strömungsumkehr in den Perforans-Venen und im tiefen Venensystem führen.

- Primäre Varikosis
- Sekundäre Varikosis

Dermatologie

Sekundäre Varikosis

Nach einer venösen Thrombose findet die Auflösung des Thrombus häufig unter Zerstörung der Klappen statt. So kann eine tiefe Beinvenenthrombose eine **Leitveneninsuffizienz** mit Flussumkehr bis in die Perforans-Venen verursachen. Der venöse Rückfluss erfolgt dann über die oberflächlichen Venen. Da diese damit überlastet sind, kann es zu ihrer Erweiterung kommen, der sog. **sekundären Varikosis**.

11.1.3 Entstehung der chronisch-venösen Insuffizienz

- Chronischer Anstieg des venösen Blutdrucks
- Ödeme
- Entzündung
- Gewebeuntergang.

❶ Durch eine gestörte Venenklappen- und Muskelpumpenfunktion kommt es zu chronischem Anstieg des venösen Blutdruckes in den Beinen. Dadurch steigt die Durchlässigkeit der kleinen Gefäße: Blutbestandteile treten aus und werden im Gewebe abgelagert. Dies führt zu Ödemen, Entzündungsreaktionen (Stauungsekzem) und letztlich zum Gewebeuntergang, dem **Ulcus cruris** (s. u.).

Abb. 11.1
Aufbau und Funktion des Venensystems der Beine. [L157]

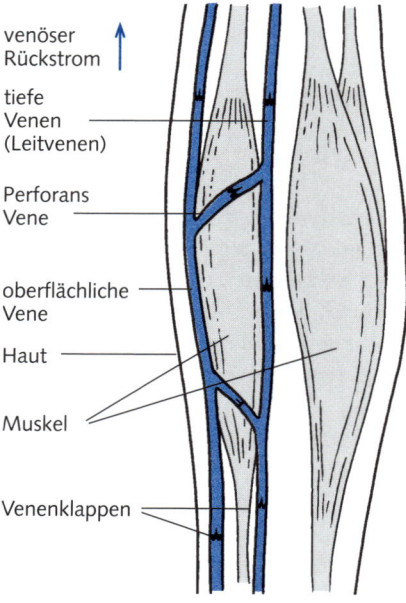

venöser Rückstrom

tiefe Venen (Leitvenen)

Perforans Vene

oberflächliche Vene

Haut

Muskel

Venenklappen

11.2 Klinik und Diagnostik der chronisch-venösen Insuffizienz

11.2.1 Stadien der chronisch-venösen Insuffizienz

❷ Es lassen sich drei **Erkrankungsstadien** abgrenzen:

Stadium I, Ödem

Abends nach Belastung (langes Sitzen, Stehen) klagt der Patient über Schwellungen der Beine, verbunden mit ausgeprägtem Schweregefühl. Eine Varikosis mit erweiterten, geschlängelten Venen ist häufig sichtbar, aber nicht Voraussetzung.

Stadium II, Entzündungsreaktion

Es zeigt sich das sog. *Stauungsekzem* mit bräunlicher Verfärbung *(Purpura jaune d'ocre)* und Verhärtung *(Lipodermatosklerose)* der Haut. Am Sprunggelenk bilden sich weißliche, stark druckschmerzhafte, narbige Einziehungen *(Atrophie blanche)*.

Stadium III, Ulcus cruris

Schon durch kleinste Verletzungen entsteht meist am Innenknöchel eine nässende, oft sehr schmerzhafte Wunde (☞ Abb. 11.2). Ab diesem Stadium wird der Verlauf extrem langwierig.

Stadien der CVI:
- Stadium I → Schwellung, Schweregefühl, Varikosis
- Stadium II → Purpura jaune d'ocre, Atrophie blanche, Lipodermatosklerose
- Stadium III → Ulcus cruris.

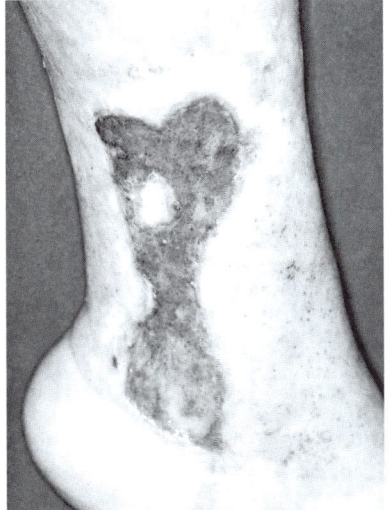

Abb. 11.2
Ulcus cruris am Innenknöchel.
[M123]

Dermatologie

11.2.2 Diagnostik

- Doppler-Ultraschall
- Phlebographie.

Die Funktion der Venenklappen und die Durchgängigkeit der tiefen Venen wird untersucht durch:

- **Doppler-Ultraschall:** Akustisches Verfahren, um Stärke und Richtung des Blutflusses in den oberflächlichen Venen zu überprüfen. Ggf. Duplex-Sonographie als hochsensibles bildgebendes Verfahren.
- **Phlebographie** *(Venendarstellung mit Röntgenkonstrastmittel)* weist tiefe Beinvenenthrombosen nach.

11.3 Therapie und Prophylaxe der chronisch-venösen Insuffizienz

- Kompressions-verbände
- Lokalbehandlung
- Evtl. chirurgische Sanierung.

- ❸ **Kompressionsverbände** und -strümpfe als Therapie und Sekundärprophylaxe verhindern das »Versacken« des Blutes in den Venen und sind die wichtigste Maßnahme
- Lokalbehandlung bei **Ulcus cruris**
  - Feuchte Wundbehandlung, z. B. mit Hydrokolloidverbänden
  - fibrinolytische Salben
  - Antiseptische Bäder
  - Antibiotika-Salben nur gezielt bei nachgewiesener Superinfektion – bei ungezielter oder prophylaktischer Anwendung entstehen frühzeitig Kontaktallergien (vgl. unten). Dann können diese Externa auch nicht mehr angewandt werden, wenn sie wirklich benötigt werden.
  - Ulkusumgebung mit Zinkpaste abdecken (zum Hautschutz)
  - Nekrotische Beläge entfernen
- Bei **primärer Varikose** je nach Gefäßgröße chemische Verödung oder chirurgische Entfernung, bei sekundärer Form ist operatives Vorgehen oft nicht möglich, da über die oberflächlichen Venen fast der gesamte Blutabfluss der unteren Extremität erfolgt und diese erhalten werden müssen.

Merke

Durch die Gewebedefekte entstehen sehr häufig Kontaktallergien gegen Externa.

Prophylaxe und Rehabilitation

Um das Auftreten von Venenleiden zu verhindern oder ihren Verlauf günstig zu beeinflussen:

- Viel laufen oder liegen, langes Sitzen oder Stehen vermeiden
- Beine morgens und abends mit kaltem Wasser abbrausen

- Übergewicht vermeiden
- Regelmäßig Sport treiben (Schwimmen, Radfahren, Wandern).

 Pflege

Beim Anlegen eines Kompressionsverbandes sind folgende Punkte zu beachten:

- Textilelastische Kurzzugbinden verwenden; Dehnung 4–5 cm
- Anlegen: Die Bindenrolle muss anmodelliert werden, d.h. sie wird nicht vom Bein abgehoben, sondern liegt beim Wickeln am Körper an und wird von einer Hand direkt in die andere gereicht
- Die Binde nicht straff ziehen, aber auch nicht zu locker binden. Kriterium für die Festigkeit bei Ulcus cruris: Es muss ca. 1 Zeigefinger zwischen die Haut und den Verband passen
- Ferse und Zehengrundgelenke mit einbinden
- Zehendurchblutung kontrollieren und Pat. nach seiner Befindlichkeit fragen (Taubheitsgefühl, Abschnürungen)
- Achtung: Erhöhtes Fußpilzrisiko, da Pat. stark schwitzt
- Binden alle 2 Tage waschen und aussortieren, wenn es an Elastizität fehlt.

? Übungsfragen

❶ Wie kommt es zur chronisch-venösen Insuffizienz?
❷ Wie sehen die drei klinischen Krankheitsstadien aus?
❸ Welche therapeutischen Prinzipien gibt es?

Glossar

ABCDE-Regel
Anfangsbuchstaben von:
Asymmetrie, **B**egrenzung,
Colorierung, **D**urchmesser,
Erhabenheit. Kriterien für
den klinischen Verdacht auf
ein malignes Melanom

Abnutzungsekzem
☞ degeneratives Ekzem

Akne
☞ Akne vulgaris

Akne conglobata
schwerste Verlaufsform der
Akne vulgaris, teilweise mit
Abszessbildung

Akne papulopustulosa
mittelschwere Verlaufsform
der Akne vulgaris

Akne rosazea
entzündliche Hauterkrankung
des Gesichts mit Rötungen
und Knotenbildungen

Akne vulgaris
entzündliche Hauterkrankung
der Talgdrüsen

**Akrodermatitis chronica
atrophicans (Akrodermatitis
atrophicans Herxheimer)**
borrelienbedingte
Gelenkentzündung

Allergen
Fremdeiweißstoff, der nach
Sensibilisierung eine allergische
Reaktion auslöst

Anaphylaxie
allergische Sofortreaktion mit
Urtikaria, Bronchialasthma,
Heuschnupfen

Androgene
männliche Sexualhormone

Angina specifica
syphilisbedingte
Mandelentzündung

Angiom, seniles; Angioma senile
Gefäßfehlbildung, die
gehäuft im Alter auftritt,
☞ Hämangiom

Antiandrogen
Medikament, das die Wirkung
männlicher Sexualhormone
hemmt

Antihistaminikum
Medikament, das bei Allergien
und Unverträglichkeits-
reaktionen sowie gegen Juckreiz eingesetzt wird

Antimikrobiell
wirksam gegen
Krankheitserreger

Antimykotikum
Medikament gegen Pilze

Antiproliferativ
wirksam gegen wachsendes
Gewebe

Antipruriginös
wirksam gegen Juckreiz

Arzneimittelexanthem
Unverträglichkeitsreaktion
nach Einnahme eines Arz-
neimittels

Atherom
durch Sekretstau in einem
Talgdrüsenausführungsgang
verursachter Knoten
(Grützbeutel)

Atopie
vererbte Bereitschaft,
allergische Erkrankungen zu
entwickeln

Atopisches Ekzem
chronisch-entzündliche
Hauterkrankung, die
häufig in Zusammenhang
mit einer Atopie (s. o.)
auftritt (☞ Neurodermitis,
endogenes Ekzem)

Atrophie
Dünnerwerden der Haut unter
Verlust der Anhangsgebilde

Atrophie blanche
Hautatrophie (☞ Atrophie)
im Rahmen der chronisch-
venösen Insuffizienz

Auflichtmikroskop
Mikroskop zur
Hautinspektion mit bis zu
40facher Vergrößerung

Auspitz-Phänomen
klinische Erscheinung bei
der Psoriasis (Phänomen des
blutigen Taus)

Balanitis herpetica
Befall des Penis durch Herpes
genitalis

Basaliom
bösartiger Hauttumor der
Basalzellen der Epidermis
(Basalzellkarzinom)

Basalmembran
Trennschicht zwischen
Epidermis und Korium

Basalzellkarzinom
☞ Basaliom

Blutschwamm
☞ Hämangiom

Borreliose
durch Borrelien ausgelöste
Erkrankung, die an der
Haut vor allem durch das
Erythema chronicum migrans
(Wanderröte) in Erscheinung
tritt

Bulla
Blase, eine Primäreffloreszenz

CLARK-Level
Einteilung der Vordringtiefen
eines malignen Melanoms
nach der Überlebensrate

Condylomata lata
Hauterscheinungen im
Frühstadium der Syphilis
(☞ Primäraffekt)

Creme
Externagrundlage, Mischung
von Fettsalbe und Wasser

Degeneratives Ekzem
Ekzem durch häufig wieder-
holte Einwirkung von
Feuchtigkeit und Reinigungs-
mitteln (Abnutzungsekzem,
Hausfrauenekzem)

Dekubitus
Gewebsdefekt durch Druck
(langes Liegen eines
Körperteils auf ein und
derselben Stelle)

Dellwarzen
durch eine Pockenvirusart
bedingte Warzen mit typischer
Delle (Mollusca contagiosa)

Dermatitis
Hautentzündung, gemeint ist
meist eine akute Verlaufsform

Dermatophyten
Fadenpilze Auslöser der verschiedener Tineaformen
(☞ Tinea corporis bzw. Tinea
pedis)

Dermatoskop
Hautinspektionslupe mit
10facher Vergrößerung

Dermographismus
wird mit etwas Druck auf die
Haut geschrieben, kann
dies bei bestimmten Hauterkrankungen eine weiße oder
rote Schrift hinterlassen

DHS-System
Einteilung der für Menschen
krankheitsauslösenden Pilze
in Dermatophyten, Hefen und
Schimmelpilze

Druckblase
durch mechanische Haut-
beanspruchung entstandene
Blase

Druckgeschwür
☞ Dekubitus

Dunkelfeldmikroskopie
Mikroskopiemethode, mit der
sich bewegende Objekte, z. B.
Bakterien, betrachtet werden
können

Effloreszenz
Hauterscheinung

Ekzem
Oberbegriff für chronisch-
entzündliche Hauterkrankungen ähnlichen Erscheinungs-
bildes

Ekzem, seborrhoisches
chronisch-entzündliche
Hauterkrankung in den
Schweißrinnen des Körpers,
befällt vor allem jüngere
Männer

Ekzema, herpeticatum
durch Herpesviren
superinfiziertes Ekzem

Endogenes Ekzem
☞ Atopisches Ekzem

Epheliden
Sommersprossen

Epidermis
Oberhaut, äußerste Schicht
des Hautorgans

Epikutantest
Test für den Nachweis eines
allergischen Kontaktekzems

Epizoen
Hautparasiten

Erosion
oberflächliche Abschürfung

Erysipel
akut verlaufende
Hautinfektion durch
Streptokokken (Wundrose)

Erythema chronicum migrans
☞ Borreliose

**Erythema exsudativum
multiforme (EEM)**
durch Medikamente
ausgelöste Unverträglichkeitsreaktion mit Auftreten von
Rötungen und Bläschen

Exanthem
Ausschlag, plötzlich an
mehreren Stellen gleichzeitig
auftretende Hauterscheinungen

Exkoriation
Ablederung, tiefe Abschürfung

Expositionstest
Test zur Identifikation der
Auslöser von Nahrungs-
mittelunverträglichkeiten

Externa
äußerlich anzuwendende
Arzneipräparate

Fadenpilze
  ☞ Dermatophyten
Feuermale
  ☞ Gefäßnävi
Fibrom, pendulierendes
  gestielte, gutartige
  Bindegewebsgeschwulst
Follikulitis
  Haarbalgentzündung
FTA (Fluoreszenz-Treponema-Antikörpertest)
  Bluttest bei der Syphilisdiag-
  nostik, bestätigt einen
  positiven TPHA-Test (☞ TPHA)
Furunkel
  mit Knotenbildung einherge-
  hende Haarbalgentzündung

Gangrän
  sich zersetzender Gewebs-
  defekt
Gaze
  grobmaschiger Verbandsstoff
Gefäßnävi
  durch fehlangelegte Blut-
  gefäße entstandene Flecken
Gingivostomatitis herpetica
  Zahnfleisch- und Mund-
  schleimhautentzündung im
  Rahmen eines Herpes labialis
Gonorrhoe
  sexuell übertragene Infektion
  des Urogenitaltraktes (Tripper)
Grützbeutel
  ☞ Atherom
Gürtelrose
  ☞ Herpes zoster
Gummen
  knotige Hauterscheinungen im
  Spätstadium der Syphilis

Hämangiom
  gutartige Neubildung von
  Blutgefäßen (Blutschwamm)
Harter Schanker
  ☞ Primäraffekt
Hausfrauenekzem
  ☞ degeneratives Ekzem

Hautanhangsgebilde
  Drüsen, Haare und Nerven der
  Haut
Hefen
  Pilzformen, welche eine
  Kandidose (Soor) verursachen
Herpes genitalis
  durch Infektion mit dem
  Herpes simplex-Virus Typ II
  bilden sich schmerzhafte
  Bläschen im Genitalbereich
  (Genitalherpes)
Herpes labialis
  durch Infektion mit dem
  Herpes simplex-Virus Typ I
  bilden sich schmerzhafte
  Bläschen im Lippen- und
  Mundbereich (Lippenherpes)
Herpes zoster (Zoster)
  durch das Varizella-Zoster-
  Virus bedingte Hauterkran-
  kung mit oft gürtelförmig
  angeordneten Effloreszenzen
  (Gürtelrose)
Hyperkeratose
  übermäßige Verhornung
Hyposensibilisierung
  Behandlung einer Allergie
  durch subkutane Injektion
  des Allergens in stufenweise
  ansteigender Dosis

Immunsuppressiva
  das Immunsystem hemmende
  Medikamente
Impetigo contagiosa
  Hautinfektion mit Eitererregern
  (☞ Pyodermien) meist bei
  Kindern, es zeigen sich
  goldgelbe Bläschen und
  Krusten im Mundbereich
Infektionen, opportunistische
  bei veränderter Immunab-
  wehrlage auftretende erreger-
  bedingte Erkrankungen

Infrarotlicht
  unsichtbares, wärmeenergie-
  haltiges Licht, kann Abszesse
  zum Einschmelzen bringen
Insuffizienz, chronisch-venöse
  Erkrankung, bei der die
  Beinvenen aufgrund von
  Klappen- oder Wandschäden
  nicht mehr ausreichend Blut
  transportieren, stauungs-
  bedingt kommt es in der Folge
  zu Hautschäden (☞ Ulcus
  cruris)
Intertrigo
  durch Wundreiben der
  Körperfalten entstandene
  Hauterkrankung

JARISCH-HERXHEIMER-Reaktion
  vorübergehende Zustandsver-
  schlechterung des Patienten zu
  Beginn einer Antibiotikatherapie bei Syphilis durch massiven
  Zerfall der Krankheitserreger

Kallus
  ☞ Schwiele
Kandidose
  durch Hefepilze bedingt
  entzündliche Hauterkrankung
  (Soor)
Karbunkel
  abszedierende Haarbalg-
  entzündung
Karzinom, spinozelluläres
  ☞ Plattenepithelkarzinom
Kauter
  hautchirurgisches Instrument,
  mit dem durch Hitze Gewebe
  zerstört werden kann
Keloid
  im Rahmen der Wundheilung
  überschießend wachsendes
  Narbengewebe
Keratin
  Hornstoff, Hauptbestandteil
  des Stratum corneum der
  Epidermis

Keratinozyten
alle sich teilenden Zellen der Epidermis

Keratolytisch
hornauflösend

Keratose, aktinische
durch jahrelange Einwirkung von UV-Strahlen entstandener, beginnender bösartiger Hauttumor (☞ Präkanzerose)

Keratosis solaris
☞ Keratose, aktinische

Keratozyten
Hornzellen, abgestorbene Keratinozyten, befinden sich im Stratum corneum der Epidermis

Kerzenwachsphänomen
klinische Erscheinung bei der Psoriasis

Klavus
Hühnerauge

KÖBNER-Phänomen (Isomorpher Reizeffekt)
klinische Erscheinung bei der Psoriasis

Kokarde
schießscheibenartige Hauterscheinung beim Erythema exsudativum multiforme

Kollagenose
Autoimmunerkrankung des Bindegewebes und der Blutgefäße

Komedo
Mitesser, Pickel, Hornpfropf

Komedonenakne
milde Verlaufsform der Akne vulgaris, es treten lediglich Mitesser auf

Kompressionsverband
unter Druck angelegter Verband, der das Versacken venösen Blutes in den oberflächlichen Beinvenen verhindert (☞ Insuffizienz, chronisch-venöse)

Kondylom, spitzes
☞ Condylomata accuminata

Kontaktallergie
☞ Kontaktekzem, allergisches

Kontaktekzem
ekzematische Hauterkrankung durch Kontakt mit sensibilisierender oder toxischer Substanz (☞ allergisches und irritativ-toxisches Kontaktekzem)

Kontaktekzem, allergisches
durch Sensibilisierung gegen eine von außen einwirkende Substanz entstandenes Ekzem (Kontaktallergie)

Kontaktekzem, irritativ-toxisches
durch von außen einwirkende, reizende Substanz entstandenes Ekzem

Kontaktsensibilisierung
☞ Sensibilisierung

Kopfkappe
Okklusivverband des Kopfes

KOPLIK-Flecken
weiße Flecken an der Mundschleimhaut bei Masern

Korium
Lederhaut

Krätze (Scabies)
Hauterkrankung durch Befall mit der Krätzmilbe, Auftreten in den Fingerzwischenräumen und im Genitalbereich

Krusta
Kruste

Kryotherapie
hautchirurgische Methode, bei der durch Kälte Gewebe zerstört werden kann

Kutis
Haut im engeren Sinne, bestehend aus Epidermis und Corium

Leitvenen
tiefe Beinvenen, durch sie fließt der größte Teil des venösen Blutes der Beine

Lentigo maligna (Melanotische Präkanzerose)
pigmentierter Hauttumor aus atypischen Melanozyten, Vorstufe des Lentigo maligna-Melanoms, häufig bei älteren Menschen

Lentigo maligna-Melanom
Untertyp des malignen Melanoms, der aus einer Lentigo maligna hervorgeht

Lichenifikation
Flechtenbildung, eine Sekundäreffloreszenz

Lipodermatosklerose
Hautverhärtung im Stadium II der chronisch-venösen Insuffizienz

Lokaltherapie (Dermatotherapie)
Therapie mit Externa (☞ dort)

Lotion
Externagrundlage, Mischung von Wasser und Fettsalbe

Lues
☞ Syphilis

Lues connata
☞ Syphilis connata

Lupus erythematodes (LE)
Erkrankung des Immunsystems: Abwehrzellen greifen Bindegewebsfasern in den Wänden der Blutgefäße an, als Unterformen werden der systemische und der diskoide LE unterschieden

Lupus erythematodes, diskoider (DLE)
Form des Lupus erythematodes, bei der nur die Haut befallen ist

Lupus erythematodes, systemischer (SLE)
Form des Lupus erythematodes, bei der sämtliche Organe des Körpers betroffen sein können, an der Haut tritt häufig das typische Schmetterlingserythem auf
LYELL-Syndrom
schwerste Erscheinungsform eines Erythema exsudativum multiforme mit 50 % tödlichem Verlauf

Macula
Fleck, eine Primäreffloreszenz
Malassezia furfur
☞ Pityrosporum ovale
Melanin
dunkler Hautfarbstoff
Melanom, akral-lentiginöses
Hände und Füße befallende Form des malignen Melanoms
Melanom, amelanotisches
bösartiger Tumor der Melanozyten ohne dunkle Färbung
Melanom, malignes
bösartiger Tumor der Melanozyten mit dunkler Färbung
Melanom, noduläres
erhabene Form des malignen Melanoms
Melanom, superfiziell spreitendes
flache Form des malignen Melanoms
Melanozyten
Pigmentzellen der Haut, enthalten Melanin
Mikrosporie
vor allem Kinder befallende Pilzinfektion, häufig am behaarten Kopf

Milchschorf
Hauterscheinung bei atopischem Ekzem im Säuglingsalter
Milie
mit Horn gefüllte Zyste im Gesichtsbereich
Mollusca contagiosa
☞ Dellwarzen
Morbus BOWEN
vor allem ältere Menschen befallende, nicht pigmentierte, schuppende Präkanzerose
Mumifikation
☞ Gangrän
Mundfäule, herpetische
☞ Gingivostomatis herpetica
Mykose
durch eine Pilzinfektion bedingte Erkrankung

Narbenkeloid
☞ Keloid
Nativuntersuchung
mikroskopische Untersuchung eines Hautabstrichs ohne vorhergehende Behandlung
Nävus flammeus
☞ Gefäßnävi
Nävus
umschriebene, gutartige Fehlbildung, z. B. Pigmentnävus
Nävus, atypischer
auffälliger Pigmentnävus, erfüllt bestimmte Kriterien, die auf ein hohes Melanomrisiko hinweisen
Nävus, dysplastischer
☞ Nävus, atypischer
Nävus, einfacher
unauffälliger Pigmentnävus (vgl. Nävus, atypischer)
Nävus, melanozytärer
aus Melanozyten gebildeter Pigmentnävus, z. B. Sommersprossen

Nävuszellnävus
aus sog. Nävuszellen gebildeter Pigmentnävus (z. B. sog. Muttermal)
Neisseria gonorrhoeae
Erreger der Gonorrhoe (Tripper)
Nekrose
Gewebszerstörung
Neuralgie, postzosterische
anhaltender Nervenschmerz nach einer Herpes zoster-Erkrankung
Neurodermitis
☞ Atopisches Ekzem
Neurosyphilis
Gehirn und Rückenmark befallendes Spätstadium der Syphilis
NIKOLSKI-Phänomen
klinische Erscheinung beim Pemphigus vulgaris
Nodus
Knoten, eine Primäreffloreszenz

Okklusivverband
wasserdichter Hautverband, mit dem die Hornschicht aufquillt und durchlässig für Externa wird
Onychomykose
Nagelmykose
Ophthalmorosazea
Befall der Binde- und Hornhaut durch eine Akne rosazea

Papel
Knötchen, eine Primäreffloreszenz
Papillen, dermale
blutgefäßführende Ausstülpungen der Kutis
Papillomavirus, humanes
Erreger der vulgären Warzen, spitzen Kondylome sowie Mitverursacher des Gebärmutterhalskrebs

Paralyse, progressive
  Krankheitsbild der Spätsyphilis
Paste
  Externagrundlage, Mischung
  von Puder und Fettsalbe
Pedikulose
  Lausbefall
Pemphigoid, bullöses
  blasenbildende
  Autoimmunerkrankung
Pemphigus (vulgaris)
  blasenbildende
  Autoimmunerkrankung
Perforansvenen
  Verbindungsvenen zwischen
  tiefen und oberflächlichen
  Venen der Beine, spielen wich-
  tige Rolle bei Varikosis
Petechien
  kleine, fleckige Einblutungen in
  die Lederhaut
Phänomen des letzten Häutchens
  klinische Erscheinung bei der
  Psoriasis
Phlegmone
  flächige Entzündung der
  Leder- und Unterhaut durch
  Infektion mit Eitererregern
Photochemotherapie
  antiproliferativ wirksame
  Kombination aus lichtsen-
  sibilisierender Substanz und
  UV-A-Strahlen
Pityrosporum ovale
  Hefepilzart, Erreger der
  Pityriasis versicolor
Plaque
  plattenartig zusammen-
  gelagerte Papeln
Plaques muqueuses
  typische Hauterscheinung des
  Sekundärstadiums der Syphilis
Plattenepithelkarzinom
  nicht pigmentierter,
  hornbildender bösartiger
  Tumor

Präkanzerose
  (Haut-)Veränderung, die mit
  hoher Wahrscheinlichkeit
  maligne entartet, z. B. Lentigo
  maligna
Präkanzerose, Bowenoide
  ☞ M. Bowen
Präkanzerose, melanotische
  ☞ Lentigo maligna
Pricktest
  diagnostische Methode zum
  Nachweis einer Typ-I-Allergie
Primäraffekt
  typische Hauterscheinung des
  Primärstadiums der Syphilis
Primärkomplex
  Primäraffekt mit regionärer
  Lymphknotenschwellung
Prurigo
  Juckreiz
Psoriasis
  Schuppenflechte; vererbte,
  entzündliche Verhornungs-
  störung
Psoriasis arthropathica
  Psoriasisform, bei der
  bestimmte Gelenke mitent-
  zündet sind
Psoriasis pustulosa
  Psoriasisform, bei der sich nicht
  erregerbedingte Pusteln bilden
Psoriasis vulgaris
  einfache Psoriasis ohne
  Komplikation
Puder
  feste Externagrundlage
Purpura
  Einblutungen in die Haut durch
  Gefäßlecks
Purpura jaune d'ocre
  Hauterscheinungen im
  Stadium II der chronisch-
  venösen Insuffizienz
Purpura Schoenlein-Hennoch
  Form der allergischen Typ III-
  Reaktion

Pustel
  mit Eiter gefülltes Bläschen,
  eine Sekundäreffloreszenz
PUVA
  ☞ Photochemotherapie
Pyodermien
  Hautinfektionen durch
  Staphylo- oder Streptokokken
  (Eitererreger)

Radiodermatitis
  durch energiereiche Strahlen
  (z. B. Röntgenstrahlen)
  bedingte Hautentzündung
Reaktion, photoallergische
  Vorgang, bei dem eine von
  außen einwirkende Substanz
  durch die Einwirkung von Licht
  zu einem Allergen wird
  (☞ Kontaktekzem, allergi-
  sches)
Reaktion, phototoxische
  Vorgang, bei dem eine von
  außen einwirkende Substanz
  durch die Einwirkung von
  Licht zu einem Reizstoff wird
  (☞ Kontaktekzem, irritativ-
  toxisches und Wiesengräser-
  dermatitis)
Reizsekret
  durch Ausdrücken aus einem
  syphilitischen Primäraffekt
  gewonnenes erregerhaltiges
  Sekret
Rezidivherpes
  Wiederauftreten einer
  Herpeserkrankung
Rhagade
  tiefer Hautriss
Rhinophym
  Knollennase
Rosazea
  ☞ Akne rosazea

Salbe
Externagrundlage, Mischung
von Fett und Wasser

Säuglingsdermatitis, seborrhoische
Säuglingsform des
seborrhoischen Ekzems

Scabies
☞ Krätze

Schmetterlingserythem
schmetterlingsförmige
Gesichtsrötung
beim systemischen Lupus
erythematodes

Schuppung, parakeratotische
starke Hautschuppung
durch übermäßige
Hornbildung, z. B. bei der
Psoriasis

Schwiele
Kallus, übermäßige Horn-
bildung durch mechanische
Belastung

Scratchtest
diagnostische Methode zum
Nachweis einer Typ-I-Allergie

Sekundäreffloreszenz
Hauterscheinungen, die sich
im Verlauf aus Primäreffflores-
zenzen entwickeln

Sensibilisierung
Vorgang, bei dem das Immunsystem nach dem Erstkontakt
mit einem Fremdstoff eine
Überempfindlichkeit ausbildet,
dies führt beim Zweitkontakt
zu einer überschießenden
Immunantwort (der sog. allergischen Reaktion)

Sexually transmitted diseases (STD)
sexuell übertragene Krank-
heiten, sog. Geschlechtskrankheiten, fast ausschließlich
durch Geschlechtsverkehr
übertragbare Infektionskrankheiten, z. B. Gonorrhoe,
Syphilis, Herpes genitalis

Soor
☞ Kandidose

Spider nävus
spinnenbeinförmig
angeordnete Teleangiektasien

Spinaliom
☞ Plattenepithelkarzinom

Sprosspilze
☞ Hefen

Squama
Schuppe, eine Sekundär-
effloreszenz

Stauungsekzem
Hauterscheinung im
Stadium 2 der chronisch-
venösen Insuffizienz

STD
☞ sexually transmitted
diseases

Subkutis
Unterhautfettgewebe

Superinfektion
Befall von z. B. durch ein
Ekzem vorgeschädigter Haut
mit Krankheitserregern

Syndrom der dysplastischen Nävi
vererbtes Krankheitsbild, bei
dem sich bei einem Patienten
mehr als 10 atypische Nävi
gleichzeitig finden

Syphiliden
makulopapulöse Hauterscheinungen im Sekundärstadium
der Syphilis

Syphilis (Lues)
fast ausschließlich sexuell
übertragene Infektion mit
dem Bakterium Treponema
pallidum, in mehreren Stadien
verlaufend, zunächst nur
Hautbefall, dann Übergreifen
auf den gesamten Körper

Syphilis connata
während der Schwangerschaft
auf den Fötus übertragene
Syphilis

Syphilome
☞ Gummen

Tabes dorsalis
Befall des Rückenmarks
im Spätstadium der Syphilis
(Neurosyphilis)

Taches bleues
fleckige Blutergüsse durch
Bisse der Filzlaus

Teleangiektasie
sichtbar erweiterte Blutgefäße
des Koriums

Tinea
Hauterkrankung durch
Befall mit Fadenpilzen
(Dermatophyten)

Tinea corporis
Fadenpilzbefall der Haut des
Rumpfes und der proximalen
Extremitäten

Tinea pedis
Fadenpilzbefall der Füße, v. a.
der Zehenzwischenräume

Toxische epidermale Nekrolyse (TEN)
☞ Lyell-Syndrom

Treponema-Pallididum-Hämagglutinationstest (TPHA)
Such-Bluttest bei der
Syphilisdiagnostik (☞ FTA)

Tripper
☞ Gonorrhoe

Ulcus cruris
Unterschenkelgeschwür,
Gewebsuntergang im
Endstadium der chronisch-
venösen Insuffizienz

Ulcus durum
☞ Primäraffekt

Ulkus
tieferer Gewebsdefekt
(Geschwür)

Unverträglichkeitsreaktion
in ihrer Erscheinungsform einer
Allergie ähnlich, ein bestimm-
tes Allergen ist aber nicht
nachweisbar (pseudoallergische Reaktion)

Urtika
Quaddel

UV-Strahlen
ultraviolette Strahlen,
energiereicher als sichtbares
Licht, bestehen aus UV-A,
-B- und -C-Strahlen

Varikosis
Krampfaderleiden
(☞ Insuffizienz, chronisch-
venöse)

Varizellen
Windpocken

Vaskulitis
Gefäßentzündung,
Vorkommen bei
Autoimmunerkrankungen

Venenklappe
Ventilvorrichtung, die ein
Rückfließen/Versacken des
venösen Blutes in den Beinen
verhindert

Verrucae plantares
Dornwarzen

Verrucae vulgares
einfache Warzen

Vesicula
Bläschen, eine
Primäreffloreszenz

Vulvovaginitis herpetica
Befall des Scheidenausgangs
im Rahmen eines Herpes
genitalis

Warze, seborrhoische
Alterswarze

Wiesengräserdermatitis
irritativ-toxisches Kontaktekzem, wobei in Wiesen-
gräsern enthaltene Substanzen
erst durch zusätzliche Lichteinwirkung zu Reizstoffen werden (☞ Reaktion, phototoxische)

Windeldermatitis
Hefepilzsuperinfektion eines
irrativ-toxischen Kontaktekzems im Windelbereich

Wood-Licht
UV-Licht mit einer Wellen-
länge, die manche Pilzarten
zum Fluoreszieren anregt,
kann zur Diagnosesicherung
eingesetzt werden

Zoster
☞ Herpes zoster

Zyste
mit Epithel ausgekleideter,
meist flüssigkeitsgefüllter
Hohlraum

Index